예상 코드

이유진 국어

공무원 합격을 위한 이유 있는 선택

Lee youjin

머리말

기분을 충족시키겠습니까, 두뇌를 충족시키겠습니까?

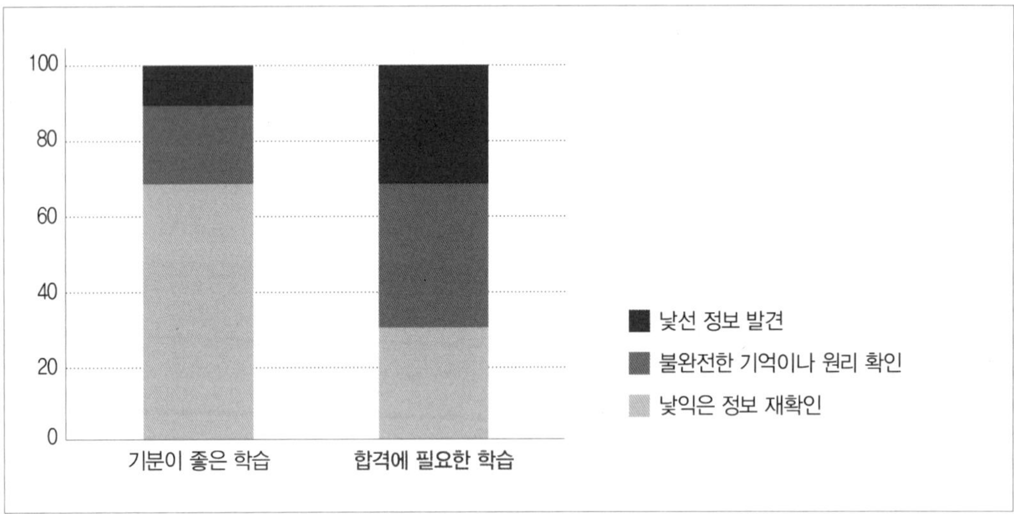

교육학자들이 학습 내용과 학습자의 만족도를 조사한 결과, 가장 큰 만족도를 보였던 학습 내용의 구성 비율은 '낯익은 정보 재확인 70% + 불완전한 기억이나 원리 확인 20% + 낯선 정보 발견 10%'였습니다. 여기서 낯선 정보의 비율이 늘어날수록 학습 만족도가 떨어졌다고 합니다. 이것은 낯선 정보를 만나는 지적 호기심과 성취감보다 낯익은 정보를 재확인하는 반가움이나 안도감이 더 크다는 것을 의미합니다.

하지만 정해진 학습 시간 내에 최대의 효율을 내야 하는 수험생들에게 이미 아는 내용에 시간을 쓰며 문제풀이를 하는 것이 도움이 될까요?

저는 수업 내용의 구성을 '낯익은 정보 재확인 30% + 불완전한 기억이나 원리 확인 40% + 낯선 정보 발견 30%'로 만들어 나가고 있습니다. 이전의 수업 시간에 이해하지 못했던 내용은 불완전한 기억이나 원리가 되어 다음 수업 시간에 반복되고 각성됩니다.

이 책의 구성도 그러합니다. 문항 해결 키워드에 이론을 담아 낯익은 정보를 재확인할 수 있게 하면서도 문제는 中/上의 난도로만 구성하여 불완전한 암기, 헷갈리던 개념, 놓친 내용들을 모두 잡을 수 있도록 하였습니다. 빈출코드와 심화코드로 구성하여 8주간 진행하면 매주 문법, 규정, 어휘, 한자, 독해를 골고루 훈련할 수 있습니다.

이 교재는 『이유진 국어 기출코드』와 상세 목차가 같은 쌍둥이 교재입니다. 두 교재를 병행하시거나 기출코드를 선행 학습 교재로 활용하시면 완벽한 레벨 업 훈련이 가능합니다.

이론은 빈약하게 해놓고 문제 많이 풀면 될까요?

문제 풀이는 분량보다 질이 중요합니다. 문제를 많이 풀어서 시험에 합격할 수 있다면, 이 시험에 장수생은 없겠죠. 그러나 대다수의 수험생들은 이론은 빈약하게 하고 문제만 많이 풀려고 합니다. 그 욕구에 부응하여 서점에 나와 있는 문제집들은 웬만한 이론서 두께가 되었지요. 그런 문제집을 사서 안고 집에 갈 때는 분명 든든하고 뿌듯했을 것입니다. 이 책에 있는 것만 다하면 된다고 이를 악물었을 거예요. 하지만 정작 첫 페이지를 펼쳐서 풀어나가기 시작하는 순간 숨이 막힌 적이 있지 않나요? 단원별이라고 하지만 선지는 계속해서 중복되고 해설도 되풀이…. 모르는 것은 계속 나오는데 해설지를 읽어 보아도 선지에 나온 사례만 풀이했을 뿐이라, 이론서를 다시 꺼내 열어 보아야 관련 이론과 예시를 볼 수 있으니 불편했을 것입니다.

모든 시험에서 문제 풀이가 가지는 의미는 다음과 같습니다.

1. 유형의 이해
2. 관련 이론의 학습 및 점검
3. 문제 풀이 방법론의 정립

이 의미를 모두 충족하면서도 수험생들의 무의미한 시간 낭비를 막는 교재를 만들었습니다.

예상코드는 전 범위 출제 요소를 100개의 유형으로 나누고 그중 독해 영역은 빈출 유형을 16가지로 상세하게 분류하여 예상 문제들 중 대표 문항을 엄선하고, 문제 바로 옆에 단순한 해설이 아니라 관련 이론을 실었습니다. 오른쪽 이론을 읽은 뒤에 왼쪽의 문제를 푸셔도 좋고, 문제를 푼 뒤에 부족한 이론을 채우셔도 됩니다.

이 얇은 교재만으로도, 두꺼운 문제집에 허덕인 경쟁자들에게 결코 뒤지지 않을 거라 자신 있게 말씀드릴 수 있습니다. 앞으로도 여러분의 고통을 줄이기 위해 효율적이고 앞서 나가는 콘텐츠를 만들기 위해 노력하겠습니다.

편저자 이유진

구성과 특징

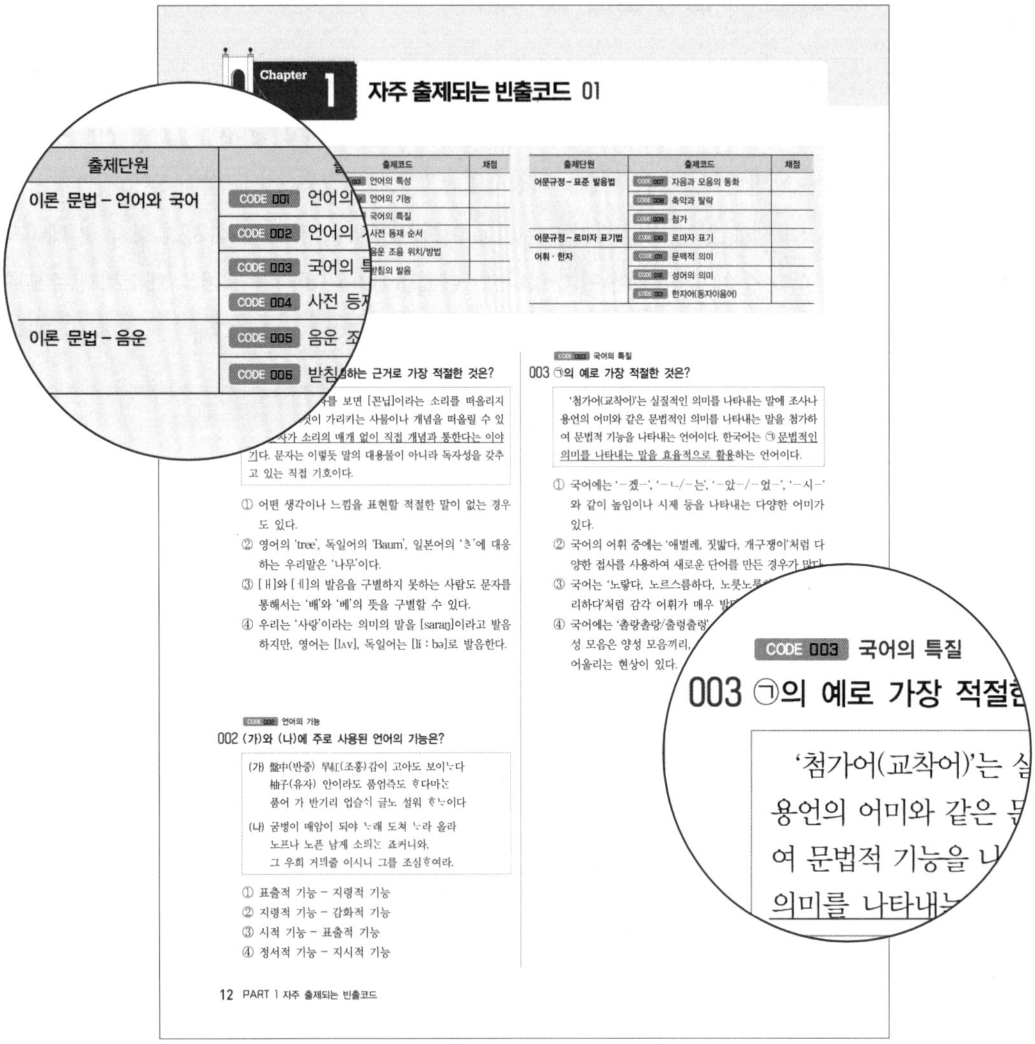

▶ 100개의 세분화된 코드 구성

100개의 세분화된 코드를 제시하여 출제되는 문제의 유형을 빠르게 파악할 수 있도록 하였습니다. 이를 통해 유형에 따른 효율적인 학습이 가능하도록 구성하였습니다.

▶ 빈출 및 심화 문제 엄선

실제 기출 문제와 유사한 빈출 문제 및 오답률이 높은 심화 문제를 엄선하여 수록하였습니다. 이를 통해 실전에 대비하고 고난도 문제에도 대비할 수 있도록 하였습니다.

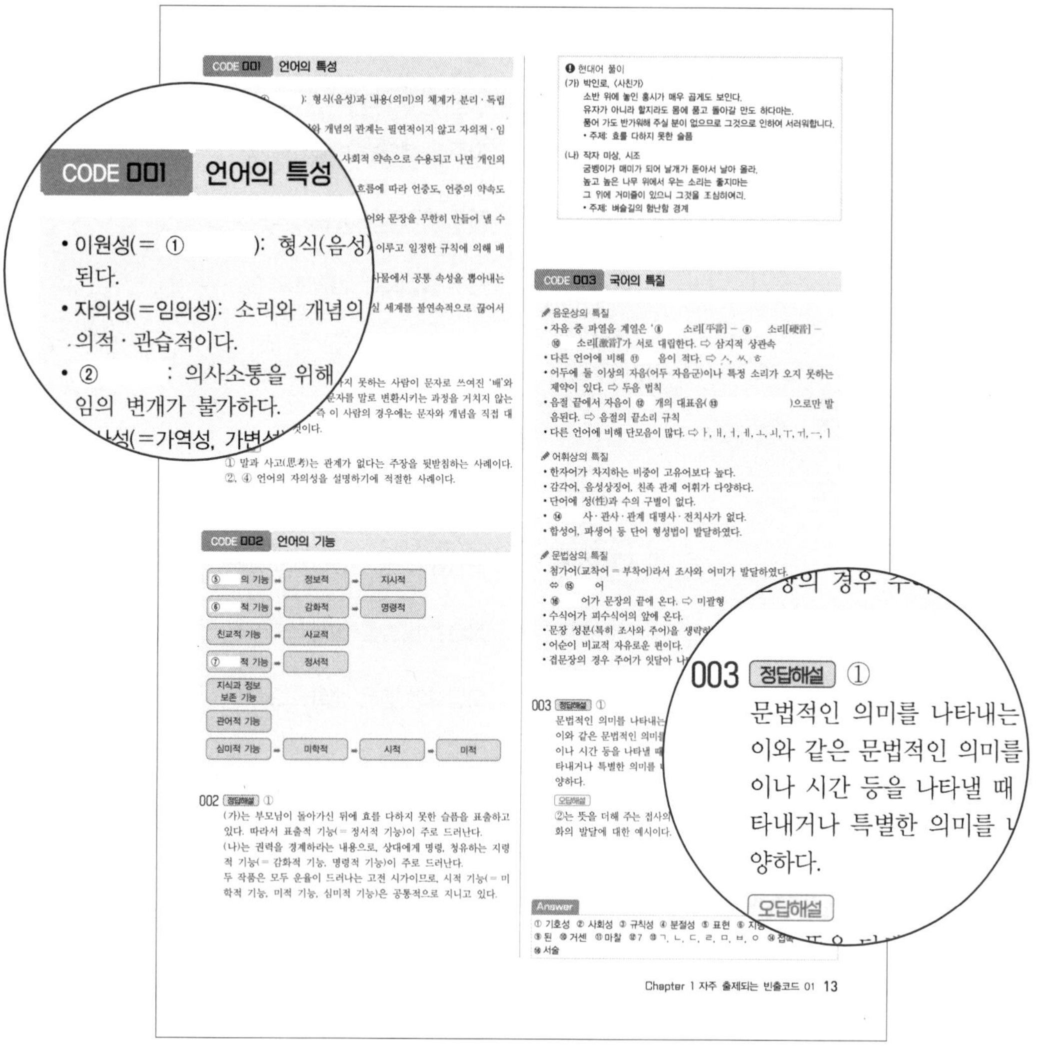

▶ 문항 해결을 위한 키워드 구성

문제를 푼 뒤에 바로 다음 장에서 문제와 관련된 주요 개념을 익힐 수 있도록 하였습니다. 또한 빈칸 채우기 문제로 부족한 개념을 수험생 스스로 점검해 볼 수 있도록 구성하였습니다.

▶ 꼼꼼하고 풍부한 해설 수록

상세한 정답 및 오답 해설로 문제 풀이와 개념 학습을 함께 할 수 있도록 구성하였습니다. 이를 통해 효율적인 학습이 가능하도록 하였습니다.

목차

PART 1

자주 출제되는 빈출코드

PART 2

오답률이 높은 심화코드

PART 3

독해 유형별 코드

정답 및 해설

책 속의 책

이유진 국어

Weekly plan

Weekly 1 자주 출제되는 빈출코드 01

이론 문법 – 언어와 국어	CODE 001 언어의 특성 CODE 002 언어의 기능 CODE 003 국어의 특질 CODE 004 사전 등재 순서
이론 문법 – 음운	CODE 005 음운 조음 위치/방법 CODE 006 받침의 발음
어문규정 – 표준 발음법	CODE 007 자음과 모음의 동화 CODE 008 축약과 탈락 CODE 009 첨가
어문규정 – 로마자 표기법	CODE 010 로마자 표기
어휘 · 한자	CODE 011 문맥적 의미 CODE 012 성어의 의미 CODE 013 한자어(동자이음어)

Weekly 2 자주 출제되는 빈출코드 02

이론 문법 – 음운 + 어문규정 – 표준 발음법 + 한글 맞춤법	CODE 014 된소리되기 CODE 015 된소리되기의 표기 CODE 016 사이시옷의 표기
이론 문법 – 형태	CODE 017 형태소의 종류 CODE 018 파생법 CODE 019 합성법
어문규정 – 표준어 규정 + 한글 맞춤법	CODE 020 접사의 의미와 기능 CODE 021 준말 CODE 022 웃–, 윗– CODE 023 수–, 숫–, 수ㅎ–
어휘 · 한자	CODE 024 혼동어휘(고유어) CODE 025 속담 CODE 026 한자어(유사자형)

Weekly 3 자주 출제되는 빈출코드 03

이론 문법 – 형태 + 어문규정 – 한글 맞춤법	CODE 027 품사의 분류 CODE 028 품사 통용 CODE 029 본용언 · 보조 용언 CODE 030 용언의 활용 CODE 031 띄어쓰기
이론 문법 – 통사	CODE 032 문장 성분 CODE 033 문장 짜임새
이론 문법 – 통사	CODE 034 문장의 종류 CODE 035 피동/사동 CODE 036 중의문
어휘 · 한자	CODE 037 혼동어휘(한자어) CODE 038 관습적 표현 CODE 039 문학 작품 속 고유어

Weekly 4 자주 출제되는 빈출코드 04

이론 문법 – 통사	CODE 040 시제 CODE 041 부정
이론 문법 – 의미와 담화	CODE 042 의미 관계 CODE 043 의미 변천 CODE 044 높임법
이론 문법 – 고전 문법	CODE 045 훈민정음 CODE 046 중세 국어
어문규정 – 한글 맞춤법 + 표준어 규정	CODE 047 두음 법칙 CODE 048 부사화 접사 CODE 049 자주 틀리는 맞춤법 CODE 050 개정 표준어
어휘 · 한자	CODE 051 고유어와 외래어의 구별 CODE 052 한자어(동음이의어)

Weekly 5 오답률이 높은 심화코드 01

이론 문법 - 언어와 국어	CODE 053 언어와 사고	어문규정 - 한글 맞춤법	CODE 058 '율'과 '률' CODE 059 -배기, -빼기 CODE 060 문장 부호
이론 문법 - 음운 + 어문규정 - 표준 발음법	CODE 054 유음화/유음화의 예외 CODE 055 모음의 발음 CODE 056 특이 음운 현상 CODE 057 소리의 장단		

Weekly 6 오답률이 높은 심화코드 02

이론 문법 - 형태 + 어문규정 - 한글 맞춤법	CODE 061 사이시옷의 예외 CODE 062 형태소 분석 CODE 063 동사와 형용사의 구별 CODE 064 조사의 의미와 기능	이론 문법 - 형태 + 어문규정 - 한글 맞춤법	CODE 065 명사와 명사형의 구별 CODE 066 관형사와 관형사형의 구별 CODE 067 접두사의 의미 CODE 068 'ㅡ' 탈락

Weekly 7 오답률이 높은 심화코드 03

이론 문법 - 통사	CODE 069 서술어 자릿수 CODE 070 문장의 호응 CODE 071 피동/사동의 오류	이론 문법 - 의미와 담화	CODE 072 간접 높임법 CODE 073 상대 높임의 등급 CODE 074 언어 예절
		어문규정 - 한글 맞춤법	CODE 075 중복 표현 CODE 076 어미의 맞춤법

Weekly 8 오답률이 높은 심화코드 04

이론 문법 - 고전 문법	CODE 077 차자 표기 CODE 078 중세 국어 문법 CODE 079 근대 국어	어휘·한자	CODE 081 순화어 CODE 082 한자어의 관계
어문규정 - 외래어 표기법	CODE 080 외래어 표기법	융합형	CODE 083 융합형(독해+성어) CODE 084 융합형(문맥 추론+한자어)

독해 유형별 코드

CODE 085 중심 화제	CODE 093 고급 추론
CODE 086 주제	CODE 094 논리 추론
CODE 087 전개 방식	CODE 095 화법
CODE 088 접속어	CODE 096 작문
CODE 089 배치	CODE 097 고전 운문
CODE 090 배열	CODE 098 고전 산문
CODE 091 내용 확인/일반 추론 부정 발문	CODE 099 현대 운문
CODE 092 내용 확인/일반 추론 긍정 발문	CODE 100 현대 산문

PART 1

자주 출제되는

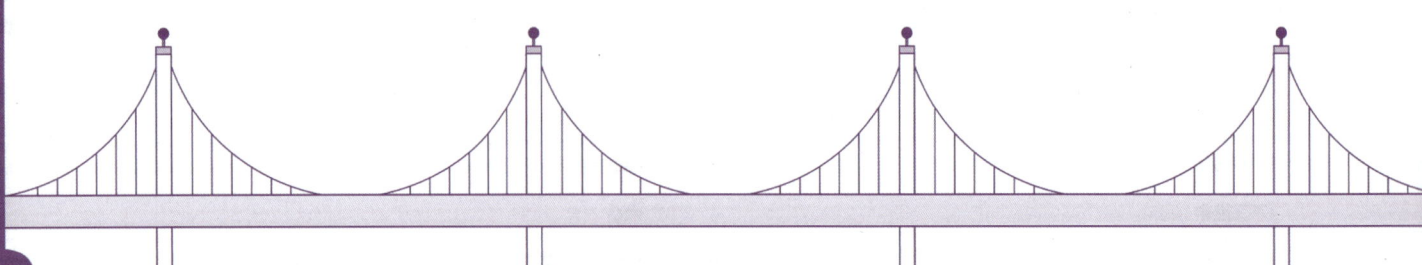

빈출코드

이유진 국어

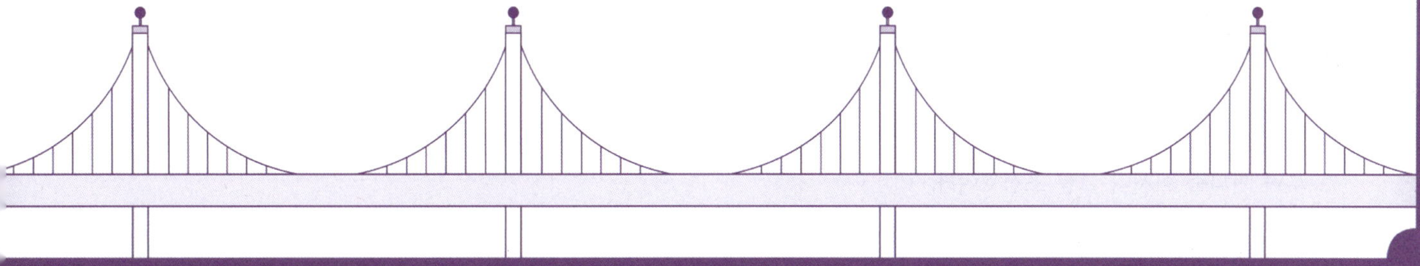

Chapter 1 자주 출제되는 빈출코드 01

출제단원	출제코드	채점
이론 문법 - 언어와 국어	CODE 001 언어의 특성	
	CODE 002 언어의 기능	
	CODE 003 국어의 특질	
	CODE 004 사전 등재 순서	
이론 문법 - 음운	CODE 005 음운 조음 위치/방법	
	CODE 006 받침의 발음	

출제단원	출제코드	채점
어문규정 - 표준 발음법	CODE 007 자음과 모음의 동화	
	CODE 008 축약과 탈락	
	CODE 009 첨가	
어문규정 - 로마자 표기법	CODE 010 로마자 표기	
어휘 · 한자	CODE 011 문맥적 의미	
	CODE 012 성어의 의미	
	CODE 013 한자어(동자이음어)	

CODE 001 언어의 특성

001 밑줄 친 부분을 뒷받침하는 근거로 가장 적절한 것은?

> '꽃잎'이란 글자를 보면 [꼰닙]이라는 소리를 떠올리지 않고서도 그것이 가리키는 사물이나 개념을 떠올릴 수 있다. <u>문자가 소리의 매개 없이 직접 개념과 통한다는 이야기</u>다. 문자는 이렇듯 말의 대용물이 아니라 독자성을 갖추고 있는 직접 기호이다.

① 어떤 생각이나 느낌을 표현할 적절한 말이 없는 경우도 있다.
② 영어의 'tree', 독일어의 'Baum', 일본어의 'き'에 대응하는 우리말은 '나무'이다.
③ [ㅐ]와 [ㅔ]의 발음을 구별하지 못하는 사람도 문자를 통해서는 '배'와 '베'의 뜻을 구별할 수 있다.
④ 우리는 '사랑'이라는 의미의 말을 [saraŋ]이라고 발음하지만, 영어는 [lʌv], 독일어는 [lí : bə]로 발음한다.

CODE 002 언어의 기능

002 (가)와 (나)에 주로 사용된 언어의 기능은?

> (가) 盤中(반중) 早紅(조홍)감이 고아도 보이ᄂᆞ다
> 柚子(유자) 안이라도 품엄즉도 ᄒᆞ다마ᄂᆞᆫ
> 품어 가 반기리 업슬ᄉᆡ 글노 설워 ᄒᆞᄂᆞ이다
>
> (나) 굼벙이 매암이 되야 ᄂᆞ래 도쳐 ᄂᆞ라 올라
> 노프나 노픈 남게 소릐ᄂᆞᆫ 죠커니와,
> 그 우희 거믜줄 이시니 그를 조심ᄒᆞ여라.

① 표출적 기능 - 지령적 기능
② 지령적 기능 - 감화적 기능
③ 시적 기능 - 표출적 기능
④ 정서적 기능 - 지시적 기능

CODE 003 국어의 특질

003 ㉠의 예로 가장 적절한 것은?

> '첨가어(교착어)'는 실질적인 의미를 나타내는 말에 조사나 용언의 어미와 같은 문법적인 의미를 나타내는 말을 첨가하여 문법적 기능을 나타내는 언어이다. 한국어는 ㉠ <u>문법적인 의미를 나타내는 말을 효율적으로 활용</u>하는 언어이다.

① 국어에는 '-겠-', '-ㄴ/-는', '-았-/-었-', '-시-'와 같이 높임이나 시제 등을 나타내는 다양한 어미가 있다.
② 국어의 어휘 중에는 '애벌레, 짓밟다, 개구쟁이'처럼 다양한 접사를 사용하여 새로운 단어를 만든 경우가 많다.
③ 국어는 '노랗다, 노르스름하다, 노릇노릇하다, 노리끼리하다'처럼 감각 어휘가 매우 발달했다.
④ 국어에는 '촐랑촐랑/출렁출렁', '노랗다/누렇다'처럼 양성 모음은 양성 모음끼리, 음성 모음은 음성 모음끼리 어울리는 현상이 있다.

CODE 001 언어의 특성

- 이원성(= ①　　　): 형식(음성)과 내용(의미)의 체계가 분리 · 독립된다.
- 자의성(=임의성): 소리와 개념의 관계는 필연적이지 않고 자의적 · 임의적 · 관습적이다.
- ②　　　(=불역성, 불변성): 의사소통을 위해 사회적 약속으로 수용되고 나면 개인의 임의 변개가 불가하다.
- 역사성(=가역성, 가변성): 시간의 흐름에 따라 언중도, 언중의 약속도 변화할 수 있다.
- 창조성(= 개방성, 생산성): 새로운 단어와 문장을 무한히 만들어 낼 수 있다.
- 체계성(= ③　　　, 법칙성): 하나의 체계를 이루고 일정한 규칙에 의해 배열된다.
- 추상성: 언어의 의미는 같은 부류의 사물에서 공통 속성을 뽑아내는 추상화 과정을 거친다.
- ④　　　(= 불연속성): 연속적인 현실 세계를 불연속적으로 끊어서 표현할 수 있다.

001 정답해설 ③

'ㅐ'와 'ㅔ'의 발음을 구별하지 못하는 사람이 문자로 쓰여진 '배'와 '베'를 구별한다는 것은 문자를 말로 변환시키는 과정을 거치지 않는다는 것을 의미한다. 즉 이 사람의 경우에는 문자와 개념을 직접 대응시키고 있는 것이다.

오답해설

① 말과 사고(思考)는 관계가 없다는 주장을 뒷받침하는 사례이다.
②, ④ 언어의 자의성을 설명하기에 적절한 사례이다.

CODE 002 언어의 기능

⑤　　　의 기능 ➡	정보적 ➡	지시적	
⑥　　　적 기능 ➡	감화적 ➡	명령적	
친교적 기능 ➡	사교적		
⑦　　　적 기능 ➡	정서적		
지식과 정보 보존 기능			
관어적 기능			
심미적 기능 ➡	미학적 ➡	시적 ➡	미적

002 정답해설 ①

(가)는 부모님이 돌아가신 뒤에 효를 다하지 못한 슬픔을 표출하고 있다. 따라서 표출적 기능(= 정서적 기능)이 주로 드러난다.
(나)는 권력을 경계하라는 내용으로, 상대에게 명령, 청유하는 지령적 기능(= 감화적 기능, 명령적 기능)이 주로 드러난다.
두 작품은 모두 운율이 드러나는 고전 시가이므로, 시적 기능(= 미학적 기능, 미적 기능, 심미적 기능)은 공통적으로 지니고 있다.

❗ 현대어 풀이

(가) 박인로, 〈사친가〉
소반 위에 놓인 홍시가 매우 곱게도 보인다.
유자가 아니라 할지라도 몸에 품고 돌아갈 만도 하다마는,
품어 가도 반가워해 주실 분이 없으므로 그것으로 인하여 서러워합니다.
- 주제: 효를 다하지 못한 슬픔

(나) 작자 미상, 시조
굼벵이가 매미가 되어 날개가 돋아서 날아 올라,
높고 높은 나무 위에서 우는 소리는 좋지마는
그 위에 거미줄이 있으니 그것을 조심하여라.
- 주제: 벼슬길의 험난함 경계

CODE 003 국어의 특질

음운상의 특질

- 자음 중 파열음 계열은 '⑧　　　소리[平音] – ⑨　　　소리[硬音] – ⑩　　　소리[激音]'가 서로 대립한다. ⇨ 삼지적 상관속
- 다른 언어에 비해 ⑪　　　음이 적다. ⇨ ㅅ, ㅆ, ㅎ
- 어두에 둘 이상의 자음(어두 자음군)이나 특정 소리가 오지 못하는 제약이 있다. ⇨ 두음 법칙
- 음절 끝에서 자음이 ⑫　　　개의 대표음(⑬　　　　　　　　　)으로만 발음된다. ⇨ 음절의 끝소리 규칙
- 다른 언어에 비해 단모음이 많다. ⇨ ㅏ, ㅐ, ㅓ, ㅔ, ㅗ, ㅚ, ㅜ, ㅟ, ㅡ, ㅣ

어휘상의 특질

- 한자어가 차지하는 비중이 고유어보다 높다.
- 감각어, 음성상징어, 친족 관계 어휘가 다양하다.
- 단어에 성(性)과 수의 구별이 없다.
- ⑭　　　사 · 관사 · 관계 대명사 · 전치사가 없다.
- 합성어, 파생어 등 단어 형성법이 발달하였다.

문법상의 특질

- 첨가어(교착어 = 부착어)라서 조사와 어미가 발달하였다.
  ⇔ ⑮　　　어
- ⑯　　　어가 문장의 끝에 온다. ⇨ 미괄형
- 수식어가 피수식어의 앞에 온다.
- 문장 성분(특히 조사와 주어)을 생략하는 일이 많다.
- 어순이 비교적 자유로운 편이다.
- 겹문장의 경우 주어가 잇달아 나타날 수 있다.

003 정답해설 ①

문법적인 의미를 나타내는 말로는 조사와 어미가 있는데, 우리말은 이와 같은 문법적인 의미를 지닌 말이 발달한 교착어이다. 특히 높임이나 시간 등을 나타낼 때 다양한 어미를 활용하며, 문장 성분을 나타내거나 특별한 의미를 나타내기 위해 체언에 덧붙이는 조사도 다양하다.

오답해설

②는 뜻을 더해 주는 접사의 발달, ③은 감각어의 발달, ④는 모음조화의 발달에 대한 예시이다.

Answer

① 기호성 ② 사회성 ③ 규칙성 ④ 분절성 ⑤ 표현 ⑥ 지령 ⑦ 표출 ⑧ 예사 ⑨ 된 ⑩ 거센 ⑪ 마찰 ⑫ 7 ⑬ ㄱ, ㄴ, ㄷ, ㄹ, ㅁ, ㅂ, ㅇ ⑭ 접속 ⑮ 굴절 ⑯ 서술

CODE 004 사전 등재 순서

004 제시된 단어를 사전 등재 순서에 맞게 배열한 것은?

㉠ 의사	㉡ 외질
㉢ 왜가리	㉣ 위쪽
㉤ 예시	㉥ 유자차
㉦ 에누리	

① ㉦, ㉡, ㉢, ㉣, ㉥, ㉠, ㉤
② ㉦, ㉤, ㉡, ㉢, ㉥, ㉣, ㉠
③ ㉦, ㉤, ㉢, ㉡, ㉣, ㉥, ㉠
④ ㉦, ㉢, ㉡, ㉥, ㉣, ㉠, ㉤

CODE 005 음운 조음 위치/방법

005 음운 체계를 바탕으로 ㉠~㉣을 설명한 것이 옳지 않은 것은?

㉠ {ㅈ, ㅉ, ㅊ}, {ㅂ, ㅃ, ㅍ, ㄷ, ㄸ, ㅌ}
㉡ {ㅂ, ㄷ, ㅈ}, {ㅃ, ㄸ, ㅉ}, {ㅍ, ㅌ, ㅊ}
㉢ {ㅣ, ㅟ, ㅡ, ㅜ}, {ㅔ, ㅚ, ㅓ, ㅗ}, {ㅐ, ㅏ}
㉣ {ㅣ, ㅟ, ㅔ, ㅚ, ㅐ}, {ㅡ, ㅜ, ㅓ, ㅗ, ㅏ}

① ㉠은 장애를 일으키는 방법에 따라 음운을 구분했다.
② ㉡은 소리의 세기와 조음 위치를 모두 고려하여 음운을 구분했다.
③ ㉢과 ㉣을 참고했을 때, '외'는 혀 최고점의 앞뒤 위치가 '오'보다 앞에 오지만, 높이는 '오'보다 위쪽이다.
④ ㉢과 ㉣을 참고했을 때, '애'는 혀의 최고점의 앞뒤 위치가 '우'보다 앞에 오지만, 높이는 '우'보다 아래쪽이다.

CODE 005 음운 조음 위치/방법

006 〈보기〉의 ㉠에 들어갈 말로 적절하지 않은 것은?

보기

고래, 보리, 나래, 마음, 자리, 오리, 또래, 마을, 소리

위의 단어들에서 최소 대립쌍을 찾아 추출한 음운들 중 [㉠]을 확인할 수 있다.

① 3개의 파열음 ② 3개의 울림소리
③ 3개의 예사소리 ④ 3개의 잇몸소리

CODE 004 사전 등재 순서

사전 등재 순서

- 자음: ①

- 모음: ②

겹받침 포함 받침 배열

ㄱ, ㄲ, ㄳ / ㄴ, ㄵ, ㄶ / ㄷ / ㄹ, ㄺ, ㄻ, ㄼ, ㄽ, ㄾ, ㄿ, ㅀ / ㅁ / ㅂ, ㅄ / ㅅ, ㅆ / ㅇ / ㅈ / ㅊ / ㅋ / ㅌ / ㅍ / ㅎ

자음 순서의 특징

- 된소리는 기본 자음 뒤
- 거센소리는 맨 뒤에 모임
- 거센소리는 'ㅊ'이 맨 앞
- 'ㅎ'은 맨 뒤

모음 순서의 특징

- 기본 모음 뒤에 +'ㅣ'
- ㅗ, ㅘ, ㅙ, ㅚ(+3)
- ㅜ, ㅝ, ㅞ, ㅟ(+3)
- ㅛ/ㅠ(+0)
- ㅡ, (ㅢ), ㅣ

004 정답해설 ③

사전에 등재할 때는 초성 > 중성 > 종성 순으로 등재한다.

사전에 올릴 때의 자음의 순서는 'ㄱ, ㄲ, ㄴ, ㄷ, ㄸ, ㄹ, ㅁ, ㅂ, ㅃ, ㅅ, ㅆ, ㅇ, ㅈ, ㅉ, ㅊ, ㅋ, ㅌ, ㅍ, ㅎ'의 순서로 배열된다.

사전에 올릴 때의 모음의 순서는 'ㅏ, ㅐ, ㅑ, ㅒ, ㅓ, ㅔ, ㅕ, ㅖ, ㅗ, ㅘ, ㅙ, ㅚ, ㅛ, ㅜ, ㅝ, ㅞ, ㅟ, ㅠ, ㅡ, ㅢ, ㅣ'의 순서로 배열된다. 따라서 '에누리 – 예시 – 왜가리 – 외질 – 위쪽 – 유자차 – 의사' 순서이다.

CODE 005 음운 조음 위치/방법

자음 체계표

조음 방법 \ 조음 위치			입술소리	잇몸소리	센입천장소리	여린입천장소리	목청소리
안울림소리	파열음	예사소리	ㅂ	ㄷ		ㄱ	
		된소리	ㅃ	ㄸ		ㄲ	
		거센소리	ㅍ	ㅌ		ㅋ	
	파찰음	예사소리			ㅈ		
		된소리			ㅉ		
		거센소리			ㅊ		
	마찰음	예사소리		ㅅ			③
		된소리		ㅆ			
울림소리		비음	ㅁ	④		ㅇ	
		유음		ㄹ			

단모음 체계표

혀의 높낮이 \ 혀의 앞뒤 / 입술 모양	전설 모음		후설 모음	
	평순 모음	원순 모음	평순 모음	원순 모음
고모음	⑤	ㅟ	ㅡ	ㅜ
중모음	ㅔ	ㅚ	ㅓ	ㅗ
저모음	ㅐ		⑥	

005 정답해설 ③

'외'는 혀의 최고점의 앞뒤 위치는 앞에서, 높이는 중간쯤에서 나는 소리이다. 한편, '오'는 혀의 최고점의 앞뒤 위치가 뒤에서 나는 소리이고 높이는 중간쯤에서 나는 소리이다. 따라서 '외'는 혀의 최고점의 앞뒤 위치가 '오'보다 앞에 오고 높이는 유사한 위치에서 발음하기 때문에, 높이를 '오'보다 위쪽에서 발음한다는 진술은 적절하지 않다.

오답해설

① 자음은 장애를 일으키는 조음 방법에 따라 마찰음, 파열음, 파찰음, 비음, 유음으로 나눌 수 있다. 이 중 '마찰음'은 입안이나 목청 따위의 조음 기관이 좁혀진 사이로 공기가 비집고 나오면서 마찰하여 나는 소리로, 'ㅅ, ㅆ, ㅎ' 따위가 있다. '파열음'은 폐에서 나오는 공기를 일단 막았다가 그 막은 자리를 터뜨리면서 내는 소리로, 'ㅂ, ㅃ, ㅍ, ㄷ, ㄸ, ㅌ, ㄱ, ㄲ, ㅋ' 따위가 있다. '파찰음'은 파열음과 마찰음의 두 가지 성질을 다 가지는 소리로, 'ㅈ, ㅉ, ㅊ' 따위가 있다. ㉠은 '파찰음'과 '파열음'으로 제시된 자음을 분류하였다.

② ㉡은 제시된 자음들을 소리의 세기를 고려해 '예사소리 – 된소리 – 거센소리'의 묶음으로 나누고, 각 묶음의 내부는 '입술소리 – 잇몸소리 – 센입천장소리'의 순으로 조음 위치를 고려해 배열했다.

④ '애'는 혀의 최고점의 앞뒤 위치가 앞에서 나는 소리이고 높이는 낮은 상태에서 나는 소리이다. 한편, '우'는 혀의 최고점의 앞뒤 위치가 뒤에서 나는 소리이고 높이는 높은 상태에서 나는 소리이다.

006 정답해설 ②

최소 대립쌍을 이루는 단어의 자음들을 파악하면 '고래 – 또래'의 'ㄱ'과 'ㄸ', '보리 – 소리'의 'ㅂ'과 'ㅅ', '마음 – 마을'의 'ㅁ'과 'ㄹ'이다. '보리 – 소리 – 오리'의 경우 'ㅂ', 'ㅅ'과 'ㅇ'은 최소 대립쌍이 아니다. '오'의 'ㅇ'은 자음이 아니라 음가가 없는 것이기 때문이다. 따라서 울림소리는 'ㅁ'과 'ㄹ' 2개뿐이다.

오답해설

① 추출한 음운들 중 파열음은 'ㄱ, ㄸ, ㅂ'으로 총 3개이다.

③ 추출한 음운들 중 예사소리는 'ㄱ, ㅂ, ㅅ'으로 총 3개이다.

④ 추출한 음운들 중 잇몸소리는 'ㄸ, ㄹ, ㅅ'으로 총 3개이다.

Answer

①ㄱ ㄲ / ㄴ / ㄷ ㄸ / ㄹ / ㅁ / ㅂ ㅃ / ㅅ ㅆ / ㅇ / ㅈ ㅉ ㅊ / ㅋ / ㅌ / ㅍ / ㅎ ②ㅏ ㅐ / ㅑ ㅒ / ㅓ ㅔ / ㅕ ㅖ / ㅗ ㅘ ㅙ ㅚ / ㅛ / ㅜ ㅝ ㅞ ㅟ / ㅠ / ㅡ / ㅢ / ㅣ ③ㅎ ④ㄴ ⑤ㅣ ⑥ㅏ

CODE 006 받침의 발음

007 밑줄 친 ㉠에 해당하는 것은?

> 제10항 ㉠ 겹받침 'ㄳ', 'ㄵ', 'ㄼ, ㄽ, ㄾ', 'ㅄ'은 어말 또는 자음 앞에서 각각 [ㄱ, ㄴ, ㄹ, ㅂ]으로 발음한다.
> 다만, '밟-'은 자음 앞에서 [밥]으로 발음하고, '넓-'은 다음과 같은 경우에 [넙]으로 발음한다.
> 넓-죽하다 [넙쭈카다] 넓-둥글다 [넙뚱글다]
> 제14항 겹받침이 모음으로 시작된 조사나 어미, 접미사와 결합되는 경우에는, 뒤엣것만을 뒤 음절 첫소리로 옮겨 발음한다.(이 경우, 'ㅅ'은 된소리로 발음함.)

① 사과가 여덟 개 있다.
② 넋을 놓고 앉아 있었다.
③ 동생이 발을 밟고 지나갔다.
④ 좋은 물건을 사느라고 비싼 값을 치렀다.

CODE 006 받침의 발음

008 다음 중 발음이 틀린 것은?

① 맑다[막따], 맑지[막찌]
② 맑고[말꼬], 맑게[말께]
③ 밟다[발:따], 밟지[발:찌]
④ 넓고[널꼬], 넓게[널께]

CODE 007 자음과 모음의 동화

009 ㉠과 ㉡을 이해한 것이 적절하지 않은 것은?

> 동화란 어떤 음이 인접한 음과 비슷해지거나 아주 같아지는 현상을 말한다. 동화는 ㉠ 자음에 의한 자음의 동화와 ㉡ 모음에 의한 모음의 동화, 모음에 의한 자음의 동화로 나뉜다.

① '물난리'를 [물랄리]로 발음했다면 ㉠에 해당한다.
② '굳이'를 [구지]로 발음했다면 ㉡에 해당한다.
③ '먹는'을 [멍는]으로 발음했다면 ㉠에 해당한다.
④ '아기'를 [애기]로 발음했다면 ㉡에 해당한다.

CODE 007 자음과 모음의 동화

010 제시한 단어를 발음할 때 일어나는 자음 동화의 방향을 설명한 것이 적절하지 않은 것은?

① '종로', '청량리'는 모두 순행 동화가 일어난다.
② '흙냄새', '달나라'는 모두 역행 동화가 일어난다.
③ '길눈'은 순행, '혼란'은 역행 동화가 일어난다.
④ '남루한'은 순행, '찬란한'은 역행 동화가 일어난다.

CODE 006 받침의 발음

✎ 음운의 변동 현상

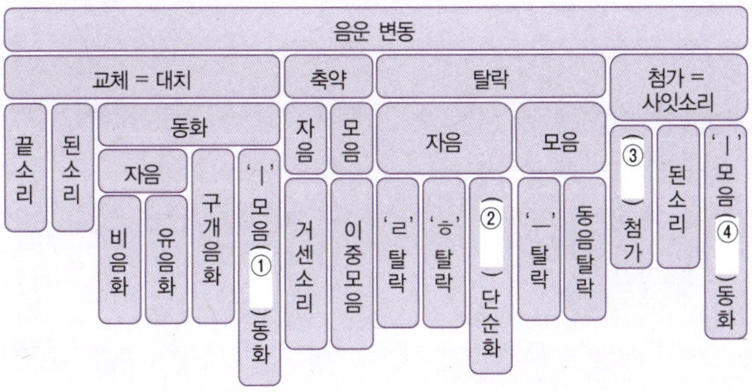

✎ 음절의 끝소리 규칙 = 종성(받침) 법칙 = 대표음화 = 중화
= 음절 말 평파열음화

- 종성에서 발음 가능한 7 음운
ㄱ, ㄴ, ㄷ, ㄹ, ㅁ, ㅂ, ㅇ → 가느다란물방울
ㄲ, ㅋ → ㄱ / ㅅ, ㅆ, ㅈ, ㅊ, ㅌ, ㅎ → ㄷ / ㅍ → ㅂ

✎ 자음군 단순화(음절의 끝에서 겹받침 중 하나가 대표음이 되는 것)

- 'ㅄ, ㄳ, ㄽ, ㄾ, ㄵ, ㄶ, ㅀ'은 첫째 자음이 남는다.
- 'ㄻ, ㄿ'은 둘째 자음이 남는다.
- 'ㄺ, ㄼ'은 불규칙적이다.

- 용언의 어간 말음 'ㄺ'은 'ㄱ' 앞에서 [⑤]로 발음
예 읽고[일꼬], 읽지[익찌]
- '밟다'는 [⑥] 예 밟다[⑦]
- '넓-'은 파생어나 합성어에서만 '⑧ ' 예 넓다[⑨ 따], 넓죽하다 [넙쭈카다], 넓둥글다[넙뚱글다], 넓적다리[넙쩍따리]

✎ 연음법칙

- 홑받침이나 쌍받침이 모음으로 시작된 ⑩ 형태소(조사나 어미, 접미사)와 결합하면, 제 음가대로 뒤 음절 첫소리로 옮겨 발음한다.
- 겹받침이 모음으로 시작된 ⑪ 형태소(조사나 어미, 접미사)와 결합하면, 뒤엣것만을 뒤 음절 첫소리로 옮겨 발음한다. (이 경우, 'ㅅ'은 된소리로 발음)
예외 'ㅎ' 탈락 (않아[아나], 끊어[끄너]), 구개음화 (훑이다[⑫])
겹받침 'ㄳ, ㄽ, ㅄ'은 'ㅅ'을 연음하되 된소리 [⑬]으로 발음한다.
- 받침 뒤에 모음 'ㅏ, ㅓ, ㅗ, ㅜ, ㅟ'들로 시작되는 ⑭ 형태소가 연결되면, 음절의 끝소리 규칙을 통해 대표음으로 바꿔서 뒤 음절 첫소리로 옮겨 발음한다.

007 정답해설 ①
'여덟'은 [여덜]로 발음한다. 표준 발음법 제10항 "'ㄼ'은 어말 또는 자음 앞에서 [ㄹ]로 발음한다."는 규정에 해당한다.

오답해설
② '앉아'는 [안자]로 발음되며, 겹받침이 모음으로 시작되는 어미와 결합되는 경우인 표준 발음법 제14항과 관련이 있다.
③ '밟고'는 [밥:꼬]로 발음되며, "'밟-'은 자음 앞에서 [밥:-]으로 발음한다."는 표준 발음법 제10항 뒷부분과 관련이 있다.
④ '값을'은 [갑쓸]로 발음되며, 겹받침이 모음으로 시작되는 어미와 결합되는 경우인 표준 발음법 14항과 관련이 있다.

008 정답해설 ③
'밟다[밥:따]', '밟지[밥:찌]'가 표준 발음이다. '밟-'은 자음 앞에서 [밥:-]으로 발음한다.

오답해설
①, ② 겹받침 'ㄺ'은 어말 또는 자음 앞에서 [ㄱ]으로 발음한다. 다만, 용언의 어간 말음 'ㄺ'은 'ㄱ' 앞에서 [ㄹ]로 발음한다.
④ 겹받침 'ㄼ'은 어말 또는 자음 앞에서 [ㄹ]로 발음한다. 다만, '밟다'와 '넓다'의 합성·파생어는 예외이다.

CODE 007 자음과 모음의 동화

✎ 자음동화

- 역행 비음화: 받침 'ㄱ(ㄲ, ㅋ, ㄳ, ㄺ), ㄷ(ㅅ, ㅆ, ㅈ, ㅊ, ㅌ, ㅎ), ㅂ(ㅍ, ㄼ, ㄿ, ㅄ)'은 'ㄴ, ㅁ' 앞에서 [⑮]
- 순행 비음화: 받침 'ㅁ, ㅇ' 뒤에 연결되는 'ㄹ'은 [⑯]
- ⑰ 동화: 받침 'ㄱ, ㅂ' 뒤에 연결되는 'ㄹ'은 [ㄴ]으로 순행 비음화 + 받침 'ㄱ, ㅂ'은 [ㅇ, ㅁ]으로 역행 비음화
- 유음화: 'ㄴ'은 'ㄹ'의 앞이나 뒤에서 [ㄹ]
다만, 한자어에서 'ㄴ'과 'ㄹ'이 결합하면서도 [ㄹㄹ]로 발음되지 않고 [⑱]으로 발음되는 예외가 있다

의견란[의:견난]	임진란[임:진난]	상견례[상견녜]	결단력[결딴녁]
생산량[생산냥]	공권력[⑲]	동원령[동:원녕]	횡단로[횡단노]
입원료[이붠뇨]	이원론[이:원논]	구근류[구근뉴]	

✎ 구개음화

받침 'ㄷ, ㅌ(ㄾ)'이 조사나 접미사의 모음 'ㅣ'와 결합되는 경우에는, [⑳]으로 구개음화하여 발음

✎ 모음동화

- 'ㅣ' 모음 역행동화는 ㉑ , 'ㅣ' 모음 순행동화는 ㉒
- 'ㅣ' 모음 역행동화: 뒤에 오는 'ㅣ' 모음 때문에 앞의 모음이 전설모음화되는 현상은 표준 발음으로도 표기로도 인정하지 않는다.
예외 냄비, 풋내기, 동댕이치다, -쟁이 등
- 'ㅣ' 모음 순행동화: 허용
예 피어[피어/㉓], 되어[되어/㉔], 이오[이오/㉕], 아니오 [아니오/㉖]

009 정답해설 ②
'굳이'가 [구지]로 발음되는 것은 'ㄷ'이 'ㅣ'모음의 영향을 받아 구개음인 'ㅈ'으로 바뀐 것이므로, 모음에 의한 자음의 동화에 해당한다.

오답해설
① '물난리'가 [물랄리]로 발음되는 것은 둘째 음절의 초성의 'ㄴ'은 선행하는 'ㄹ'의 영향을 받아 'ㄹ'로 바뀐 것이고, 둘째 음절의 종성 'ㄴ'은 후행하는 'ㄹ'의 영향을 받아 바뀐 것이므로 자음에 의한 자음의 동화에 해당한다.
③ '먹는'이 [멍는]으로 발음되는 것은 'ㄱ'이 'ㄴ'의 영향을 받아 'ㅇ'으로 바뀐 것이므로 자음에 의한 자음의 동화에 해당한다.
④ '아기'가 [애기]로 발음되는 것은 'ㅏ'가 후행하는 'ㅣ'의 영향을 받아 'ㅐ'로 바뀐 것이므로 모음에 의한 모음의 동화에 해당한다.
참고 '아기'를 [애기]로 발음하는 'ㅣ' 모음 역행 동화는 표준 발음으로 인정하지 않는다.

010 정답해설 ②
'흙냄새'는 [흥냄새]로 발음되는데 첫째 음절 겹받침 중 'ㄹ'이 탈락한 후에 남아 있는 앞말 받침 'ㄱ'이 뒷말 초성 'ㄴ'의 영향을 받아 역행 동화가 일어난다. 그러나 '달나라'는 둘째 음절 초성 'ㄴ'이 앞말 받침 'ㄹ'의 영향을 받아 [달라라]로 발음되는 순행 동화가 일어나므로 잘못된 설명이다.

오답해설
① '종로'는 둘째 음절 초성 'ㄹ'이 앞말 받침 'ㅇ'의 영향을 받아 [종노]로 발음되는 순행 동화가 일어난다. 또한 '청량리'는 둘째 음절 초성 'ㄹ'이 앞말 받침 'ㅇ'의 영향을 받고, 셋째 음절 초성 'ㄹ'이 앞말 받침 'ㅇ'의 영향을 받아 [청냥니]로 발음되는 순행 동화가 일어난다.
③ '길눈'은 둘째 음절 초성 'ㄴ'이 앞말 받침 'ㄹ'의 영향을 받아 [길룬]으로 발음되는 순행 동화가 일어난다. 한편 '혼란'은 첫째 음절 받침 'ㄴ'이 뒷말 초성 'ㄹ'의 영향을 받아 [홀:란]으로 발음되는 역행 동화가 일어난다.
④ '찬란한'은 첫째 음절 받침 'ㄴ'이 뒷말 초성 'ㄹ'의 영향을 받아 [찰:란한]으로 발음되는 역행 동화가 일어난다. 한편 '남루한'은 둘째 음절 초성 'ㄹ'이 첫째 음절 받침 'ㅁ'의 영향을 받아 [남:누한]으로 발음되는 순행 동화가 일어난다.

Answer

① 역행 ② 자음군 ③ ㄴ ④ 순행 ⑤ ㄹ ⑥ 밥: ⑦ 밥:따 ⑧ ㅂ ⑨ 널
⑩ 형식 ⑪ 형식 ⑫ 훌치다 ⑬ ㅆ ⑭ 실질 ⑮ ㅇ, ㄴ, ㅁ ⑯ ㄴ ⑰ 상호 ⑱ ㄴㄴ
⑲ 공꿘녁 ⑳ ㅈ, ㅊ ㉑ 교체 ㉒ 첨가 ㉓ 피여 ㉔ 되여 ㉕ 이요 ㉖ 아니요

CODE 008 축약과 탈락

011 밑줄 친 현상에 해당하는 것을 고른 것은?

> 모음 변동의 결과 두 개의 단모음 중 하나가 없어지기도 하고, 두 개의 단모음이 합쳐져 이중 모음이 되기도 하며, 단모음 사이에 반모음이 첨가되기도 한다.

> ㉠ 기+어 ⇨ [기여]
> ㉡ 살피+어 ⇨ [살펴]
> ㉢ 배우+어 ⇨ [배워]
> ㉣ 나서+어 ⇨ [나서]

① ㉠, ㉡ ② ㉠, ㉢
③ ㉡, ㉢ ④ ㉢, ㉣

CODE 008 축약과 탈락

012 'ㅎ'의 발음에 대해 탐구한 내용으로 옳지 않은 것은?

> (가) 'ㅎ'의 앞이나 뒤에 'ㄱ, ㄷ, ㅂ, ㅈ'이 놓이면 두 음운이 축약되어 각각 'ㅋ, ㅌ, ㅍ, ㅊ'으로 발음된다.
> (나) 'ㅎ' 뒤에 'ㅅ'이 올 때에는 'ㅎ'은 발음되지 않고, 'ㅅ'이 'ㅆ'으로 발음된다.
> (다) 'ㄴ' 앞에 놓인 'ㅎ'은 음절의 끝소리 규칙과 비음화가 적용되어 'ㄴ'으로 발음된다.
> (라) 'ㅎ' 뒤에 모음으로 시작하는 형식 형태소가 놓이면 'ㅎ'은 탈락되어 발음되지 않는다.

① (가): 놓고, 좋던, 넓히다, 앉히다
② (나): 많소, 낳습니다, 숫하다
③ (다): 놓는, 쌓네
④ (라): 쌓이다, 닳아

CODE 009 첨가

013 〈보기〉의 ㉠, ㉡에 해당하는 음운 변동의 유형을 모두 찾을 수 있는 예로 적절하지 않은 것은?

> 보기
> 색연필 —㉠→ 색년필 —㉡→ [생년필]

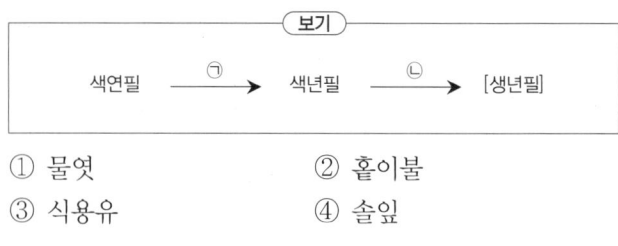

① 물엿 ② 홑이불
③ 식용유 ④ 솔잎

CODE 009 첨가

014 사잇소리 현상의 원인과 예시의 연결이 적절하지 않은 것은?

> ㉠ 합성 명사에서, 앞말의 끝소리가 울림소리이고 뒷말의 첫소리가 안울림 예사소리이면 뒤의 예사소리가 된소리로 변하는 경우
> ㉡ 앞말이 모음으로 끝나고 뒷말의 첫소리가 'ㄴ, ㅁ'일 때, [ㄴ] 소리가 덧나는 경우
> ㉢ 뒷말의 첫소리가 '이, 야, 여, 요, 유'일 때 [ㄴ]이나 [ㄴㄴ] 소리가 덧나는 경우

① ㉠ 잠자리 ㉡ 윗몸 ㉢ 뒷윷
② ㉠ 유리잔 ㉡ 콧날 ㉢ 유들유들
③ ㉠ 술잔 ㉡ 툇마루 ㉢ 도리깻열
④ ㉠ 김밥 ㉡ 빗물 ㉢ 눈요기

CODE 008 축약과 탈락

✎ 축약

- 자음축약(① 소리되기): 'ㄱ, ㄷ, ㅂ, ㅈ' + 'ㅎ' = 'ㅋ, ㅌ, ㅍ, ㅊ'
  예외 싫증[②]
- 모음축약(③ 모음되기): 용언의 단음절 어간에 어미 '-아/-어'가 결합되어 한 음절로 축약되는 경우(긴소리로 발음)
  다만, '오아 → 와, 지어 → 져, 찌어 → 쪄, 치어 → 쳐' 등은 긴소리로 발음하지 않는다.
- 'ㅎ(ㄶ, ㅀ)' + 'ㅅ' = [ㅆ]

✎ 탈락

- 표기에서도 발음에서도 탈락: 'ㄹ' 탈락, 동음탈락, 'ㅡ' 탈락
- 발음에서만 탈락: 'ㅎ' 탈락 - 'ㄶ, ㅀ' 뒤에 'ㄴ'이 결합되는 경우 'ㅎ'을 발음하지 않는다.
  'ㅎ(ㄶ, ㅀ)' 뒤에 모음으로 시작된 어미나 접미사가 오는 경우 'ㅎ'을 발음하지 않는다.
- 자음 앞이나 어말에서 겹받침의 단순화(④ 군 단순화)

011 정답해설 ③

㉡ '살피 + 어 ⇨ [살펴]', ㉢ '배우 + 어 ⇨ [배워]'
따라서 두 개의 단모음이 합쳐져 이중 모음으로 변동되는 축약은 ㉡과 ㉢이다.

오답해설

㉠의 '기 + 어 ⇨ [기여]'는 두 개의 단모음 사이에 반모음 'ㅣ[j]'가 첨가된 유형이다.
㉣의 '나서 + 어 ⇨ [나서]'에서 모음의 변동 양상을 살펴보면 'ㅓ + ㅓ ⇨ ㅓ'로 나타나므로, 단모음 하나가 동음 탈락하는 유형이다.

012 정답해설 ②

'많소'와 '낳습니다'는 'ㅎ' 뒤에 'ㅅ'이 오므로 'ㅎ'은 발음되지 않고, 'ㅅ'이 'ㅆ'으로 발음되어 [만:쏘], [나:씀니다]로 발음한다. 하지만 '숫하다'는 'ㅅ' 뒤에 'ㅎ'이 오므로 음절의 끝소리 규칙에 의해 'ㅅ'이 'ㄷ'이 된 후 'ㅎ'과 축약되어 [수타다]로 발음된다.

오답해설

① '놓고'와 '좋던'은 'ㅎ'의 뒤에 오는 'ㄱ, ㄷ'이 'ㅎ'과 축약되어 [ㅋ], [ㅌ]으로 발음되고, '넓히다'와 '앉히다'는 'ㅂ, ㅈ'이 뒤에 오는 'ㅎ'과 축약되어 [ㅍ], [ㅊ]으로 발음되므로 적절하다.
③ '놓는'은 '놓는 → 녿는 → [논는]', '쌓네'는 '쌓네 → 싿네 → [싼네]'와 같이 음절의 끝소리 규칙과 비음화가 적용되어 'ㅎ'이 [ㄴ]으로 발음되므로 적절하다.
④ '쌓이다'는 'ㅎ' 뒤에 모음으로 시작하는 접미사가 놓였고, '닳아'는 'ㅎ' 뒤에 모음으로 시작하는 어미가 놓였는데 둘 다 'ㅎ'이 탈락되어 발음되지 않으므로 적절하다.

✎ 선지의 발음

① (가): 놓고[노코], 좋던[조:턴], 넓히다[널피다], 앉히다[안치다]
② (나): 많소[만:쏘], 낳습니다[나:씀니다], 숫하다[수타다]
③ (다): 놓는[논는], 쌓네[싼네]
④ (라): 쌓이다[싸이다], 닳아[다라]

✎ 표준 발음법 제12항-받침 'ㅎ'의 발음

1. 'ㅎ(ㄶ, ㅀ)' 뒤에 'ㄱ, ㄷ, ㅈ'이 결합되는 경우에는, 뒤 음절 첫소리와 합쳐서 [ㅋ, ㅌ, ㅊ]으로 발음한다.
   [붙임1] 받침 'ㄱ(ㄺ), ㄷ, ㅂ(ㄼ), ㅈ(ㄵ)'이 뒤 음절 첫소리 'ㅎ'과 결합되는 경우에도, 역시 두 소리를 합쳐서 [ㅋ, ㅌ, ㅍ, ㅊ]으로 발음한다.
   [붙임2] 규정에 따라 'ㄷ'으로 발음되는 'ㅅ, ㅈ, ㅊ, ㅌ'의 경우에도 이에 준한다.
2. 'ㅎ(ㄶ, ㅀ)' 뒤에 'ㅅ'이 결합되는 경우에는, 'ㅅ'을 [ㅆ]으로 발음한다.
3. 'ㅎ' 뒤에 'ㄴ'이 결합되는 경우에는 [ㄴ]으로 발음한다.
   [붙임3] 'ㄶ, ㅀ' 뒤에 'ㄴ'이 결합되는 경우에는 'ㅎ'을 발음하지 않는다.
4. 'ㅎ(ㄶ, ㅀ)' 뒤에 모음으로 시작된 어미나 접미사가 결합되는 경우에는, 'ㅎ'을 발음하지 않는다.

CODE 009 첨가

✎ 표준 발음법 제7장: 음의 첨가 - 제29항

- 합성어 및 파생어에서, 앞 단어나 접두사의 끝이 자음이고 뒤 단어나 접미사의 첫음절이 '이, 야, 여, 요, 유'인 경우 'ㄴ' 첨가한다. 'ㄹ' 받침 뒤에 첨가되는 'ㄴ' 음은 유음화로 인해 [ㄹ]로 발음한다.
  예 솜이불[솜:니불], 막일[망닐], 맨입[맨닙], 꽃잎[꼰닙], 물엿[⑤], 한여름[한녀름], 담요[담:뇨], 내복약[내:봉냑], 물약[물략], 신여성[신녀성], 남존여비[남존녀비], 색연필[⑥], 직행열차[지캥녈차], 늑막염[능망념], 눈요기[눈뇨기], 영업용[영엄뇽], 식용유[⑦], 휘발유[휘발류], 백분율[백뿐뉼], 야옹야옹[야옹냐옹], 유들유들[유들류들], 서울역[서울력], 솔잎[⑧], 들일[들:릴], 설익다[설릭따], 불여우[불려우], 짓이기다[진니기다]
  다만, 몇몇 말들은 'ㄴ' 음을 첨가하여 발음하되, 표기대로 발음할 수 있다.
  예외 등용문[등용문], 절약[저략], 이기죽이기죽[이기주기기죽], 월요일[워료일], 금요일[그묘일], 목요일[모교일], 6·25[유기오], 송별연[⑨], 3·1절[사밀쩔], 8·15[파리로]
- 표기상으로는 사이시옷이 없더라도, 관형격 기능을 지니는 사이시옷이 있어야 할 합성어의 경우에는, 뒤 단어의 첫소리 'ㄱ, ㄷ, ㅂ, ㅅ, ㅈ'을 된소리로 발음한다.(첨가로 인한 된소리되기)

013 정답해설 ③

㉠은 음운의 첨가('ㄴ' 첨가), ㉡은 음운의 교체(비음화)(ㄱ ⇨ ㅇ)가 일어나고 있다. 그러나 '식용유[시굥뉴]'에서는 'ㄴ' 첨가만 일어나기 때문에 ㉠의 음운 변동은 일어나지만 ㉡의 음운 변동은 일어나지 않는다.

오답해설

① '물엿 ⇨ [물녇] ⇨ [물렫]'은 'ㄴ' 첨가와 유음화에 따른 음운의 교체(ㄴ ⇨ ㄹ), 음절의 끝소리 규칙에 의한 음운의 교체(ㅅ ⇨ ㄷ)가 일어나고 있다.
② '홑이불 ⇨ [혿니불] ⇨ [혼니불]'은 둘째 음절 첫소리의 'ㄴ' 첨가와 음절의 끝소리 규칙에 따른 음운의 교체(ㅌ ⇨ ㄷ), 비음화에 따른 음운의 교체(ㄷ ⇨ ㄴ)가 일어나고 있다.
④ '솔잎 ⇨ [솔닙] ⇨ [솔립]'은 'ㄴ' 첨가와 유음화에 따른 음운의 교체(ㄴ ⇨ ㄹ), 음절의 끝소리 규칙에 따른 음운의 교체(ㅍ ⇨ ㅂ)가 일어나고 있다.

014 정답해설 ②

'유리잔'은 합성 명사이며, 앞말의 끝소리가 울림소리이고 뒷말의 첫소리가 안울림 예사소리지만 뒤의 예사소리가 된소리로 변하지 않고 [유리잔]으로 발음된다.

✎ 사잇소리 현상의 원인

㉠ 합성 명사에서, 앞말의 끝소리가 울림소리이고 뒷말의 첫소리가 안울림 예사소리이면 뒤의 예사소리가 된소리로 변하는 일(표준 발음법 제28항)
  예 잠-자리[잠짜리], 술-잔[술짠], 김-밥[김:빱]
  참고 김-밥: [김:밥]으로만 발음했으나 개정으로 [김:빱]도 허용
㉡ 앞말이 모음으로 끝나고 뒷말의 첫소리가 'ㄴ, ㅁ'일 때, [ㄴ] 소리가 덧나는 경우(표준 발음법 제30항)
  예 윗몸[윈몸], 콧날[콘날], 툇마루[퇸:마루], 빗물[빈물]
㉢ 뒷말의 첫소리가 '이, 야, 여, 요, 유'일 때 [ㄴ]이나 [ㄴㄴ] 소리가 덧나는 경우(표준 발음법 제29항, 제30항)
  예 뒷윷[뒨:뉻], 유들유들[유들류들], 도리깻열[도리깬녈], 눈요기[눈뇨기]

Answer

① 거센 ② 실쯩 ③ 이중 ④ 자음 ⑤ 물렫 ⑥ 생년필 ⑦ 시공뉴 ⑧ 솔립 ⑨ 송:벼련

CODE 010 로마자 표기

015 다음 중 로마자 표기가 옳은 것은?

① 홍빛나 Hong Bitna
② 전라북도 Jeolla-bukdo
③ 잡혀 japhyeo
④ 왕십리 Wangsip-ri

CODE 010 로마자 표기

016 로마자 표기에서 반드시 붙임표를 써야 하는 경우는?

① 반포동 Banpo-dong
② 김복남 Kim Bok-nam
③ 덕수궁 Deoksu-gung
④ 해운대 Hae-undae

CODE 011 문맥적 의미

017 밑줄 친 조사의 의미와 기능이 가장 유사한 것은?

세 번을 그를 찾아갔는데도 만나지 못했다.

① 한 시간 동안 산길을 달렸다.
② 자정을 기준으로 시간을 정하다.
③ 이 하얀 천을 바지로 만들자.
④ 그는 우리 반에서 으뜸을 달린다.

CODE 011 문맥적 의미

018 다음에 제시된 '하다'의 쓰임과 같은 것은?

새로 일할 사람이 성실했으면 한다.

① 보초는 "손들어!" 하고 크게 외쳤다.
② 그는 찬물을 마셨다 하면 바로 설사를 했다.
③ 나는 내 얼굴이 예뻤으면 한다.
④ 선생님께서 학생들에게 숙제는 해 왔냐고 하셨다.

CODE 011 문맥적 의미

019 ㉠~㉣에 들어갈 예문으로 적절하지 않은 것은?

표제어	예문	대립적 의미
오르다	㉠	내려가다
	㉡	낮아지다
	㉢	싸지다
	㉣	약해지다

① ㉠: 그는 옥상에 올라 하늘을 바라보았다.
② ㉡: 술기운이 오른 그는 더 이상 생각할 수 없었다.
③ ㉢: 요즘 등록금이 올라 걱정이다.
④ ㉣: 기세가 오른 그들은 힘차게 진군했다.

CODE 010 로마자 표기

✐ 로마자 표기법

- 국어의 로마자 표기는 국어의 표준 발음에 따라 적는다.
- ① 명사는 첫 글자를 대문자로 적는다.
- 자음 동화와 구개음화는 표기에 반영한다.
- 자음 축약은 표기에 반영하지만, ② 에서는 'ㅎ'을 밝혀 적는다.
- ③ 되기는 표기에 반영하지 않는다.
- 자연 지물명, 문화재명, 인공 축조물명은 붙임표(−) 없이 붙여 쓴다.

015 정답해설 ①

인명은 성과 이름의 순서로 띄어 쓴다. 이름은 붙여 쓰는 것을 원칙으로 하되 음절 사이에 붙임표를 쓰는 것을 허용하며 이름에서 일어나는 음운 변화는 표기에 반영하지 않는다. 따라서 '홍빛나'는 'Hong Bitna' 또는 'Hong Bit-na'라고 적는다.

오답해설

② '전라북도'는 [절라북또]라고 소리 나지만 붙임표 앞뒤에서 일어나는 음운 변화는 표기에 반영하지 않고 붙임표는 각 행정 구역 단위 앞에 적으므로 'Jeollabuk-do'라고 적는 것이 옳다.
③ '잡혀'는 [자펴]로 소리 나고 'ㄱ, ㄷ, ㅂ, ㅈ'이 'ㅎ'과 합하여 거센소리로 발음하는 것은 표기에 반영하므로 'japyeo'라고 적는 것이 옳다.
④ '왕십리'는 '왕십'과 '리'가 분석적으로 인식되지 않고 '왕십리'라는 전체 명칭 뒤에 '동'이 결합한 '왕십리동'과 같은 지명이 따로 있으므로 '왕십리' 사이에 붙임표를 넣지 않는다. 따라서 '왕십리'는 [왕심니]로 소리 나므로 'Wangsimni'라고 적는 것이 옳다.

016 정답해설 ①

'도 · 시 · 군 · 구 · 읍 · 면 · 리 · 동'의 행정 구역 단위와 길 이름인 '가', '길', '로'는 각각 'do, si, gun, gu, eup, myeon, ri, dong, ga, gil, ro'로 적고, 그 앞에는 붙임표(-)를 반드시 넣는다. 그러므로 '반포동'은 'Banpo-dong'처럼 반드시 붙임표를 넣어야 한다.

오답해설

② 이름과 이름 사이에 붙임표를 넣을 수 있으나 안 넣는 것이 원칙이다.
③ 자연 지물명, 문화재명, 인공 축조물명은 붙임표(-) 없이 붙여 쓴다. 그러므로 'Deoksugung'처럼 붙임표 없이 쓰는 것이 옳다.
④ 발음상의 혼동의 우려가 있을 때에는 음절 사이에 붙임표를 쓸 수 있다. '해운대'는 붙임표가 없으면 '하은대'로 혼동할 우려가 있어 'Hae-undae'와 같이 붙임표를 넣는 것이 허용된다.

CODE 011 문맥적 의미

✐ 문맥적 의미 파악 과정

1. 밑줄 친 단어와 대체해서 쓸 수 있는 유의어나 상위어를 떠올려 본다.
2. 밑줄 친 단어가 서술어일 경우, 서술어 자릿수(필수 구조)를 파악하고 필수 성분의 의미를 파악한다.
   밑줄 친 단어가 명사일 경우, 수식어를 확인한다.

017 정답해설 ④

제시된 문장에서의 '을'은 '동작 대상의 수량이나 동작의 순서'를 나타내는 격 조사이다. 이와 같은 의미와 기능을 가진 것은 ④의 '을'이다.

오답해설

① '가다', '걷다', '뛰다' 따위의 이동을 표시하는 동사와 어울려서 동작이 이루어지는 장소를 나타내는 격 조사.
② 어떤 행동이 비롯되는 곳 또는 그 일을 나타내는 격 조사.
③ 어떤 재료나 수단이 되는 사물임을 나타내는 격 조사.

✐ 조사 '을/를'의 의미와 기능

1. (받침 있는 체언 뒤에 붙어)
   ① 동작이 미친 직접적 대상을 나타내는 격 조사.
   예 꽃을 가꾸다./책을 읽다./손을 잡히다./밥을 먹다./집을 팔다.
   ② 행동의 간접적인 목적물이나 대상임을 나타내는 격 조사.
   예 이 편지 형을 보일까요?/이 시계는 동생을 주어라.
   ③ 어떤 재료나 수단이 되는 사물임을 나타내는 격 조사.
   예 휘파람을 신호로 해서 그를 불렀다./이 푸른 천을 치마로 만들자.
   ④ '가다', '걷다', '뛰다' 따위의 이동을 표시하는 동사와 어울려서 동작이 이루어지는 장소를 나타내는 격 조사.
   예 한 시간 동안 산길을 걸었다./하루 종일 백화점을 돌아다녔다.
   ⑤ '가다', '오다', '떠나다' 따위의 동사들과 어울려 이동하고자 하는 곳을 나타내는 격 조사. '에'보다 강조하는 뜻이 있다.
   예 시장을 가다./직장을 다니다./소년은 매주 절을 갔다.
   ⑥ '가다', '오다' 따위와 함께 쓰여, 그 행동의 목적이 되는 일을 나타내는 격 조사.
   예 등산을 가다./마중을 가다./구경을 가다./여행을 오다.
   ⑦ 행동의 출발점을 나타내는 격 조사.
   예 서울을 출발한 새마을호/고향을 떠나다./일찍 서울을 떠났다.
   ⑧ 어떤 행동이 비롯되는 곳 또는 그 일을 나타내는 격 조사.
   예 자정을 기준으로 시간을 정하다./이곳을 기점으로 하자.
   ⑨ 동작 대상의 수량이나 동작의 순서를 나타내는 격 조사.
   예 어제는 열 시간을 잤다./나는 요즘 집에서 며칠을 쉰다./그는 맨발로 두어 마장을 달렸다./그는 우리 반에서 으뜸을 달린다./쌀 두 말을 샀다./세 번을 그를 찾아갔는데도 만나지 못했다.
   ⑩ 동족 목적어가 행위의 목적이 됨을 나타내는 격 조사.
   예 잠을 자다./춤을 추다./짐을 지다./꿈을 꾸다.
2. (받침 있는 일부 부사 뒤에 붙어) 강조하는 뜻을 나타내는 보조사.
   예 네가 먹고 싶은 대로 맘껏을 마셔라.

018 정답해설 ③

'앞말의 행동을 하거나 앞말의 상태가 되기를 바라는 마음을 나타내는 말'이다.

예 네가 나를 용서했으면 했는데 끝까지 화를 풀지 않다니 / 나는 내 얼굴이 예뻤으면 한다. / 새로 일할 사람이 성실했으면 한다.

오답해설

① 인용 조사 없이 발화를 직접 인용하는 문장 뒤에 쓰여 '인용하는 기능을 나타내는 말'이다.
예 보초는 "손들어!" 하고 크게 외쳤다.
사람들은 "사람 살려!" 하고 울부짖으면서 마구 뛰어나왔다.
② '−다' 구성 뒤에서 '하면' 꼴로 쓰여, '만일 어떤 상황이 일어나면 그에 따르는 어떤 상황이 반드시 뒤따라옴을 나타내는 말'이다.
예 그는 첬다 하면 홈런이다.
그는 냉수를 먹었다 하면 바로 설사를 한다.
백화점이 세일을 한다 하면 많은 사람들이 몰려들어~
④ 직접 인용(−라고)이나 간접 인용(−고)하는 말에 이어져 '이르거나 말하다.'라는 뜻이다.
예 경찰은 도망간 범인이 잡혔다고 하였다.
친구가 영화 구경 가자고 했다.
선생님께서 학생들에게 숙제는 해 왔냐고 하셨다.

019 정답해설 ②

㉡의 '오르다'는 '술기운이 퍼지다.'로 해석할 수 있다.
'낮아지다'의 반의어로서 '오르다'는 '잠을 푹 자야 일의 능률이 오른다고 한다.'에서처럼 실적이나 능률 따위가 높아질 때나 '왕위에 오르다.'에서처럼 지위나 계급 따위에 사용하는 어휘이다.

오답해설

① ㉠은 '아래에서 위로 올라가는 것'을 의미한다.
③ ㉢은 '값이 오른 경우'를 뜻한다.
④ ㉣은 '기운이 강해지는 것'을 의미한다.

Answer

① 고유 ② 체언 ③ 된소리

CODE 012 성어의 의미

020 다음 성어 중 ㉠의 의미와 거리가 먼 것은?

> 당초에 민족적 요구로서 출치 안이한 양국병합의 결과가, 필경 ㉠ <u>고식적</u> 위압과 차별적 불평과 통계 숫자상 허식의 하에서 이해상반한 양 민족 간에 영원히 화동할 수 없는 원구를 거익심조하는 금래실적을 관하라.

① 苦肉之計
② 彌縫之策
③ 凍足放尿
④ 下石上臺

CODE 012 성어의 의미

021 밑줄 친 성어와 바꾸어 쓸 수 없는 것은?

① 나는 어울리어 살기를 바라는 <u>甲男乙女</u>의 한 사람이다. (→ 匹夫匹婦)
② 어린 시절 아름다웠던 고향은 <u>桑田碧海</u>라는 비유가 어울릴 만큼 삭막해져 있었다. (→ 刮目相對)
③ <u>魚魯不辨</u>이란 아둔하여 앞을 잘 가리지 못함을 나타내는 말이다. (→ 菽麥不辨)
④ 학문의 세계에서는 <u>亡羊之歎</u>을 느끼게 마련이다. (→ 多岐亡羊)

CODE 012 성어의 의미

022 밑줄 친 '호'의 뜻이 다른 하나는?

① 삼인성<u>호</u>
② <u>호</u>가호위
③ 기<u>호</u>지세
④ 포<u>호</u>빙하

CODE 013 한자어(동자이음어)

023 밑줄 친 한자의 독음이 같은 것끼리 묶인 것은?

① 暴虐 – 橫暴 – 暴棄 – 暴虎馮河
② 反省 – 省察 – 冠省 – 昏定晨省
③ 確率 – 統率 – 食率 – 率直
④ 著名 – 著書 – 顯著 – 著想

CODE 012 성어의 의미

020 정답해설 ①

㉠의 '고식적'이란 '근본적인 대책을 세우지 아니하고 임시변통으로 하는 것'의 의미이다.

'苦肉之計(고육지계)'는 '어려운 상태를 벗어나기 위해 어쩔 수 없이 꾸며 내는 계책을 이르는 말.'을 의미하므로, ㉠과 관계가 멀다.

苦肉之計(고육지계): 자기 몸을 상해 가면서까지 꾸며 내는 계책이라는 뜻으로, 어려운 상태를 벗어나기 위해 어쩔 수 없이 꾸며 내는 계책을 이르는 말. = 고육지책(苦肉之策)

苦 쓸 고, 肉 고기 육, 之 갈 지, 計 셀 계

오답해설

② 彌縫之策(미봉지책): 눈가림만 하는 일시적인 계책(計策). = 미봉책(彌縫策)

彌 미륵 미, 縫 꿰맬 봉, 之 갈 지, 策 꾀 책

③ 凍足放尿(동족방뇨): 언 발에 오줌 누기라는 뜻으로, 잠시 동안만 효력이 있을 뿐 효력이 바로 사라짐을 비유적으로 이르는 말.

凍 얼 동, 足 발 족, 放 놓을 방, 尿 오줌 뇨

④ 下石上臺(하석상대): 아랫돌 빼서 윗돌 괴고 윗돌 빼서 아랫돌 괸다는 뜻으로, 임시변통으로 이리저리 둘러맞춤을 이르는 말. ≒ 상석하대

下 아래 하, 石 돌 석, 上 위 상, 臺 대 대

기미독립선언서 – 독음 포함

當初(당초)에 民族的(민족적) 要求(요구)로서 出(출)치 안이한 兩國併合(양국병합)의 結果(결과)가, 畢竟(필경) ㉠ 姑息的(고식적) 威壓(위압)과 差別的(차별적) 不平(불평)과 統計數字上(통계 숫자상) 虛飾(허식)의 下(하)에서 利害相反(이해상반)한 兩(양) 民族間(민족 간)에 永遠(영원)히 和同(화동)할 수 없는 怨溝(원구)를 去益深造(거익심조)하는 今來實積(금래실적)을 觀(관)하라.

021 정답해설 ②

'桑田碧海(상전벽해)'는 어린 시절에 아름다웠던 고향이 지금은 삭막해졌다는 것을 비유적으로 드러내는 성어로, 세상일의 변천이 심함을 비유적으로 이르는 말이다. '刮目相對(괄목상대)'는 남의 학식이나 재주가 놀랄 만큼 부쩍 늘었다는 것을 이르는 말이므로 '桑田碧海'와 바꾸어 쓸 수 없다.

桑田碧海(상전벽해): 뽕나무밭이 변하여 푸른 바다가 된다는 뜻으로, 세상일의 변천이 심함을 비유적으로 이르는 말. ≒ 벽해상전, 상벽, 상전창해, 상해, 상해지변, 창상, 창해상전

桑 뽕나무 상, 田 밭 전, 碧 푸를 벽, 海 바다 해

刮目相對(괄목상대): 눈을 비비고 상대편을 본다는 뜻으로, 남의 학식이나 재주가 놀랄 만큼 부쩍 늚을 이르는 말.

刮 긁을 괄, 目 눈 목, 相 서로 상, 對 대할 대

오답해설

① 甲男乙女(갑남을녀): 갑이란 남자와 을이란 여자라는 뜻으로, 평범한 사람들을 이르는 말.

甲 갑옷 갑, 男 사내 남, 乙 새 을, 女 여자 녀

匹夫匹婦(필부필부): 평범한 남녀.

匹 짝 필, 夫 지아비 부, 匹 짝 필, 婦 며느리 부

③ 魚魯不辨(어로불변): 어(魚) 자와 노(魯) 자를 구별하지 못한다는 뜻으로, 아주 무식함을 비유적으로 이르는 말.

魚 물고기 어, 魯 노나라 로, 不 아닐 불, 辨 분별할 변

菽麥不辨(숙맥불변): 콩인지 보리인지를 구별하지 못한다는 뜻으로, 사리 분별을 못 하고 세상 물정을 잘 모름을 이르는 말.

菽 콩 숙, 麥 보리 맥, 不 아닐 불, 辨 분별할 변

④ 亡羊之歎(망양지탄): 갈림길이 매우 많아 잃어버린 양을 찾을 길이 없음을 탄식한다는 뜻으로, 학문의 길이 여러 갈래여서 한 갈래의 진리도 얻기 어려움을 이르는 말. ≒ 망양, 망양탄

亡 망할 망, 羊 양 양, 之 갈 지, 歎 탄식할 탄

多岐亡羊(다기망양): 「1」 갈림길이 많아 잃어버린 양을 찾지 못한다는 뜻으로, 두루 섭렵하기만 하고 전공하는 바가 없어 끝내 성취하지 못함을 이르는 말. ≪열자(列子)≫〈설부(說符)〉에 나오는 말이나.

「2」 방침이 많아서 도리어 갈 바를 모름.

多 많을 다, 岐 갈림길 기, 亡 망할 망, 羊 양 양

022 정답해설 ②

'호가호위'에서 앞의 '호'는 여우를, 뒤의 '호'는 호랑이를 뜻한다. 밑줄 친 '호'는 여우를 뜻하는 '호'이므로 나머지 성어들과 뜻이 다르다.

호가호위(狐假虎威): 남의 권세를 빌려 위세를 부림. ≪전국책≫의 〈초책(楚策)〉에 나오는 말로 여우가 호랑이의 위세를 빌려 호기를 부린다는 데에서 유래한다.

狐 여우 호, 假 거짓 가, 虎 범 호, 威 위엄 위

오답해설

① 삼인성호(三人成虎): 세 사람이 짜면 거리에 범이 나왔다는 거짓말도 꾸밀 수 있다는 뜻으로, 근거 없는 말이라도 여러 사람이 말하면 곧이듣게 됨을 이르는 말.

三 석 삼, 人 사람 인, 成 이룰 성, 虎 범 호

③ 기호지세(騎虎之勢): 호랑이를 타고 달리는 형세라는 뜻으로, 이미 시작한 일을 중도에서 그만둘 수 없는 경우를 비유적으로 이르는 말.

騎 말 탈 기, 虎 범 호, 之 갈 지, 勢 기세 세

④ 포호빙하(暴虎馮河): 맨손으로 범을 때려잡고 걸어서 황허강(黃河江)을 건넌다는 뜻으로, 용기는 있으나 무모함을 이르는 말. ≪논어≫의 〈술이편(述而篇)〉에 나온 말이다.

暴 사나울 포, 虎 범 호, 馮 업신여길 빙, 河 강물 하

CODE 013 한자어(동자이음어)

023 정답해설 ①

暴 사납다 포 / 드러내다, 사납다 폭

暴虐 포학 – 橫暴 횡포 – 暴棄 포기 – 暴虎馮河 포호빙하

오답해설

② 省 살피다 성 / 덜다 생

反省 반성 – 省察 성찰 – 冠省 관생 – 昏定晨省 혼정신성

③ 率 비율 률 / 거느리다 솔

確率 확률 – 統率 통솔 – 食率 식솔(집안에 딸린 식구) – 率直 솔직

④ 著 나타나다, 짓다, 뚜렷하다 저 / 붙다, 이르다 착 = 着

著名 저명 – 著書 저서 – 顯著 현저 – 著想 착상

Chapter 2 자주 출제되는 빈출코드 02

출제단원	출제코드	채점
이론 문법 – 음운 + 어문규정 – 표준 발음법 + 한글 맞춤법	CODE 014 된소리되기	
	CODE 015 된소리되기의 표기	
	CODE 016 사이시옷의 표기	
이론 문법 – 형태	CODE 017 형태소의 종류	
	CODE 018 파생법	
	CODE 019 합성법	

출제단원	출제코드	채점
어문규정 – 표준어 규정 + 한글 맞춤법	CODE 020 접사의 의미와 기능	
	CODE 021 준말	
	CODE 022 웃-, 윗-	
	CODE 023 수-, 숫-, 수ㅎ-	
어휘 · 한자	CODE 024 혼동어휘(고유어)	
	CODE 025 속담	
	CODE 026 한자어(유사자형)	

CODE 014 된소리되기

024 ㉠~㉣에 해당하는 단어가 모두 적절한 것은?

> • 받침 'ㄱ, ㄷ, ㅂ' 뒤에 연결되는 자음 'ㄱ, ㄷ, ㅂ, ㅅ, ㅈ'을 된소리로 발음하는 유형 …… ㉠
> • 어간 받침이 울림소리일 경우, 뒤에 결합되는 어미의 첫소리 'ㄱ, ㄷ, ㅅ, ㅈ'을 된소리로 발음하는 유형 …… ㉡
> • 한자어에서 'ㄹ' 받침 뒤에 결합되는 자음 'ㄷ, ㅅ, ㅈ'을 된소리로 발음하는 유형 …… ㉢
> • 표기상 사이시옷이 없더라도, 관형적 기능을 지니는 사이시옷이 있어야 할 합성어의 경우에는, 뒤 단어의 첫소리 'ㄱ, ㄷ, ㅂ, ㅅ, ㅈ'을 된소리로 발음한다. …… ㉣

	㉠	㉡	㉢	㉣
①	칡범	더듬지	굴곡	굴속
②	국밥	넓게	월세	만날 사람
③	넓죽하다	끓다	갈등	술잔
④	읊조리다	안기	발전	아침밥

CODE 015 된소리되기의 표기

025 한글 맞춤법 규정에 맞게 표기된 낱말들로 이루어진 것은?

① 몹시, 색시, 법석, 깍두기
② 깨끗이, 일일이, 간간히, 틈틈히
③ 갯수, 자릿세, 전셋집, 장맛비
④ 오뚝이, 뻐꾸기, 깔쭈기, 홀쭉이

CODE 016 사이시옷의 표기

026 다음 중 사잇소리 현상과 관련이 없는 발음과 표기는?

	단어 구조	발음	표기
①	눈+동자	[눈똥자]	눈동자
②	첫+눈	[천눈]	첫눈
③	코+물	[콘물]	콧물
④	장마+비	[장마삐/장맏삐]	장맛비

CODE 016 사이시옷의 표기

027 다음 중 '수돗물'의 표기 원칙을 설명한 항목은?

> 제30항 사이시옷은 다음과 같은 경우에 받치어 적는다.
> 1. 순우리말로 된 합성어로서 앞말이 모음으로 끝난 경우
> (1) 뒷말의 첫소리가 된소리로 나는 것
> (2) 뒷말의 첫소리 'ㄴ, ㅁ' 앞에서 'ㄴ' 소리가 덧나는 것
> (3) 뒷말의 첫소리 모음 앞에서 'ㄴㄴ' 소리가 덧나는 것
> 2. 순우리말과 한자어로 된 합성어로서 앞말이 모음으로 끝난 경우
> (1) 뒷말의 첫소리가 된소리로 나는 것
> (2) 뒷말의 첫소리 'ㄴ, ㅁ' 앞에서 'ㄴ' 소리가 덧나는 것
> (3) 뒷말의 첫소리 모음 앞에서 'ㄴㄴ' 소리가 덧나는 것

① 제30항 1-(2)　② 제30항 1-(3)
③ 제30항 2-(1)　④ 제30항 2-(2)

CODE 014 된소리되기

✎ 표준 발음법 제23항

받침 'ㄱ(ㄲ, ㅋ, ㄳ, ㄺ), ㄷ(ㅅ, ㅆ, ㅈ, ㅊ, ㅌ), ㅂ(ㅍ, ㄼ, ㄿ, ㅄ)' 뒤에 연결되는 'ㄱ, ㄷ, ㅂ, ㅅ, ㅈ'은 된소리로 발음한다.

예 칡범[칙뻠], 국밥[국빱], 넓죽하다[넙쭈카다], 읊조리다[읍쪼리다]

✎ 표준 발음법 제24항

어간 받침 'ㄴ(ㄵ), ㅁ(ㄻ)' 뒤에 결합되는 어미의 첫소리 'ㄱ, ㄷ, ㅅ, ㅈ'은 된소리로 발음한다.

예 신고[신ː꼬], 더듬지[더듬찌]

참고 용언의 명사형의 경우

예 '안기[안ː끼], 남기[남ː끼], 굶기[굼ː끼]'와 같이 된소리로 발음한다.

✎ 표준 발음법 제25항

어간 받침 'ㄼ, ㄾ' 뒤에 결합되는 어미의 첫소리 'ㄱ, ㄷ, ㅅ, ㅈ'은 된소리로 발음한다.

예 넓게[널께], 핥다[할따], 훑소[훌쏘], 떫지[떨ː찌]

✎ 표준 발음법 제26항

① 에서, 'ㄹ' 받침 뒤에 연결되는 'ㄷ, ㅅ, ㅈ'은 된소리로 발음한다.

예 갈등[갈뜽], 말살[말쌀], 발전[발쩐]

✎ 표준 발음법 제27항

관형사형 '-(으)ㄹ' 뒤에 연결되는 'ㄱ, ㄷ, ㅂ, ㅅ, ㅈ'은 된소리로 발음한다.

예 할 것을[할꺼슬], 갈 데가[갈떼가], 할 바를[할빠를], 할 수는[할쑤는], 할 적에[할쩌게]

✎ 표준 발음법 제28항

표기상으로는 사이시옷이 없더라도, ② 적 기능을 지니는 사이시옷이 있어야 할(휴지가 성립되는) ③ 의 경우에는, 뒤 단어의 첫소리 'ㄱ, ㄷ, ㅂ, ㅅ, ㅈ'을 된소리로 발음한다.

예 문-고리[문꼬리], 눈-동자[눈똥자], 굴-속[굴ː쏙], 술-잔[술짠], 아침-밥[아침빱]

024 정답해설 ④

오답해설

① '굴곡(屈曲)'은 한자어지만 'ㄹ' 받침 뒤에 결합되는 자음이 'ㄱ'이라 [굴곡]이라 발음한다.

② '만날 사람[만날싸람]'은 표준 발음법 제28항(ㄹ)이 아니라 동법 제27항[관형사형 '-(으)ㄹ' 뒤에 연결되는 'ㄱ, ㄷ, ㅂ, ㅅ, ㅈ'은 된소리로 발음한다]의 예시이다.

③ '끊다[끌타]'는 표준 발음법 제12항['ㅎ(ㄶ, ㅀ)' 뒤에 'ㄱ, ㄷ, ㅈ'이 결합되는 경우에는, 뒤 음절 첫소리와 합쳐서 [ㅋ, ㅌ, ㅊ]으로 발음한다]의 예시이다.

CODE 015 된소리되기의 표기

✎ 한글 맞춤법 제5항

한 단어 안에서 뚜렷한 까닭 없이 나는 된소리는 다음 음절의 첫소리를 된소리로 적는다.

1. 두 모음 사이에서 나는 된소리

예 해쓱하다, 부썩

2. ④ 받침 뒤에서 나는 된소리

예 뭉뚱그리다, 함빡

다만, 'ㄱ, ㅂ' 받침 뒤에서 나는 된소리는 같은 음절이나 비슷한 음절이 겹쳐 나는 경우가 아니면 된소리로 적지 아니한다.

예 깍두기, 싹둑, 법석

025 정답해설 ①

한 단어 안에서 'ㄱ, ㅂ' 받침 뒤에 나는 된소리는, 같은 음절이나 비슷한 음절이 겹쳐 나는 경우가 아니면 된소리로 적지 아니한다.

오답해설

② 간간이, 틈틈이: 부사의 끝음절이 분명히 '이'로만 나는 것은 '-이'로 적고, '히'로만 나거나 '이'나 '히'로 나는 것은 '-히'로 적는다. '-하다'가 붙는 경우 주로 '-히'가 온다.

✎ '-하다'가 붙어도 '-이'를 적는 경우

(첩어 또는 준첩어인) 명사 뒤, 'ㅅ' 받침 뒤, 'ㅂ' 불규칙 용언의 어간 뒤, 부사 뒤

③ '개수(個數)'는 한자어와 한자어가 결합된 말이므로 사이시옷을 표기하지 않는다. '자릿세, 전셋집'은 고유어와 한자어가 결합한 말이고 '장맛비'는 고유어와 고유어의 결합으로 이루어진 말이다.

④ 깔쭉이: 용언의 어간에 다음과 같은 접미사들이 붙어서 이루어진 말들은 그 어간을 밝히어 적는다.('-하다'나 '-거리다'가 붙을 수 없는 어근에 '-이'나 또는 다른 모음으로 시작되는 접미사가 붙어서 명사가 된 것은 그 원형을 밝히어 적지 아니한다.)

CODE 016 사이시옷의 표기

✎ 사이시옷 표기의 발음·형태 조건

- 발음 조건
  첨가 현상으로 인해 ⑤ 소리가 일어나거나, '⑥ '이 덧나거나, '⑦ '이 덧난 경우
  단, 뒤에 ⑧ 소리나 ⑨ 소리가 올 경우 사이시옷을 표기할 수 없다.
- 형태 조건
  - 단일어나 파생어가 아닌 ⑩ 어인 경우만 표기한다.
  - 고유어 + 고유어 / 고유어 + 한자어 / 한자어 + 고유어
    ⑪ 어와 결합될 경우 사이시옷을 적지 않는다.
    예 피자집○, 피잣집× / 핑크빛○, 핑큿빛×
    한자어 + 한자어의 결합에서는 예외인 단어 6개(⑫)를 제외하고는 사이시옷을 적지 않는다.
  - 앞 형태소가 모음으로 끝난다(사이시옷 쓸 자리가 비어 있어야 함).

026 정답해설 ②

'첫눈'은 '처+눈'에 사잇소리 현상이 일어나 사이시옷이 첨가된 것이 아니라, 본래 받침에 'ㅅ'을 가진 관형사 '첫'과 명사 '눈'이 합성된 단어이다. [천눈]이라는 발음은 사잇소리 현상이 아니라, [천눈 ⇨ 천눈]과 같이 교체(음절의 끝소리 규칙)를 거친 앞말의 받침 'ㄷ'이 뒷말의 첫소리 'ㄴ'의 영향을 받아 'ㄴ'으로 바뀌는 비음화에 의한 것이다.

오답해설

①, ④ '눈동자'와 '장맛비'는 첨가로 인해 뒤의 예사소리가 된소리로 바뀐 경우로, '장맛비'와 달리 '눈동자'는 앞말이 자음으로 끝났기 때문에 사이시옷을 적지 않은 것이다.

③ '콧물'은 합성어를 이룰 때 'ㄴ'이 첨가된 경우로, '콧물'은 'ㄴ'이 하나 첨가된 것이다.

027 정답해설 ④

'수돗-물(水道-물)'은 한자어와 순우리말로 된 합성어이다. 또한 뒷말의 'ㅁ' 앞에서 'ㄴ' 소리가 덧나는 경우에 해당한다. 그리하여 사이시옷을 앞말에 받쳐 적는 것이다.

Answer

① 한자어 ② 관형 ③ 합성어 ④ ㄴ, ㄹ, ㅁ, ㅇ ⑤ 된 ⑥ ㄴ ⑦ ㄴㄴ ⑧ 거센 ⑨ 된 ⑩ 합성 ⑪ 외래 ⑫ 곳간, 툇간, 찻간, 횟수, 숫자, 셋방

CODE 016 사이시옷의 표기

028 밑줄 친 표기가 어문 규정에 적절하지 않은 것은?

① <u>소주잔</u>을 가져다주세요.
② <u>대푯값</u>이 얼마인지 알려줄래?
③ <u>해님</u>이 활짝 떴다.
④ <u>은행나뭇길</u>이 정말 아름답다.

CODE 016 사이시옷의 표기

029 〈보기〉의 한글 맞춤법에 따라 바르게 표기된 것은?

보기

한글 맞춤법 제30항
사이시옷은 다음과 같은 경우에 받치어 적는다.
순우리말로 된 합성어나 순우리말과 한자어로 된 합성어로서의 앞말이 모음으로 끝난 경우
(1) 뒷말의 첫소리가 된소리로 나는 것
(2) 뒷말의 첫소리가 'ㄴ, ㅁ' 앞에서 'ㄴ'소리가 덧나는 것
(3) 뒷말의 첫소리 모음 앞에서 'ㄴㄴ'소리가 덧나는 것

① 선지국　　② 나뭇꾼
③ 촛점　　④ 만홧가게

CODE 017 형태소의 종류

030 다음 문장을 분석했을 때 알맞지 않은 것은?

그들은 촛불을 밝혀 들고 갔다.

① 어절: 5개
② 단어: 7개
③ 실질 형태소: 6개
④ 의존 형태소: 10개

CODE 017 형태소의 종류

031 다음 중 음운론적 이형태의 사례가 아닌 것은?

① 삽<u>으로</u> 땅을 판다. / 괭이<u>로</u> 땅을 판다.
② 화초<u>에</u> 물을 주었다. / 동생이 나<u>에게</u> 물을 주었다.
③ 사과<u>와</u> 배를 먹었다. / 빵<u>과</u> 우유를 먹었다.
④ 철수<u>야</u>, 공원 앞으로 와라. / 순영<u>아</u>, 공원 앞으로 와라.

028 정답해설 ④

'기찻길'과 '고갯길'은 한 단어이지만, '가로수 길'을 비롯하여 '은행나무 길, 개나리 길' 등은 한 단어가 아니므로, '가로수, 은행나무, 개나리'와 '길'을 띄어서 써야 한다.

오답해설

① 앞뒤 명사 중 최소한 하나는 순우리말일 때 사이시옷을 표기한다. '소주잔'은 모두 한자어이므로 사이시옷을 표기하지 않는다.

(예외 6개: 툇간, 곳간, 찻간, 숫자, 횟수, 셋방)

② 한자어(대표)와 순우리말(값)의 합성 명사이며 뒷말의 첫소리가 된소리로 나기 때문에 사이시옷을 표기한다.

③ '해님'은 접사 '-님'이 붙어 파생한 파생어이며 [해님]으로 발음하므로 사잇소리 현상이 없어 사이시옷을 표기할 이유가 없다.

029 정답해설 ④

'만홧가게'는 한자어 '만화'와 순우리말 '가게'가 결합된 합성어로, 뒷말의 첫소리가 [까]로 발음되므로 사이시옷을 받쳐 적어야 한다.

오답해설

① '선짓국'은 순우리말 '선지'와 순우리말 '국'이 결합된 합성어로, 뒷말의 첫소리가 [꾹]으로 발음되므로 사이시옷을 받쳐 적어야 한다.

② '나뭇꾼'의 '-꾼'은 접사이므로 파생어이다. 따라서 한글 맞춤법 제30항의 적용을 받지 않으므로 '나무꾼'으로 표기하는 것이 적절하다.

③ '촛점'은 한자와 한자가 결합한 합성어로, 한글 맞춤법 제30항이 적용되지 않는다. 따라서 '초점'으로 표기하는 것이 맞다.

✎ 제30항 사이시옷은 다음과 같은 경우에 받치어 적는다.

1. 순우리말로 된 합성어로서 앞말이 모음으로 끝난 경우
   (1) 뒷말의 첫소리가 된소리로 나는 것
   예 고랫재, 귓밥, 나룻배, 나뭇가지, 냇가, 댓가지, 뒷갈망, 맷돌, 머릿기름, 모깃불, 못자리, 바닷가, 뱃길, 볏가리, 부싯돌, 선짓국, 쇳조각, 아랫집, 우렁잇속, 잇자국, 잿더미, 조갯살, 찻집, 쳇바퀴, 킷값, 핏대, 햇볕, 혓바늘
   (2) 뒷말의 첫소리 'ㄴ, ㅁ' 앞에서 'ㄴ' 소리가 덧나는 것
   예 멧나물, 아랫니, 텃마당, 아랫마을, 뒷머리, 잇몸, 깻묵, 냇물, 빗물, 콧날
   (3) 뒷말의 첫소리 모음 앞에서 'ㄴㄴ' 소리가 덧나는 것
   예 도리깻열, 뒷윷, 두렛일, 뒷일, 뒷입맛, 베갯잇, 욧잇, 깻잎, 나뭇잎, 댓잎
2. 순우리말과 한자어로 된 합성어로서 앞말이 모음으로 끝난 경우
   (1) 뒷말의 첫소리가 된소리로 나는 것
   예 가짓과, 고양잇과, 귓병, 머릿방, 멸칫과, 뱃병, 봇둑, 사잣밥, 샛강, 소나뭇과, 아랫방, 자릿세, 전셋집, 찻잔, 찻종, 촛국, 콧병, 탯줄, 텃세, 핏기, 햇수, 횟가루, 횟배
   (2) 뒷말의 첫소리 'ㄴ, ㅁ' 앞에서 'ㄴ' 소리가 덧나는 것
   예 곗날, 제삿날, 훗날, 툇마루, 양칫물
   (3) 뒷말의 첫소리 모음 앞에서 'ㄴㄴ' 소리가 덧나는 것
   예 가욋일, 사삿일, 예삿일, 훗일
3. 두 음절로 된 다음 한자어
   예 곳간(庫間), 셋방(貰房), 숫자(數字), 찻간(車間), 툇간(退間), 횟수(回數)

CODE 017 형태소의 종류

✎ 형태소: 최소의 의미 변별 단위

자립성 유무	①	형태소	혼자 쓰이는 형태소(체언, 감탄사, 부사, 관형사)
	②	형태소	다른 말에 기대어 쓰이는 형태소(③ , 접사, 어간, 어미)
의미의 허실	④	형태소	실질적 의미를 가지는 형태소(자립 형태소+ ⑤)
	⑥	형태소	문법적인 의미만을 가지는 형태소(조사, 접사, 어미)

✎ 형태소 분석 기준

- '체언+조사, 접두사+어근, 어근+접미사, 어근+어근, 어간+어미'로 나눈다.
- '어간+어미'에서 '어미'는 종류별로 다시 나눈다.
- 준말은 본딧말로 풀어서 나눈다.
- 탈락된 말은 복원한 뒤 나눈다.

030 정답해설 ④

제시된 문장에서 의존 형태소는 '-들', '은', '을', '밝-', '-히-', '-어', '들-', '-고', '가-', '-았-', '-다'로 총 11개이다.

오답해설

① 어절: '그들은 / 촛불을 / 밝혀 / 들고 / 갔다.'로 총 5개이다.

② 단어: '그들 / 은 / 촛불 / 을 / 밝혀 / 들고 / 갔다.'로 총 7개이다.

③ 형태소: '그 / -들 / 은 / 초 / 불 / 을 / 밝- / -히- / -어 / 들- / -고/ 가- / -았- / -다'로 총 14개이다. 이 중 실질 형태소는 '그, 초, 불, 밝-, 들-, 가-'로 총 6개이다.

✎ 어절, 단어

- 어절(語節): 문장을 구성하는 기본 문법 단위로서, 띄어쓰기 단위와 대체로 일치한다. 조사나 어미와 같이 문법적 기능을 하는 요소들은 앞의 말에 붙어서 한 어절을 이룬다.
- 단어(單語) = 낱말: 단어는 최소의 자립 형식을 뜻한다. 즉, 자립할 수 있는 말이나 자립할 수 있는 형태소에 붙어서 쉽게 분리할 수 있는 말들을 이른다.

031 정답해설 ②

음운론적 이형태는 음운 환경에 따라 조사가 다르게 나타나는 현상이다.

'에'와 '에게'는 앞말이 어떤 움직임이나 작용이 미치는 대상임을 나타내는 부사격 조사인데, 앞의 말이 무정(無情) 명사이면 '에'가 붙고, 유정(有情) 명사이면 '에게'가 붙는다. 따라서 '에'와 '에게'는 음운 환경에 따라 선택되는 관계가 아니다('화초에'와 '꽃에', '나에게'와 '형에게' 등의 예를 통해 알 수 있음). 더욱이 '화초에'와 '나에게'의 경우 '에'와 '에게'의 앞뒤 음운 환경이 다른 것도 아니므로 음운론적 이형태의 사례라고 볼 수 없다.

오답해설

①의 '으로/로', ③의 '와/과', ④의 '야/아'는 모두 앞말이 자음이냐 모음이냐에 따라 결정되므로 음운론적 이형태 사례에 해당한다.

✎ 변이(變異) 형태 = 이형태(異形態)

하나의 형태소가 환경에 따라 여러 가지 형태로 실현되는 것(상보적인 분포를 보인다.)

- 음운론적 이형태: 다른 음운 환경에서 다른 형태를 갖고 있는 이형태
  예 주격 조사 '이/가', 목적격 조사 '을/를'
- 형태론적 이형태: 다른 형태 환경에서 다른 모습을 띠는 이형태
  예 '먹었다'의 '-었-'과 '하였다'의 '-였-'

Answer

① 자립 ② 의존 ③ 조사 ④ 실질 ⑤ 어간 ⑥ 형식

CODE 018 파생법

032 다음 중 파생어로만 이루어진 것은?

① 새언니, 훔치다, 방정맞다, 신나다
② 아파하다, 지붕, 높이, 헌책
③ 어느새, 엿보다, 야단맞다, 강마르다
④ 신비롭다, 맨몸, 양배추, 값지다

CODE 019 합성법

033 다음 밑줄 친 부분에 해당하는 것끼리 묶인 것은?

> 우리말의 합성어 중에는 <u>우리말의 일반적 구성 방식에 의해 구성되지 않은 합성어</u>도 존재한다.

① 고무신 / 검붉다 / 남다르다
② 촛불 / 첫사랑 / 부슬비
③ 철들다 / 꺾쇠 / 척척박사
④ 덮밥 / 높푸르다 / 굶주리다

CODE 019 합성법

034 다음 중 우리말의 문장이나 단어의 배열 구조와 일치하는 합성어끼리 짝지어진 것은?

① 늙은이 – 젖먹이　　② 이슬비 – 부슬비
③ 날짐승 – 열쇠　　④ 꺾쇠 – 붙잡다

CODE 019 합성법

035 〈보기〉에 제시된 단어의 구조와 같은 구조의 단어는?

> 보기
>
> 센입천장: [(세− + −ㄴ) + 입 + 천장]

① 오르막길　　② 날숨소리
③ 터짐소리　　④ 큰어머니

CODE 019 합성법

036 합성어의 의미 형성 방식이 다른 것끼리 묶인 것은?

① 연세 – 춘추　　② 손수레 – 물걸레
③ 빈말 – 강산　　④ 할미꽃 – 바늘방석

CODE 018 파생법

✎ 단어의 형성

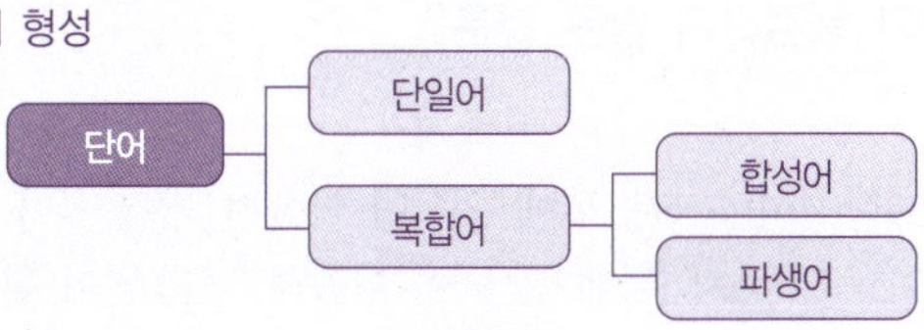

✎ 파생어

어근에 접사가 결합하여 만들어진 말이다.

032 정답해설 ④

신비롭다: 명사 '신비'에 '그러함' 또는 '그럴 만함'의 뜻을 더하고 형용사를 만드는 접미사 '-롭다'가 붙은 파생어

맨몸: 명사 '몸'에 '다른 것이 없는'의 뜻을 더하는 접두사 '맨-'이 붙은 파생어

양배추: 서구식 또는 외국에서 들어왔다는 뜻의 접두사 '양(洋)-'이 결합한 파생어

값지다: 명사 '값'에 '그런 성질이 있음' 또는 '그런 모양임'의 뜻을 더하고 형용사를 만드는 접미사 '-지다'가 붙은 파생어

오답해설

① 새언니: 관형사 '새'와 명사 '언니'가 결합한 통사적 합성어
훔치다: '남의 물건을 남몰래 슬쩍 가져다가 자기 것으로 하다.'이라는 뜻의 단일어
방정맞다: 명사 '방정'에 '그것을 지니고 있음'의 뜻을 더하고 형용사를 만드는 접미사 '-맞다'가 붙은 파생어
신나다: 명사 '신'을 주어로 삼고 동사 '나다'를 서술어로 삼는 절에서 주격 조사가 생략된 통사적 합성어

② 아파하다: 형용사 '아프다'에, 형용사 뒤에서 '-아하다' 구성으로 쓰여 앞말이 뜻하는 대상에 대한 느낌을 가짐을 나타내는 보조동사 '하다'가 결합한 통사적 합성어
지붕: 명사 '집'에 접미사 '-웅'이 붙은 파생어
높이: 형용사 '높다'의 어간 '높-'에 접미사 '-이'가 붙은 파생어
헌책: 관형사 '헌'과 명사 '책'이 결합한 통사적 합성어

③ 어느새: 관형사 '어느'와 명사 '새'가 결합한 통사적 합성어
엿보다: 동사 '보다'에 '남몰래'란 의미가 담긴 접두사 '엿-'이 붙은 파생어
야단맞다: 명사 '야단'을 목적어로 삼고 동사 '맞다'를 서술어로 삼는 절에서 목적격 조사가 생략된 통사적 합성어
강마르다: 동사 '마르다'에 '몹시'의 뜻을 더하는 접두사가 붙은 파생어

CODE 019 합성법

✎ 합성어: 두 개 이상의 어근이 결합한 복합어

1. 통사적 합성어: 통사적 구성과 일치하는 합성어
2. 비통사적 합성어: 통사적 구성과 일치하지 않는 합성어

유형	통사적 합성어	비통사적 합성어
관형사형 어미의 유무	○	×
① 어미의 유무	○	×
체언을 수식하는 ②	관형사가 수식	○
어순	우리말 어순과 일치	우리말 어순과 불일치

✎ 합성어의 형성 방식

1. 대등 합성어: 두 어근의 결합 방식이 대등한 합성어
2. 종속 합성어: 한 어근이 다른 어근에 의미상 종속된 합성어
3. ③ 합성어: 두 어근과는 완전히 다른 제삼의 의미가 도출되는 합성어

033 정답해설 ④

밑줄 친 부분에서 말하고 있는 합성어는 '비통사적 합성어'이다. 우리말의 구성 방식에서는 동사 어간 다음에 바로 명사가 오지 않고 중간에 어미가 개입한다. 그러나 '덮밥'은 그렇지 않다. 또한 우리말의 구성 방식에서는 동사나 형용사가 어간끼리 바로 연결되지 않고 중간에 어미가 개입하는데 '높푸르다', '굶주리다'에서는 그렇지 않다.

오답해설

① '검붉다'만 비통사적 합성어이다.
② '부슬비'만 비통사적 합성어이다.
③ '꺾쇠', '척척박사'만 비통사적 합성어이다.

034 정답해설 ③

'날짐승', '열쇠'는 '용언의 관형형 + 명사' 구조인 '통사적 합성어'이다.

오답해설

① '늙은이'는 '용언의 관형형 + 명사'의 '통사적 합성어'이나 '젖먹이'는 어간 뒤에 '-이'라는 접미사가 결합된 파생어이다.
② '이슬비'는 '명사 + 명사'의 '통사적 합성어'이나 '부슬비'는 '부사 + 명사'의 '비통사적 합성어'이다.
④ '꺾쇠', '붙잡다'는 각각 '-은'이라는 관형형 어미와 '-어'라는 연결 어미가 생략된 '비통사적 합성어'이다.

035 정답해설 ②

〈보기〉의 '센입천장'은 '세-'(용언 '세다'의 어간) + '-ㄴ'(관형사형 어미) + '입'(명사)+'천장'(명사)의 구조이다.

[(나- + -ㄹ) + 숨] + 소리

'날숨소리'는 '나-'(용언 '나다'의 어간) + '-ㄹ'(관형사형 어미)+ '숨'(명사) + '소리'(명사)의 구조로, '센입천장'과 가장 유사한 구조이다.

오답해설

① '오르막길'은 '오르-'(용언 '오르다'의 어간) + '-막'(접미사) + '길'(명사)의 구조로 이루어져 있다.
③ '터짐소리'는 '터지-'(용언 '터지다'의 어간) + '-ㅁ'(명사형 어미) + '소리'(명사)의 구조로 이루어져 있다.
④ '큰어머니'는 '크-'(용언 '크다'의 어간) + '-ㄴ'(관형사형 어미) + 어머니(명사)의 구조로 이루어져 있다.

036 정답해설 ④

- 할미꽃: 꽃의 모양이 할미의 굽은 허리를 닮았다 하여 '할미꽃'이라 이름이 붙었다. '수식어+피수식어' 구조로 '할미'가 '꽃'을 수식하는 종속 합성어이다.
- 바늘방석: '앉아 있기에 아주 불안스러운 자리'를 비유적으로 이를 때에는, 바늘'이 '방석'을 꾸미는 구조이지만 융합 합성어이다.

오답해설

① • 연세(年歲): '年(해 년)'과 '歲(해 세)'가 결합하여 '나이'의 높임말로 쓰이는 융합 합성어이다.
 • 춘추(春秋): '春(봄 춘)'과 '秋(가을 추)'가 결합하여 '나이'의 높임말로 쓰이는 융합 합성어이다.
② • 손수레: '손으로 끄는 수레'로 '수식어 + 피수식어'의 형태로 된 종속 합성어이다.
 • 물걸레: '물을 묻혀 사용할 걸레'로 '수식어 + 피수식어'의 형태로 된 종속 합성어이다.
③ • 빈말: '실속 없이 헛된 말'로 융합 합성어이다.
 • 강산: '자연의 경치'라는 뜻으로 의미가 바뀐 융합 합성어이다.

Answer

① 연결 ② 부사 ③ 융합

CODE 020 접사의 의미와 기능

037 ㉠과 ㉡에 해당하는 예로 적절하지 않은 것은?

> 어근의 앞이나 뒤에 접사가 붙어서 만들어진 단어를 파생어라고 한다. 접사에는 접두사와 접미사가 있는데, 접두사는 어근의 앞에 붙어 ㉠ 특정한 뜻을 더하거나 강조한다. 접미사는 접두사보다 그 수가 많고, 다양한 어근과 결합하여 특정한 뜻을 더하거나 강조한다. 뿐만 아니라 ㉡ 어근의 품사를 바꾸기도 한다.

① ㉠: 동생의 볼이 유난히 새빨갛다.
② ㉠: 뒤에서 자꾸 군소리를 하면 좋지 않다.
③ ㉡: 새집으로 이사를 가게 되어 무척 행복하다.
④ ㉡: 시간표를 잘못 보는 바람에 새벽 기차를 놓쳤다.

CODE 020 접사의 의미와 기능

038 '접두사'에 관한 자료를 탐구한 것이 적절하지 않은 것은?

접두사	접두사가 붙은 말	접두사의 뜻
외-	외아들, 외마디, 외길, 외따로	'혼자인', '홀로', '한쪽에 치우친', '하나인'
한-	한길, 한가운데, 한겨울	'큰', '한창인', '정확한'
헛-	헛걸음, 헛수고, 헛디디다, 헛돌다	'이유 없는', '보람 없는', '보람 없이', '잘못'
날-	날강도, 날고기	'말리거나 익히거나 가공하지 않은', '지독한'

① '외따로'에서 '외-'는 '홀로'의 뜻을 나타낸다.
② '한시름'에서 '한'은 접사 '한-'과 다른 의미이다.
③ '헛디디다'와 '헛돌다'의 '헛-'은 다른 의미이다.
④ '날짐승'의 '날'은 접사 '날-'과 다른 의미이다.

CODE 021 준말

039 〈보기〉는 한글 맞춤법 규정의 일부이다. 이를 바탕으로 할 때, 표기가 적절하지 않은 것은?

> 보기
>
> 제39항 어미 '-지' 뒤에 '않-'이 어울려 '-잖-'이 될 적과 '-하지' 뒤에 '않-'이 어울려 '-찮-'이 될 적에는 준 대로 적는다.
>
> 제40항 어간의 끝음절 '하'의 'ㅏ'가 줄고 'ㅎ'이 다음 음절의 첫소리와 어울려 거센소리로 될 적에는 거센소리로 적는다.

	본말	준말
①	적지 않은	적잖은
②	그렇지 않은	그렇잖은
③	넉넉하지 않다	넉넉찮다
④	변변하지 않다	변변찮다

CODE 021 준말

040 다음 한글 맞춤법 규정을 잘못 적용한 것은?

> 제35항 모음 'ㅗ, ㅜ'로 끝난 어간에 '-아/-어, -았-/-었-'이 어울려 'ㅘ/ㅝ, ㅘㅆ/ㅝㅆ'으로 될 적에는 준 대로 적는다.
>
> [붙임1] '놓아'가 '놔'로 줄 적에는 준 대로 적는다.
>
> [붙임2] 'ㅚ' 뒤에 '-어, -었-'이 어울려 'ㅙ, ㅙㅆ'으로 될 적에도 준 대로 적는다.
>
> 제36항 'ㅣ' 뒤에 '-어'가 와서 'ㅕ'로 줄 적에는 준 대로 적는다.
>
> 제37항 'ㅏ, ㅕ, ㅗ, ㅜ, ㅡ'로 끝난 어간에 '-이-'가 와서 각각 'ㅐ, ㅖ, ㅚ, ㅟ, ㅢ'로 줄 적에는 준 대로 적는다.

① '놓았다'를 '놨다'로 쓴 것은 제35항 [붙임1]에 따른 것이다.
② '되었다'를 '됐다'로 쓴 것은 제35항 [붙임2]에 따른 것이다.
③ '가지었다'를 '가졌다'로 쓴 것은 제36항에 따른 것이다.
④ '치이어'를 '치여'로 쓴 것은 제37항에 따른 것이다.

CODE 020 접사의 의미와 기능

지배적 접사

분류	예
① 화 접미사	–음/–이, –기, –개, –애, –게, –어지, –엄, –웅
② 화 접미사	–하다, –거리다/–대다, –이다, 피동/사동 접사
③ 화 접미사	–하다, –스럽다, –답다, –롭다, –맞다, –지다, –업–, –브–, –읍–, –ㅂ–
④ 화 접미사	–이/–히, –로, –내, –오/–우/–아, –껏, –금
⑤ 화 접미사	–적, –까짓

037 정답해설 ④
동사 '놓쳤다'는 어간 '놓–'에 접미사 '–치–'가 결합된 말로, 접미사 '–치–'는 '강조'의 뜻을 더할 뿐, 어근의 품사를 바꾸지 않는다.

오답해설
① '새빨갛다'의 '새–'는 '매우 짙고 선명하게'의 뜻을 더하는 접두사이다.
② '군소리'의 '군–'은 '쓸데없는'의 뜻을 더하는 접두사이다.
③ '행복하다'의 '–하다'는 명사 '행복'을 형용사로 만드는 접미사이다.

038 정답해설 ②
'한시름'은 '큰 시름'의 뜻으로, 이때의 '한–'은 '시름'에 '큰'의 뜻을 더하는 접사이다.

오답해설
① '외따로'에서 '외–'는 부사인 '따로'에 붙어 '홀로'의 뜻을 더하고 있다.
③ '헛디디다'의 '헛–'은 용언인 '디디다'에 붙어 '잘못'의 뜻을 더하는 것이고, '헛돌다'의 '헛–'은 용언인 '돌다'에 붙어 '보람이 없이'의 의미를 더한다.
참고 '헛디디다'는 '발을 잘못 디디다.'를, '헛돌다'는 '효과나 보람이 없이 돌다. 또는 제구실을 못하고 제자리에서 헛되이 돌다.'를 의미한다.
④ '날짐승'의 '날–'은 동사 '날다'의 어간이다. 따라서 '날짐승'은 파생어가 아니라 합성어이다.

CODE 021 준말

한글 맞춤법 제39항
어미 '–지' 뒤에 '않–'이 어울려 '⑥ '이 될 적과 '–하지' 뒤에 '않–'이 어울려 '⑦ '이 될 적에는 준 대로 적는다.

한글 맞춤법 제40항
어간의 끝음절 '하'의 'ㅏ'가 줄고 'ㅎ'이 다음 음절의 첫소리와 어울려 거센소리로 될 적에는 거센소리로 적는다.
[붙임1] 'ㅎ'이 어간 끝소리로 굳어진 것은 받침으로 적는다.
[붙임2] 어간의 끝음절 '하'가 아주 줄 적에는 준 대로 적는다.
[붙임3] 다음과 같은 부사는 소리대로 적는다.
결단코, 결코, 기필코, 무심코, 아무튼, 요컨대, 정녕코, 필연코, 하마터면, 하여튼, 한사코

039 정답해설 ③
'넉넉하지 않다'는 어간의 끝음절 '하'가 아주 줄 적에는 준 대로 적는 말로 '넉넉지 않다, 넉넉잖다'로 표기해야 한다. '넉넉찮다'로 적는 것은 적절하지 않다.

오답해설
① '적지 않은'은 '–지' 뒤에 '않–'이 어울려 '–잖–'으로 줄여 적을 수 있다.
② '그렇지 않은'은 '–지' 뒤에 '않–'이 어울려 '–잖–'으로 줄여 적을 수 있다.
④ '변변하지 않다'는 '–하지' 뒤에 '않–'과 어울려 '–찮–'으로 줄여 적을 수 있다.

한글 맞춤법 제39항
어미 '–지' 뒤에 '않–'이 어울려 '–잖–'이 될 적과 '–하지' 뒤에 '않–'이 어울려 '–찮–'이 될 적에는 준 대로 적는다.

본말	준말	본말	준말
그렇지 않은	그렇잖은	만만하지 않다	만만찮다
적지 않은	적잖은	변변하지 않다	변변찮다
두렵지 않다	두렵잖다	오죽하지 않다	오죽잖다
허술하지 않다	허술찮다	올곧지 않다	올곧잖다
달갑지 않다	달갑잖다	당하지 않다	당찮다
마뜩하지 않다	마뜩잖다	편하지 않다	편찮다
시답지 않다	시답잖다		

040 정답해설 ④
'치이어'는 'ㅣ' 뒤에 '–어'가 와서 'ㅕ'로 줄 적에는 준 대로 적어 '치여'가 된 것이므로 제36항에 해당하는 용례라 할 수 있다.

오답해설
① '놨다'는 '놔'로 준 것이므로 제35항 [붙임1]에 따른 것이다.
② '됐다'는 '되–'에 '–어, –었–'이 어울려 'ㅙ'로 준 것이므로 제35항 [붙임2]에 따른 것이다.
③ '가졌다'는 'ㅣ' 뒤에 '–어'가 와서 'ㅕ'로 줄어든 말이므로 제36항에 따른 것이다.

Answer
① 명사 ② 동사 ③ 형용사 ④ 부사 ⑤ 관형사 ⑥ –잖– ⑦ –찮–

CODE 022 웃-, 윗-

041 다음 중 단어의 표기가 모두 적절한 것은?

① 위짝, 위팔, 윗입술
② 웃국, 윗비걷다, 웃돈
③ 위짝, 웃사랑, 윗니
④ 웃도리, 윗벌, 웃옷

CODE 023 수-, 숫-, 수ㅎ-

042 표준어만으로 나열된 것은?

① 칸막이, 삭월세, 수당나귀, 미루나무
② 끄나불, 강남콩, 세째, 암퇘지
③ 부주금, 갯펄, 상치쌈, 수개미
④ 적이, 멋쟁이, 안사돈, 수톨쩌귀

CODE 024 혼동어휘(고유어)

043 밑줄 친 부분이 어법에 맞지 않는 것은?

① 모퉁이를 돌다가 팔이 다른 사람에게 부딪쳤다.
② 어려운 문제와 부딪치면 언제든지 도움을 요청해라.
③ 김 과장은 무슨 잘못을 저질렀는지 사장과 눈길을 부딪치기를 꺼렸다.
④ 형은 진학 문제로 부모님과 부딪치고는 집을 나가 버렸다.

CODE 024 혼동어휘(고유어)

044 밑줄 친 단어에 대한 설명으로 적절하지 않은 것은?

㉠ 술을 체에 받쳤다.
㉡ 과녁에 화살을 모두 맞추면 만점이다.
㉢ 싸움은 말리고 흥정은 붙이라고 했다.
㉣ 세금이 잘 걷혀야 나라가 발전할 수 있다.

① ㉠: '받다'를 강조하는 말이니까 '받쳤다'는 맞다.
② ㉡: '맞다'의 사동사인 '맞히면'으로 고쳐야 한다.
③ ㉢: '붙이다'는 '붙다'의 사동사니까 '붙이라고'는 맞다.
④ ㉣: 피동사 '걷혀야'를 '걷쳐야'로 고쳐야 한다.

CODE 024 혼동어휘(고유어)

045 밑줄 친 단어의 쓰임이 적절하지 않은 것은?

① 오늘까지 이 일을 마치기에는 일손이 딸린다.
② 배탈이 나서 두 끼를 건넜다.
③ 그 녀석은 고개를 쳐들고 나를 빤히 보았다.
④ 푼푼이 모아서 푼푼히 살게 되었다.

CODE 024 혼동어휘(고유어)

046 표준어 규정을 바탕으로 혼동하기 쉬운 말을 정리해 보았다. 잘못된 것은?

① 박이다: 나는 그의 굳은살이 박인 손을 바라보았다.
박히다: 등산하는 버릇이 몸에 박혀 포기할 수 없다.
② 달리다: 자금이 달려서 사업을 접었다.
딸리다: 그에게는 딸린 식구가 너무 많다.
③ 굵다: 허리가 굵은 것은 건강에 적신호라 할 수 있다.
두껍다: 선수층과 지지층이 두껍다.
④ 붇다: 라면이 더 붇기 전에 먹어라.
붓다: 나는 3년째 적금을 붓고 있다.

CODE 022 웃-, 윗-

- '웃-'과 '윗-'은 명사 '위'에 맞추어 '①   '으로 통일 ⇨ 위와 아래의 구분이 없는 단어는 '②   '을 쓴다.
- 명사 '위'와 단어가 합성될 때 뒤에 오는 단어의 첫 음운이 된소리거나 거센소리 ⇨ 사이시옷을 표기하지 않는다.

041 정답해설 ①

- 위짝, 위팔: 된소리나 거센소리 앞에서는 '위-'로 한다.
- 윗입술: 「1」 위쪽의 입술 ≒ 상순
  「2」 주머니 가장자리 위에 덧댄 부분

오답해설

② 윗비걷다 ⇨ 웃비걷다
웃비걷다: 좍좍 내리던 비가 그치며 잠시 날이 들다.

③ 웃사랑 ⇨ 윗사랑
윗사랑: 위채에 있는 사랑

④ 웃도리 ⇨ 윗도리
윗도리: 「1」 허리의 윗부분
「2」 위에 입는 옷 = 윗옷
「3」 지위가 높은 계급
「4」 흙일 따위를 할 때 주장이 되어 일을 지휘하는 사람

CODE 023 수-, 숫-, 수ㅎ

✎ 접두사 '수-'와 '숫-'

- 접두사 '숫-' 을 취하는 단어: ③   , ④   , ⑤
- 접두사 '수-' 뒤에 거센소리를 인정하는 단어: 수캐, 수⑥   , 수탉, 수⑦   , 수퇘지, 수탕나귀, 수키와, 수⑧   , 수컷

042 정답해설 ④

오답해설

① 삭월세, 수당나귀 ⇨ 사글세, 수탕나귀
② 끄나불, 강남콩, 세째 ⇨ 끄나풀, 강낭콩, 셋째
③ 부주금, 갯펄, 상치쌈 ⇨ 부조금, 개펄/갯벌, 상추쌈

CODE 024 혼동어휘(고유어)

043 정답해설 ②

⇨ 어려운 문제와 부딪히면 언제든지 도움을 요청해라.
부딪히다: '부딪다(예상치 못한 일이나 상황 따위에 직면하다)'의 피동사

오답해설

부딪치다: '부딪치다'(동사)는 '부딪다'의 강한 표현이다.
「1」「…에/에게 (…을), (…과), (…과) …을」('…과'가 나타나지 않을 때는 여럿임을 뜻하는 말이 주어로 온다) '부딪다'를 강조하여 이르는 말
「2」「(…과), (…과) …을」('…과'가 나타나지 않을 때는 여럿임을 뜻하는 말이 주어로 온다) 눈길이나 시선 따위가 마주치다.
「3」「(…과)」('…과'가 나타나지 않을 때는 여럿임을 뜻하는 말이 주어로 온다) 의견이나 생각의 차이로 다른 사람과 대립하는 관계에 놓이다.
「4」 일이나 업무 관계에 있는 사람을 문제 해결을 위하여 만나다.

044 정답해설 ④

㉣의 '걷히다'는 '걷다'의 피동사로 '세금이 잘 걷혀야'는 올바르게 사용되었다. 여기서 '걷히다'는 '(돈이나 물품이 사람이나 단체에게서) 받아 모이다'라는 의미이다.

오답해설

① ㉠의 '밭치다'는 '밭다'를 강조하여 이르는 말(강세어)이다. 여기서 '밭다'는 '(사람이 건더기가 있는 액체를) 체 등으로 쳐서 액체(국물)만 받아 내나'라는 의미이다.
② '과녁에 맞추다'가 아니라 '과녁에 맞히다'가 올바른 표현이다. '맞다'는 '(겨냥한 물체가 목표에) 똑바로 닿다'라는 의미이며, 사동사인 '맞히다'는 '(사람이 목표를) 겨냥한 지점에 들어맞게 하다'라는 의미이다.
③ '붙이다'는 '붙다(겨루는 일 따위가 서로 어울려 시작되다)'의 사동사로, '경쟁을 붙이다', '싸움을 붙이다' 등으로 사용된다.

045 정답해설 ①

'힘에 부치다, 재주가 모자라다.'라는 의미로는 '딸리다'가 아니라 '달리다'를 써야 한다.

달리다	재물이나 기술, 힘 따위가 모자라다. 예 일손이 달리다. 다른 사람들에 비해 실력이 달린다. 예 기운이 달려 일을 더 이상 못 하겠다.
딸리다	① 어떤 것에 매이거나 붙어 있다. 예 그 집에는 비교적 넓은 앞마당이 딸려 있다. 예 그에게는 도임할 때 데리고 온 장성한 아들 하나와 집안 노복 셋이 딸려 있었다. 예 옛날 마누라한테 그런 살붙이가 딸려 있었다는 말은 금시초문이었다. ② 어떤 부서나 종류에 속하다. 예 염소는 솟과에 딸린 짐승이다.

오답해설

② 배탈이 나서 두 끼를 건넜다.

건너다	① 내·강·바다 등 일정한 공간을 지나 저편으로 가거나 이편으로 오다. ② 끼니·당번·차례 따위를 거르다. 예 배탈이 나서 두 끼를 건넜다. ③ 일정한 주기(週期) 따위를 지나다. 예 사흘 건너 한 번씩 들르다. ④ 입·손·사람 등을 통하여 전하여지다. 예 소문은 한 입 건너고 두 입 건너 삽시간에 퍼져 나갔다.
건네다	① 건너게 하다. ('건너다'의 사동) ② 남에게 말을 붙이다. ③ 책임·권리나 돈·물건 따위를 남에게 옮겨 주다. 예 그에게 농담을 건네고 나서 돈을 건네 주었다.

③ 그 녀석은 고개를 쳐들고 나를 빤히 보았다.

처-	'마구, 많이, 천격스럽게, 함부로' 등의 뜻을 나타내는 접두사 예 처박다, 처바르다, 처쟁이다, 처먹다.
쳐-	'치어'의 준말 예 쳐다보다, 쳐들다, 쳐버리다, 쳐부수다, 쳐주다

④ 푼푼이 모아서 푼푼히 살게 되었다.

푼푼이	한 푼씩 한 푼씩	푼푼히	넉넉히

046 정답해설 ①

원래 '박다'는 '두들겨 치거나 틀에서 꽂히게 하다', '붙이거나 끼워 넣다', '속이나 가운데에 들여 넣다', '자기 쪽 사람을 은밀히 넣어 두다'라는 의미의 말이다. 이를 피동형으로 쓸 때는 '박히다'라고 쓴다.
예 벽에 못이 박혔다. / 자개가 장롱에 박혀 있다. / 옷이 장롱에 박혀 있다. / 요소요소에 그 사람의 측근이 박혀 있다.
그러나 이 '박다'와 의미가 멀 때는 '박이다'라 쓴다. '박이다'는 '(버릇, 생각, 태도가) 깊이 배다', '(손바닥, 발바닥에) 굳은살이 생기다'라는 뜻의 말이다. 그러므로 여기서는 '등산하는 버릇이 몸에 박여'가 올바른 표기라 할 수 있다.

Answer

① 윗- ② 웃- ③ 숫양 ④ 숫염소 ⑤ 숫쥐 ⑥ 캉아지 ⑦ 평아리 ⑧ 톨쩌귀

CODE 025 속담

047 다음 상황을 가장 잘 나타낸 속담은?

> 장끼란 놈 기를 쓴다. 아래 고패 뻗디디고, 위 고패 당기면서 버럭버럭 기를 쓰나 살 길이 전혀 없고 털만 쏙쏙 다 빠지네.

① 푸줏간에 든 소 꼴이군.
② 계란에 뼈가 있는 격이군.
③ 쇠똥에 미끄러져 개똥에 코 박은 격이로군.
④ 애매한 두꺼비 돌에 치인 격이군.

CODE 025 속담

048 글쓴이가 경계하고자 하는 바를 나타내기에 적절한 성어와 속담을 바르게 짝지은 것은?

> 사람이 정성껏 아끼고 다듬으면 나무는 자연 속에서보다 더 아름다운 모습의 분재(盆栽)로 태어날 수 있다. 그러나 아름다움을 만들 때 쉽고 빠른 방법은 없다. 또 사람이 만들지만 사람의 흔적이 느껴지지 않을수록 가치가 있다. 사람이 나무에 대해 어느 정도 알았다고 생각하는 순간, 나무는 저만치 달아나 버린다. 빨리 무언가를 만들겠다는 마음을 버리고 정성과 기술을 쏟아야 한다. 거기에 나무 기르는 재미가 있고, 또 거기에서 의미도 생겨난다.

① 矯角殺牛 – 빈대 잡으려다 초가삼간 태운다.
② 亡羊補牢 – 싸전에 가서 밥 달라고 한다.
③ 欲速不達 – 우물에 가 숭늉 찾는다.
④ 炎涼世態 – 달면 삼키고 쓰면 뱉는다.

CODE 026 한자어(유사자형)

049 다음 중 한자의 표기가 모두 옳은 것은?

① 偏執(편집) – 普遍(보편) – 韋編三絶(위편삼절)
② 栽培(재배) – 賠數(배수) – 倍償(배상)
③ 功積(공적) – 蓄績(축적) – 遺蹟(유적)
④ 入場圈(입장권) – 生活券(생활권) – 倦怠(권태)

CODE 025 속담

047 정답해설 ①

푸줏간에 든 소 꼴이군.: 궁지에서 벗어날 수 없는 처지를 비유적으로 이르는 말.

오답해설

② 계란에 뼈가 있는 격이군.: 늘 일이 잘 안되던 사람이 모처럼 좋은 기회를 만났건만, 그 일마저 역시 잘 안됨을 이르는 말이다.

③ 쇠똥에 미끄러져 개똥에 코 박은 격이로군.: '(소의 똥에 미끄러진 것만도 재수 없는 일인데 개의 똥에다 코를 박게 되었다는 뜻으로) 대수롭지 않은 일에 연거푸 실수만 하고 일이 꼬여 들기만 하여 기가 막히고 어이가 없는 경우'를 비유적으로 이르는 말이다.

④ 애매한 두꺼비 돌에 치인 격이군.: '(아무런 죄도 없는 두꺼비가 돌 밑에 들어가 있다가 치여 죽게 되었다는 뜻으로) 애매하게 화를 당하거나 벌을 받게 되어 억울함'을 비유적으로 이르는 말이다.

048 정답해설 ③

나무를 아름다운 분재로 태어나게 할 때, 빠르게 만들겠다는 욕심을 버리고 정성을 다해야 한다는 것을 강조하고 있는 글이다. 따라서 글쓴이가 경계하고자 하는 바는 쉽고 빠르게 아름다운 분재를 만들려고 하는 태도이므로, 이를 나타내기에 적절한 것은 ③이다.

- 欲速不達(욕속부달): 일을 빨리하려고 하면 도리어 이루지 못함.
  欲 하고자 할 욕, 速 빠를 속, 不 아닐 부, 達 통달할 달
- 우물에 가 숭늉 찾는다.: 모든 일에는 질서와 차례가 있는 법인데 일의 순서도 모르고 성급하게 덤빔을 비유적으로 이르는 말. ≒ 보리밭에 가 숭늉 찾는다, 싸전에 가서 밥 달라고 한다.

오답해설

① • 矯角殺牛(교각살우): 소의 뿔을 바로잡으려다가 소를 죽인다는 뜻으로, 잘못된 점을 고치려다가 그 방법이나 정도가 지나쳐 오히려 일을 그르침을 이르는 말.
  矯 바로잡을 교, 角 뿔 각, 殺 죽일 살/감할 살, 牛 소 우
  • 빈대 잡으려다 초가삼간 태운다.: 손해를 크게 볼 것을 생각지 아니하고 자기에게 마땅치 아니한 것을 없애려고 그저 덤비기만 하는 경우를 비유적으로 이르는 말. ≒ 빈대 미워 집에 불 놓는다.

② • 亡羊補牢(망양보뢰): 양을 잃고 우리를 고친다는 뜻으로, 이미 어떤 일을 실패한 뒤에 뉘우쳐도 아무 소용이 없음을 이르는 말. 원래는 양을 잃은 뒤에 우리를 고쳐도 늦지 않다는 뜻으로, 어떤 일을 실패해도 빨리 뉘우치고 수습하면 늦지 않는다는 말로 쓰였으나 현재는 주로 이와 같이 쓰이고 있다.
  亡 망할 망, 羊 양 양, 補 기울 보/도울 보, 牢 우리 뢰
  • 싸전에 가서 밥 달라고 한다.: 모든 일에는 질서와 차례가 있는 법인데 일의 순서도 모르고 성급하게 덤빔을 비유적으로 이르는 말. ≒ 우물에 가 숭늉 찾는다.

④ • 炎凉世態(염량세태): 세력이 있을 때는 아첨하여 따르고 세력이 없어지면 푸대접하는 세상인심을 비유적으로 이르는 말.
  炎 불꽃 염, 凉 서늘할 량, 世 인간 세/대 세, 態 모습 태
  • 달면 삼키고 쓰면 뱉는다.: 옳고 그름이나 신의를 돌보지 않고 자기의 이익만 꾀함을 비유적으로 이르는 말. ≒ 맛이 좋으면 넘기고 쓰면 뱉는다, 쓰면 뱉고 달면 삼킨다, 추우면 다가들고 더우면 물러선다.

CODE 026 한자어(유사자형)

049 정답해설 ①

偏 / 篇 / 遍 / 編 (편)	
偏 치우치다	偏見(편견), 偏重(편중), 偏執(편집)
篇 책	玉篇(옥편)
遍 두루	普遍(보편)
編 엮다, 책 끈	編輯(편집), 改編(개편), 韋編三絶(위편삼절)

- 偏: 인간(亻)은 자신이 생각하는 쪽으로 치우친다.
- 篇: 예전에는 대나무(竹)로 책을 대신하였다.
- 遍: 걸어다니면(辶) 두루 보고 알게 된다.
- 編: 실(糸)로 엮다.

오답해설

②

培 / 倍 / 賠 (배)	
培 북돋우다	培養(배양), 栽培(재배)
倍 갑절, 곱하다	倍數(배수), 倍加(배가)
賠 배상하다	損害賠償(손해배상)

- 培: 흙(土)을 북돋우다.
- 倍: 도와주는 사람(亻)이 있으면 효과가 갑절이 된다.
- 賠: (貝)는 화폐를 나타내어 돈과 관련된다.

③

績 / 積 / 蹟 (적)	
績 공, 일, 짜다	成績(성적), 業績(업적), 功績(공적)
積 쌓다	蓄積(축적), 堆積(퇴적)
蹟 발자취	奇蹟(기적), 遺蹟(유적)

- 績: 실(糸)로 무엇인가를 짜는 일을 하다.
- 積: 벼(禾)를 수확하여 쌓아 놓다.
- 蹟: 왼쪽 부분은 발(足)의 변형

④

券 / 卷 / 圈 / 倦 (권)	
券 문서, 증서	旅券(여권), 證券(증권), 入場券(입장권)
卷 책	壓卷(압권)
圈 둘레, 범위	生活圈(생활권), 北極圈(북극권)
倦 게으르다, 싫증나다	倦怠(권태), 倦厭(권염)

- 券: 칼(刂)이 있으므로, 입장권을 '끊어 준다'.
- 卷: 밑부분(㔾)은 돌돌 말린 모양, 돌돌 말린 책
- 圈: '둘레', '범위'라는 뜻처럼 둘레에 囗가 있다.
- 倦: 사람(亻)이 게을러 이불에 몸을 돌돌 만 채 누워 있다.

Chapter 3 자주 출제되는 빈출코드 03

출제단원	출제코드	채점	출제단원	출제코드	채점
이론 문법 – 형태 + 어문규정 – 한글 맞춤법	CODE 027 품사의 분류		이론 문법 – 통사	CODE 034 문장의 종류	
	CODE 028 품사 통용			CODE 035 피동/사동	
	CODE 029 본용언 · 보조 용언			CODE 036 중의문	
	CODE 030 용언의 활용		어휘 · 한자	CODE 037 혼동어휘(한자어)	
	CODE 031 띄어쓰기			CODE 038 관습적 표현	
이론 문법 – 통사	CODE 032 문장 성분			CODE 039 문학 작품 속 고유어	
	CODE 033 문장 짜임새				

CODE 027 품사의 분류

050 ㉠에 해당하는 문장으로 가장 적절한 것은?

> 1인칭 복수 대명사 '우리'는 문맥에 따라 ㉠ <u>청자가 포함되는 경우</u>도 있고, 그렇지 않은 경우도 있다. 문장을 높임 표현으로 바꿀 때, '우리'를 '저희'로 바꾸어 쓸 수 있는지 확인하면 이를 쉽게 구별할 수 있는데, 이는 청자까지를 함께 낮출 수 없기 때문이다.

① 얘들아, 우리가 너희한테 뭘 잘못했다고 이러니?
② 선배님, 우리 때문에 선배님들이 고생을 하시네요.
③ 민규야, 우리와 함께 놀이공원에 가지 않을래?
④ 미연아, 이번 주말에 우리 같이 도서관에 갈래?

CODE 027 품사의 분류

051 밑줄 친 단어 중 품사가 다른 하나는?

① 올해는 꽃이 <u>늦게</u> 피었다.
② 학생 신분에 <u>알맞은</u> 옷차림을 하여라.
③ 우리는 예전보다 더 <u>젊어</u> 보인다.
④ 오늘 이 일을 마치기는 <u>틀린</u> 것 같다.

CODE 028 품사 통용

052 '품사 통용'에 해당하는 예로 적절하지 않은 것은?

① <u>이</u>를 보면 사건의 전말을 알 수 있다.
<u>이</u> 사람의 말투는 무척 독특하다.
② 아버지는 비로소 큰 <u>웃음</u>을 웃었다.
그가 <u>웃음</u>은 기분이 무척 좋다는 표시였다.
③ 저 사람 키가 엄청나게 <u>크다</u>.
올해 들어서 아이가 부쩍 <u>컸다</u>.
④ 그는 세상 물정에 <u>밝다</u>.
벽지가 <u>밝아서</u> 집 안이 아주 환해 보인다.

CODE 027 품사의 분류

✐ 품사 분류표

✐ 동사와 형용사의 변별 기준

구분	⑤	⑥
공통점	• 주체를 서술하는 기능 • 어미를 활용(교체 가능)	
차이점	동작이나 작용	성질이나 상태
	현재 시제 선어말 어미(-는-/-ㄴ-)	쓸 수 없음.
	어간에 관형사형 어미(-는)	결합할 수 없음.
	동작상 '-고 있다'와 '-아/어 있다'	결합할 수 없음.
	• 의도를 뜻하는 어미 '-려' • 목적을 뜻하는 어미 '-러'	결합할 수 없음.
	• 명령형 어미 '-아라/어라' • 청유형 어미 '-자'	결합할 수 없음.

050 정답해설 ④
'우리'에는 청자인 '미연'이도 포함된다. 이 문장을 높임 표현으로 바꿀 때 '우리'를 '저희'로 바꾸기 어렵다는 점을 통해 확인할 수 있다.

오답해설
① '우리'에는 청자인 '애들'은 포함되지 않는다. 이 문장을 높임 표현으로 바꿀 때 '우리'를 '저희'로 바꿀 수 있음을 통해 확인할 수 있다.
② '우리'에는 청자인 '선배님'은 포함되지 않는다. 이 문장은 높임 표현인데 '우리'를 '저희'로 바꿀 수 있음을 통해 확인할 수 있다.
③ '우리'에는 청자인 '민규'는 포함되지 않는다. 이 문장을 높임 표현으로 바꿀 때 '우리'를 '저희'로 바꿀 수 있음을 통해 확인할 수 있다.

051 정답해설 ④
'틀리다'는 동사이다.
현재를 나타내는 관형형 선어말 어미 '-는', 종결 어미 '-ㄴ다/는다', 명령형 종결 어미 '-어라/아라', 청유형 종결 어미 '-자'와 결합해 가능하면 동사, 불가능하면 형용사로 본다. '틀리다'는 관형사형으로 '틀린, 틀리는' 모두 가능하다.

오답해설
나머지 선지의 밑줄 친 단어는 모두 형용사이다. 형용사는 현재 시제를 드러내는 어미 '-ㄴ-/-는-', '-는'과 결합하지 않는다.
① '늦다'는 '-에 늦다'의 형태로 쓰여서 '정해진 때보다 지나다'라는 의미인 경우에는 동사로 보아야 하지만 그 외의 경우에는 모두 형용사이다.
② '알맞다'는 '알맞는다'나 '알맞는'으로 활용할 수 없는 형용사이다.
③ '젊다'는 '젊는다'나 '젊는'으로 활용할 수 없는 형용사이다.
참고 반의어인 '늙다'는 동사이다.

CODE 028 품사 통용

✐ 품사의 통용

1. 의존 명사와 조사의 통용: '만큼, 뿐, 대로'
   • 용언의 관형사형 다음에 오는 '만큼, 뿐, 대로'는 의존 명사
   예 원하는 대로 해라.
   • 체언 다음에 오는 '만큼, 뿐, 대로'는 조사
   예 법대로 해라.
2. 대명사와 관형사의 통용: '이, 그, 저'
   • '이, 그, 저' 다음에 조사가 오면, 이때의 '이, 그, 저'는 대명사
   예 이는 우리가 바라던 바이다.
   • '이, 그, 저' 다음에 체언이 오면, 이때의 '이, 그, 저'는 관형사
   예 이 나무는 소나무이다.
3. 접미사 '-적'의 통용
   • 뒤에 조사가 붙는 '-적'은 명사를 만든다.
   예 그는 인간적이다. / 사회적인 책임
   • 뒤에 체언이 붙는 '-적'은 관형사를 만든다.
   예 인간적 행위 / 사회적 책임
   • 뒤에 부사가 붙는 '-적'은 부사를 만든다.
   예 비교적 쉽다. / 비교적 빨리

052 정답해설 ④
'밝다'가 '밤이 지나고 환해지며 새날이 오다'라는 뜻이 되면 '동사'이다.
예 벌써 새벽이 밝아 온다.
그 외 쓰임에서는 모두 '형용사'인데, '그는 세상 물정에 밝다'에서 '밝다'는 '어떤 일에 대하여 잘 알아 막히는 데가 없다'는 의미의 형용사이다. 또한 '벽지가 밝아서'의 '밝다'는 '빛깔의 느낌이 환하고 산뜻하다'는 뜻의 형용사이다. 따라서 여기의 '밝다', '밝아서'는 '품사 통용의 예'로 적절하지 않다.

오답해설
① '이를'의 '이'는 말하는 이에게 가까이 있거나 말하는 이가 생각하고 있는 대상을 가리키는 지시 대명사 혹은 바로 앞에서 이야기한 대상을 가리키는 지시 대명사이다. '이 사람의'의 '이'는 '사람'을 수식하는 지시 관형사이다.
② '큰 웃음을 웃었다.'의 '웃음'과 '그가 웃음은'의 '웃음'은 같은 품사의 단어가 아니다. '큰 웃음~'의 '웃음'은 '웃다(笑)'의 어간 '웃-'에 '-음'이라는 명사 파생 접미사가 붙어서 만들어진 '명사'이다. 이는 관형어 '큰'의 수식을 받고 있는 것을 보면 잘 알 수 있다. 그런데 '그가 웃음은'의 '웃음'은 동사 어간 '웃-'에 명사형 어미 '-음'이 붙은 형태로, 품사는 '동사' 그대로를 유지하고 있다. 이는 '그가'라는 주어에 대해 서술 기능을 하고 있는 것을 보아도 확인할 수 있다.
③ '크다'는 성장이나 발전으로 인한 변화를 의미할 때는 동사지만, 부피 등이 큼을 표현하는 경우에는 형용사이다. 따라서 '저 사람 키가 엄청나게 크다'에서는 형용사이지만 아이의 성장을 표현한 경우 동사로 쓰인 것이다.

Answer
① 대명사 ② 수사 ③ 서술 ④ 용언 ⑤ 동사 ⑥ 형용사

CODE 028 품사 통용

053 밑줄 친 단어의 품사에 대한 설명이 적절하지 않은 것은?

형태는 동일하지만 각기 다른 품사로 쓰이는 단어들이 있다. 이들의 품사를 정확히 구분하려면 문장에서 이들 단어들의 쓰임이나 기능, 의미 등을 잘 따져 보아야 한다.

(가)	㉠ 올해는 휴가가 언제였더라?
	㉡ 그 노래는 언제 들어도 좋다.
(나)	㉠ 집채만 한 파도가 몰려온다.
	㉡ 나는 세 번 만에 그 시험에 합격했다.
(다)	㉠ 밤낮으로 공부만 하다.
	㉡ 밤낮 일해도 먹고살기가 힘들다.
(라)	㉠ 신발은 첫째로 발이 편해야 한다.
	㉡ 우리 목욕탕은 매월 첫째 주 화요일에 쉰다.

① (가): ㉠은 격 조사와 결합한 대명사이고, ㉡은 동사를 꾸며 주는 부사이다.
② (나): ㉠은 앞말과 붙여 쓰는 조사이고, ㉡은 횟수를 나타내는 말 뒤에 쓰이는 의존 명사이다.
③ (다): ㉠은 격 조사와 결합할 수 있는 명사이고, ㉡은 동사를 꾸며 주는 부사이다.
④ (라): ㉠은 격 조사와 결합할 수 있는 수사이고, ㉡은 뒤의 체언을 꾸며 주는 관형사이다.

CODE 028 품사 통용

054 문장들에 쓰인 용언들을 분석한 내용으로 적절한 것은?

(가) 금방 갈 테니까 그냥 거기 있어라.
(나) 어째 실력이 예전만 못하다.
(다) 이번 시험 성적이 좀 그렇다.
(라) 준혁이는 운동을 정말 잘한다.

① (가)의 '있다'와 '나는 신이 있다고 믿는다.'의 '있다'는 모두 형용사이다.
② (나)의 '못하다'와 '그는 노래를 못한다.'의 '못하다'는 모두 동사이다.
③ (다)의 '그렇다'는 형용사, '그가 하겠다고 그러거든 나에게 전해라.'의 '그러거든'은 동사이다.
④ (라)의 '잘하다'와 '그녀는 웃기를 잘한다.'의 '잘하다'는 모두 형용사이다.

CODE 029 본용언 · 보조 용언

055 〈보기〉를 이해한 내용으로 적절하지 않은 것은?

보기

본용언은 단독으로 쓰여도 서술어로서의 기능을 가질 수 있는 용언을 말한다. 이에 반해 보조 용언은 본래의 어휘적 의미를 잃어버리고 본용언 뒤에서 동작의 완료, 진행, 유지 등의 문법적 의미를 더해 주는 용언을 말한다. 예를 들면 '그녀의 손을 놓았다.'의 '놓았다'는 본용언으로 쓰여 '손으로 무엇을 쥐거나 잡거나 누르고 있는 상태에서 손을 펴거나 힘을 빼서 잡고 있던 물건이 손 밖으로 빠져나가게 하다.'라는 어휘적 의미를 나타낸다. 반면, '창문을 열어 놓았다.'의 '놓았다'는 '앞말이 뜻하는 행동을 끝내고 그 결과를 유지함을 나타내는 말'로서 본래의 어휘적 의미는 잃고 문법적 의미만을 지닌다. 한편 본용언과 보조 용언이 연결될 때는 이 두 용언을 연결해 주는 어미가 본용언에 결합되어야 하는데, 이를 '보조적 연결 어미'라고 한다. 동일한 보조 용언이더라도 어떤 보조적 연결 어미에 의해 결합되는지에 따라 다른 의미로 쓰이기도 한다.

① '기차가 떠나 버렸다.'의 '버렸다'는 앞의 용언 '떠나'에 완료의 의미를 더해 주는 기능을 한다.
② '에어컨을 켜 두었다.'의 '두었다'는 '일정한 곳에 놓다.'라는 어휘적 의미 대신 문법적 의미로 쓰이는 경우에 해당한다.
③ '그에게 마음을 주었다.'의 '주었다'는 '과제를 대신 해 주었다.'의 '주었다'와는 달리 단독으로 서술어 기능을 하고 있다.
④ '새날이 밝아 왔다.'의 '-아'와 '아기가 이리로 기어 왔다.'의 '-어'는 모두 본용언과 보조 용언을 연결하는 기능을 한다.

CODE 029 본용언 · 보조 용언

056 밑줄 친 말에 주목하여 ⓐ~ⓓ에 대해 탐구한 결과로 적절하지 않은 것은?

ⓐ 장사꾼들 사이에 시비가 오고 갔다. / 날이 더워서 꽃이 시들어 갔다.
ⓑ 겉을 꾸민다고 마음이 예뻐지지 않는다. / 그 옷은 예쁘지 않다.
ⓒ 문제가 조금 어려운 듯하다. / 기차가 연착할 듯하다.
ⓓ 나는 사과를 먹어 보았다. / 나는 사과를 먹어 보고 싶다.

① ⓐ: 동일한 형태의 단어가 본용언으로도 보조 용언으로도 쓰일 수 있군.
② ⓑ: 동일한 보조 용언이라도 본용언의 품사에 따라 보조 용언의 품사가 달라질 수 있군.
③ ⓒ: 본용언의 품사가 다르더라도 보조 용언의 품사는 동일할 수 있군.
④ ⓓ: 보조 용언 뒤에 또 다른 보조 용언이 추가되면, 앞의 보조 용언이 본용언으로 변할 수 있군.

053 정답해설 ④

㉠은 격 조사와 결합하였으나 '무엇보다도 앞서는 것'을 의미하므로 수사가 아니라 명사이고, ㉡은 뒤의 체언 '주'를 꾸며 주는 수 관형사가 맞다.

오답해설

① '언제였더라'는 '언제'에 서술격 조사 '이–'가 결합한 후에 선어말 어미 '–었–', '–더–'와 종결 어미 '–라'가 결합한 형태이다. 여기서 ㉠ '언제'는 '잘 모르는 때'를 가리키는 지시 대명사이다. ㉡ '언제'는 '들어도'를 수식하는 부사이다.
② ㉠ '만'은 '앞말이 나타내는 대상이나 내용 정도에 달함'을 나타내는 보조사이고, ㉡ '만'은 '앞말이 가리키는 횟수를 끝으로'라는 뜻을 나타내는 의존 명사이므로 적절한 설명이다.
③ ㉠ '밤낮'은 제시된 예문에서는 보조사 '으로'와 결합한 명사이고, ㉡ '밤낮'은 동사 '일하다'를 수식하는 부사이다.

054 정답해설 ③

'그렇다'는 '상태, 모양, 성질 따위가 그와 같다.', '특별한 변화가 없다.', '만족스럽지 아니하다.' 등을 의미하는 형용사이다. '그러하다'의 준말이며, 활용될 때 '그래, 그러니, 그렇소' 등과 같은 형태가 된다. 한편, '그러다'는 '그리하다'의 준말로, 활용될 때 '그래', '그러니' 등과 같은 형태가 된다. '그러다'는 '상태, 모양, 성질 따위가 그렇게 되게 하다.', '그렇게 말하다.' 등을 의미하는 동사이다.

오답해설

① (가)의 '있다'는 명령형으로 쓰였다. 명령형 어미 '–아라/어라'가 결합한 것을 보면 (가)의 '있다'는 동사이다. 그런데 '나는 신이 있다고 믿는다.'의 '있다'는 '있는다'가 불가능하므로 형용사이다.
② (나)의 '못하다'는 현재형 어미가 결합하지 않은 채로 현재 시제를 나타내므로 형용사이다. 그런데 '노래를 못한다.'의 '못하다'는 '못한다', '못하는'이 가능하므로 동사이다.
④ (라)의 '잘하다'는 '잘해라', '잘한다', '잘하는' 등과 같이 활용할 수 있으므로 동사이다. '그녀는 웃기를 잘한다.'의 '잘하다' 역시 동사이다. '잘하다'는 동사로만 쓰인다.

CODE 029 본용언·보조 용언

- **본용언**: 홀로 쓰일 수 있는 용언
- **보조 용언**: 반드시 다른 용언의 뒤에 붙어서 의미를 더하여 주는 용언

본용언과 보조 용언(補助用言)

① **본용언**: 어휘 본래의 의미가 뚜렷하고 자립성이 있어, 단독으로 문장의 서술어가 될 수 있는 용언이다.
② **보조 용언**: 앞의 본용언에 의존하여 쓰이면서 의미를 더하여 주는 용언으로, 단독으로 주체를 서술할 수 없고, 단독으로 서술어가 된다고 하더라도 본디 보조 용언의 뜻과 다르게 사용(양태적 의미)된다.

본용언과 보조 용언의 구별법

첫째, 본용언은 문장에서 단독으로 서술어로 쓰일 수 있지만, 보조 용언은 문장에서 단독으로 쓰일 수 없다.(보조 용언과 형태가 같더라도 본용언으로 쓰이면 의미와 기능이 달라진다)
둘째, 본용언과 보조 용언 사이에는 '–아서/–어서'나 다른 문장 성분이 들어갈 수 없다.

주요 보조 용언

- 가다(진행): 늙어 간다, 되어 간다 / 늙어간다, 되어간다
- 가지다(보유): 알아 가지고 간다 / 알아가지고 간다
- 나다(종결): 겪어 났다, 견뎌 났다 / 겪어났다, 견뎌났다
- 내다(종결): 이겨 낸다, 참아 냈다 / 이겨낸다, 참아냈다
- 놓다(보유): 열어 놓다, 적어 놓다 / 열어놓다, 적어놓다
- 대다(강세): 떠들어 댄다 / 떠들어댄다
- 두다(보유): 알아 둔다 / 알아둔다
- 드리다(봉사): 읽어 드린다 / 읽어드린다
- 버리다(종결): 놓쳐 버렸다 / 놓쳐버렸다
- 보다(시행): 뛰어 본다, 써 본다 / 뛰어본다, 써본다
- 쌓다(강세): 울어 쌓는다 / 울어쌓는다
- 오다(진행): 참아 온다, 견뎌 온다 / 참아온다, 견뎌온다
- 지다(피동): 이루어진다, 써진다, 예뻐진다

055 정답해설 ④

의미를 더해 주는 보조 용언이지만, '아기가 이리로 기어 왔다.'의 '왔다'는 '어떤 사람이 말하는 사람 혹은 기준이 되는 사람이 있는 쪽으로 움직여 위치를 옮기다.'의 의미로 쓰인 본용언이다. 따라서 '밝아'의 '–아'의 경우에만 보조적 연결 어미로서 본용언과 보조 용언을 연결하는 기능을 한다.

오답해설

① '기차가 떠나 버렸다.'의 '버렸다'는 보조 용언으로 본용언 '떠나'에 완료의 의미를 더해 주는 기능을 한다.
② '에어컨을 켜 두었다.'의 '두었다'는 본래의 어휘적 의미는 잃고 유지의 문법적 의미만을 지닌 보조 용언이다.
③ '그에게 마음을 주었다.'의 '주었다'는 '시선이나 관심 따위를 어떤 곳으로 향하다.'라는 어휘적 의미를 지닌 본용언이므로 단독으로 쓰여도 서술어의 기능을 할 수 있지만, '과제를 대신 해 주었다.'의 '주었다'는 본용언 '해' 뒤에서 동작 완료의 문법적 의미를 더해 주는 보조 용언이므로 단독으로 서술어의 기능을 가질 수 없다.

056 정답해설 ④

'보다'라는 보조 용언 뒤에 '싶다'라는 보조 용언이 추가되더라도 '보다'가 '어떤 행동을 시험 삼아 함을 나타내는' 보조 용언으로서의 기능이 유지되므로, 본용언으로 바뀐다고 볼 수 없다.

오답해설

① '가다'라는 동일한 형태의 단어가 앞 예문에서는 '말이나 소식 따위가 알려지거나 전하여지다.'라는 뜻의 본용언으로, 뒤 예문에서는 '말하는 이, 또는 말하는 이가 정하는 어떤 기준점에서 멀어지면서 앞말이 뜻하는 행동이나 상태가 계속 진행됨을 나타내는 말.'이라는 뜻의 보조 용언으로 사용됨을 알 수 있다.
② 보조 용언 '않다'가 앞 예문에서는 본용언 '예뻐지다'가 동사이므로 보조 동사로서 쓰였지만, 뒤 예문에서는 본용언 '예쁘다'가 형용사이므로 보조 형용사로 쓰였다. 이는 앞 예문에는 '않는다'에서 현재 시제 선어말 어미 '–는–'이 쓰였지만, 뒤 예문에는 기본형인 '않다'가 쓰였다는 점에서도 확인할 수 있다.
③ '어렵다'는 형용사이고, '연착하다'는 동사이다. 반면, '듯하다'는 '앞말이 뜻하는 사건이나 상태 따위를 짐작하거나 추측함을 나타내는 말.'을 뜻하는 보조 용언으로, 그 성질상 항상 보조 형용사로서만 쓰인다.

CODE 030 용언의 활용

057 ㉠~㉢의 예로 적절하지 않은 것은?

> 용언의 어간에 여러 어미가 번갈아 결합하는 현상을 활용이라 한다. 용언의 활용은 크게 규칙 활용과 불규칙 활용으로 나뉜다. 규칙 활용은 어간에 어미가 붙을 때 어간이나 어미의 기본 형태가 유지되거나, 변한다 해도 그 현상이 규칙적이어서 일관된 설명이 가능한 경우를 말한다. 반면 불규칙 활용은 어간과 어미의 기본 형태가 유지되지 않을뿐더러 그 현상을 일정한 규칙으로 설명할 수 없는 경우를 말한다. 불규칙 활용에는 ㉠ 어간이 바뀌는 것, ㉡ 어미가 바뀌는 것, ㉢ 어간과 어미 모두가 바뀌는 것이 있다.

① ㉠: 그의 강연을 들었니?
② ㉠: 요새 네 몸은 좀 어때?
③ ㉡: 이윽고 목적지에 이르렀다.
④ ㉢: 하늘이 파래서 기분이 좋다.

CODE 030 용언의 활용

058 용언 활용의 양상이 이질적인 것은?

① 시냇물에 발을 담그고 있다.
② 소식도 모른 채 오늘에 이르게 되었다.
③ 물은 높은 데서 낮은 데로 흐른다.
④ 가을 하늘이 너무나도 푸르다.

CODE 030 용언의 활용

059 밑줄 친 낱말과 같은 방식으로 활용하는 용언은?

> 변명 따위는 듣고 싶지 않아.

① 등 뒤에서 느껴지는 한기에 온몸에 소름이 돋았다.
② 나는 그것이 내 잘못임을 깨달았다.
③ 머리만 믿고 공부를 안 하더니 시험에 떨어졌다.
④ 챔피언은 도전자를 구석에 몰면서 펀치를 날렸다.

CODE 030 용언의 활용

060 다음 중 밑줄 친 용언의 활용형을 잘못 고친 것은?

① 저렇게 가엽은 사람은 처음 본다 ⇨ 가엾은
② 이 세상에 섧은 사람 셀 수 없이 많다. ⇨ 설운
③ 점심을 먹으니 너무 졸리웁다. ⇨ 졸렵다
④ 하늘이 맑게 개어서 퍼렇니다. ⇨ 퍼렇습니다

CODE 030 용언의 활용

✎ 용언의 규칙 활용

용언이 활용할 때, 어간이나 어미의 본디 형태가 변하지 않거나, 변하더라도 음운 변화의 규칙에 따른 변화일 경우를 이른다.

– '①　' 규칙 활용: 어간 끝 받침 'ㄹ'이 어미의 첫소리 'ㄴ, ㅂ, ㅅ' 및 '–오, –ㄹ' 앞에서 줄어지는 경우

– '②　' 규칙 활용: 어간 모음 'ㅡ'는 모음으로 시작하는 어미 앞에서 규칙적으로 탈락

✎ 용언의 불규칙 활용

용언이 활용할 때에 어간이나 어미의 기본 형태가 일정하게 유지되지 못하고, 그 형태의 변화를 예측하지 못하는 경우를 이른다.

구분	명칭	내용
어간 훼손	'ㄷ' 불규칙	'ㄷ'이 모음 어미 앞에서 '③　'
	'ㅅ' 불규칙	'ㅅ'이 모음 어미 앞에서 탈락
	'ㅂ' 불규칙	'ㅂ'이 모음 어미 앞에서 '오/우'
	'르' 불규칙	'④　'가 모음 어미 앞에서 'ㄹㄹ'
	'우' 불규칙	'우'가 모음 어미 앞에서 탈락
어미 훼손	'러' 불규칙	어간이 '⑤　'로 끝나는 용언에 모음 어미 '어'가 '러'로
	'여' 불규칙	어간이 '⑥　'로 끝나는 용언에 모음 어미 '아'가 '여'로
	'⑦　' 불규칙	'달–/다–'의 명령형 어미가 '⑧　'로
어간과 어미가 훼손	'ㅎ' 불규칙	'ㅎ'으로 끝나는 어간에 '어/아'가 오면, 어간의 일부인 'ㅎ'이 없어지고 어미도 변하는 현상

057 정답해설 ②

'어때'는 '어떻다'의 어간 '어떻–'에 '–어'라는 어미가 결합된 것이다. 따라서 'ㅎ'으로 끝나는 어간에 특정한 어미가 붙으면 어간의 일부인 'ㅎ'이 없어지고 어미도 변하는 'ㅎ' 불규칙 활용에 해당된다. 즉, ㉠이 아닌 ㉢에 적합한 예라 할 수 있다.

오답해설

① '들었니'는 '듣다'의 어간 '듣–'에 모음 어미가 결합된 것이다. 따라서 어간의 'ㄷ'이 모음 어미 앞에서 'ㄹ'로 변하는 'ㄷ' 불규칙 활용에 해당된다.

③ '이르렀다'는 '이르다'의 어간 '이르–'에 '–어'라는 어미가 결합된 것이다. 따라서 어간이 '르'로 끝나는 일부 용언에서 어미 '–어'가 '–러'로 변하는 '러' 불규칙 활용에 해당된다.

④ '파래서'는 '파랗다'의 어간 '파랗–'에 '–아서'라는 어미가 결합된 것이다. 따라서 'ㅎ'으로 끝나는 어간에 특정 어미가 오면 어간의 일부인 'ㅎ'이 없어지고 어미도 변하는 'ㅎ' 불규칙 활용에 해당된다.

058 정답해설 ①

담그– + –아 = 담가 ⇨ 'ㅡ' 규칙 활용

오답해설

② 이르–(到) + –어 = 이르러 ⇨ '러' 불규칙 활용

③ 흐르– + –어 = 흘러 ⇨ '르' 불규칙 활용

④ 푸르– + –어 = 푸르러 ⇨ '러' 불규칙 활용

059 정답해설 ②

문제의 '듣다'는 'ㄷ' 불규칙 용언으로, 자음 어미가 올 때는 '듣다 – 듣고 – 듣게 – 듣지'로 변화가 없이 활용되나, 모음 어미가 오는 경우에는 '들어 – 들어서 – 들었다 – 들으면 – 들음'과 같이 어간 받침 'ㄷ'이 'ㄹ'로 변한다. ②의 '깨닫다' 역시 'ㄷ' 불규칙 용언으로, 문제에서 주어진 '듣다'와 동일하게 활용하는 용언이다.

오답해설

① '돋다'는 'ㄷ' 규칙 용언으로, 뒤에 자음 어미나 모음 어미가 오는 것과 관계없이 어간 받침이 바뀌지 않고 활용된다.
'돋다 – 돋고 – 돋게 – 돋지 – 돋아 – 돋아서 – 돋았다 – 돋으면 – 돋음'과 같이 활용한다.

③ '믿다'는 'ㄷ' 규칙 용언으로, 뒤에 자음 어미나 모음 어미가 오는 것과 관계없이 어간 받침이 바뀌지 않고 활용된다.
'믿다 – 믿고 – 믿게 – 믿지 – 믿어 – 믿어서 – 믿었다 – 믿으면 – 믿음'과 같이 활용한다.

④ 용언의 원형이 '몰다'이며 규칙 활용하는 단어이다.

060 정답해설 ③

'졸리다'는 어간의 끝소리에 'ㅂ'이 없으므로 'ㅂ' 불규칙 활용과 상관이 없다. '졸립다'라는 말은 존재하지 않으므로 '졸리다'로 써야 적절하다.
'ㅂ' 불규칙 활용하는 용언일 경우, 모음 어미를 만났을 때 어간의 'ㅂ'은 반모음 'ㅗ/ㅜ'가 뒤의 어미와 결합한다. 이를 '웁'의 형태로 적지 않는다. 또한 매개 모음이 앞서지 않는 자음 어미 '–네' 앞에서는 'ㅂ'을 '우'로 바꿔 쓰지 않는다.

오답해설

① '가엽다'와 '가엾다'는 복수 표준어로, '가엽다'는 불규칙 활용, '가엾다'는 규칙 활용한다.(가엽다 – 가여워 – 가여운, 가엾다 – 가엾어 – 가엾은)

② '섧다'와 '서럽다'는 복수 표준어로, 둘 다 불규칙 활용한다.(섧다 – 설워 – 설운, 서럽다 – 서러워 – 서러운)

④ 한글 맞춤법 제18항의 3의 용례인 '그럽니다, 까맙니다, 동그랍니다, 퍼럽니다, 하얍니다' 등은 표준어 규정 제17항에서 자음 뒤의 '–습니다'가 표준어로 결정되었기 때문에 삭제되었다. 따라서 이제 '그렇습니다, 까맣습니다, 동그랗습니다, 퍼렇습니다, 하얗습니다, 빨갛습니다'가 표준어이다.

Answer

① ㄹ ② – ③ ㄹ ④ 르 ⑤ 르 ⑥ 하 ⑦ 오 ⑧ 오

CODE 031 띄어쓰기

061 다음 중 띄어쓰기가 옳은 것은?

① 얼마나∨부지런한∨지∨세∨사람∨몫을∨해낸다.
② 그와∨만난∨지∨다섯∨번∨만에∨사귀게∨되었다.
③ 쌀,∨보리,∨콩,∨조,∨기장등을∨오곡이라∨한다.
④ 그∨약은∨머리∨아픈데∨먹는∨약이다.

CODE 031 띄어쓰기

062 다음 중 원칙대로 띄어쓰기를 한 것이 아닌 것은?

① 아무∨것도∨하지∨않고∨큰소리∨칠∨만하다.
② 그는∨떠난∨지∨3∨일∨만에∨돌아왔다.
③ 저∨큰∨집∨한∨채∨살∨때까지∨돈을∨벌었다.
④ 실제로∨보니∨그럴∨법하다는∨생각이∨든다.

CODE 032 문장 성분

063 ㉠~㉣에 대한 내용으로 적절한 것은?

> ㉠ 두 사람이 나에게 편지를 보냈다.
> ㉡ 영주는 고등학교 동창과 결혼했다.
> ㉢ 시험도 끝났으니까 우리 영화나 보자.
> ㉣ 나의 꿈은 멋진 가수가 되는 것이다.

① ㉠: 수사가 명사를 수식하는 관형어로 쓰였다.
② ㉡: 명사가 접속 조사와 결합해 부사어로 쓰였다.
③ ㉢: 명사가 보조사와 결합해 목적어로 쓰였다.
④ ㉣: 대명사가 보조사와 결합해 부사어로 쓰였다.

CODE 032 문장 성분

064 〈보기〉에 쓰인 부사어를 이해한 것이 옳지 않은 것은?

> 일반적으로 부사어는 다양한 대상을 꾸미지만, 그 대상은 특정 성분으로 국한되어 있다. 그래서 이와 같은 부사어를 ㉠ '성분 부사어'라 부른다. 그러나 어떤 부사어는 절이나 문장 전체를 꾸미는데, 이러한 부사어를 ㉡ '문장(절) 부사어'라 할 수 있다.

보기

> **만약** 이 도자기가 진품이라면 국보로 지정될 만하다. **아주** 오랜 세월을 버텨내면서도 **크게** 손상된 곳이 없이 원형을 **거의** 보존하고 있다. 그러나 **오늘** 발표된 전문가들의 감식 결과에 따르면 **불행히도** 이것이 **참** 잘 만들어진 위조품일 가능성이 크다고 한다.

① '거의'는 서술어를 꾸미므로 ㉠에 해당한다.
② '아주'는 관형어를, '참'은 부사어를 꾸며 주고 있으므로 ㉠에 해당한다.
③ '크게'와 '오늘'은 뒤따르는 문장 전체를 꾸며 주고 있으므로 ㉡에 해당한다.
④ '만약'과 '불행히도'는 뒤따르는 절 전체를 꾸며 주고 있으므로 ㉡에 해당한다.

CODE 031 띄어쓰기

✎ 조사와 형태가 같은 의존 명사

만	조사	다른 것으로부터 제한하여 어느 것을 한정함을 나타내는 보조사. 예 아내는 웃기만 할 뿐 아무 말이 없다.
		무엇을 강조하는 뜻을 나타내는 보조사. 예 그를 만나야만 모든 문제가 해결될 수 있다.
		화자가 기대하는 마지막 선을 나타내는 보조사. 예 열 장의 복권 중에서 하나만 당첨되어도 바랄 것이 없다.
		앞말이 나타내는 대상이나 내용 정도에 달함을 나타내는 보조사. 예 집채만 한 파도가 몰려온다.
		어떤 것이 이루어지거나 어떤 상태가 되기 위한 조건을 나타내는 보조사. 예 너무 피곤해서 눈만 감아도 잠이 올 것 같다.
		'마는'의 준말. 예 먹고는 싶다만 돈이 없다.
	의존 명사	그는 떠난 지 사흘 만에 돌아왔다.(시간의 경과)
		그와 결혼을 결심한 것은 만난 지 다섯 번 만이다.(횟수)
		그가 화를 낼 만도 하다.(이유)
		그냥 모르는 척 살 만도 한데 말이야.(가능)

✎ 어미와 형태가 같은 의존 명사

데	의존 명사	책을 다 읽는 데 삼 일이 걸렸다. (장소, ①)
	어미 일부	그이가 말을 아주 잘하데. (종결) 날씨가 추운데 외투를 입고 나가거라. (연결)
지	의존 명사	그를 만난 지도 꽤 오래되었다. (경과한 시간)
	어미 일부	아버님, 어머님께서도 안녕하신지. (불확실)

061 정답해설 ②

횟수를 나타내는 말 뒤에 쓰여 '앞말이 가리키는 횟수를 끝으로'의 뜻을 나타내는 '만'은 의존 명사이므로 앞말과 띄어 쓴다.

오답해설

① → 얼마나∨부지런한지∨세∨사람∨몫을∨해낸다.
'막연한 의문이 있는 채로 그것을 뒤 절의 사실이나 판단과 관련시키는 데 쓰는 연결 어미'인 '지'는 어간에 붙여 써야 한다.
③ → 쌀,∨보리,∨콩,∨조,∨기장∨등을∨오곡이라∨한다.
두 말을 이어 주거나 열거할 적에 쓰이는 '등'은 의존 명사이므로 앞말과 띄어 쓴다.
④ → 그∨약은∨머리∨아픈∨데∨먹는∨약이다.
'데'는 의존 명사와 어미를 구분하여야 한다. 이 문장에서는 '경우'를 뜻하는 의존 명사로 쓰였으므로 앞말과 띄어 써야 한다.

062 정답해설 ①

아무것도∨하지∨않고∨큰소리칠∨만하다.
'아무것'은 '특별히 정해지지 않은 어떤 것 일체'의 의미로 합성 등재되었으므로 붙여 써야 한다. '큰소리치다'도 '남 앞에서 잘난 체하며 뱃심 좋게 장담하거나 사실 이상으로 과장하다'의 의미로 합성 등재되었으므로 붙여 써야 한다.
'큰소리칠∨만하다'에서 '큰소리치다'는 본용언, '만하다'는 의존 명사에 접사 '-하다'가 결합한 보조 용언이다. 본용언이 합성 용언일 때는 보조 용언을 붙여 쓰는 것이 허용되지 않으므로 띄어 써야 한다.

오답해설

② '떠난∨지'의 '지'는 어떤 일이 있었던 때로부터 지금까지의 동안을 나타내는 의존 명사이므로 띄어 쓴다.
아라비아 숫자 '3' 뒤에 '일'은 띄어 쓰는 것이 원칙, 붙여 쓰는 것이 허용되며 '3∨일∨만'의 '만'은 '앞말이 가리키는 동안이나 거리'를 의미하는 의존 명사이므로 띄어 써야 한다.
'돌아오다'는 '원래 있던 곳으로 다시 오거나 다시 그 상태가 되다'라는 의미의 합성어이므로 붙여 쓴다.
③ 단음절 단어가 연달아 나올 때에도 모두 띄어 쓰는 것이 원칙이다.
④ '그럴'은 본용언이고 '법하다'는 의존 명사에 접사 '-하다'가 결합한 보조 용언이다. 따라서 띄어 쓰는 것이 원칙이다.

참고 '그럴듯하다'는 '제법 그렇다고 여길 만하다, 제법 훌륭하다'의 의미로 합성 등재되었으므로 붙여 쓴다.

CODE 032 문장 성분

- 문장 성분
  - 주성분: 문장의 골격 — 주어, 서술어, ② , ③
  - 부속 성분: ④ — 관형어, 부사어
  - 독립 성분: 독립적 사용 — ⑤

063 정답해설 ③

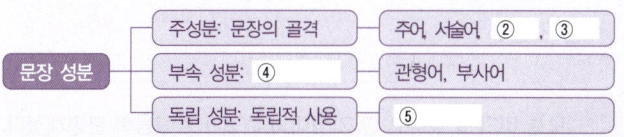

㉢에서는 명사 '영화'에 보조사 '나'가 결합한 '영화나'가 서술어인 타동사 '보다'의 목적어로 쓰였다. 조사 '나'는 마음에 차지 아니하는 선택, 또는 최소한 허용되어야 할 선택이라는 뜻을 나타내는 보조사이다.

오답해설

① '두 사람이'의 '두'는 뒤에 오는 명사의 수량이 둘임을 나타내는 수 관형사이다. 이것이 '사람'을 수식하는 관형어로 쓰인 것이다.
② 명사인 '동창'이 부사격 조사인 '과'와 결합해 부사어로 쓰인 것이다. 여기서 사용된 조사 '과'는 '일 따위를 함께 함을 나타내는 격 조사'이다. 참고로, 접속 조사란 '경숙과 민희는 여고 동창이다.'처럼 둘 이상의 사물이나 사람을 같은 자격으로 이어 주는 역할을 한다. 따라서 대등하게 이어진 문장이므로 두 문장으로 분리가 가능하다.
④ 대명사 '나'가 조사 '의'와 결합하여 관형어로 쓰였다. '의'는 앞 체언이 관형어 구실을 하게 하는 관형격 조사이지 보조사가 아니다.

✎ 조사 '와/과'

'와/과'가 접속 조사로 쓰인 문장은 둘로 나누어 각각의 문장을 만들 수 있으며 경우에 따라 생략이 가능하고 생략된 자리에는 쉼표를 찍는다. 이와 달리 부사격 조사 '와/과'는 두 문장으로 나눌 수 없고, 생략하면 어색한 문장이 된다. 부사격 조사 '와/과'가 결합된 부사어는 서술어가 반드시 필요로 하는 필수 부사어가 된다.

064 정답해설 ③

'크게'는 '손상된'을, '오늘'은 '발표된'을 꾸미므로, 둘 다 ㉠에 해당한다.

오답해설

① '거의'는 '보존하고 있다'를 꾸미므로, ㉠에 해당한다.
② '아주'는 '오랜'을, '참'은 '잘'을 꾸미므로, ㉠에 해당한다.
④ '만약'은 '이 도자기가 진품이라면'을, '불행히도'는 '이것이 참 잘 만들어진 위조품일 가능성이 크다고'를 꾸미므로, ㉡에 해당한다.

✎ 부사의 종류

• 성분(成分) 부사: 문장 안의 특정한 성분을 수식하는 부사를 이른다.

종류	내용
성상 부사	• 사람이나 사물의 모양, 상태, 성질을 한정하여 꾸미는 부사 • '어떻게, 얼마나'의 뜻으로 용언을 꾸미는 부사 예 잘, 매우, 바로 • 사물의 소리와 모양을 흉내 내는 의성(擬聲) 부사, 의태(擬態) 부사
지시 부사	• 처소나 시간을 가리켜 한정하거나 앞에 나온 사실을 가리키는 부사 • 발화 현장을 중심으로 장소나 시간 및 앞에 나온 이야기의 내용을 지시하는 부사 예 이리, 그리, 내일, 오늘
부정 부사	• 용언의 앞에 놓여 그 내용을 부정하는 부사 예 아니, 안, 못

• 문장(文章) 부사: 문장 전체를 꾸며 주는 부사를 이른다.

종류	내용
양태 부사	• 믿음, 추측, 단정, 희망, 소망 등 사태에 대한 화자의 심리를 나타낼 때 쓰이는 부사 예 과연, 설마, 제발, 정말, 결코, 모름지기, 응당, 어찌, 설마, 아마, 비록, 만일, 아무리, 제발, 부디, 아무쪼록 등
⑥ 부사	• 앞의 체언이나 문장의 뜻을 뒤의 체언이나 문장에 이어 주면서 뒤의 말을 꾸며 주는 부사로, '그러나, 즉, 또는, 및' 따위가 있다. 단어와 단어, 문장과 문장을 이어 주면서 뒤의 말을 꾸며 주는 부사이다. • 문장 접속 부사로 '그리고, 그러나, 그러면, 그러므로, 그렇지마는, 곧, 즉, 또, 또한, 더구나, 오히려, 하물며, 따라서' 등이 있다. • 단어 접속 부사로 '및, 또는, 혹은, 내지' 등이 있다.

Answer

① 경우 ② 목적어 ③ 보어 ④ 수식 ⑤ 독립어 ⑥ 접속

CODE 033 문장 짜임새

065 〈보기〉의 문장에 들어 있는 안긴문장의 종류를 바르게 분석한 것은?

보기

오늘 비가 오겠다고 한 기상대의 예보가 틀렸음이 분명해졌다.

① 명사절, 관형절, 인용절
② 명사절, 관형절, 부사절
③ 명사절, 부사절, 서술절
④ 서술절, 인용절, 관형절

CODE 033 문장 짜임새

066 다음 문장의 짜임새를 탐구한 내용으로 적절하지 않은 것은?

ㄱ. 우리는 그가 우리를 사랑했음을 깨달았다.
ㄴ. 그가 소리도 없이 방 안으로 들어왔다.
ㄷ. 이 책은 활자가 너무 작다.
ㄹ. 청소년들이 고민을 하는 것은 사실이다.

① ㄱ: 명사절을 안은문장, 안긴문장이 목적어 역할을 한다.
② ㄴ: 부사절을 안은문장, 안긴문장의 주어는 '소리도'이다.
③ ㄷ: 서술절을 안은문장, 안은문장의 주어는 '이 책은'이다.
④ ㄹ: 관형절을 안은문장, 안은문장의 주어는 '청소년들이'이다.

CODE 033 문장 짜임새

067 〈보기〉를 참고할 때, 밑줄 친 '관형절'의 종류가 나머지와 다른 것은?

보기

일반적으로 관형절은 '동격 관형절'과 '관계 관형절'로 분류된다. 동격 관형절은 관계 관형절과 달리 한 문장의 모든 필수 성분을 완전하게 갖추고 있는 관형절이다.
ㄱ. <u>내가 아저씨를 만난</u> 기억이 없다.
ㄴ. <u>내가 만난</u> 아저씨는 점잖으셨다.

ㄱ에서 밑줄 친 관형절은 필수 성분을 완전히 갖추고 있으므로 동격 관형절로 분류되지만, ㄴ에서 밑줄 친 관형절은 목적어 '아저씨'가 빠져 있으므로 관계 관형절로 분류된다.

① <u>그가 물건을 훔친</u> 증거가 남아 있지 않았다.
② <u>그녀는 음치가 아니라는</u> 말을 듣기 싫어한다.
③ <u>내가 고향으로 돌아온</u> 사실을 그는 모르고 있었다.
④ <u>할머니께서 어제 작곡하신</u> 노래는 감동적이었다.

CODE 033 문장 짜임새

068 〈보기〉의 문장을 간접 인용문으로 바꿀 때, ㉠, ㉡에 들어갈 말끼리 바르게 짝지은 것은?

보기

• 나는 지헌이에게 "미연이가 너를 좋아해."라고 말했다.
→ 나는 지헌이에게 (㉠) 말했다.
• 저는 어제 친구에게 "내일 갈 거니?"라고 물었습니다.
→ 저는 어제 친구에게 (㉡) 물었습니다.

	㉠	㉡
①	미연이가 너를 좋아한다고	내일 갈 거냐고
②	미연이가 너를 좋아한다고	오늘 갈 거니라고
③	미연이가 그를 좋아한다고	내일 갈 거냐고
④	미연이가 그를 좋아한다고	오늘 갈 거냐고

CODE 033 문장 짜임새

겹문장: 주어와 서술어의 관계가 두 번 이상 나타나는 문장

- **안은안긴문장**: 한 문장이 절의 형태로 바뀌어 더 큰 문장 속에서 문장 성분의 기능을 함
  - ㉠ **명사절**: 명사형 전성 어미 '⑥   '를 활용
  - ㉡ **서술절**: 절이 서술어의 구실을 하는 것. 절 표지(전성 어미)가 따로 없음
  - ㉢ **관형절**: 관형사형 전성 어미 '⑦   '을 활용
  - ㉣ **부사절**: 부사형 전성 어미 '-게, -도록, -(아)서', 부사 '달리, 없이, 같이', 부사화 접사 '-이' 등 활용
  - ㉤ **인용절**: 인용 조사 '⑧   '를 활용
- ⑨   **문장**: 연결 어미를 활용하여 둘 이상의 절을 이은 문장
  - ㉠ ⑩   **하게 이어진 문장**: '나열, 대조, 선택' 등의 의미를 가지는 대등적 연결어미로 이어진 문장. 접속 조사를 활용한 경우도 있음. 앞뒤의 문장을 도치할 수 있음.
  - ㉡ ⑪   **적으로 이어진 문장**: 선후, 조건, 양보 등 특정한 의미를 가진 연결 어미가 붙어 선행절이 후행절에 의미상 의존하도록 연결된 문장. 앞뒤의 문장을 도치하면 안 됨.

065 정답해설 ①

〈보기〉의 문장은 세 개의 절이 여러 층위로 안겨 있는 문장이다. '오늘 비가 오겠다고'는 인용절이고, '오늘 비가 오겠다고 한'은 관형절이다. 또한 '기상대의 예보가 틀렸음'은 명사절에 해당한다.

066 정답해설 ④

ㄹ의 전체 주어는 '것은', 서술어는 '사실이다'이다. 그리고 '청소년들이 고민을 하는'이 '것은'을 수식하는 관형절로 안겨 있다. '청소년들이'는 안긴문장의 주어에 해당한다.

오답해설

① ㄱ은 '그가 우리를 사랑했음'이라는 목적어 역할을 하는 명사절을 안고 있다.
② ㄴ은 '소리도 없이'라는 부사절을 안은 문장이다. 안긴문장의 주어는 '소리도'이다.
③ ㄷ은 '활자가 너무 작다'라는 서술절을 안은 문장으로, 안은문장의 주어는 '이 책은'이다.

067 정답해설 ④

'할머니께서 어제 작곡하신'은 주어, (수의적) 부사어, 서술어만 나타나 있고, 필수 성분인 목적어 '노래'가 생략되어 있으므로 관계 관형절로 분류된다.

오답해설

나머지는 동격 관형절이다.

✎ 관계 관형절과 동격 관형절

- **관계 관형절**: 관형절이 수식하는 체언과 그 관형절 안의 문장 성분이 일치할 때 그 성분을 생략한 관형절이다. 관형절의 수식을 받는 체언이 관형절의 한 성분(주어, 목적어, 부사어 등)이 되는 경우이다. 어떤 명사 앞에서든 쓰일 수 있다.

  예 아름다운 꽃이 피었다.
  너의 활발한 성격이 부럽다.
  엄마가 내가 읽던 만화책을 가져가셨다.
  도서관은 자습을 하는 학생들로 가득했다.
  한국인의 따뜻한 마음을 안고 돌아갑니다.
  은영이가 먹은 과자는 불량 식품이었다.
  내가 태어난 1988년에 올림픽이 개최하였다.
  한영이가 그린 풍경화가 대회에서 1등으로 뽑혔다.
  섬 주위에는 옛날의 파도의 자취가 새겨져 있는 바위가 널려 있다.

- **동격 관형절**: 동격 관형절은 관형절의 수식을 받는 명사의 내용이 된다. 이러한 명사류('소문, 생각, 주장, 제안, 사실, 인상, 기억, 일' 등)들은 문장에서 단독으로 나타나지 않고 내용이 되는 동격 관형절과 함께 쓰는 것이 일반적이다.

  예 나는 영수가 매우 아팠다는 사실을 몰랐다.
  그녀는 우리가 여행에서 돌아온 사실을 모른다.
  낙엽이 떨어지는 광경이 슬프구나.
  너희들, 철수가 메달을 땄다는 소식 들었니?
  나는 그녀가 착한 사람이라는 생각이 들었다.

068 정답해설 ④

첫 번째 문장에서 "미연이가 너를 좋아해."를 간접 인용 표현으로 바꾸면 대명사 '너'가 '그'로 바뀌게 된다. 또한 '"좋아해."라고'라는 표현은 '좋아한다고'와 같이 바뀐다.
두 번째 문장에서 '"내일 갈 거니?"라고'에서 '내일'은 '오늘'로, '"갈 거니?"라고'는 '갈 거냐고'와 같이 바뀐다.

✎ 간접 인용절에서 '말하는 사람의 표현으로 바꾸기'

- 평서형과 감탄형 어미 뒤에서는 '-다고', 서술격 조사 뒤에서는 '-라고'
- 의문형 어미의 동사 어간 뒤에서 '-느냐', 형용사 어간 뒤에서는 '-(으)냐', 서술격 조사가 붙은 어간 뒤에서는 '-냐'
- 청유형 어미 뒤에서는 '-자'
- 명령형 어미 뒤에서는 '-라'

Answer

① 관형절 ② 겹문장 ③ 인용절 ④ 대등 ⑤ 종속 ⑥ -(으)ㅁ/-기
⑦ -(으)ㄴ, -는, -(으)ㄹ, -던 ⑧ 라고, 고 ⑨ 이어진 ⑩ 대등 ⑪ 종속

CODE 034 문장의 종류

069 다음 〈보기〉의 문장과 형식과 기능이 유사한 문장은?

> 보기
>
> 창문 좀 열어 주시겠습니까?

① 부디 조심해서 가거라.
② 잠시만 자리 좀 비켜주시겠습니까?
③ 이 화장실이 언제 청소되었는지요?
④ 내가 이 정도 거리에 기진맥진하겠느냐?

CODE 034 문장의 종류

070 다음을 성공적인 의사소통으로 이해할 때, ㉠~㉣을 바르게 분류한 것은?

> 유진: ㉠ 너는 커서 무엇이 되고 싶니?
> 아진: 나는 동화 작가가 되고 싶어.
> 유진: 그렇구나. ㉡ 제일 좋아하는 동화가 뭐야?
> 아진: 비밀이야. ㉢ 이모는 커서 뭐가 되고 싶어?
> 유진: ㉣ 이모가 더 클 수 있을까?
> 아진: 응, 그럼!

	설명 의문문	판정 의문문
①	㉠, ㉡, ㉢	㉣
②	㉡, ㉢, ㉣	㉠
③	㉠, ㉢	㉡, ㉣
④	㉡, ㉣	㉠, ㉢

CODE 034 문장의 종류

071 밑줄 친 부분에 해당하는 청유문만 모두 고른 것은?

> 청유문은 서술어가 지시하는 행동에 대해 듣는 이만 행동하기를 바랄 때에 쓰이는 경우도 있다.
>
> ㉠ (떠드는 사람에게) 거기 좀 조용히 합시다.
> ㉡ (선생님이 학생에게) 이번에는 철수가 발표하자.
> ㉢ (출입구를 막은 사람에게) 길 좀 지나갑시다.
> ㉣ (빵을 먹는 동생에게) 많이 안 먹을 테니 한 입만 먹자.
> ㉤ (끼어드는 사람에게) 급해도 새치기는 하지 맙시다.

① ㉠, ㉡, ㉤
② ㉠, ㉢, ㉤
③ ㉡, ㉢, ㉣
④ ㉠, ㉣

CODE 034 문장의 종류

문장의 종결 표현

국어의 문장은 종결 표현에 따라 전체 문장의 의도가 좌우된다. 종결 어미로 문장을 종결하는 표현 방식에 따라 '평서문, 의문문, 명령문, 청유문, 감탄문'으로 나눈다.

① 문	화자가 청자에게 특별히 요구하는 일이 없이 자기의 생각만을 단순하게 전달하는 문장이다. 예 학생들이 지나간다. 학생들이 지나가네.
② 문	화자가 청자를 별로 의식하지 않거나 거의 독백 상태에서 자기의 느낌을 표현하는 문장이다. 예 벌써 눈이 내리는구나! / 눈이 아름다워라!
의문문	화자가 청자에게 질문하여 대답을 요구하는 문장이다. • ③ 의문문: 긍정이나 부정의 대답을 요구하는 의문문 예 밥 먹었니? • ④ 의문문: '언제, 누구, 무엇' 등의 의문사가 포함되어 있어 듣는 이에게 설명하는 대답을 요구하는 의문문 예 너는 요즘 무슨 일을 하니? • ⑤ 의문문: 대답을 요구하는 것이 아니며 서술, 명령, 감탄의 효과를 나타내는 의문문 예 내가 너한테 책 한 권 못 사 줄까?(반어) 어쩜 저렇게 예쁠까?(감탄) 어서 가서 공부해야 하지 않아?(명령)
⑥ 문	화자가 청자에게 어떤 행동을 하도록 요구하는 문장이다. • 직접 명령문: 직접 대면한 상황에서 명령형 종결 어미 '-아라/-어라'와 결합하여 실현된다. 예 열심히 공부해라. / 내 손을 꼭 잡아라. / 엄마 말을 들어라. • 간접 명령문 : 직접 대면하지 않은 상황에서 매체를 통해 3인칭 불특정 다수나 단체에게 사용하는 명령문이다. 예 나를 따르라. / 그대들 앞날에 영광이 있으라. / 다음 문제를 읽고 물음에 답하라.
⑦ 문	화자가 청자에게 어떤 행동을 함께하도록 요청하거나 제안하는 문장이다. 때로는 명령이나 선언의 기능을 가지고 변칙적으로 활용되기도 한다. 예 우리 오늘 영화 보자.

069 정답해설 ②

〈보기〉의 문장 형식은 의문문이지만 실제의 기능은 '명령'에 가깝다. 〈보기〉는 창문을 좀 열어달라는 명령의 의미로 풀이되기 때문이다. 이와 유사하게 ② 역시 형식은 의문문이지만 명령의 기능을 수행한다. ②는 잠시만 자리를 비켜 달라는 명령의 의미로 풀이된다.

오답해설

① 형식도 기능도 '명령'인 명령문이다.

③ 형식도 기능도 '의문'인 설명 의문문이다.

④ 형식은 '의문'이나 의도는 '나는 이 정도 거리에 기진맥진하지 않는다.'는 정보 전달을 하고 있는 수사 의문문이다.

070 정답해설 ①

㉠ '무엇'을 상대에게 묻고 상대는 그에 대해 대답을 해 준 대화이므로 설명 의문문이다.

㉡ '뭐'를 상대에게 묻고 상대는 그에 대해 대답을 해 준 대화이므로 설명 의문문이다.

㉢ '뭐'를 상대에게 묻고 상대는 그에 대해 대답을 해 준 대화이므로 설명 의문문이다.

㉣ 대답으로 보아 단순한 긍정이나 부정의 대답을 요구하는 의문문이므로 판정 의문문이다.

071 정답해설 ①

㉠은 '떠드는 사람', 즉 듣는 이만 행동하기를 바라는 청유문이다.
㉡은 듣는 이인 '철수'만 행동하기를 바라는 청유문이다.
㉤은 '끼어드는 사람', 즉 듣는 이만 행동하기를 바라는 청유문이다.

오답해설

㉢은 말하는 사람인 자신이 지나가겠다는 의미이다.
㉣은 말하는 사람인 자신이 먹겠다는 의미이다.

청유형의 변칙적 활용

• 말 듣는 이의 행동 수행을 제안하는 의미
예 조용히 좀 하자. (떠드는 아이에게)
급해도 새치기는 하지 맙시다. (끼어드는 사람에게)

• 자기의 행동 수행을 제안하는 의미
예 밥 좀 먹읍시다. (밥을 아직 먹지 못한 사람이 이미 먹은 다른 사람들에게)
길 좀 지나갑시다. (출입구를 막은 사람에게)

Answer

① 평서 ② 감탄 ③ 판정 ④ 설명 ⑤ 수사 ⑥ 명령 ⑦ 청유

CODE 035 피동/사동

072 능동문과 피동문에 대해 학습한 내용으로 적절하지 않은 것은?

> ㉠ 찬규가 지성을 밀었다. → 지성이 찬규에게 밀렸다.
> ㉡ 찬규가 꽃을 꺾었다. → 꽃이 찬규에게 꺾이었다.
> ㉢ 장막이 동상을 가린다. → 동상이 장막에 가리어진다.
> ㉣ 낙엽이 바람에 난다. → 낙엽이 바람에 날린다.

① ㉠, ㉡을 보니 능동문의 주어는 피동문에서 부사어가 되는군.
② ㉠, ㉢을 보니 피동문이 되면 서술어의 자릿수가 달라지는군.
③ ㉡, ㉢을 보니 능동문을 피동문으로 만드는 방법은 2가지가 있군.
④ ㉣을 보니 자동사의 경우에도 피동문이 존재하는 경우가 있군.

CODE 035 피동/사동

073 ㉠~㉣에 해당하는 예문으로 적절하지 않은 것은?

> 능동문과 피동문은 서로 대응하고, 주동문과 사동문도 서로 대응하는 것이 보통이다. 따라서 일반적으로 대응하는 피동문이 있는 능동문, ㉠ <u>대응하는 능동문이 있는 피동문</u>, ㉡ <u>대응하는 사동문이 있는 주동문</u>, ㉢ <u>대응하는 주동문이 있는 사동문</u>이 존재한다. 그런데 대응하는 피동문이 없는 능동문, 대응하는 능동문이 없는 피동문, ㉣ <u>대응하는 사동문이 없는 주동문</u>, 대응하는 주동문이 없는 사동문도 있다.

① ㉠: 그는 이번 추첨에서 순위가 밀렸다.
② ㉡: 할머니께서 아기를 업으셨다.
③ ㉢: 엄마가 아이에게 옷을 입히고 있다.
④ ㉣: 그 지역 사람들이 더위를 먹었다.

CODE 036 중의문

074 ㉠의 예로 적절한 것은?

> '㉠'처럼 둘 이상의 의미로 해석되는 경우를 중의적 표현이라 하고, 이런 문장들을 '중의문'이라고 한다. 문장이 중의성을 띠게 되면 정확한 의미 전달에 방해가 되므로 중의성을 해소하는 것이 좋다.

① 그는 그녀와 작년에 결혼을 했다.
② 형은 나보다 어머니를 더 좋아한다.
③ 나를 보고 싶어 하는 친구들이 많다.
④ 그녀는 사과 한 개와 배 두 개를 샀다.

CODE 036 중의문

075 다음 문장을 설명한 내용으로 잘못된 것은?

> ⓐ 철수가 책을 안 읽었다.
> ⓑ 동네 사람들이 다 오지 않았다.
> ⓒ 학생들이 모두 식사를 하지 않았다.

① ⓐ: 부정 부사의 적용 범위에 따라 중의성이 생긴다.
② ⓑ: '모든 사람들이 오지 않았다.'와 '일부의 사람들이 오지 않았다.'의 두 가지로 해석할 수 있다.
③ ⓑ: '오지'를 '오지는'으로 수정하면 '모든 사람들이 오지 않았다.'의 의미로 해석된다.
④ ⓒ: '학생들이'를 '학생들은'으로 수정하면 '식사를 한 학생들이 한 명도 없다.'라는 의미로 해석된다.

CODE 035 피동/사동

✎ 피동 표현과 사동 표현
- 피동 표현: 주어가 다른 주체에 의해 동작을 당하게 되는 의미
- 사동 표현: 주어가 남에게 동작을 하도록 시키는 의미

✎ 단형 사동과 장형 사동의 차이 예
- 단형 사동: 내가 동생에게 밥을 먹이다. (내가 동생에게 밥을 떠먹여 주었을 직접 행위와 밥을 먹으라고 지시했을 간접 행위 의미가 모두 가능)
- 장형 사동: 내가 동생에게 밥을 먹게 하다. (구두로 지시한 의미만 가능)

✎ 주동문으로 만들 수 없는 사동문의 예
- 우리 집에서도 소를 먹인다(사육하다).
- 우리 아이는 벌써 한글을 익혔다(학습하다).
- 옆집 아저씨는 도박으로 집을 날렸다(잃다).

✎ 능동문으로 만들 수 없는 피동문의 예
- 옷이 못에 걸렸다. – 못이 옷을 걸었다.(×)
- 날씨가 풀렸다. – (주어)가 날씨를 풀었다.(×)

✎ 파생적 피동형과 사동형

용언	피동형	용언	사동형
깎다	깎① 다	속다	속⑤ 다
먹다	먹② 다	입다	입⑥ 다
밀다	밀③ 다	울다	울⑦ 다
쫓다	쫓④ 다	웃다	웃⑧ 다
		깨다	깨⑨ 다
		달다	달⑩ 다
		낮다	낮⑪ 다

072 정답해설 ②

㉠, ㉢의 모든 문장은 능동문의 자릿수도 2자리이고, 피동문도 2자리이다. 따라서 서술어의 자릿수는 변하지 않는다.

오답해설

① ㉠, ㉡ 모두 능동문의 주어 '찬규가'가 피동문에서는 '찬규에게'로 바뀌었음을 확인할 수 있다.
③ ㉡은 접미사를 이용한 짧은 피동의 형태이고, ㉢은 '–어지다'를 이용한 긴 피동의 형태이다.
④ ㉣의 능동문은 목적어가 없고, 자동사로 이루어진 문장이지만 예외적으로 피동문이 존재하는 형태이다.

✎ 파생적 피동과 통사적 피동

(1) 파생적 피동(=단형 피동)
① 능동사 어간+피동 접미사 '–이–, –히–, –리–, –기–'
② 명사 어근+피동 접미사 '–되다'

(2) 통사적 피동(=장형 피동)
① 용언의 어간+'–어지다' 예 공터에 새 건물이 지어진다고 한다.
② 용언의 어간+'–게 되다' 예 홍수로 집을 잃게 되었다.

073 정답해설 ①

㉠은 피동 표현 '그는 순위가 밀리다'는 그에 대응하는 능동 표현인 '이번 추첨이 그의 순위를 밀었다'와 같은 표현이 성립하지 않으므로 대응하는 능동문이 없는 피동문에 속한다.

오답해설

② ㉡은 그에 대응하는 '내가 할머니께 아기를 업히다'와 같은 사동 표현이 성립하므로 대응하는 사동문이 있는 주동문, 즉 ㉡에 속한다.
③ ㉢은 그에 대응하는 '아이가 옷을 입다'와 같은 주동 표현이 성립하므로 대응하는 주동문이 있는 사동문, 즉 ㉢에 속한다.
④ ㉣은 그에 대응하는 '그 지역 사람들에게 더위를 먹이다'와 같은 사동 표현이 성립하지 않으므로 대응하는 사동문이 없는 주동문, 즉 ㉣에 속한다.

CODE 036 중의문

✎ 문장의 중의성
- 어휘적 중의성: 다의어나 동음이의어로 인해 모호한 표현
  예 말(言) / 말(馬), 손이 크다(신체) / 손이 크다(씀씀이)
- ⑫ 적 중의성: 문장 구조로 인해 모호한 표현

⑬ 범위	아름다운 그녀의 목소리
비교 대상	유진이는 남자 친구보다 영화를 더 좋아한다.
공동격 구문	• 유진이는 사과와 배 두 개를 샀다. • 유진이와 영수가 여행을 갔다.
호응 성분	사람들이 많은 곳을 가보면 재미있는 일이 많다.
수량사의 지배	세 명의 여자가 한 남자를 사귄다.
⑭ 적 사동	유진이가 동생에게 밥을 먹였다.
부정문	• 친구들이 다 안 왔다. • 나는 유진이를 어제 학교에서 만나지 않았다.
⑮ 용언	유진이는 구두를 신고 있다.
병렬 구문	유진이는 웃으면서 들어오는 학생에게 인사하였다.
의존 명사 구문	그가 우는 것이 이상하다.
생략	유진이는 원하는 것이 무엇인지 안다.

- 은유적 중의성: 은유적 표현이 두 가지 이상의 의미로 해석되는 것
  예 오빠는 곰이다. (체격, 성격)

074 정답해설 ②

'형은 나보다 어머니를 더 좋아한다.'는 '형은 나와 어머니 중에서 어머니를 더 좋아한다.'와 '내가 어머니를 좋아하는 것보다 형이 어머니를 더 좋아한다.'로 중의적으로 해석된다.

075 정답해설 ③

ⓑ를 '동네 사람들이 다 오지는 않았다.'로 수정하면, '동네 사람들 모두가 온 것은 아니지만, 일부는 왔다.'의 의미로 해석된다. 따라서 '모든 사람들이 오지 않았다.'의 의미로 해석된다는 것은 적절하지 않다.

오답해설

① '철수가 책을 안 읽었다.'는 '책을 읽은 것이 철수가 아니라 다른 사람이다.'라는 의미가 될 수도 있고, '철수가 읽은 것이 책이 아니라 다른 것이다.'라는 의미가 될 수도 있고, '읽었다.'는 행위만을 부정한 의미가 될 수도 있다. 따라서 문장의 부정 부사 '안'은 '철수가', '책을', '읽었다'를 두루 부정할 수 있다.
② 수량을 나타내는 부사 '다, 모두, 조금, 많이' 등이 있으면 부정의 범위에 그 부사의 의미가 포함될 수도 있고 그렇지 않을 수도 있어서 '모든 사람들이 오지 않았다.'와 '일부의 사람들이 오지 않았다.'의 두 가지 의미로 해석이 가능하다.
④ ⓒ를 '학생들은 모두 식사를 하지 않았다.'로 수정하면 '학생들'이 강조되므로 '식사를 한 학생들이 한 명도 없다.'라는 의미가 된다.

Answer

① 이 ② 히 ③ 리 ④ 기 ⑤ 이 ⑥ 히 ⑦ 리 ⑧ 기 ⑨ 우 ⑩ 구 ⑪ 추
⑫ 구조 ⑬ 수식 ⑭ 파생 ⑮ 보조

CODE 037 혼동어휘(한자어)

076 혼동하기 쉬운 단어를 구별하여 사용한 예로 잘못된 것은?

① ┌ 대표님은 아랫사람이 올린 서류에 결재를 하고 퇴근하셨다.
└ 물품 대금은 나중에 예치금에서 자동으로 결제된다.

② ┌ 너무 나서다가는 상전에게 언제나 곤욕을 당하기 일쑤다.
└ 예기치 못한 질문에 순간적으로 곤혹을 느꼈다.

③ ┌ 그는 현실과 꿈 사이에서 혼동을 일으켰다.
└ 외래 문화의 무분별한 수입은 가치관의 혼돈을 가져왔다.

④ ┌ 그는 비행기를 20년간 조정한 베테랑이다.
└ 은행은 금리를 1% 상향 조종했다.

CODE 038 관습적 표현

077 〈보기〉의 문장을 관용어를 써서 다시 쓰고자 한다. 사용하기에 어색한 것은?

보기

㉠ 저 사람 생긴 것으로 보아 아주 음흉한 일을 하고도 남을 사람이네그려.
㉡ 자네는 그렇게 마음이 굳세지 못하여 남에게 잘 꺾이니, 자네 같은 사람을 어디에 써먹겠나.
㉢ 이번 사고를 겪고도 행정 부처들이 서로 자기 소관이 아니라고, 모두 다 책임을 지지 않으려 하는 모습이 참 안타깝다.
㉣ 그 사람 행동하는 것을 보니 매우 아니꼽기만 하더라.

① 콧등이 시큰하다　② 아귀가 무르다
③ 소 잡아먹다　④ 너니 내니 하다

CODE 038 관습적 표현

078 밑줄 친 말이 '신체 부위'의 의미를 갖고 있지 않은 것은?

① 자랑을 하는 친구를 보니 은근히 부아가 났다.
② 저 아이는 이 일에 이골이 난 애야.
③ 처음으로 공사판에서 질통을 졌더니 이튿날 등살이 발라 허리를 잘 쓰지 못했다.
④ 그는 나의 애끓는 하소연도 무시하였다.

CODE 039 문학 작품 속 고유어

079 다음 중 ㉠~㉣의 뜻풀이가 잘못된 것은?

양수기에 접전을 시킬 때는 감전 조심으로 맘이 조이고, 수로에서 개뚝배미까지 호스를 끌어올리면서도 뱀이 안 밟히나 하여 속을 졸였다. 참을 내온 아내한테 아이만 혼자 두고 나왔다고 보자마자 핀잔부터 준 것이며, 깜뭇 잊고 내동 노닥거리다가 갑자기 집이 궁금해져 맘에 없던 ㉠ 지청구를 하여 ㉡ 뜨악하게 돌려보낸 것도 사실은 말짱 꿈 탓이던 것이다. ㉢ 내남없이 양식거리나 하는 집은 눈만 뜨면 논에 파묻혀 살았다. 놀미 동네만 그런 것이 아니라 척굴 앞벵이, 저무니, 무솔이, 너르내, 조브내 하여, 안 그런 동네 따로 없이 천동면 안팎은 죄 그 지경이었다. 이미 구어져 금이 안 가고, 파근파근한 논바닥이었지만 관정을 뚫고 양수기를 사들여 ㉣ 에멜무지로 적셔 보기라도 하려면 무슨 벼슬 하는 돈이 됐건 이자가 높고 야림을 따질 겨를 없이 앞을 다투어 당겨 쓰지 않으면 안 되게 되었던 것이다.

① ㉠: 엉뚱한 핑계를 댐.
② ㉡: 선뜻 끌리지 않게
③ ㉢: 모든 사람이 다 마찬가지로
④ ㉣: 헛일하는 셈치고 시험 삼아

CODE 039 문학 작품 속 고유어

080 다음 밑줄 친 어휘의 의미를 잘못 파악한 것은?

"잔소리 마라. 어린 게 무얼 안다고 주책없이 할 소리 못 할 소리 ㉠ 무람없이……."

부친은 듣기에도 싫었지만 아비된 ㉡ 성검을 세우려는 것이다. 덕기는 잠자코 앉았을 수밖에 없었다. 그러나 말이 난 김이니 하고 싶던 말은 다 하고야 말겠다고 단단히 결심하였다.

[중략]

"나더러 무슨 ㉢ 뒷갈망을 하라는 말이냐? 그 자식은 내 자식이 아니야!" 하고 부친은 소리를 한청 더 버럭 지른다.

"그건 무슨 말씀입니까? 저도 그저께 저녁에 가 보고 왔습니다만 어째서 그런 말씀을 하십니까? 안 할 말씀으로 아버지께서 책임을 ㉣ 모피하시려고— 설마 아니시겠지요?"

① ㉠ 버릇없이　② ㉡ 위엄을 부리려는
③ ㉢ 사리 판단을　④ ㉣ 일부러 피하시려고

CODE 037 혼동어휘(한자어)

076 정답해설 ④

'조정(調整)'은 '어떤 기준이나 실정에 맞게 정돈하는 것'을, '조종(操縱)'은 '기계를 다루어 부림, 사람이나 상황을 자기 마음대로 쥐락펴락 다루어 부림'을 뜻하는 말이다. 그러므로 '그는 비행기를 20년간 조종한~', '은행은 금리를 1% 상향 조정했다'가 올바른 어휘 선택이다.

오답해설

① **결재(決裁)**: 결정할 권한이 있는 상관이 부하가 제출한 안건을 검토하여 허가하거나 승인함.

결제(決濟): 「1」 일을 처리하여 끝을 냄.

「2」『경제』 증권 또는 대금을 주고받아 매매 당사자 사이의 거래 관계를 끝맺는 일.

② **곤욕(困辱)**: 심한 모욕. 또는 참기 힘든 일. ≒ 군욕(窘辱)

곤혹(困惑): 곤란한 일을 당하여 어찌할 바를 모름.

③ **혼동(混同)**: 「1」 구별하지 못하고 뒤섞어서 생각함.

「2」 서로 뒤섞이어 하나가 됨.

「3」『법률』 서로 대립하는 두 개의 법률적 지위가 동일인에게 귀속하는 일. 주로 물권과 채권이 소멸되는 원인이 된다.

혼돈(混沌/渾沌): 「1」 마구 뒤섞여 있어 갈피를 잡을 수 없음. 또는 그런 상태. ≒ 혼륜(渾淪)

「2」 하늘과 땅이 아직 나누어지기 전의 상태. ≒ 혼륜(渾淪)

CODE 038 관습적 표현

077 정답해설 ①

'콧등이 시큰하다'는 '어떤 일에 감격하거나 슬퍼서 눈물이 나오려 하다'라는 말이다. ㉣의 '매우 아니꼽다'는 상황에 쓰이는 관용어는 '콧등이 시다'이다.

오답해설

② '아귀가 무르다'는 '마음이 굳세지 못하고 잘 꺾이다', '손으로 잡는 힘이 약하다'라는 말이다. ㉡과 연결된다.

③ '소 잡아먹다'는 '아주 음흉한 일을 하다'라는 말로 ㉠과 연결된다.

④ '너니 내니 하다'는 '서로 책임을 안 지려고 하다'라는 말로 ㉢과 연결된다.

078 정답해설 ②

'이골'은 '아주 길이 들어서 몸에 푹 밴 버릇'으로 신체와는 거리가 멀다.

오답해설

① '부아'는 '허파'를 가리키는 말로 '노엽거나 분한 마음'을 뜻하기도 한다.

③ '등살'은 '등에 있는 근육'으로 '등살이 바르다'는 '등의 힘살이 뻣뻣하여 굽혔다 폈다 하기에 거북하다'라는 의미의 관용구이다.

④ '애'는 '창자'의 뜻으로 '애끓다'는 '몹시 답답하거나 안타까워 속이 끓는 듯하다'라는 말이다.

CODE 039 문학 작품 속 고유어

079 정답해설 ①

㉠ **지청구**: 「1」 아랫사람의 잘못을 꾸짖는 말 = 꾸지람

「2」 까닭 없이 남을 탓하고 원망함.

오답해설

② ㉡ **뜨악하다**: 「1」 마음이 선뜻 내키지 않아 꺼림칙하고 싫다.

「2」 마음이나 분위기가 맞지 않아 서먹하다. 또는 사귀는 사이가 떠서 서먹하다.

③ ㉢ **내남없이**: 나와 다른 사람이나 모두 마찬가지로 ≒ 내남직없이

④ ㉣ **에멜무지로**: 「1」 단단하게 묶지 아니한 모양

「2」 결과를 바라지 아니하고, 헛일하는 셈 치고 시험 삼아 하는 모양

080 정답해설 ③

'뒷갈망'은 '뒷감당'의 의미이므로 '일의 이치를 판단'한다는 의미의 '사리 판단'과 바꿔 쓰기에 적절하지 않다.

예 그래도 할 수 있는 노력이라면 <u>뒷갈망</u>이야 어찌하든 양수기부터 세내어 져다 놓고…….

오답해설

① **무람없다**: 예의를 지키지 않으며 삼가고 조심하는 것이 없다.

예 제 행동이 다소 버릇없고 <u>무람없더라도</u> 용서하십시오.

② **성검을 세우다**: 위엄을 부리다.

예 할머니는 그렇게라도 <u>성검을 세우려고</u> 했다.

④ **모피하다**: 피하려고 꾀를 내다. 또는 그렇게 하여 피하다.

예 거기에 대하여 구체적으로 예를 드는 것은 <u>모피하는</u> 눈치였다.

자주 출제되는 빈출코드 04

출제단원	출제코드	채점
이론 문법 – 통사	CODE 040 시제	
	CODE 041 부정	
이론 문법 – 의미와 담화	CODE 042 의미 관계	
	CODE 043 의미 변천	
	CODE 044 높임법	
이론 문법 – 고전 문법	CODE 045 훈민정음	
	CODE 046 중세 국어	

출제단원	출제코드	채점
어문규정 – 한글 맞춤법 + 표준어 규정	CODE 047 두음 법칙	
	CODE 048 부사화 접사	
	CODE 049 자주 틀리는 맞춤법	
	CODE 050 개정 표준어	
어휘 · 한자	CODE 051 고유어와 외래어의 구별	
	CODE 052 한자어(동음이의어)	

CODE 040 시제

081 밑줄 친 말에 주목하여 ㉠~㉣의 시제를 탐구한 것이 적절하지 않은 것은?

> 절대 시제란 발화시를 기준으로 결정되는 시제를 말하고, 상대 시제란 사건시에 의존하여 상대적으로 결정되는 시제를 말한다. 절대 시제와 상대 시제는 안은문장이나 이어진문장과 같은 문장의 시제를 이해할 때 유용한 개념이다.
>
> ㉠ 내일은 <u>춥고</u> 비가 내리겠습니다.
> ㉡ 영희는 <u>노래를 들으면서</u> 밥을 먹는다.
> ㉢ 동생은 <u>어제 보던</u> 영화를 오늘 이어서 본다.
> ㉣ 희수는 그 당시 <u>먹을</u> 양식이 없었다.

① ㉠: 절대 시제는 미래, 상대 시제는 현재이다.
② ㉡: 절대 시제는 현재, 상대 시제는 현재이다.
③ ㉢: 절대 시제는 현재, 상대 시제는 과거이다.
④ ㉣: 절대 시제는 과거, 상대 시제는 미래이다.

CODE 040 시제

082 ㉠~㉣에 대해 탐구한 결과로 적절하지 않은 것은?

> ㉠ 내가 <u>떠날</u> 때 비가 왔다.
> ㉡ 막차를 놓쳤으니 나는 집에 다 <u>갔다</u>.
> ㉢ 지금쯤 거기에는 눈이 <u>오겠지</u>.
> ㉣ 그는 내년에 <u>진학한다고</u> 한다.

① ㉠: '–ㄹ'이 미래의 사건을 나타내지 않는 경우도 있군.
② ㉡: '–았–'이 과거 시제를 나타내지 않는 경우도 있군.
③ ㉢: '–겠–'이 미래의 사건을 추측하는 데 쓰이지 않을 수도 있군.
④ ㉣: '–ㄴ–'은 현재의 사건을 나타낼 때 쓰이고 있군.

CODE 041 부정

083 부정 표현 ㉠~㉣에 대한 설명으로 적절하지 않은 것은?

> ㉠ 비가 와서 해가 잘 보이지 않는다.
> ㉡ 지금 사물함에는 아무것도 {없다, 안*/못* 있다}.
> ㉢ 지금은 너무 {떠들지 마라, 안*/못* 떠들어라}.
> ㉣ 우리 집은 {넉넉하지 않다/못하다, 안*/못* 넉넉하다}.
> * 비문법적 표현

① ㉠: '안' 부정문이 주체의 의지를 부정하는 경우 외에 다른 쓰임이 있다는 것을 보여준다.
② ㉡: '있다'를 부정하기 위해 별개의 어휘를 사용하였다.
③ ㉢: 부정 명령에는 '안', '못' 부정이 아닌 '–지 말다' 부정만 쓰일 수 있다.
④ ㉣: '넉넉하다'는 '안' 부정문이든 '못' 부정문이든 긴 부정이 사용될 수 없다.

CODE 041 부정

084 ㉠~㉣과 관련된 설명으로 적절하지 않은 것은?

> 일반적으로 '못하다'가 동사 뒤에서 보조 용언으로 쓰일 때에는 앞말이 뜻하는 행동에 대하여 그것이 이루어지지 않거나 그것을 이룰 능력이 없음을 나타내지만, ㉠<u>'금지'의 의미를 나타내거나</u> ㉡<u>'거부'의 의미를 나타내기도</u> 한다.
> 형용사 뒤에서 보조 용언으로 쓰일 때에는 ㉢<u>앞말이 뜻하는 상태에 미치지 아니함을 나타내기도</u> 한다. 그리고 동사나 형용사 뒤에서 보조 용언으로 쓰일 때, ㉣<u>앞말이 뜻하는 행동이나 상태가 극에 달해 그것을 더 이상 유지할 수 없음을 나타낼 때도</u> 쓰인다.

① ㉠: 청소년은 주점에 들어가지 <u>못한다</u>.
② ㉡: 그런 식으로 행동하면 네 의견에 동의하지 <u>못하겠다</u>.
③ ㉢: 오늘 참석한 사람이 <u>못해도</u> 열 명은 될 것 같다.
④ ㉣: 종일 굶었더니 배가 고프다 <u>못하여</u> 아프기까지 하다.

CODE 040 시제

유형	① 시제	② 시제
개념	발화시를 기준으로 결정되는 시제	주문장의 사건시에 의존하여 상대적으로 결정되는 시제
위치	종결형	관형사형 어미, 연결 어미
예	나는 어제 떡국을 먹었다.(과거)	나는 어제 설거지하시는(현재) 어머니를 도와드렸다.

✎ 시제 표현

과거 시제	• 사건시가 발화시보다 선행하는 시간 표현 • 주로 선어말 어미 '-았-/-었-'에 의해 실현된다. • 훨씬 오래전 일이나 현재와는 더 강하게 단절된 사건을 표현하기 위해 '-았었-/-었었-'을 쓰기도 한다. 또한 과거 어느 때의 일이나 경험을 회상할 때에는 '③ '를 사용하기도 한다. • 관형절로 안길 때에는 동사에는 관형사형 어미 '-(으)ㄴ', '-던', 형용사와 서술격 조사 '이다'에는 '-던'이 쓰인다.
현재 시제	• 사건시와 발화시가 일치하는 시간 표현 • ④ 의 경우에는 선어말 어미 '-는-/-ㄴ-'에 의해 실현되고, ⑤ 나 서술격 조사 '이다'의 경우에는 선어말 어미가 결합되지 않은 채 실현된다. • 관형절로 안길 때에는 동사에는 관형사형 어미 '-는'이, 형용사와 서술격 조사 '이다'에는 '-(으)ㄴ'이 쓰인다.
미래 시제	• 발화시를 기준으로 사건시가 발화시 이후인 시간 표현 • 주로 선어말 어미 '⑥ '에 의해 실현된다. • 관형절로 안길 때에는 관형사형 어미 '-(으)ㄹ'이 쓰인다. 관형사형 어미와 의존 명사가 합쳐져 '-(으)ㄹ 것'으로 실현되기도 한다.

081 정답해설 ③

㉢의 '보던'의 절대 시제는 '본다'는 말을 한 발화시를 기준으로 보았을 때 과거이므로 적절하지 않다. 한편, 상대 시제는 사건시인 '본다'보다 전에 일어난 것이므로 과거이다.

오답해설

① ㉠의 '춥고'의 절대 시제는 '내리겠습니다'는 말을 한 발화시를 기준으로 보았을 때 미래이며, 상대 시제는 사건시인 '내리'는 것을 기준으로 하였을 때 현재이다.

② ㉡의 '들으면서'의 절대 시제는 '먹는다'는 말을 한 발화시를 기준으로 보았을 때 현재이며, 상대 시제는 사건시인 '먹는다'와 동시에 일어나는 것이므로 현재이다.

④ ㉣의 '먹을'의 절대 시제는 '없었다'는 말을 한 발화시를 기준으로 보았을 때 과거이며, 상대 시제는 사건시인 '없었'던 것을 기준으로 하였을 때 미래이다.

082 정답해설 ④

㉣의 '진학한다고'에 쓰인 '-ㄴ-'은 '내년에'와 함께 쓰인다는 점에서 미래의 사건을 나타낸다.

오답해설

① ㉠의 문장의 관형사형 어미 '-ㄹ'은 '왔다'의 '-았-'과 함께 쓰였다는 점에서 미래의 사건을 나타낸다고 보기 어렵다.

② ㉡의 '막차를 놓쳤으니 나는 집에 다 갔다.'에 쓰인 '-았-'은 아직 이루어지지 않은 사건에 대한 확신을 나타내기 때문에 과거 시제를 나타내는 데 쓰였다고 보기 어렵다.

③ ㉢의 예문에 쓰인 '-겠-'은 현재의 사건을 추측하는 데 쓰이고 있다. ㉢의 문장에서 '지금'이라는 부사와 '-겠-'이 함께 쓰였다는 점에서 현재 사건을 추측하는 데에 쓰이고 있다는 것을 알 수 있다.

CODE 041 부정

✎ 짧은 부정문과 긴 부정문

1. ⑦ 부정문: 부정 부사를 사용하여 형성한다.
2. ⑧ 부정문: 부정의 보조 용언을 사용하여 형성한다.

'안' 부정문	부정 부사 '안'이나 부정 보조 용언 '않다'에 의해 실현된다. • 단순 부정: 객관적 사실의 부정 예 오늘은 비가 안 온다. • 의지 부정: 화자의 의지에 의한 부정 예 그는 그녀를 안 만났다.
'못' 부정문	부정 부사 '못'이나 부정 보조 용언 '못하다'에 의해 실현된다. • 능력 부정: 화자의 능력이 부족하거나 상황이 여의치 않아서 생기는 부정 예 그는 그녀를 못 만났다.
'말다' 부정문	⑨ 문과 ⑩ 문에서만 사용할 수 있는 부정문으로, 부정 보조 용언 '말다'에 의해 실현된다. 예 노래를 부르지 마라. (명령문) 영화를 보지 말자. (청유문)

083 정답해설 ④

㉣은 '넉넉하다'가 '-지 않다/못하다'의 긴 부정으로 부정됨을 보여 주고, '안'이나 '못'이 꾸며 주는 짧은 부정으로는 부정되지 않음을 보여 준다.

오답해설

① '안' 부정문이 주체의 의지를 부정하는 경우도 있지만 주어 대상이 의지를 가질 수 없는 경우 단순 부정(객관 부정, 중립 부정)을 의미하는 경우도 있다. ㉠은 '해'가 의지를 가지고 보이지 않는 것이 불가능하기 때문에 단순 부정으로 해석된다.

② ㉡에서 '있다'를 부정하기 위해 짧은 부정의 '안' 부정문과 '못' 부정문을 사용하지 않고 '없다'라는 별개의 어휘를 사용하였음을 확인할 수 있다. 참고로 "책상에는 아무것도 있지 않다."처럼 긴 부정의 '안' 부정문은 간혹 사용하는 경우가 있다.

③ ㉢은 상대에게 어떤 일을 하지 말라는 부정 명령, 즉 금지의 의미를 나타낸다. 이때에는 '안' 부정문, '못' 부정문이 짧은 부정이든 긴 부정이든 사용되지 않고, '말다'의 긴 부정만이 사용된다.

084 정답해설 ③

'못해도 열 명은'에 쓰인 '못하다'는 '아무리 적게 잡아도'의 뜻으로 쓰인 것으로 ㉢의 적절한 예가 아니다. ㉢의 적절한 예로는 '그런 태도는 옳지 못하다'에 쓰인 '못하다'를 들 수 있다.

오답해설

① '들어가지 못한다'에 쓰인 '못하다'는 '금지'의 의미를 나타내므로 ㉠의 적절한 예이다.

② '동의하지 못하겠다'에 쓰인 '못하다'는 '거부'의 의미를 나타내므로 ㉡의 적절한 예이다.

④ '고프다 못하여'에 쓰인 '못하다'는 배가 고픈 상태가 극에 달해 그것을 더 이상 유지할 수 없음을 나타내므로 ㉣의 적절한 예이다.

Answer

① 절대 ② 상대 ③ -더- ④ 동사 ⑤ 형용사 ⑥ -겠- ⑦ 짧은 ⑧ 긴 ⑨ 명령 ⑩ 청유

CODE 042 의미 관계

085 다음 중 ㉠~㉢에 해당하는 경우가 아닌 것은?

㉠ 상보 반의어는 두 단어의 의미가 상호 배타적이라서 한 단어의 긍정이 다른 단어의 부정을 함의한다. ㉡ 등급 반의어는 두 단어 사이에 중간 상태가 있을 수 있어서 한 쪽을 부정하는 것이 바로 다른 쪽의 긍정을 의미하는 것이 아니다. ㉢ 관계 반의어는 두 단어가 상대적 관계이며 의미상 대칭을 이룬다.

① ㉠: 표면 – 내면
② ㉡: 좋다 – 싫다
③ ㉢: 입다 – 벗다
④ ㉢: 스승 – 제자

CODE 043 의미 변천

086 다음 중 단어의 의미 변화를 잘못 나타낸 것은?

① 겨레: [종족] → [민족]
② 놈: [하대] → [평대]
③ 얼굴: [형체] → [안면]
④ 어리다: [무지] → [나이]

CODE 044 높임법

087 ㉠~㉢에서 높이는 대상을 찾아 바르게 짝지은 것은?

㉠ 어머니께서 할머니께 선물을 드리셨다.
㉡ 할아버지께서 저를 칭찬해 주셨어요.
㉢ 형이 아버지를 모시고 병원에 갔습니다.

	㉠	㉡	㉢
①	주체	객체	듣는 이
②	주체, 객체	듣는 이	주체, 객체
③	객체	주체, 듣는 이	주체, 객체
④	주체, 객체	주체, 듣는 이	객체, 듣는 이

CODE 044 높임법

088 ㉠~㉢을 모두 사용하여 만든 문장으로 적절한 것은?

㉠ 높여야 할 인물과 관련된 대상을 높이는 명사를 사용
㉡ 객체를 높이는 용언을 사용
㉢ 하게체의 종결 어미를 사용

① 어머님 생신에 선물을 드릴까 하는데 어떻게 생각해요?
② 우리가 선생님 댁으로 가서 직접 여쭤보는 것은 어떻게 생각하니?
③ 아버님께서는 편찮으신 데는 없고 진지도 잘 드시나?
④ 모임에 자네 아버님도 모시려는데 춘추가 어떻게 되시는가?

CODE 042 의미 관계

반의 관계

한 쌍의 단어가 모든 의미상의 특성을 공유하면서 한 가지 요소만 반대인 관계

- 모순 관계(= ①　　　반의어): 중간항이 허용되지 않고 동시에 참이 될 수도, 동시에 거짓이 될 수도 없는 대립 관계
  예 남자 – 여자, 참 – 거짓, 삶 – 죽음, 합격 – 불합격, 출석 – 결석
- 반대 관계(= ②　　　반의어): 중간항이 허용되고 동시에 부정이 가능한 대립 관계
  예 가볍다 – 무겁다, 넓다 – 좁다, 크다 – 작다, 좋다 – 나쁘다
- 상대 관계(= ③　　　반의어): 서로 관계되는 두 실체를 떼어서는 생각할 수 없는 대립 관계
  예 위 – 아래, 앞 – 뒤, 스승 – 제자, 사다 – 팔다

085 정답해설 ①

'표면'은 '사물의 가장 바깥쪽. 또는 가장 윗부분'이나 '겉으로 나타나거나 눈에 띄는 부분.'을, '내면'은 '물건의 안쪽.'이나 '밖으로 드러나지 아니하는 사람의 속마음. 사람의 정신적 · 심리적 측면을 이른다.'를 의미한다. 이는 관계 반의어에 해당하므로 ㉢의 예시로 적합하다.

오답해설

② '좋다–싫다'는 정도나 등급에서 대립을 이루고, 좋지도 싫지도 않은 중간 상태가 있을 수 있으므로 ㉡의 예시로 적합하다.

③ '입다'는 '옷을 몸에 꿰거나 두르다.'를, '벗다'는 '사람이 자기 몸 또는 몸의 일부에 착용한 물건을 몸에서 떼어 내다.'를 의미한다. 이는 관계 반의어에 해당하므로 ㉢의 예시로 적합하다.

④ '스승–제자'는 인간관계를 기준으로 각각 가르치는 사람과 배우는 사람이라는 대칭 관계를 이루고 있으므로 ㉢의 예시로 적합하다.

CODE 043 의미 변천

단어의 의미 변천

1. 의미의 확대: 이미 존재하는 말의 의미를 확대하여 사용하는 것
   예 겨레: 종친(宗親) → 동포(同胞), 민족
   사모님: 스승의 부인 → 남이나 직장 상사의 부인을 높여 부르는 말
2. 의미의 축소: 의미가 변화하여 지시하는 대상이나 개념에 대한 범위가 원래보다 좁아지는 것
   예 놈: 사람을 가리키는 일반적인 말 → 남성의 낮춤말
   얼굴: 몸 전체, 혹은 형상 → 안면
3. 의미의 이동: 단어의 의미 영역이 넓어지거나 좁아지지 않고 단순히 다른 의미로 바뀐 것
   예 어리다: 어리석다 → 나이가 적다
   어엿브다: 불쌍하다 → 예쁘다
   하다: 많다, 크다 → (동작을) 하다

086 정답해설 ②

'놈'은 '사람을 가리키는 일반적인 말(평대)'에서 '남성의 낮춤말(하대)'로 의미가 축소된 경우이다.

오답해설

① '겨레'는 '종족, 종친'의 의미에서 '민족, 동포'의 뜻으로 의미가 확대된 경우이다.

③ '얼굴'은 '몸 전체, 혹은 형체'에서 '안면'이라는 뜻으로 의미가 축소된 경우이다.

④ '어리다'는 '어리석다'는 의미에서 '나이가 어림'을 나타내는 말로 의미가 이동한 경우이다.

CODE 044 높임법

높임법 마인드 맵

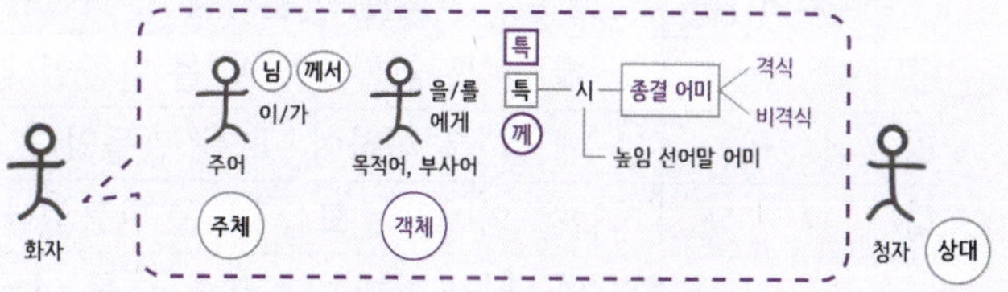

상대 높임법의 종류

구분		평서형	의문형	명령형	청유형	감탄형
격식체	④　　체	합니다	합니까?	하십시오	⑤	–
	⑥　　체	하오	하오?	하(시)오, 하구려	합시다	하는구려
	⑦　　체	하네, 함세	하는가?, 하나?	하게	하세	하는구먼
	⑧　　체	한다	하냐?, 하니?	해라, 하거라	하자	하는구나
비격식체	해요체	해요, 하지요	해요?, 하지요?	해요, 하지요	해요, 하지요	하는군요
	해체(반말)	해, 하지	해?, 하지?	해, 하지	해, 하지	해, 하지, 하는군, 하는구먼, 하네

087 정답해설 ④

㉠에서는 조사 '께서'와 선어말 어미 '–시–'를 통해 주어인 '어머니'를 높였다. 또한 조사 '께'와 동사 '드리다'는 부사어인 '할머니'를 높였다.

㉡에서는 조사 '께서'가 주어인 '할아버지'를 높였다. 또한 보조사 '–어요'를 사용한 해요체를 통해 말을 듣는 상대를 높였다.

㉢에서는 목적어인 '아버지'를 높이기 위해 '데리고'가 아닌 '모시고'를 사용했다. 또 종결 어미 '–습니다'를 통해 하십시오체로 말을 듣는 상대를 높였다.

그러므로 높임의 대상은 ㉠에서는 '주체, 객체'이고 ㉡에서는 '주체, 듣는 이'이고 ㉢에서는 '객체, 듣는 이'이다.

088 정답해설 ④

'춘추'를 통해 ㉠을 확인할 수 있고, '모시려는데'를 통해 ㉡을 확인할 수 있다. 또한 '–는가'는 하게체의 의문형 종결 어미이다.

오답해설

① '생신'을 통해 ㉠을 확인할 수 있고, '드릴까'를 통해 ㉡을 확인할 수 있으나 해요체를 사용하였다.

② '댁'을 통해 ㉠을 확인할 수 있고, '여쭤보는'을 통해 ㉡을 확인할 수 있으나 해라체를 사용하였다.

③ '진지'를 통해 ㉠을 확인할 수 있고, 종결 어미 '–나'를 통해 ㉢을 확인할 수 있다. 그러나 '편찮으신'과 '드시나'는 객체를 높이는 용언이 아니라 주체인 '아버님'을 높이는 용언이다.

Answer

① 상보 ② 정도 ③ 방향 ④ 하십시오 ⑤ 하시지요 ⑥ 하오 ⑦ 하게 ⑧ 해라

CODE 045 훈민정음

089 훈민정음 제자 원리에 대한 예가 각각 적절히 제시된 것은?

	가획의 원리	합용의 원리
①	ㄹ, ㆁ, ㅿ	'ㅡ'에 'ㅣ'를 결합하여 'ㅢ'를 만들었다.
②	ㄱ – ㄲ	'ㅏ'에 'ㅣ'를 합하여 'ㅐ'를 만들었다.
③	ㅁ – ㅂ	하늘을 의미하는 모음 'ㆍ'를 만들었다.
④	ㄴ – ㄷ	'ㅗ'와 'ㅏ'가 함께 어우러져 'ㅘ'를 이루게 된다.

CODE 045 훈민정음

090 다음 중 훈민정음과 관련된 설명으로 올바른 것은?

① 초성과 종성은 모두 불청불탁음(不淸不濁音)으로 이루어졌다.

② 이어쓰기 규정 즉 연서법(連書法)에 의해 만들어진 글자는 현대 국어에서도 사용되고 있다.

③ '象舌根閉喉之形'과 관계된 글자는 'ㄱ'이다.

④ 훈민정음으로 정리한 ≪동국정운(東國正韻)≫은 세종 당시의 현실음을 토대로 한 운서(韻書)였다.

CODE 046 중세 국어

091 중세 국어의 특징으로 옳지 않은 것을 모두 고르면?

ㄱ. 된소리가 등장하기 시작하였다.
ㄴ. 성조가 사라지고 방점의 기능이 소멸되었다.
ㄷ. 아래아(ㆍ)의 음가가 완전히 소실되었다.
ㄹ. 중세 특유의 주체 높임법, 객체 높임법 등이 있었다.
ㅁ. 몽골어, 여진어 등 외래어가 들어오기도 하였다.

① ㄱ, ㄷ　② ㄴ, ㄷ
③ ㄷ, ㄹ　④ ㄴ, ㄹ, ㅁ

CODE 045 훈민정음

초성의 제자 원리

오음	기본자	상형 내용	가획자	이체자
아음	①	상설근폐후지형(象舌根閉喉之形)	ㅋ	ㆁ
설음	②	상설부상악지형(象舌附上齶之形)	ㄷ → ㅌ	ㄹ
순음	③	상구형(象口形)	ㅂ → ㅍ	
치음	④	상치형(象齒形)	ㅈ → ㅊ	△
후음	⑤	상후형(象喉形)	ㆆ → ㅎ	

훈민정음 제자 원리와 글자 운용법

- ⑥ : 어떤 구체적인 사물의 형상을 본뜸.
- ⑦ : 겹자음이나 쌍자음을 만드는 것
- ⑧ : 글자와 글자를 이어 쓰는 것

중성의 제자 원리

	기본자(基本字)		⑨ 자(初出字)		⑩ 자(再出字)	합용자(合用字)
①	⑪	→	ㅗ, ㅏ	→	ㅛ, ㅑ…	ㅘ, ㆇ…
②	⑫	→	ㅜ, ㅓ	→	ㅠ, ㅕ…	ㅝ, ㆊ…
③	⑬ – 여ㅣ상합자(與ㅣ相合字): ①, ②에 '⑭ '를 합용하여 글자를 만듦.					

089 정답해설 ④

가획자는 기본자에 획을 더하여 새로운 글자를 만들어 낸 것이다. 따라서 기본자 'ㄱ, ㄴ, ㅁ, ㅅ, ㅇ'에 각각 획을 더하여 만든 'ㅋ', 'ㄷ, ㅌ', 'ㅂ, ㅍ', 'ㆆ, ㅎ'이 모두 가획자라고 할 수 있다.

합용의 원리는 자음에서 합용 병서를 만드는 과정에 적용되어 있고, 모음에서는 기본 모음에 속하는 'ㆍ, ㅡ'를 서로 어울리게 하여 만든 초출자들 또는 재출자들을 각각 서로 결합시켜 합용자를 만드는 과정에 적용된다. 그리고 ㆍ, ㅡ, 초출자, 재출자, 합용자에 다시 'ㅣ'를 결합시켜 '여ㅣ상합자(與ㅣ相合字)'를 만드는 과정에도 적용된다. 따라서 초출자인 'ㅗ'와 'ㅏ'를 결합시켜 'ㅘ'를 만드는 것도 합용의 원리가 적용된 것이다.

090 정답해설 ③

자음자 중 '혀뿌리가 목구멍을 막는 모양을 본뜸[象舌根閉喉之形]'은 'ㄱ'이고 '혀가 윗잇몸에 닿은 모양을 본뜸[象舌附上齶之形]'은 'ㄴ'이다.

오답해설

① 초성과 종성으로 쓰인 자음자에는 '전청음(全淸音), 차청음(次淸音), 전탁음(全濁音), 불청불탁음(不淸不濁音)' 등이 있다. 자음 중 'ㄴ, ㄹ, ㅁ, ㅇ, ㆁ, ㅿ'만이 '불청불탁음'이다.

② '연서법'으로 만들어진 'ㅸ' 같은 순경음은 현대 국어에서 쓰이지 않는다.

④ 훈민정음으로 정리한 운서인 ≪동국정운(東國正韻)≫은 세종 당시의 현실음이 아니라 중국 한자의 원음을 토대로 하였다.

CODE 046 중세 국어

이어적기(= ⑮)와 끊어적기(= ⑯)

중세에는 받침이 있는 체언이나 용언의 어간에 모음으로 시작되는 어미나 조사가 오면 원칙적으로 이어적기를 사용하였다. 그 이후 간혹 끊어적기가 나타나기 시작하였다.

성조

구분	표기	성질
평성	무점	⑰ 은 소리
거성	점 1개	⑱ 은 소리
상성	점 2개	처음이 ⑲ 고 나중이 ⑳ 은 소리
입성	특별히 마련하지 않음.	빨리 그치는 소리

병서(竝書)(ᄀᆞᆯᄫᅡ쓰기)

1. ㉑ 병서: 서로 꼭 같은 낱자들을 가로로 나란히 쓰는 것인데, 이에는 초성의 두 글자를 나란히 쓰는 방법 한 가지가 있다. (ㄲ, ㄸ, ㅃ, ㅆ, ㅉ, ㆅ, ㆀ, ㅥ)
2. ㉒ 병서: 서로 다른 낱자 둘 또는 셋을 가로로 나란히 쓰는 방법을 뜻하는데, 이에는 첫소리 글자 쓰기의 경우(ㅴ, ㅵ…), 가운뎃소리 글자 쓰기의 경우(ㅘ, ㅙ…), 끝소리 글자 쓰기의 경우(ㄺ, ㄻ…) 등 세 경우가 있다.

높임법

1. 주체 높임법(존경법): ㉓ + 자음 어미 / ㉔ + 모음 어미
2. ㉕ 높임법(겸양법): −ᄉᆞᆸ−, −ᄌᆞᆸ−, −ᅀᆞᆸ− / −ᄉᆞᄫᆞ−, −ᄌᆞᄫᆞ−, −ᅀᆞᄫᆞ−
3. 청자 높임법(공손법): (평서형) −이−/(의문형) −잇−/(명령형) −쇼셔

※ 고어에서는 시제의 선어말 어미가 높임의 선어말 어미 앞에 오는 '시제 선행법'이 주류하였다.

※ 17세기 이후에는 높임 선행법이 이루어졌다.

예 하거시늘 > 하시거늘, 하더시니 > 하시더니

091 정답해설 ②

국어사에서 '중세'는 고려 시대부터 임진왜란이 일어났던 16세기 말까지를 가리킨다.

ㄴ. 중세 국어에는 성조가 있었고 음절의 왼쪽에 점(방점)으로 표기되었다. 방점은 15세기 문헌에서 정연하게 쓰이다가 16세기 말엽에 이르러서는 사용하지 않게 되었다. 성조의 의미상 변별력이 상실되고 그 체계가 문란해져 18세기에는 표기마저 사라졌다. 성조의 소멸에 따라 평성과 거성은 짧은 소리로, 상성은 긴 소리로 변하였다.

ㄷ. 모음 조화 현상이 뚜렷했으나, '아래아(ㆍ)' 음소가 소실되면서 제2음절 이하에서는 주로 'ㅡ' 모음으로 변동되었다. 그래서 모음 조화 현상의 체계가 균형을 잃게 되었다. '아래아(ㆍ)'의 음가가 완전히 소실된 것은 근대 시기이다.

오답해설

ㄱ. 둘 또는 세 자음자를 좌우로 결합하는 방법인 '병서(竝書)'로 오늘날의 된소리를 표기하였다.

ㄹ. 선어말 어미를 통해 주체 높임, 객체 높임, 상대 높임을 실현하였다. 주체 높임의 경우 자음 어미 앞에 '−시−', 모음 어미 앞에 '−샤−'를 붙여 실현한다.

예 (이성계가) …… 믈리시니이다 (직접 높임)
精誠이 至極ᄒᆞ실ᄊᆡ (간접 높임)

객체 높임의 경우 '−ᄉᆞᆸ−, −ᄌᆞᆸ−, −ᅀᆞᆸ−'은 매개 모음을 취하는 어미나 모음 어미 앞에서 '−ᄉᆞᄫᆞ−, −ᄌᆞᄫᆞ−, −ᅀᆞᄫᆞ−'으로 교체된다.

예 막ᄉᆞᆸ거늘/돕ᄉᆞᄫᆞ니, 듣ᄌᆞᆸ고져/듣ᄌᆞᄫᆞ며, 보ᅀᆞᆸ게/보ᅀᆞᄫᆞ변

상대 높임의 경우 평서형 어미 앞에 '−이−', 의문형 어미 앞에 '−잇−'을 붙여 실현한다. 예 ᄒᆞᄂᆞ니이다 / 하나빌 미드니잇가

ㅁ. 중세 국어 전기인 고려 시대 때, 원나라의 영향을 받아 '말, 마누라, 수라, 매' 등의 몽골어가 유입되었다. 여진어로는 '호미, 수수' 등이 유입되었다.

Answer

① ㄱ ② ㄴ ③ ㅁ ④ ㅅ ⑤ ㅇ ⑥ 상형 ⑦ 병서 ⑧ 연서 ⑨ 초출 ⑩ 재출 ⑪ ㆍ ⑫ ㅡ ⑬ ㅣ ⑭ ㅣ ⑮ 연철 ⑯ 분철 ⑰ 낮 ⑱ 높 ⑲ 낮 ⑳ 높 ㉑ 각자 ㉒ 합용 ㉓ −시− ㉔ −샤− ㉕ 객체

CODE 047 두음 법칙

092 규정의 각 항목에 해당하는 예시를 바르게 제시한 것은?

> 제11항 한자음 '랴, 려, 례, 료, 류, 리'가 단어의 첫머리에 올 적에는 두음 법칙에 따라 '야, 여, 예, 요, 유, 이'로 적는다.
> [붙임1] 단어의 첫머리 이외의 경우에는 본음대로 적는다. 다만, 모음이나 'ㄴ' 받침 뒤에 이어지는 '렬, 률'은 '열, 율'로 적는다.
> [붙임4] 접두사처럼 쓰이는 한자가 붙어서 된 말이나 합성어에서 뒷말의 첫소리가 'ㄴ', 'ㄹ' 소리로 나더라도 두음 법칙에 따라 적는다.

	제11항	붙임1	붙임1의 다만	붙임4
①	양심(良心)	쌍용(雙龍)	비율(比率)	수류탄(手榴彈)
②	예의(禮儀)	협력(協力)	선률(旋律)	총유탄(銃榴彈)
③	유행(流行)	진리(眞理)	나열(羅列)	파렴치(破廉恥)
④	이발(理髮)	선량(善良)	분열(分裂)	몰염치(沒廉恥)

CODE 047 두음 법칙

093 다음 중 맞춤법에 어긋난 것은?

① 가정란, 어린이난, 가십난
② 구름양, 작업량, 알칼리양
③ 신년도, 설립연도, 연말연시(年末年始)
④ 법률, 출석률, 음율

CODE 048 부사화 접사

094 ㉠~㉣에 해당하는 예로 미루어 알 수 있는 한글 맞춤법 규정이 아닌 것은?

> ㉠ 분노, 희로애락, 승낙, 허락
> ㉡ 가으내, 기다랗다, 여남은
> ㉢ 간간이, 겹겹이, 낱낱이, 곰곰이
> ㉣ 연년생(年年生), 염념불망(念念不忘)

① 한 단어 안에서 같은 음절이나 비슷한 음절이 겹쳐 나는 부분은 실제 발음을 고려하여 같은 글자로 적는다.
② 어근이 '명사+명사'일 때나 '부사'일 때는 부사화 접미사 '-이'로 적는다.
③ 파생어와 합성어에서 앞말의 끝소리 'ㄹ'은 'ㄴ, ㄷ, ㅅ, ㅈ' 앞에서 탈락한다.
④ 앞말에 받침이 있느냐, 없느냐에 따라 활음조 현상은 일어날 수도 있고 그렇지 않을 수도 있다.

CODE 049 자주 틀리는 맞춤법

095 밑줄 친 말을 옳게 고친 것은?

① 나는 틈틈이 책을 사들였다. (⇨ 틈틈히)
② 그녀는 나무 토막을 연필 깎듯이 다루고 있었다. (⇨ 깍듯이)
③ 제 이름은 영숙이예요. (⇨ 영숙이에요)
④ 밥을 먹었다. 그리고 나서 물을 마셨다. (⇨ 그러고 나서)

CODE 049 자주 틀리는 맞춤법

096 밑줄 친 단어의 어미 표기가 바른 것은?

① "나의 마음을 아는 이 누구일쏜가 비록 지금은 떠나지만 꼭 돌아올게."라는 말을 남기고 그 친구는 떠났다.
② 건물에 내걸은 광고 현수막을 보고 그는 이번 기회에 컴퓨터를 바꿀려고 마음 먹었다.
③ 장사하는 수법은 서툴었지만 이 물건은 곧 매진된다며 상인은 배짱을 퉁겼다.
④ "우리 아들 밥을 참 잘 먹구나." 하고 말씀하시고 아버지는 짐을 실러 밖으로 나가셨다.

CODE 047 두음 법칙

✎ 한글 맞춤법 제3장 소리에 관한 것 – 제5절 두음 법칙
- 독음이 '렬', '률'인 한자어는 ① 이나 '② ' 받침 뒤에서는 각각 '열', '율'로 표기한다.
- 독음이 '랴, 려, 례, 료, 류, 리'인 한자는 단어의 첫머리 이외의 경우에는 본음대로 표기한다.

092 정답해설 ④

'이발(理髮)'은 '리'가 한글 맞춤법 제11항 두음 법칙 규정에 따라 '이'가 되었고, '선량(善良)'은 붙임1에 따라, '분열(分裂)'은 붙임1의 '다만'에 따라, '몰염치(沒廉恥)'는 붙임4에 따라 각각 바르게 표기되었다.

오답해설

① '쌍용(雙龍)'은 붙임1에 따라 '쌍룡(雙龍)'으로 표기해야 한다. 또한 '수류탄(手榴彈)'은 붙임4가 아니라 붙임1과 관련된다.
② '선률(旋律)'은 붙임1의 '다만'에 따라 '선율(旋律)'로 표기한다.
③ '파렴치(破廉恥)'는 붙임4가 아니라 붙임1과 관련된다.

093 정답해설 ④

음율 ⇨ 음률: 모음이나 'ㄴ' 받침 뒤에서만 '렬, 률'을 '열, 율'로 적는다.

오답해설

① '가정란(家庭欄), 어린이난, 가십(gossip)난'은 모두 바른 표기이다. 한자어 뒤에는 '란'을 쓰고, 순우리말이나 외래어 뒤에는 '난'을 쓴다.
② '구름양, 작업량(作業量), 알칼리(alkali)양'은 모두 바른 표기이다. 한자어 뒤에는 '량'을 쓰고, 고유어와 외래어 뒤에는 '양'을 쓴다.
③ '설립연도'와 '연말연시'는 '설립(設立) + 연도(年度)', '연말(年末) + 연시(年始)'로 분석되므로 두음 법칙을 적용해 적는다. 단, '신년도'는 '신년(新年) + 도(度)'로 분석되므로 '신년도'로 적는다.

CODE 048 부사화 접사

1. 용언이 기본형이 '–하다'로 끝날 때는 대개 '–히'로 적는다.
   예 딱히, 급히, 솔직히, 꼼꼼히, 튼튼히, 익숙히, 특별히, 톡톡히, 넉넉히, 똑똑히
2. 용언의 기본형이 '–하다'로 끝나지 않아도 분명히 '–히'로 소리 나는 것은 '–히'로 적는다.
3. 용언의 기본형이 '–하다'로 끝나도, 용언의 어근이 'ㅅ'으로 끝날 때는 '–이'로 적는다.
   예 의젓이, 지긋이, 깨끗이, 남짓이, 따뜻이, 반듯이
4. 어근이 명사나 부사일 때는 '–이'로 적는다.
   예 곰곰(부사) –곰곰이(부사), 일찍(부사) –일찍이(부사), 해죽(부사) –해죽이(부사)
5. 용언의 기본형이 '–하다'로 끝나지 않거나, 'ㅂ' 활용의 용언일 때는 '–이'로 적는다.
   예 새롭다–새로이, 부드럽다–부드러이, 가깝다–가까이

094 정답해설 ①

㉣의 '연년생(年年生), 염념불망(念念不忘)'은 '본음이 'ㄴ'으로 시작되는 '年(년), 念(념)'이 겹친 때에는 둘째 번 한자는 본음대로 적는다.'는 부칙에 따른 것이다. '한 단어 안에서 같은 음절이나 비슷한 음절이 겹쳐 나는 부분은 실제 발음을 고려하여 같은 글자로 적는다.'의 예로는 '연연불망(戀戀不忘), 유유상종(類類相從), 누누(屢屢)이' 등이 있다.

오답해설

② ㉢의 '간간', '겹겹', '낱낱'은 '명사 + 명사'로 된 말이고 '곰곰'은 부사이다. '간간이, 겹겹이, 낱낱이, 곰곰이'에서 보듯이 어근이 '명사 + 명사' 또는 '부사'일 때는 부사화 접미사로 '–히'가 아닌 '–이'를 쓴다.
③ ㉡의 '가으내'는 '가을 + –내(접미사)', '기다랗다'는 '길– + –다랗–(접미사) + –다'에서 나온 말로 'ㄹ'이 'ㄴ, ㄷ' 앞에서 탈락한 것들이다. '여남은'은 '열 + 남은'이라는 합성어에서 나온 말이고 'ㄴ' 앞에서 'ㄹ'이 탈락한 것이다.
④ ㉠의 '怒'와 '諾'은 '분노, 승낙'에서 보듯이 자음 받침 다음에서는 '노', '낙'으로 표기한다. 반면에 '희로애락, 대로, 허락, 수락'에서 보듯이 모음 다음에서는 활음조 현상이 적용되어 '로', '락'으로 표기한다.

CODE 049 자주 틀리는 맞춤법

095 정답해설 ④

'그리고'는 접속 부사이다. 그런 행동을 하고 난 뒤라는 의미로 이야기를 할 때에는 '그러고 나서'가 적절하다.

오답해설

① 부사 파생 접미사를 붙일 때, 명사 첩어 뒤에는 '–이'와 '–히' 중에서 '–이'를 붙인다.
② '깎다'의 어간에 '–듯이'를 붙인 것이다. '깍듯이'는 예의가 바르다는 의미이다.
③ 복수 표준어인 '–이에요'와 '–이어요'는 서술격 조사 '이–'에 해요할 자리에 쓰이는 어미 '–에요'와 '–어요'가 결합한 형태이다.

- 받침이 없는 체언에 결합할 때
  ⇨ '지우개이에요, 지우개예요, 지우개이어요, 지우개여요'
- 받침 있는 체언에 결합할 때
  ⇨ '연필이에요, 연필이어요'('연필예요, 연필여요'는 잘못된 표기)
- '영숙'과 같이 받침이 있는 인명
  ⇨ 어조를 고르는 접미사 '–이'가 덧붙음.
  ⇨ 받침이 없는 체언과 같아짐.
  ⇨ '영숙이이에요, 영숙이예요, 영숙이이어요, 영숙이여요'
- '철수'와 같은 받침이 없는 인명
  ⇨ '철수이에요, 철수예요, 철수이어요, 철수여요'
- '아니다'는 용언이므로 서술격 조사 '이–'가 결합하지 않음.
  ⇨ '아니에요, 아니어요, 아녜요, 아녀요'

096 정답해설 ①

어미의 일부인 'ㄹ' 뒤의 음절이 '–ㄹ까, –ㄹ꼬, –ㄹ쏘냐, –ㄹ쏜가'의 형태로 의문을 나타낼 경우에는 된소리로, 이 이외의 경우에는 예사소리로 적는다. 따라서 '누구일쏜가', '돌아올게'라는 표기는 적절하다.

오답해설

② 내걸은 ⇨ 내건, 바꿀려고 ⇨ 바꾸려고
③ '갖다 – 가지다, (내)딛다 – (내)디디다, 머물다 – 머무르다, 서둘다 – 서두르다, 서툴다 – 서투르다' 등은 복수 표준어로서 모음으로 된 어미가 결합되면 본딧말을 가지고 활용한다. 그러나 자음으로 된 어미가 오면 준말, 본딧말 모두에 붙여서 활용할 수 있다. 따라서 '서툴었지만'은 '서툴렀지만'의 잘못된 표기이다.
'다른 사람의 요구나 의견을 거절하다'라는 뜻으로는 '퉁기다', '튕기다' 모두 올바른 말이다.
④ 동사 어간에는 '어간 + –는구나', '어간 + –느냐' 꼴이 가능하나 형용사 어간에는 '어간 + –구나', '어간 + –(으)냐' 꼴이 된다. '먹다'는 동사이므로 '먹구나'가 아니라 '먹는구나'가 올바른 표기이다. '물건을 나르기 위해 탈것 등에 얹다'라는 말인 '싣다'에 모음 어미인 '–으려'가 결합하면 '실려'가 아니라 '실으려'가 올바른 표기이다.

Answer

① 모음 ② ㄴ

CODE 049 자주 틀리는 맞춤법

097 밑줄 친 단어의 맞춤법이 옳지 않은 것은?

① 그 아이는 어른스러워서 지루한 수업도 지긋이 듣더니, 주사를 맞을 때 아픔도 지그시 잘 참았다.
② 나는 그 언덕배기로 짜장면 곱빼기를 시켰다.
③ 내가 그 책을 추천했으나, 친구들이 읽고 나서 맛적다 하여 무척 멋쩍어졌다.
④ 주민들이 떼거리를 지어 몰려와서 자신들의 요구를 들어달라고 떼거지를 썼다.

CODE 049 자주 틀리는 맞춤법

098 다음 중 어법상 올바른 문장은?

① 하늘을 날으는 매
② 거짓말도 서슴치 않았다.
③ 축제가 활기를 띄지 못하고 있다.
④ 어렵사리 결심을 하고서도 하릴없이 시간을 보냈다.

CODE 049 자주 틀리는 맞춤법

099 ㉠~㉢에 대해 탐구한 내용으로 옳지 않은 것은?

• 우리는 친구가 ㉠ 아니오. 가족이오.
• 우리는 친구가 ㉡ 아니지요. 가족이지요.
• 우리는 친구가 ㉢ 아니요, 가족입니다.

① ㉠의 '오'는 종결 어미로 이를 '요'로 적는 것은 잘못이다.
② ㉡에는 어간에 높임의 보조사가 직접 결합하였다.
③ ㉡의 '요'는 조사이고, ㉢의 '요'는 연결 어미이다.
④ ㉠은 ㉢과 똑같이 발음할 수도 있다.

CODE 050 개정 표준어

100 〈보기〉에 제시된 단어 중 표준어는 몇 개인가?

보기

삐지다, 개기다, 또아리, 딴지, 섬찟, 무우, 새앙쥐, 봉숭화

① 3개 ② 4개
③ 5개 ④ 6개

CODE 050 개정 표준어

101 다음 중 모두 표준어인 것은?

① 꼬시다, 굽실, 놀이감
② 섬짓, 사그라들다, 삐치다
③ 개개다, 섬뜩, 딴죽
④ 쉬흔, 허접하다, 꾀다

CODE 050 개정 표준어

102 다음 중 표준어가 아닌 것은?

① 도긴개긴, 들깨가루, 복사뼈
② 까탈스럽다, 실뭉치, 주책이다
③ 장사치, 추켜세우다, 불나비
④ 아웅다웅, 찰지다, 총각무

097 정답해설 ④
'억지'나 '무리'를 모두 '떼'라 하는데, 이를 속되게 일컫는 말은 '떼거지'가 아니라 '떼거리'이다.

오답해설
① '지긋이'는 '경솔하게 움직이지 않고 진득하게'라는 뜻이고 '지그시'는 '아픔 따위를 조용히 참고 견디는 모양'이라는 의미가 강하다.
② [빼기]로 발음되면서, 그 앞의 말이 독립성이 없는 것이면 '-배기'를, 독립성이 있는 것이면 '-빼기'를 사용한다. '곱빼기'가 옳은 표현이다. 단, '언덕배기'는 앞의 말 '언덕'이 독립성이 있더라도 '언덕바지'에 맞춰 '-배기'를 쓴다.
③ '-적다/-쩍다'가 [쩍다]로 발음되는 경우에 '적다(少)'의 뜻이 유지되고 있는 합성어일 때는 '-적다'로 적으나 '적다(少)'의 뜻이 없는 경우에는 '-쩍다'로 적는다.
'맛적다'는 '재미나 흥미가 거의 없어 싱겁다'는 뜻이다.

098 정답해설 ④
'매우 어렵게'란 의미의 부사는 '어렵사리'로 적는 것이 맞다.

오답해설
① 날으는 ⇨ 나는: 'ㄹ' 규칙 용언에서 어간의 받침 'ㄹ'이 '-ㄴ', '-ㅂ', '-ㅅ-', '-오'로 된 어미 앞에서 탈락한다. 또한 매개 모음 '으'는 'ㄹ' 이외의 자음으로 끝난 어간 뒤에 '-ㄴ, -ㄹ, -오, -시-, -며' 등의 어미가 올 때 첨가되므로 '나는'이 적절한 표기이다.
② 서슴치 ⇨ 서슴지: '서슴하다'는 비표준어며 '서슴다'가 표준어이다. '서슴하지'를 줄여, '서슴치'로 쓰는 것은 바르지 않다. '서슴다'의 어간 '서슴-'에 어미 '-지'를 붙인 '서슴지'가 바른 표기이다.
③ 띄지 ⇨ 띠지: '감정이나 기운 따위를 나타내다.'란 의미의 동사는 '띠다'가 적절하다.

099 정답해설 ②
㉡은 '아니-(어간) + -지(종결 어미) + 요(어미 뒤에 덧붙는 조사)'의 구조이다.

오답해설
① ㉠은 '아니-(어간) + -오(종결 어미)'인데, 한글 맞춤법 제15항의 [붙임2]를 통해 이때의 '-오'가 '요'로 소리 나는 경우가 있더라도 그 원형을 밝혀 '오'로 적어야 함을 확인할 수 있다.
③ ㉡의 '요'는 한글 맞춤법 제17항에서 언급된 것처럼 어미 뒤에 덧붙는 조사이다. 즉 ㉡은 '아니-(어간) + -지(종결 어미)'에 조사 '요'가 덧붙은 것이다. 우리말에서 '요'는 종결 어미가 될 수 없으며, 종결 어미는 '-오'이다. ㉢은 '아니-(어간) + -요(연결 어미)'의 구조이다.
④ 표준 발음법 제22항의 [붙임]에 따르면 '아니오'는 [아니오]로 발음함을 원칙으로 하되, [아니요]로 발음하는 것도 허용된다.

✎ 관련 어문규정
[한글 맞춤법]
제15항 용언의 어간과 어미는 구별하여 적는다.
[붙임2] 종결형에서 사용되는 어미 '-오'는 '요'로 소리 나는 경우가 있더라도 그 원형을 밝혀 '오'로 적는다.
[붙임3] 연결형에서 사용되는 '이요'는 '이요'로 적는다.
제17항 어미 뒤에 덧붙는 조사 '요'는 '요'로 적는다.

[표준 발음법]
제22항 다음과 같은 용언의 어미는 [어]로 발음함을 원칙으로 하되, [여]로 발음함도 허용한다.
[붙임] '이오, 아니오'도 이에 준하여 [이요, 아니요]로 발음함을 허용한다.

CODE 050 개정 표준어

✎ 2015년 새로 인정한 복수 표준어

추가된 표준어 / 기존 표준어	추가된 표준어 / 기존 표준어
① / 마을	꼬리연 / 가오리연
② / 예쁘다	의론 / 의논
③ / 차지다	이크 / 이키
④ / -고 싶다	잎새 / 잎사귀
⑤ / 푸르다	

✎ 추가 표준형

추가된 표준형	기존 표준형	비고(뜻 차이)
⑥ ⑦ ⑧	마 마라 마요	• '말다'에 명령형 어미 '-아', '-아라', '-아요' 등이 결합할 때는 어간 끝의 'ㄹ'이 탈락하기도 하고 탈락하지 않기도 한다. 예 내가 하는 말 농담으로 듣지 마 / 말아. 얘야, 아무리 바빠도 제사는 잊지 마라 / 말아라. 아유, 말도 마요 / 말아요.
⑨ ⑩ ⑪ …	노라네 동그라네 조그마네 …	• 'ㅎ' 불규칙 용언이 어미 '-네'와 결합할 때는 어간 끝의 'ㅎ'이 탈락하기도 하고 탈락하지 않기도 한다. • '그렇다, 노랗다, 동그랗다, 뿌옇다, 어떻다, 조그맣다, 커다랗다' 등등 모든 'ㅎ' 불규칙 용언의 활용형에 적용된다. 예 생각보다 훨씬 노랗네 / 노라네. 이 빵은 동그랗네 / 동그라네. 건물이 아주 조그맣네 / 조그마네.

✎ 2016년 새로 인정한 복수 표준어

추가 표준어	기존 표준어	추가 표준어	기존 표준어
걸판지다	거방지다	까탈스럽다	까다롭다
겉울음	건울음	실뭉치	실몽당이

✎ 추가 표준형

추가 표준어	기존 표준어	추가 표준어	기존 표준어
엘랑	에는	⑫	주책없다

100 정답해설 ②
'삐지다/삐치다, 개기다/개개다, 딴지/딴죽, 섬찟/섬뜩'은 모두 복수 표준어이다.
오답해설
또아리 → 똬리, 무우 → 무, 새앙쥐 → 생쥐, 봉숭화 → 봉숭아/봉선화

101 정답해설 ③
오답해설
① 놀이감 ⇨ 놀잇감, 장난감, ② 섬짓 ⇨ 섬찟, 섬뜩, ④ 쉬흔 ⇨ 쉰

102 정답해설 ①
'들깨를 빻은 가루'를 뜻하는 단어는 '들깻가루'라고 쓰는 것이 옳다.
'도긴개긴'을 '도찐개찐'으로 쓰는 것은 적절하지 않다.
'복숭아뼈'는 2011년 '복사뼈'와 복수 표준어로 인정되었다.
오답해설
② '까탈스럽다'와 '실뭉치'는 기존 표준어인 '까다롭다'나 '실몽당이'와 뜻이나 어감이 달라 별도의 표준어로 인정한 경우이다.
'주책이다'는 비표준적인 것으로 다루어 왔던 표현 형식을 표준형으로 인정한 경우이다. 이전에 '주책'에 '이다'가 붙은 '주책이다'는 잘못된 용법으로 다루어져 왔고, '주책없다'를 쓰도록 했다. 그러나 현실에서는 '주책이다'도 널리 쓰일 뿐만 아니라 문법적으로도 잘못되었다고 볼 만한 근거가 없어 '주책이다'도 표준형으로 인정하기로 하였다. 이로 인하여 '주책없다, 주책맞다'뿐 아니라 '주책이다, 주책스럽다'도 바른 표현이 되었다.
③ '장사하는 사람을 낮잡아 이르는 말'은 '장사치'라 쓰는 것이 옳다.
'옷깃이나 신체 일부 따위를 위로 가뜬하게 올려 세우다'를 뜻하는 단어는 '추켜세우다' 또는 '치켜세우다'로 쓰는 것이 옳다.
'불나비'는 '부나비'의 원말이자 비표준어였으나, 표준어로 인정되었다.
④ '아웅다웅'은 대수롭지 아니한 일로 서로 자꾸 다투는 모양으로, '아옹다옹'보다 큰 느낌을 준다.
'찰지다'는 '차지다'의 원말이자 비표준어였으나, 표준어로 인정되었다.
'알타리무'는 간혹 쓰이나 그 쓰임이 '총각무'에 비해서는 훨씬 적으므로 표준어에서 제외하였다.

Answer
① 마실 ② 이쁘다 ③ 찰지다 ④ -고프다 ⑤ 푸르르다 ⑥ 말아 ⑦ 말아라 ⑧ 말아요 ⑨ 노랗네 ⑩ 동그랗네 ⑪ 조그맣네 ⑫ 주책이다

CODE 051 고유어와 외래어의 구별

103 다음 단어들을 어원에 따라 나눈 것이 적절한 것은?

㉠ 에누리	㉡ 생각
㉢ 무진장	㉣ 종이
㉤ 가마니	㉥ 흐지부지
㉦ 누리집	㉧ 담배

	고유어	한자어	외래어
①	㉠, ㉢, ㉣, ㉦	㉡, ㉥	㉤, ㉧
②	㉠, ㉡, ㉢, ㉣	㉦, ㉧	㉤, ㉥
③	㉠, ㉡, ㉦	㉢, ㉣, ㉥	㉤, ㉧
④	㉠, ㉤, ㉥	㉡, ㉢, ㉦	㉣, ㉧

CODE 052 한자어(동음이의어)

104 ㉠~㉢에 들어갈 낱말들을 바르게 나열한 것은?

- 나는 이별 후 (㉠)인 노래를 좋아하게 되었다.
- (㉡)인 대응은 오히려 사태를 악화시킨다.
- 그의 이지적인 데 반해, 그녀는 (㉢)이다.

	㉠	㉡	㉢
①	感傷的	感情的	感性的
②	感傷的	感性的	感情的
③	感情的	感傷的	感性的
④	感情的	感性的	感傷的

CODE 052 한자어(동음이의어)

105 다음 중 문맥에 적절하게 쓰인 한자어는?

① 병력의 異動이 감지되었다.
　오늘 대규모 인사 移動이 있었다.
② 범인이 교도소에 受容되었다.
　전통 예술을 현대적으로 收容해야 한다.
③ 그것은 제 眞情임을 이해해 주십시오.
　이렇게 와 주셔서 眞正 감사합니다.
④ 시험지 답안을 空有하지 마십시오.
　共有地는 사유지와 달리 공공의 이익을 위한 땅이다.

CODE 051 고유어와 외래어의 구별

- 고유어: 우리 민족이 옛날부터 사용해 오던 토박이말
- ① : 외국에서 들어온 말로 국어처럼 쓰이는 단어
  - 귀화어: 근원은 외국말이지만 거의 우리말처럼 되어 버린 말
  - 차용어: 우리말이 되지 않고 외국어 의식이 남아 있는 외래어

참고 2017년 3월 개정으로 외래어 중 차용어를 외국어에 추가하기로 하였으나 교과 문법에서는 받아들이기 힘들 것으로 보인다.

근원	예
한자어에서 온 말	붓(筆), 먹(墨), 종이(楮皮) / 김장(沈藏/陳藏), 상추(生菜), 김치(沈菜), 배추(白菜), 시금치(赤根菜), 고추(苦椒), 채소(菜蔬), 가지(茄子), 후추(胡椒) / 짐승(衆生), 점심(點心) / 평소(平素), 대강(大綱), 정녕(丁寧), 항상(恒常), 하필(何必), 무려(無慮), 유독(惟獨), 급기야(及其也), 도대체(都大體), 어차피(於此彼), 심지어(甚至於), 무진장(無盡藏), 도무지(塗貌紙), 순식간(瞬息間), 별안간(瞥眼間), 좌우간(左右間), 흐지부지(諱之秘之)
한자어와 우리말의 결합	양(洋)파, 연(蓮)못, 칫(齒)솔, 살(煞)풀이, 총각(總角)무, 샌(生員)님, 호(胡)주머니 / 속내(內), 글자(字), 담장(墻), 개차반(茶盤) / 시(猜)샘하다, 용(湧)솟다 / 굳건(健)하다, 익숙(熟)하다, 말쑥(淑)하다, 마땅(當)하다, 튼실(實)하다, 대수(大事)롭다, 을씨년(乙巳年)스럽다 / 적당(適當)히, 당연(當然)히, 조용(從容)히, 나중(乃終)에, 근근(僅僅)이
몽골어에서 온 말	말(馬), 가라말, 구렁말 / 매(맷과의 새), 보라(매), 송골(매) / 수라(임금이 먹는 밥)
만주어·여진어에서 온 말	호미, 수수, 메주 / 가위 / 두만
범어에서 온 말	절, 중, 달마, 부처, 불타, 석가, 보살, 사리, 열반, 찰나, 탑, 나락
일본식 발음에서 온 말	고구마, 구두, 냄비, 가마니
중국식 가차 (발음 차용)	구라파(歐羅巴 ⇦ 유럽), 이태리(伊太利 ⇦ 이탈리아), 불란서(佛蘭西 ⇦ 프랑스)
서구에서 온 말	고무, 담배, 빨치산, 빵, 가방, 노다지, 깡통, 깡패

103 정답해설 ③
- 고유어: 에누리, 생각, 누리집
- 한자어: 무진장, 종이, 흐지부지
- 외래어: 가마니, 담배

CODE 052 한자어(동음이의어)

104 정답해설 ①
㉠에서는 '이별 후'에서 '감상적'이란 단어가, ㉡은 '사태를 악화시키는 대응'에서 '감정적'이, ㉢에서는 '이지적'과 상대어라는 점에서 '감성적'이란 단어를 찾을 수 있다.
감상적(感傷的): 지나치게 슬퍼하거나 쉽게 기뻐하는 것.
感 느낄 감, 傷 다칠 상, 的 과녁 적
감정적(感情的): 마음이나 기분에 의한 것.
感 느낄 감, 情 뜻 정, 的 과녁 적
감성적(感性的): 「1」 감성을 위주로 하거나 감성에 관한 것.
「2」감성이 예민하여 자극을 잘 받는 것.
感 느낄 감, 性 성품 성, 的 과녁 적

105 정답해설 ③
그것이 제 眞情(진정)임을 알아주십시오.
이렇게 와 주셔서 眞正(진정) 감사합니다.
眞情(진정): 「1」 참되고 애틋한 정이나 마음. 「2」 참된 사정.
眞正(진정): 거짓이 없이 참으로.
眞 참 진, 情 뜻 정 / 眞 참 진, 正 바를 정

오답해설
① 병력의 移動(이동)이 감지되었다.
오늘 대규모 인사 異動(이동)이 있었다.
- 移動(이동): 「1」 움직여 옮김. 또는 움직여 자리를 바꿈.
  「2」 권리나 소유권 따위가 넘어감.
- 異動(이동): 전임(轉任)이나 퇴직 따위로 말미암은 지위나 직책의 변동.
  移 옮길 이, 動 움직일 동 / 異 다를 이, 動 움직일 동

② 범인이 교도소에 收容(수용)되었다.
전통 예술을 현대적으로 受容(수용)해야 한다.
- 收容(수용): 범법자, 포로, 난민, 관객, 물품 따위를 일정한 장소나 시설에 모아 넣음.
- 受容(수용): 「1」 어떠한 것을 받아들임.
  「2」 감상(鑑賞)의 기초를 이루는 작용으로, 예술 작품 따위를 감성으로 받아들여 즐김.
  收 거둘 수, 容 담을 용 / 受 받을 수, 容 담을 용

④ 시험지 답안을 共有(공유)하지 마십시오.
公有地(공유지)는 사유지와는 달리 공공의 이익을 위한 땅이다.
- 共有(공유): 두 사람 이상이 한 물건을 공동으로 소유함.
- 公有地(공유지): 국가나 공공 단체가 소유하는 땅.
  共 한가지 공, 有 있을 유 / 空 빌 공
  公 공평할 공, 有 있을 유, 地 땅 지

Answer
① 외래어

PART 2

오답률이 높은

심화코드

이유진 국어

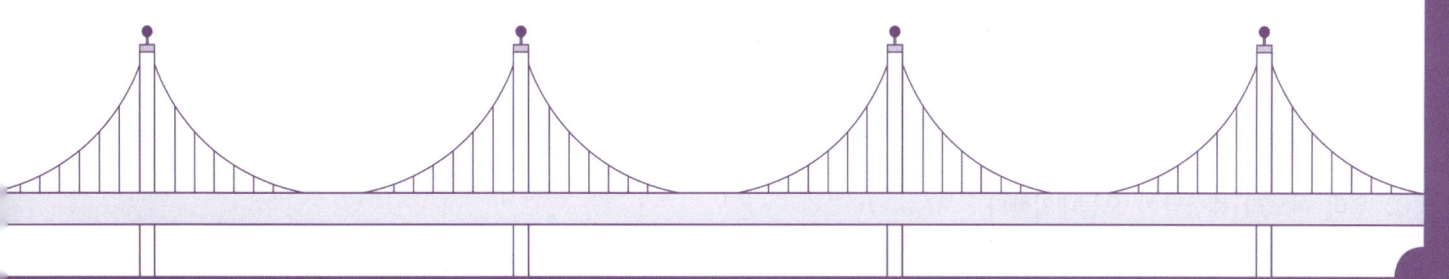

Chapter 1 오답률이 높은 심화코드 01

출제단원	출제코드	채점
이론 문법 – 언어와 국어	CODE 053 언어와 사고	
이론 문법 – 음운 + 어문규정 – 표준 발음법	CODE 054 유음화/유음화의 예외	
	CODE 055 모음의 발음	
	CODE 056 특이 음운 현상	
	CODE 057 소리의 장단	

출제단원	출제코드	채점
어문규정 – 한글 맞춤법	CODE 058 '율'과 '률'	
	CODE 059 -배기, -빼기	
	CODE 060 문장 부호	

CODE 053 언어와 사고

106 〈보기〉의 설명에 해당하는 사례로 옳지 않은 것은?

〈보기〉

언어 없이 사고하는 것이 가능할까? 라이프니츠는 '언어는 인간 정신의 가장 좋은 반영'이라고 하였으며, 래내커는 '언어와 인지가 동일하다.'라고 한 바 있다. 언어와 사고의 관계에 대해서는 다양한 주장이 있어 왔지만 양자가 어떤 식으로든 관련을 맺고 있다는 점에 대해서는 대체로 동의한다. 언어와 사고의 관계는 언어가 사고에 미치는 영향과 사고가 언어에 미치는 영향의 양방향에서의 접근이 가능하다.

① 사고력 검사에서 언어 능력이 차지하는 비중이 높다.
② 갓난아이들은 옹알이로 자신의 감정을 표현한다.
③ 한국인들은 '참외'를 '오이'의 일종으로 생각하지만, 영어권 화자들은 '참외[oriental melon]'를 '멜론(melon)'의 일종으로 생각한다.
④ 고운 말을 하는 아이는 행동도 올바른 경향을 보이고, 거친 말을 하는 아이는 행동도 거친 경향을 띤다.

CODE 053 언어와 사고

107 다음 보기의 내용에 부합하지 않는 예문은?

〈보기〉

국어에는 언어 표현이 병렬될 때 일정한 규칙이 반영된다. 시간 용어가 병렬될 때 일반적으로는 자연 시간의 순서를 따르거나 화자가 말하는 때를 기준으로 가까운 쪽이 앞서고 멀어질수록 뒤로 간다. 공간 관련 용어들은 일반적으로 위쪽이나 앞쪽 그리고 왼쪽과 관련된 용어가 앞서고 아래쪽이나 뒤쪽 그리고 오른쪽과 관련된 용어들이 나중에 온다.

① 우리 며느리 해산날이 오늘내일한다.
② 그는 도랑을 건너뛰었다.
③ 평소 차분하던 그녀가 앞뒤 가리지 않고 날뛰었다.
④ 몇 년째 입퇴원을 반복하고 있다.

CODE 054 유음화/유음화의 예외

108 다음 중 표준 발음끼리 옳게 짝지어진 것은?

① 갑갑하다[각까파다], 송별연[송별련], 납량[남냥]
② 맑고[막꼬], 몫몫이[몽모씨], 광한루[광한누]
③ 놓고[노코], 많아[만하], 잘 입다[잘닙따]
④ 의견란[의:견난], 임진란[임:진난], 동원령[동:원녕]

CODE 053 언어와 사고

언어와 사고

1. 언어 우위론(① 　　 주의): 언어는 인간의 선천적 기능이며 언어가 없이는 사고가 불가능하다.
   - 침팬지가 아무리 영리하더라도 인간의 언어를 배울 수는 없다.
   - 같은 것을 보거나 들을 때 그것에 대한 인지는 사용하는 언어에 따라 크게 영향을 받는다.
   - 인간은 객관적인 세계에서 살고 있는 것이 아니라, 언어를 매개로 한 세계에서 살고 있다.
   - 언어는 인간의 사고와 인지를 결정한다. 그러므로 언어가 다르면 사고방식도 세계를 인지하는 것도 달라진다.
2. 사고 우위론(② 　　 주의): 언어는 인간이 교육을 통해 습득하는 후천적 기능이며 언어 이전에 사고가 존재한다.
   - 우리는 가끔 언어로 표현하지 못할 감정을 느끼기도 한다.

언어의 도상성

언어의 형식과 내용 간에 존재하는 유사성을 뜻한다.

1. ③ 　　 적 도상성: 시간적 순서나 우선성의 정도가 언어 구조에 반영
   예 출퇴근, 오르내리다, 앞뒤
2. 거리적 도상성: 개념적 거리(심리적 거리)와 언어적 거리가 비례 관계를 형성
   예 아버지 – 할아버지 – 증조할아버지

106 정답해설 ②

〈보기〉에는 언어와 사고 사이에는 긴밀한 관련이 있다는 내용이 담겨 있다. 그러나 갓난아이가 옹알이를 하는 것은 언어를 사용했다고 보기는 어려우므로, 〈보기〉의 설명에 해당하는 사례로는 부적절하다.

오답해설

① 언어 능력이 차지하는 비중이 높은 것은 언어와 사고가 긴밀한 관계가 있다는 생각이 반영되어 있는 것이다.
③ 한국인들은 '참외'를 '오이'의 일종으로 생각하는 것은 '외(오이)'라는 언어의 영향을 받은 것이고, 영어권 화자들은 '참외[oriental melon]'를 '멜론(melon)'의 일종으로 생각하는 것은 'melon'이라는 언어의 영향을 받은 것이므로 언어와 사고의 연관성을 보여 주는 사례라 할 수 있다.
④ 고운 말을 하느냐 거친 말을 하느냐에 따라 아이의 행동이 달라진다는 것은 언어와 사고의 연관성을 보여 주는 사례이다.

107 정답해설 ②

'그는 도랑을 건너뛰었다'는 뛰어서 건너는 행동을 뒤집어서 표현한 것이다.

오답해설

① '오늘' 다음이 '내일'이므로 화자가 말하는 때를 기준으로 가까운 쪽이 앞서 있다.
③ 공간 관련 용어인 '앞'과 '뒤'를 일반적인 순서로 활용하였다.
④ '입원' 다음에 '퇴원'을 말하였으므로 시간적인 순서를 일반적으로 활용하였다.

CODE 054 유음화/유음화의 예외

표준 발음법 제5장 제20항 – 음의 동화 – 유음화

'ㄴ'은 'ㄹ'의 앞이나 뒤에서 [④ 　　]로 발음한다.

[붙임] 첫소리 'ㄴ'이 'ㅀ', 'ㄾ' 뒤에 연결되는 경우에도 이에 준한다.
다만, 다음과 같은 단어들은 'ㄹ'을 [⑤ 　　]으로 발음한다.

의견란[의:견난]	생산량[생산냥]	결단력[결딴녁]
공권력[공꿘녁]	횡단로[횡단노]	이원론[이:원논]
입원료[이붠뇨]	구근류[구근뉴]	동원령[동:원녕]
임진란[임:진난]	상견례[상견녜]	

순행적 유음화와 역행적 유음화

- ⑥ 　　 적 유음화: 'ㄹ'로 끝나는 형태소와 'ㄴ'으로 시작하는 형태소가 결합할 때 적용되어 'ㄹ+ㄴ' 연쇄를 'ㄹㄹ'로 바꾸어 준다.
- ⑦ 　　 적 유음화: 'ㄴ'으로 끝나는 형태소와 'ㄹ'로 시작하는 형태소가 결합할 때 적용되어 'ㄴ+ㄹ' 연쇄를 'ㄹㄹ'로 바꾸어 준다.

108 정답해설 ④

'ㄴ'은 'ㄹ'의 앞뒤에서 [ㄹ]로 발음한다.
단, 2+1의 구성인 3음절 한자어에서는 세 번째 음절의 초성 'ㄹ'을 [ㄴ]으로 발음한다.

오답해설

① 갑갑하다[갑까파다], 송별연[송:벼련]
② 맑고[말꼬], 몫몫이[몽목씨], 광한루[광:할루]
③ 많아[마:나], 잘 입다[자립따/잘립따]

Answer

① 합리 ② 경험 ③ 순서 ④ ㄹ ⑤ ㄴ ⑥ 순행 ⑦ 역행

CODE 055 모음의 발음

109 단어의 발음과 표준 발음법 규정을 옳게 짝지은 것은?

- ⓐ: 'ㅏ, ㅐ, ㅓ, ㅔ, ㅗ, ㅜ, ㅚ, ㅟ, ㅡ, ㅣ'는 단모음으로 발음한다.
- ⓑ: 'ㅚ, ㅟ'는 이중 모음으로 발음할 수 있다. 특히 'ㅚ'는 이중 모음으로 발음할 때 발음이 [ㅞ]와 같아진다.
- ⓒ: 'ㅑ, ㅒ, ㅕ, ㅖ, ㅘ, ㅙ, ㅛ, ㅝ, ㅞ, ㅠ, ㅢ'는 이중 모음으로 발음한다.
- ⓓ: '예, 례' 이외의 'ㅖ'는 [ㅔ]로도 발음한다.
- ⓔ: 자음을 첫소리로 가지고 있는 음절의 'ㅢ'는 [ㅣ]로 발음한다.
- ⓕ: 단어의 첫음절 이외의 '의'는 [ㅣ]로, 조사 '의'는 [ㅔ]로 발음할 수 있다.

	예	표준 발음	적용 내용
①	연례	[열례]	ⓐ, ⓒ
②	혜택	[혜:택]	ⓑ, ⓓ
③	유희+의	[유히의]	ⓒ, ⓔ
④	희망+의	[히망에]	ⓓ, ⓕ

CODE 055 모음의 발음

110 〈보기〉를 참고한 발음으로 적절하지 않은 것은?

보기

표준 발음법 제5항
'ㅑ ㅒ ㅕ ㅖ ㅘ ㅙ ㅛ ㅝ ㅞ ㅠ ㅢ'는 이중 모음으로 발음한다.
다만 3. 자음을 첫소리로 가지고 있는 음절의 'ㅢ'는 [ㅣ]로 발음한다.
다만 4. 단어의 첫음절 이외의 '의'는 [ㅣ]로, 조사 '의'는 [ㅔ]로 발음함도 허용한다.

① 주의[주의]
② 협의[혀븨]
③ 띄어쓰기[띄어쓰기]
④ 무늬의[무니에]

CODE 056 특이 음운 현상

111 다음에 제시된 음운의 변천에 대한 예시가 바르지 않은 것은?

㉠ 이화(異化) 현상: 서로 같거나 비슷한 소리 중 하나를 다른 소리로 바꾸는 현상을 말한다. 이는 동화와 대립되는 현상인데 발음의 단조로움을 깨려는 심리가 작용하는 것으로 풀이된다.
㉡ 유추(類推): 기억의 편의를 위하여 혼란한 어형은 기준형을 설정하여 그 기준형으로 통일하려는 현상을 뜻한다.
㉢ 전설 모음화(前舌母音化): 'ㅅ, ㅈ, ㅊ'의 밑에 있는 후설 모음인 'ㅡ'가 전설 모음인 'ㅣ'로 변하는 현상을 뜻한다.
㉣ 민간 어원설(民間語源說): 호사가들이 음운의 유사성을 바탕으로 하여 억지로 맞추어 꾸며 낸 언어유희에 의한 어원으로, 과학적인 것과는 거리가 먼 어원설을 뜻한다.

① ㉠ – 나모, 거붑, 지이산, 한나산
② ㉡ – 사울, 나울, 서르
③ ㉢ – 즛, 츩, 거츨다, 아츰, 나즈막하다
④ ㉣ – 행주치마, 황소, 우레

CODE 056 특이 음운 현상

112 맞춤법에 따른 표기가 모두 옳은 것은?

① 아지랭이, 으스대다
② 가랭이, 느즈막하다
③ 채비, 골목쟁이
④ 동당이치다, 담쟁이덩굴

CODE 055 모음의 발음

✎ 표준 발음법 제2장 자음과 모음 – 제5항 이중 모음의 발음

'ㅢ'는 발음이 [ㅢ]로만 나는 것이 아니라, [ㅣ], [①]로도 난다.

- [②]로만 발음하는 경우: 자음을 첫소리로 가지고 있을 때
  예 늴리리[③]
- [의]로만 발음하는 경우: 낱말의 첫음절 예 의사[의사]
- [의/이]로 발음하는 경우: 둘째 음절 이하에서 예 강의[강:의/강:이]
- [의/에]로 발음하는 경우: ④ 일 때 예 친구의[친구의/친구에]

109 정답해설 ③

'유희'에 조사 '의'가 결합하는 경우, '유희'의 'ㅠ'는 ⓒ에 따라 이중 모음인 [ㅠ]로, 'ㅢ'는 ⓔ에 따라 [ㅣ]로 발음한다. 또한 조사 '의'는 ⓒ에 따라 [ㅢ]로 발음한다. 따라서 '유희+의'는 ⓒ, ⓔ에 따라 [유히의]가 표준 발음이다. 다만 조사 '의'는 ⓕ에 따라 [ㅔ]로도 발음할 수 있으므로 [유히에] 역시 표준 발음으로 인정된다.

오답해설

① '연례'의 'ㅕ'와, 'ㅖ'는 ⓒ에 따라 이중 모음인 [ㅕ], [ㅖ]로 발음하는 것이 표준 발음이다. 따라서 '연례'는 ⓒ에 따라 [열례]가 표준 발음이 된다. '연례'에는 단모음이 없으므로 ⓐ는 적용되지 않는다.

② '혜택'의 경우 'ㅖ'를 ⓒ에 따라 이중 모음인 [ㅖ]로 발음하는 것이 표준 발음이므로, [혜:택]으로 발음한다. 이 경우 적용되는 내용은 ⓐ, ⓒ가 된다.

'혜택'의 'ㅖ'는 ⓓ에 따라 [ㅔ]로도 발음할 수 있고, 'ㅐ'는 ⓐ에 따라 단모음 [ㅐ]로 발음하는 것이 표준 발음이므로, '혜택'은 ⓐ, ⓓ에 따라 [헤:택]으로 발음이 가능하다. '혜택'에는 'ㅚ'나 'ㅟ'가 없으므로 ⓑ는 적용되지 않는다.

④ '희망'에 조사 '의'가 결합하는 경우, '희망'의 'ㅢ'는 ⓔ에 따라 [ㅣ]로 발음하고, 'ㅏ'는 ⓐ에 따라 단모음 [ㅏ]로 발음하며, 조사 '의'는 ⓕ에 따라 [ㅔ]로도 발음할 수 있다. 따라서 '희망+의'는 ⓐ, ⓔ, ⓕ에 따라 [히망에]가 표준 발음이다. 다만 조사 '의'는 ⓒ에 따라 [ㅢ]로도 발음할 수 있으므로 [히망의] 역시 표준 발음으로 인정되는데, 이때 적용되는 내용은 ⓐ, ⓒ, ⓔ가 된다.

110 정답해설 ③

'띄어쓰기'는 자음 'ㄸ'을 첫소리로 가지고 있으므로 표준 발음법 제5항의 '다만 3'에 따라 [띠어쓰기]로 발음해야 한다. 'ㅣ' 모음 순행 동화가 일어난 [띠여쓰기]도 허용한다.

오답해설

①, ② 표준 발음법 제5항에 의거하여 '주의'는 [주의]로, '협의'는 [혀븨]로 읽는 것이 원칙이지만, '다만 4'에 의거하여 [주이], [혀비]로 읽는 것도 허용한다.

④ '무늬의'의 '늬'는 표준 발음법 제5항의 '다만 3'에 따라 '니'로 발음하며, 조사 '의'는 표준 발음법 제5항 '다만 4'에 의거하여 [무니에]로 발음하는 것도 허용한다.

✎ 표준 발음법 제5항

'ㅑ ㅒ ㅕ ㅖ ㅘ ㅙ ㅛ ㅝ ㅞ ㅠ ㅢ'는 이중 모음으로 발음한다.
다만 3. 자음을 첫소리로 가지고 있는 음절의 'ㅢ'는 [ㅣ]로 발음한다.
다만 4. 단어의 첫음절 이외의 '의'는 [ㅣ]로, 조사 '의'는 [ㅔ]로 발음함도 허용한다.

CODE 056 특이 음운 현상

✎ 특이 음운 현상

- ⑤ 모음화(圓脣母音化): 순음 'ㅁ, ㅂ, ㅍ'의 영향으로 평순 모음인 'ㅡ'가 ⑥ 모음인 'ㅜ'로 바뀌는 현상을 뜻한다.
- 전설 모음화(前舌母音化): 치음 'ㅅ, ㅈ, ㅊ'의 밑에 있는 후설 모음인 'ㅡ'가 전설 모음인 ' ⑦ '로 변하는 현상을 뜻한다.
- ⑧ (滑音調, 유포니 현상)
  – 음조를 매끄럽게 하려고 'ㄴ'이 유음인 'ㄹ'로 바뀌는 현상이다.
  – 편하게 말하기 위하여 'ㅇ'이 'ㄴ'이나 'ㄹ'로 바뀌는 현상이다.
- ⑨ (異化) 현상: 서로 같거나 비슷한 소리 중 하나를 다른 소리로 바꾸는 현상을 말한다.
- 유추(類推): 기억의 편의를 위해 혼란한 어형은 기준형을 설정해 통일하려는 현상을 뜻한다.
- 민간 어원설(民間語源說): 음운의 유사성을 바탕으로 하여 억지로 맞추어 꾸며 낸 언어 유희에 의한 어원을 뜻한다.

111 정답해설 ①

'나모'나 '거붑'은 이화가 맞지만, '지이산'과 '한나산'은 활음조를 겪는 단어이다.

✎ 활음조의 양상

- 음조를 매끄럽게 하기 위하여 'ㄴ'이 유음인 'ㄹ'로 바뀌는 활음조
  예 희노(喜怒) ⇨ 희로, 허낙(許諾) ⇨ 허락, 한나산 ⇨ 한라산
- 편하게 말하기 위하여 'ㅇ'이 'ㄴ'이나 'ㄹ'로 바뀌는 활음조
  예 폐염 ⇨ 폐렴, 지이산 ⇨ 지리산

오답해설

② 사ᄋᆞᆯ ⇨ 사ᄒᆞᆯ ⇨ 사흘, 나ᄋᆞᆯ ⇨ 나ᄒᆞᆯ ⇨ 나흘 (기준형 '열흘')
서르 ⇨ 서로 (부사는 대체로 '–로'로 끝남.)

③ 즐 ⇨ 짓, 츩 ⇨ 칡, 거츨다 ⇨ 거칠다, 아츰 ⇨ 아침
나즈막하다 ⇨ 나지막하다

④ • 행주치마: 행자 스님의 치마(행자치마)를 행주산성 미담과 연결
• 황소: '한쇼(큰 소)'를 황(黃)소로 오해
• 우레: 고유어인데 '우뢰(비[雨], 천둥[雷])'로 오해

112 정답해설 ③

'채비/차비' 모두 표준어이다.
'골목쟁이'는 '골목에서 좀 더 깊숙이 들어간 좁은 곳'을 의미하는 표준어이다.

오답해설

① 아지랭이 ⇨ 아지랑이: 'ㅣ' 모음 역행 동화 현상은 표준 발음으로도 표기로도 인정하지 않는다.
예외 냄비, 풋내기, 내동댕이치다 등

② 가랭이 ⇨ 가랑이: 'ㅣ' 모음 역행 동화 현상은 표준 발음으로도 표기로도 인정하지 않는다.
느즈막하다 ⇨ 느지막하다: 전설 모음의 형태가 표준어인 경우이다.

④ 동당이치다 ⇨ 동댕이치다: 'ㅣ' 모음 역행 동화 현상은 표준 발음으로도 표기로도 인정하지 않는다.

- 'ㅣ' 모음 역행 동화: 앞 음절의 후설 모음 'ㅏ, ㅓ, ㅗ, ㅜ'는 뒤 음절에 전설 모음 'ㅣ'가 오면 이에 끌려서, 전설 모음 'ㅐ, ㅔ, ㅚ, ㅟ'로 변하는 일이 있지만 표준 발음으로도, 표기도로 인정하지 않음.
- 예외적으로 표기를 인정하는 경우: ⑩

Answer

① ㅔ ② ㅣ ③ 닐리리 ④ 조사 ⑤ 원순 ⑥ 원순 ⑦ ㅣ ⑧ 활음조 ⑨ 이화
⑩ 냄비, 내동댕이, –내기, –쟁이

CODE 057 소리의 장단

113 〈보기〉에 대한 이해로 적절하지 않은 것은?

보기

[표준 발음법]
제6항 모음의 장단을 구별하여 발음하되, 단어의 첫음절에서만 긴소리가 나는 것을 원칙으로 한다.
눈보라[눈:보라] 첫눈[천눈] 멀리[멀:리]
눈멀다[눈멀다] 밤나무[밤:나무] 쌍동밤[쌍동밤]
[붙임] 용언의 단음절 어간에 어미 '-아/-어'가 결합되어 한 음절로 축약되는 경우에도 긴소리로 발음한다.
보아 ⇨ 봐[봐:] 되어 ⇨ 돼[돼:] 두어 ⇨ 둬[둬:]
제7항 긴소리를 가진 음절이라도, 다음과 같은 경우에는 짧게 발음한다.
1. 단음절인 용언 어간에 모음으로 시작된 어미가 결합되는 경우
감으니[가므니] 밟으면[발브면] 알아[아라]
2. 용언 어간에 피동, 사동의 접미사가 결합되는 경우
감기다[감기다] 꼬이다[꼬이다] 밟히다[발피다]

① 제6항에 따라 '함박눈'의 '눈'은 짧게 발음된다.
② 제6항에 따라 '밤나무[밤:나무]'의 '밤'과는 달리 '군밤'의 '밤'은 짧게 발음된다.
③ 제6항의 [붙임] 규정에 따라 '멈추어'의 축약형인 '멈춰'의 '춰'는 긴소리로 발음된다.
④ 제7항에 따라 '신다[신:따]'는 '신으니', '신어' 등의 활용에서 첫음절이 짧게 발음된다.

CODE 058 '율'과 '률'

114 다음 중 한글 맞춤법에 따른 표기가 옳지 않은 것은?
① 혼잣말, 시쳇말, 노랫말
② 합격률, 시청율, 이혼율, 지원율, 운율
③ 반짇고리, 사흗날, 삼짇날, 숟가락
④ 엇셈, 햇옷, 무릇, 사뭇, 얼핏

CODE 059 -배기, -빼기

115 다음 중 표기가 적절한 것끼리 묶이지 않은 것은?
① 붙박이, 진짜배기, 밥빼기, 토박이
② 네 살배기, 차돌박이, 억척빼기, 언덕배기
③ 오이소박이, 뚝배기, 얼룩배기
④ 곱빼기, 알배기, 대갈빼기, 판박이

CODE 060 문장 부호

116 다음 중 문장 부호의 사용이 자연스러운 것은?
① 〈한강〉은 사진집 ≪아름다운 땅≫에 실린 작품이다.
② "배부른 돼지"보다는 "배고픈 소크라테스"가 되겠다.
③ 문장부호 – 마침표, 쉼표, 따옴표, 빗금 등
④ 청군 : 백군

CODE 060 문장 부호

117 문장에 쓰인 부호가 적절하지 않은 것은?
① 그것(한글)은 이처럼 정보화 시대에 알맞은 과학적인 문자이다.
② 아들: 아버지, 제발 제 말씀 좀 들어 보세요.
③ "실은... 저 사람... 우리 아저씨일지 몰라."
④ 김정희(1786–1856)

CODE 057 소리의 장단

✎ 표준 발음법 제3장 제6항

모음의 장단을 구별하여 발음하되, 단어의 첫음절에서만 긴소리가 나타나는 것을 원칙으로 한다.
다만, 합성어의 경우에는 둘째 음절 이하에서도 분명한 긴소리를 인정한다.

예 반신반의[반:신바:늬/반:신바:니], 재삼재사[재:삼재:사]

✎ 표준 발음법 제3장 제7항

긴소리를 가진 음절이라도 다음과 같은 경우에는 짧게 발음한다.
단음절인 용언 어간에 ① 으로 시작된 어미나 ② , ③ 의 접미사가 결합되는 경우

예외 끌다, 벌다, 없다, 웃다 등

113 정답해설 ③

'멈추다'는 용언의 어간이 '멈추-'로 2음절이므로 제6항의 [붙임] 규정에 해당하지 않는다.

CODE 058 '율'과 '률'

✎ 한글 맞춤법 제3장 소리에 관한 것 – 제5절 두음 법칙

제11항 한자음 '랴, 려, 례, 료, 류, 리'가 단어의 첫머리에 올 적에는, 두음 법칙에 따라 '야, 여, 예, 요, 유, 이'로 적는다.
다만, ④ 이나 '⑤ ' 받침 뒤에 이어지는 '렬, 률'은 '열, 율'로 적는다.

114 정답해설 ②

시청율 ⇨ 시청률: '모음'이나 'ㄴ' 받침 뒤에 이어지는 '렬, 률'만 '열, 율'로 적으므로 '합격률, 시청률, 이혼율, 지원율, 운율' 등이 올바른 표기이다.

오답해설

① 사잇소리 현상은 예외가 많은 수의적 현상의 일종이므로 동일한 음운 조건임에도 사잇소리 현상이 적용되기도 하고 적용되지 않기도 한다. '혼잣말[혼잔말], 시쳇말[시첸말], 노랫말[노랜말]'은 'ㄴ'이 덧나는 사잇소리 현상이 일어난 단어들이므로 사이시옷을 적는다. 하지만 '인사말[인사말], 머리말[머리말]'은 사잇소리 현상이 일어나지 않으므로 사이시옷을 받쳐 적지 않는다.
③, ④ 'ㄷ' 소리로 나는 받침 중에서 'ㄷ'으로 적을 근거가 없는 것은 'ㅅ'으로 적는다. 'ㄷ'으로 적을 근거란 '도두보다 ⇨ 돋보다'처럼 본말의 형태를 유지해야 할 필요가 있거나, 원래 'ㄹ'인 말과 딴 말이 어울릴 적에 'ㄹ' 소리가 'ㄷ' 소리로 나는 경우에 해당한다. '반짇고리, 사흗날, 삼짇날, 섣달, 숟가락, 이튿날, 잗주름' 등이 이러한 경우이다.

CODE 059 -배기, -빼기

- '-배기/-빼기'가 혼동될 수 있는 단어는, (한글 맞춤법 제54항 참조) [배기]로 발음되는 경우는 '배기'로 적고,
  예 귀퉁배기, 나이배기, 대짜배기, 육자배기(六字-), 주정배기(酒酊-), 포배기, 혀짤배기
- ⑥ 형태소 내부에 있어서, 'ㄱ, ㅂ' 받침 뒤에서 [빼기]로 발음되는 경우는 '배기'로 적으며,
  예 뚝배기, 학배기, 언덕배기(예외)☆
- ⑦ 형태소 뒤에서 [빼기]로 발음되는 것은 모두 '빼기'로 적는다.
  예 고들빼기, 그루빼기, 대갈빼기, 머리빼기, 재빼기, 곱빼기, 과녁빼기, 밥빼기, 악착빼기, 얽둑빼기, 얽짝빼기, 억척빼기, 얽둑빼기, 얽빼기, 얽적빼기

115 정답해설 ③

얼룩배기 ⇨ 얼룩빼기(겉이 얼룩덜룩한 동물이나 물건)
'-배기'는 명사 뒤에 붙어 '그 나이를 먹은 아이'의 뜻이나 '그것이 들어 있거나 차 있음'의 뜻을 더하는 접미사이다. 또한 명사 뒤에서 '그런 물건'의 뜻을 더하는 접미사로 쓰이기도 한다.
'-박이'는 명사 뒤에 붙어 '그 명사가 박혀 있는 사람이나 짐승 또는 물건'이라는 뜻을 더하는 접미사로 기능한다. 또한 일부 명사 또는 동사 어간 뒤에 붙어 '무엇이 박혀 있는 곳'이라는 뜻을 더하거나, '한 곳에 일정하게 고정되어 있음'을 더하는 접미사로도 쓰인다.
[빼기]로 발음되면서, 그 앞의 말이 독립성이 없으면 '-배기'를, 독립성이 있으면 '-빼기'를 사용한다.

CODE 060 문장 부호

1. 온점(.): 아라비아 숫자만으로 연월일을 표시할 때 쓴다.
2. 쉼표(,)
   - 같은 자격의 어구를 열거할 때 그 사이에 쓴다.
   - 짝을 지어 구별할 때 쓴다.
   - 문장의 연결 관계를 분명히 할 때 절과 절 사이에 쓴다.
   - 문장 중간에 끼어든 어구의 앞뒤에 쓴다. 이때는 쉼표 대신 줄표를 쓸 수 있다.
3. 가운뎃점(·)
   - 열거할 어구들을 일정한 기준으로 묶어서 나타낼 때 쓴다.
   - 짝을 이루는 어구들 사이에서 쓴다.
   - 공통 성분을 줄여서 하나의 어구로 묶을 때 쓴다.
4. ⑧ (–): 제목 다음에 표시하는 부제의 앞뒤에 쓴다.
5. 소괄호(( ))
   - 원어, 연대, 주석, 설명 등을 넣을 적에 쓴다.
   - 기호나 기호적 구실을 하는 문자, 단어, 구에 쓰고 빈 자리임을 표현하기도 한다.
6. 대괄호(⑨)
   - 괄호 안에 또 다른 괄호를 쓸 필요가 있을 때 쓴다.
   - 고유어에 대응하는 한자어를 함께 보일 때 쓴다.
   - 원문에 대한 이해를 돕기 위해 설명이나 논평 등을 덧붙일 때 쓴다.

116 정답해설 ①

- 겹낫표(『 』)와 겹화살괄호(《 》): 책의 제목이나 신문 이름 등을 나타낼 때 쓴다.
- 홑낫표(「 」)와 홑화살괄호(〈 〉): 소제목, 그림이나 노래와 같은 예술 작품의 제목, 상호, 법률, 규정 등을 나타낼 때 쓴다.

오답해설

② 문장에서 중요한 부분을 두드러지게 하기 위해 드러냄표 대신에 작은따옴표를 사용한다. 따라서 '배부른 돼지', '배고픈 소크라테스'가 적절한 문장 부호의 사용이다.
③ 내포되는 종류를 들 적에는 쌍점을 사용한다. 따라서 '문장 부호: 마침표, 쉼표, 따옴표, 빗금 등'이 적절한 문장 부호의 사용이다.
④ 의존 명사 '대' 대신 쌍점을 쓸 때는 쌍점의 앞뒤를 붙여 쓴다.

117 정답해설 ①

원문에 대한 이해를 돕기 위해 설명이나 논평 등을 덧붙일 때는 대괄호([ ])를 쓴다. 따라서, '그것[한글]은'이 적절한 문장 부호의 사용이다. 소괄호는 원어, 연대, 주석, 설명 등을 넣을 적에 쓴다.

오답해설

② 희곡 등에서 대화 내용을 제시할 때 말하는 이와 말한 내용 사이에 쌍점(:)을 쓴다. 쌍점의 앞은 붙여 쓰고 뒤는 띄어 쓴다.
③ 줄임표(…)는 가운데에 찍는 대신 아래쪽에 찍을 수도 있다. 점은 여섯 점을 찍는 대신 세 점을 찍을 수도 있다.
④ 기간이나 거리 또는 범위를 나타낼 때는 물결표(~)를 쓴다. 물결표 대신 붙임표를 쓸 수 있다.

Answer

① 모음 ② 피동 ③ 사동 ④ 모음 ⑤ ㄴ ⑥ 한 ⑦ 다른 ⑧ 줄표 ⑨ [ ]

Chapter 2

오답률이 높은 심화코드 02

출제단원	출제코드	채점
이론 문법 - 형태 + 어문규정 - 한글 맞춤법	CODE 061 사이시옷의 예외	
	CODE 062 형태소 분석	
	CODE 063 동사와 형용사의 구별	
	CODE 064 조사의 의미와 기능	

출제단원	출제코드	채점
이론 문법 - 형태 + 어문규정 - 한글 맞춤법	CODE 065 명사와 명사형의 구별	
	CODE 066 관형사와 관형사형의 구별	
	CODE 067 접두사의 의미	
	CODE 068 '—' 탈락	

CODE 061 사이시옷의 예외

118 〈보기〉를 바탕으로 했을 때 가장 잘못된 설명은?

보기

앞말이 모음으로 끝나는 명사 합성어 중에서 그 구조가 '한자어 + 한자어'나 '외래어 + 고유어'가 아닌 경우, ① 뒷말의 첫소리가 된소리로 날 때, ② 뒷말의 첫소리가 'ㄴ, ㅁ'이거나 모음인 경우 이들 앞에서 'ㄴ'이나 'ㄴㄴ' 소리가 덧날 때 사이시옷을 적는다.

[예외1] 한자어끼리의 합성어 중, '곳간, 셋방, 숫자, 찻간 툇간, 횟수'의 여섯 단어는 사이시옷을 적는다.

[예외2] 사이시옷이 들어갈 환경이라고 해도 뒷말의 첫소리가 원래 거센소리나 된소리일 경우에는 사이시옷을 적지 않는다.

① '핑큿빛'이 잘못된 이유는 '핑크' 때문이다.
② '기찻간'은 '기차간'으로 적어야 맞다.
③ '수꿩'은 '숫꿩'으로 적어야 맞다.
④ '잇몸'의 발음은 [인몸]이다.

CODE 061 사이시옷의 예외

119 사이시옷에 관한 표기가 적절한 것끼리 묶인 것은?

① 위층, 요잇, 전셋집
② 마구간, 머리기름, 개수
③ 대푯값, 위쪽, 전셋방
④ 북엇국, 등굣길, 장밋빛

CODE 061 사이시옷의 예외

120 제시된 규정의 예시가 모두 적절한 것은?

제7항 'ㄷ' 소리 나는 받침 중에서 'ㄷ'으로 적을 근거가 없는 것은 'ㅅ'으로 적는다. ········· ㉠

제30항 사이시옷은 다음과 같은 경우에 받치어 적는다.
1. 순우리말로 된 합성어로서 앞말이 모음으로 끝난 경우 ········· ㉡
2. 순우리말과 한자어로 된 합성어로서 앞말이 모음으로 끝난 경우 ········· ㉢
3. 두 음절로 된 다음 한자어 ········· ㉣

① ㉠: 덧저고리, 웃어른, 혓바늘
② ㉡: 아랫마을, 뒷일, 베갯잇
③ ㉢: 햇수, 찻종, 아랫집
④ ㉣: 횟수, 갯수, 셋방

CODE 061 사이시옷의 예외

✎ 한글 맞춤법 제30항

1. 순우리말로 된 ① 로서 앞말이 모음으로 끝난 경우
   사이시옷은 다음과 같은 경우에 받치어 적는다.
   (1) 뒷말의 첫소리가 된소리로 나는 것
   (2) 뒷말의 첫소리 'ㄴ, ㅁ' 앞에서 'ㄴ' 소리가 덧나는 것
   (3) 뒷말의 첫소리 모음 앞에서 'ㄴㄴ' 소리가 덧나는 것
2. 순우리말과 한자어 합성어로서 앞말이 모음으로 끝난 경우
3. 두 음절로 된 다음 한자어: ② , ③ , ④ , ⑤ , ⑥ , ⑦

✎ 사이시옷 표기 조건

- 합성 명사를 만들 때: 사잇소리가 첨가되고(된소리, ㄴ, ㄴㄴ) 앞의 단어가 모음으로 끝나면(= 받침이 없으면) 사이시옷을 표기한다. 단, 한자어 + 한자어의 합성에는 사이시옷을 넣지 않는다.

118 정답해설 ③

'수꿩'은 [예외2]에 의거해 '수꿩'이 맞다. 된소리나 거센소리 앞에서는 사이시옷을 쓰지 않는다.

오답해설

① '핑크빛'은 '외래어 + 고유어'의 구조이므로 사이시옷을 적지 않는다.
② '기차간(汽車間)'은 '한자어 + 한자어'의 구조이므로 사이시옷을 적지 않는다.
④ '잇몸[인몸]'은 '고유어 + 고유어'의 구조로 뒷말의 첫소리 'ㅁ' 앞에서 'ㄴ' 소리가 덧나므로 사이시옷을 받쳐 적는다.

119 정답해설 ④

- 북엇국(北魚-국): 순우리말과 한자어로 된 합성어로, 뒷말의 첫소리가 된소리로 난다.
- 등굣길(登校-길): 한자어와 순우리말로 된 합성어로, 뒷말의 첫소리가 된소리로 난다.
- 장밋빛(薔薇-빛): 한자어와 순우리말로 된 합성어로, 뒷말의 첫소리가 된소리로 난다.

오답해설

① 요잇(×) ⇨ 욧잇(○): 순우리말로 된 합성어로, 뒷말의 첫소리 모음 앞에서 'ㄴㄴ' 소리가 덧나는 단어이다.
② 머리기름(×) ⇨ 머릿기름(○): 순우리말로 된 합성어로, 뒷말의 첫소리가 된소리로 난다.
③ 전셋방(×) ⇨ 전세방(○): 전세방(傳貰-房)은 한자어와 한자어의 결합이므로 사이시옷을 적지 않는다. '셋방(貰房)'은 한자어와 한자어의 결합이더라도 사이시옷을 적는 예외 6개 단어에 포함되지만 '전세방'은 '전-셋방'이 아니라 '전세-방'의 구성으로 이루어졌다. '전셋집'은 '전세(傳貰)+집'으로 구성되어 있는데 '집'이 고유어이므로 사이시옷을 첨가하여 '전셋집'으로 적어야 바른 표기이다.

120 정답해설 ②

'아랫마을', '뒷일', '베갯잇'은 모두 순우리말로 된 합성어로 앞말이 모음으로 끝나 사이시옷을 받쳐 적어야 하는 경우이므로 ㉡에 해당하는 예시로 적절하다.

오답해설

① 'ㄷ'으로 적을 근거는 본디 'ㄷ' 받침을 가지고 있거나 'ㄹ' 받침이 'ㄷ'으로 바뀐 것이다. '덧저고리', '웃어른'은 [덛쩌고리], [우더른]으로 발음되는데, 본디 'ㄷ' 받침을 갖거나 'ㄹ' 받침이 'ㄷ'으로 바뀐 단어가 아니기 때문에 'ㄷ' 소리 나는 받침을 'ㅅ'으로 적은 ㉠의 예에 해당한다.
그러나 '혓바늘'은 순우리말로 된 합성어로 앞말이 모음으로 끝나고, 뒷말의 첫소리가 된소리로 발음되는 단어이므로 ㉡에 해당하는 예시이다.
③ '햇수'는 고유어 '해'와 한자어 '數'가 결합한 한자어이고, '찻종'은 고유어로 인식되는 '차'와 한자어 '鍾'이 결합한 한자어이다. 또한 두 단어 모두 앞말이 모음으로 끝나고 뒷말의 첫소리가 된소리로 발음되므로 ㉢에 해당한다.
그러나 '아랫집'은 순우리말로 이루어진 합성어이므로 ㉡에 해당하는 예시이다.
④ ㉣에 해당하는 한자어는 '곳간(庫間)', '셋방(貰房)', '숫자(數字)', '찻간(車間)', '툇간(退間)', '횟수(回數)'이다. 따라서 한자어로 이루어진 합성어 '갯수(個數)'는 사이시옷 없이 '개수'로 적어야 한다.

Answer

① 합성어 ② 곳간(庫間) ③ 셋방(貰房) ④ 숫자(數字) ⑤ 찻간(車間) ⑥ 툇간(退間) ⑦ 횟수(回數)

CODE 062 형태소 분석

121 ㉠과 ㉡에 들어갈 말이 적절하게 제시된 것은?

	형태소	단어
깔끔하게	깔끔-, -하-, -게	깔끔하게
치웠다	㉠	㉡

	㉠	㉡
①	치-, -우-, -었-, -다	치웠다
②	치우-, -었-, -다	치웠다
③	치웠-, -다	치우-, -었다
④	치-, -웠-, -다	치웠-, -다

CODE 062 형태소 분석

122 다음 문장의 형태소를 분석한 것이 바르지 않은 것은?

ㄱ. 하늘이 매우 푸르다.
ㄴ. 토끼는 귀가 길다.

① ㄱ에서 자립 형태소는 2개, 실질 형태소는 3개이다.
② ㄱ을 형태소 분석하면 '하늘, 이, 매우, 푸르-, -다'이다.
③ ㄱ의 '푸르-'와 ㄴ의 '길-'은 의존 형태소이므로 형식 형태소이다.
④ ㄱ의 '이, -다'와 ㄴ의 '는, 가, -다'는 문법 형태소이다.

CODE 062 형태소 분석

123 제시된 문장의 요소를 분석한 것이 적절한 것은?

형님께서 놀잇감을 사 오셨어.

	자립 형태소	의존 형태소
실질 형태소	㉠	㉡
형식 형태소	㉢	㉣

① 제시된 문장의 형태소는 13개이다.
② '형님'의 '님'은 ㉠에 들어간다.
③ '놀잇감'의 '놀이'는 ㉠에 들어간다.
④ '오셨어'의 '오-'는 ㉣에 들어간다.

CODE 062 형태소 분석

✎ 형태소: 최소의 의미 변별 단위

자립성 유무	자립 형태소	혼자 쓰이는 형태소(체언, 감탄사, 부사, 관형사)
	의존 형태소	다른 말에 기대어 쓰이는 형태소(① , 접사, 어간, 어미)
의미의 허실	실질 형태소 (= ② 형태소)	실질적 의미를 가지는 형태소(자립 형태소, ③)
	형식 형태소 (= ④ 형태소)	문법적인 의미만을 가지는 형태소(조사, 접사, 어미)

• 특이 형태소 = 유일 형태소: 결합할 수 있는 형태소가 극히 제한된 형태소
예 착하다, 오솔길, 아름답다, 늠수그레하다

✎ 형태소 분석 기준

1. '체언+ ⑤ , 접두사+ ⑥ , ⑦ +접미사, 어근+어근, 어간+어미'로 나눈다.
   예 사랑이다: 사랑+이-+-다(서술격 조사 '이다' 나누기)
   착하다: 착-+-하-+-다(접미사 '-하다' 나누기)
   콧등: 코(명사)+등(명사) – 사이시옷은 형태소가 아니다.
   먹어라: 먹-(동사 어간)+-어라(명령형 어미)
2. '어간+어미'에서 ' ⑧ '는 종류별로 다시 나눈다.
   예 가시었겠다: 가-+-시-+-었-+-겠-+-다
   한다: 하-+-ㄴ-+-다
3. 준말은 본딧말로 풀어서 나눈다.
   예 우셨다: 울-+-시-+-었-+-다
4. 탈락은 복원한 뒤 나눈다.
   예 집에 가: 집+에+가-+-아

✎ 형태소 분석에 있어서 논란이 되는 한자어 분석

한자는 표의 문자라는 관점에서 '낙엽(落葉)'은 [떨어지다]와 [잎]이라는 두 개의 어휘적 의미를 가지고 있다. 결국 '낙엽'은 '낙-'이라는 실질 형태소와 '-엽'이라는 실질 형태소로 구성되어 있다고 할 수 있다. 문제는 언중의 의식 속에 '낙엽'이 하나의 의미라는 것이다. 이 경우 이것을 두 개의 형태소로 보는 것은 무리가 있다. '초특급(超特急)'과 '민족적(民族的)'이라는 어휘에 쓰인 '초(超)-'와 '-적(的)'은 각각 접두사와 접미사로 분류되고 있다. 모든 한자가 실질적 의미를 가지고 있다고 말할 수 없다.
학교 문법론에서는 '동화(童話)'를 '동-'과 '-화'로 나누어 각각 형태소로 인정하고 있다. '우화(寓話)', '설화(說話)', '동요(童謠)', '동심(童心)' 등 다른 어휘가 존재하는 것을 염두에 둔다면, 개별 한자 '동(童)'과 '화(話)'는 형태소로서의 자격을 갖추고 있다고 할 수 있다.
⇨ 이러한 혼란 때문에 한자어의 형태소 분석 문제는 나오기 어렵다. 혹여 출제된다면 다음의 기준으로 해결하면 된다.
⇨ 접사 성격의 한자어, 또는 분리성이 확실한 한자어만 분리

121 정답해설 ②
'치웠다'는 어근이 하나이며 접사의 개입이 없는 단일어로, 동사 '치우다'의 어간 '치우-'에 과거 시제 선어말 어미 '-었-', 그리고 종결 어미 '-다'가 결합한 형태이다.

122 정답해설 ③

자립성 유무에 따라		의미의 유형에 따라	
자립 형태소	의존 형태소	실질(어휘) 형태소	형식(문법) 형태소
혼자 쓰일 수 있음	다른 말에 기대어서만 쓰임	실질적 의미	문법적 의미
ㄱ. 하늘, 매우	ㄱ. 이, 푸르-, -다	ㄱ. 하늘, 매우, 푸르-	ㄱ. 이, -다
ㄴ. 토끼, 귀	ㄴ. 는, 가, 길-, -다	ㄴ. 토끼, 귀, 길-	ㄴ. 는, 가, -다

ㄱ과 ㄴ 두 문장을 분석해 보면 ㄱ의 '푸르-'는 혼자 쓰일 수 없고 어미와 함께 쓰여야 하기 때문에 '의존 형태소'이다. 하지만 이 형태소는 '푸르다'라는 단어의 의미를 담고 있기 때문에 형식 형태소가 아니라 '실질 형태소'이다. 같은 맥락에서 ㄴ의 '길-'도 의존 형태소이자 실질 형태소이다.

123 정답해설 ①
형(명사) / -님(높임의 접미사) / 께서(주격 조사) / 놀-('놀다'의 어간) / -이(명사화 접사) / 감(명사) / 을(목적격 조사) / 사-(동사 '사다'의 어간) / -아(동음 탈락된 어미 '-아' 복원) / 오-(동사 '오다'의 어간) / -시-(높임의 선어말 어미) / -었-(과거 시제 선어말 어미) / -어(종결 어미) = 13개

오답해설
② '형님'은 명사 '형'과 높임의 접미사 '-님'이 결합한 파생어이다. '-님'은 형식 형태소이자 의존 형태소이므로 ㉣에 들어가야 한다.
참고 '형'은 실질 형태소이자 자립 형태소이니 ㉠에 들어가는 것이 맞다.
③ '놀잇감'의 '놀이'는 '놀다'의 어간 '놀-'에 명사화 접사 '-이'가 결합한 파생어이다. 따라서 '놀-'은 실질 형태소이자 의존 형태소이니 ㉡에 들어가야 하고, '-이'는 형식 형태소이자 의존 형태소이므로 ㉣에 들어가야 한다.
④ '오셨어'의 '오-'는 용언의 어간으로, 실질 형태소이면서 의존 형태소이므로 ㉡에 들어간다.

Answer
① 조사 ② 어휘 ③ 어간 ④ 문법 ⑤ 조사 ⑥ 어근 ⑦ 어근 ⑧ 어미

CODE 063 동사와 형용사의 구별

124 ㉠~㉣의 품사를 분류한 것으로 적절한 것은?

영희: (큰 소리로) 희국아! 너 〈○○ 이야기〉 찾는다며!
희국: 쉿! 도서관에서는 조용히 ㉠ 있어야 돼.
영희: 어, 그 책 우리 집에 ㉡ 있어. 내일 내가 빌려줄게.
점심시간에 너희 반 교실에 ㉢ 있으면 가져다줄게.
근데 너 혹시 500원짜리 동전 ㉣ 있니? 음료수 먹자.

	형용사	동사
①	㉠	㉡, ㉢, ㉣
②	㉡	㉠, ㉢, ㉣
③	㉠, ㉢	㉡, ㉣
④	㉡, ㉣	㉠, ㉢

CODE 063 동사와 형용사의 구별

125 밑줄 친 단어들을 품사별로 분류한 것이 적절한 것은?

• 마을 입구의 큰 나무는 언제 보아도 잘생겼다.
• 잘난 척하는 너만 믿다가 서류 제출이 늦었다.

	동사	형용사
①	잘생기다	잘나다, 늦다
②	늦다	잘생기다, 잘나다
③	잘생기다, 잘나다	늦다
④	잘나다	잘생기다, 늦다

CODE 064 조사의 의미와 기능

126 ㉠~㉢의 예로 적절하지 않은 것은?

조사는 ㉠ 격 조사, ㉡ 보조사, ㉢ 접속 조사로 나눌 수 있다. 격 조사는 문장 성분으로서의 자격을 부여한다. 앞의 체언이 어떤 자격을 갖게 되느냐에 따라 주격 조사, 서술격 조사, 목적격 조사, 보격 조사, 관형격 조사, 부사격 조사, 호격 조사로 나뉜다. 보조사는 앞말에 특별한 뜻을 더해 주는 말로 주격, 목적격, 부사격 등의 자리에 두루 쓰인다. 보조사는 문법적 관계를 표시하지는 않고, 의미를 첨가하는 기능을 한다. 접속 조사는 체언을 같은 자격으로 이어주는 말이다.

① ㉠: 그런 일을 할 친구가 아니다.
② ㉠: 나는 이제 고향에 가야겠다.
③ ㉡: 영희도 우리들을 위한 선물을 준비하였다.
④ ㉢: 높은 기온과 습도가 나를 괴롭힌다.

CODE 063 동사와 형용사의 구별

✎ 동사와 형용사의 구별

	동사	형용사
	동작이나 작용	성질이나 상태
차이점	① 시제 선어말어미(-는-/-(으)ㄴ-) 예 먹는다(○), 간다(○)	쓸 수 없음 예 예쁘는다(×), 예쁜다(×)
	② 를 표현하는 관형사형 어미 '-는' 예 먹는(○), 가는(○)	'-(으)ㄴ' 예 예쁘는(×)
	③ 나 ④ 의 연결어미 예 앉으려 한다(○) 예 먹으러 간다(○)	쓸 수 없음 예 예쁘려 한다(×) ⇨ 예뻐지려 한다(○) 예 예쁘러 간다(×) ⇨ 예뻐지러 간다(○)
	⑤ 형, ⑥ 형 어미 예 먹어라(○), 먹자(○)	쓸 수 없음 예 예뻐라(×) ⇨ 예뻐져라(○) 예 예쁘자(×) ⇨ 예뻐지자(○)
	⑦ 과 ⑧ 의 동작상 '-고 있다', '-아/어 있다' 예 먹고 있다(○), 앉아 있다(○)	쓸 수 없음 예 예쁘고 있다(×), 예뻐 있다(×)
참고	• '-어라/-아라'가 명령형이 아니라 감탄형일 경우에는 형용사와 결합할 수 있다. 예 우리는 오늘도 행복하여라. • '-오'가 명령형이 아니라 평서형일 경우에는 형용사와 결합할 수 있다. 예 우리는 오늘도 행복하오.	

124 정답해설 ④

㉠은 조용한 상태를 계속 유지하는 것을 의미하고 '있어라'처럼 활용되므로 동사이다.

㉡은 책이 실제로 존재하는 것을 의미하고 '있어라'처럼 활용되지 않으므로 형용사이다.

㉢은 교실에 머무르는 것을 의미하고 '있어라'처럼 활용되므로 동사이다.

㉣은 동전을 소유한 것을 의미하고 '있어라'처럼 활용되지 않으므로 형용사이다.

✎ '있다'와 '없다'의 품사

'없다'는 '사람이 *없는다, *없는구나, 없느냐, 없는, *없어라, *없자'와 같이 형용사에 가까운 활용을 보이고 사람이나 사물 등이 어떤 곳에 자리나 공간을 차지하고 존재하지 않는 상태 등을 나타내므로 ⑨ 로 처리하는 게 일반적이다.(*는 비문법적 표현) 이에 반해, '있다'는 활용 측면에서 '없다'와는 차이를 보이는 부분이 있고 의미 측면에서 서로 구별될 수 있는 다양한 의미로 쓰이고 있어서 두 가지 품사로 나뉜다.

✎ '있다'를 동사로 쓰는 경우의 의미(이 외에는 형용사)

ⓐ (사람, 동물이) 어느 곳에서 떠나거나 벗어나지 아니하고 머물다.
 예 그는 내일 집에 있는다고 했다.

ⓑ 사람이 어떤 직장에 계속 다니다.
 예 그 직장에 그냥 있어라.

ⓒ (사람이나 동물이) 어떤 상태를 계속 유지하다.
 예 모두 손을 든 상태로 있어라.

ⓓ 얼마의 시간이 경과하다.
 예 앞으로 사흘만 있으면 추석이다.

ⓔ (주로 동사 뒤에서 '-어 있다' 구성으로 쓰여)
 앞말이 뜻하는 행동, 변화가 끝난 상태가 지속됨을 나타내는 말
 예 깨어 있다. / 앉아 있다. / 꽃이 피어 있다.

ⓕ (주로 동사 뒤에서 '-고 있다' 구성으로 쓰여)
 앞말이 뜻하는 행동이 계속 진행되고 있거나 그 행동의 결과가 지속됨을 나타내는 말
 예 아이를 안고 있다. / 손잡이를 쥐고 있다.

125 정답해설 ③

• 마을 입구의 큰 나무는 언제 보아도 잘생겼다(동사).
• 잘난(동사) 척하는 너만 믿다가 서류 제출이 늦었다(형용사).

✎ 최신 품사 개정사항

• 외딸다: (동사)에서 (형용사)로 품사 수정
• 잘생기다: (형용사)에서 (동사)로 품사 수정
• 잘나다: (형용사)에서 (동사)로 품사 수정
• 못나다: (형용사)에서 (동사)로 품사 수정
• 낡다: (형용사)에서 (동사)로 품사 수정
• 못생기다: (형용사)에서 (동사)로 품사 수정
• 빠지다: (보조 형용사)에서 (보조 동사)로 품사 수정
• 생기다: (보조 형용사)에서 (보조 동사)로 품사 수정
• 터지다: (보조 형용사)에서 (보조 동사)로 품사 수정

✎ '늦다'의 품사 통용

[Ⅰ] 「동사」【…에】 정해진 때보다 지나다.
 예 그는 약속 시간에 항상 늦는다. / 그는 버스 시간에 늦어 고향에 가지 못했다.

[Ⅱ] 「형용사」
 「1」 기준이 되는 때보다 뒤져 있다.
 예 시계가 오 분 늦게 간다. 「반대말」 이르다
 「2」 시간이 알맞을 때를 지나 있다. 또는 시기가 한창인 때를 지나 있다.
 예 늦은 점심. / 늦은 시간. / 우리 일행은 예정보다 늦게 도착했다.
 「3」 곡조, 동작 따위의 속도가 느리다.
 예 박자가 늦다. / 발걸음이 늦다. / 그는 다른 사람보다 서류 작성이 늦다.

CODE 064 조사의 의미와 기능

격 조사	일정한 문법적 자격(문장 성분)을 가지도록 해 준다.	
	주격 조사	주어 뒤에 쓰인다. 예 이/가, 께서, ⑩ (조직이나 단체일 때)
	서술격 조사☆	체언을 서술어로 만들어 준다. 조사인데도 가변(활용) 예 이다 – 이네 – 이군 – 이오 – 이냐
	목적격 조사	목적어 뒤에 쓰인다. 예 을/를
	보격 조사☆	서술어가 '⑪ , ⑫ '인 문장의 보어에 쓰인다. 예 이/가 – 주격 조사와 형태가 동일하다.
	관형격 조사	관형어 뒤에 쓰인다. 예 ⑬
	부사격 조사	부사어 뒤에 쓰인다. 예 에, 께, 에서, 에게, 으로, 와
	호격 조사	부르는 자리에 쓰인다. 예 아/야, 여, 이여, 이시여

✎ 조사 '와/과'의 쓰임

• 문장 접속: 백제와 신라는 우리나라이다.
• 동반 부사격 조사: 그가 그녀와 함께 떠났다. / 그와 그녀가 악수하다.
• 비교 부사격 조사: 배는 사과와 다르다.

126 정답해설 ②

'는'은 강조의 의미를 가진 보조사이므로 적절하지 않다.

오답해설

① '가'는 보격 조사이므로 적절하다.

③ '도'는 이미 어떤 것이 포함되고 그 위에 더함의 뜻을 나타내는 보조사이므로 적절하다.

④ '과'는 '기온'과 '습도'를 연결하는 역할을 하는 접속 조사이므로 적절하다.

Answer

① 현재 ② 현재 ③ 의도 ④ 목적 ⑤ 명령 ⑥ 청유 ⑦ 진행 ⑧ 완료
⑨ 형용사 ⑩ 에서 ⑪ 되다 ⑫ 아니다 ⑬ 의

CODE 064 조사의 의미와 기능

127 ㉠과 ㉡에 대한 이해가 적절하지 않은 것은?

> 접속 조사는 둘 이상의 대상을 같은 자격으로 이어 주는 조사이다. 따라서 일반적으로 '와/과'가 접속 조사로 쓰인 문장은 둘로 나누어 각각의 문장을 만들 수 있다. 그리고 접속 조사 '와/과'는 경우에 따라 생략이 가능하며 생략된 자리에는 쉼표를 찍는다. 이와 달리 부사격 조사 '와/과'는 두 문장으로 나눌 수 없고, 생략하면 어색한 문장이 된다. 부사격 조사 '와/과'가 결합된 부사어는 서술어가 반드시 필요로 하는 필수 부사어가 된다.
>
> ㉠ 나는 사과와 배를 샀다.
> ㉡ 나는 종종 누나와 다툰다.

① ㉠의 '사과와'의 문장 성분은 관형어이고, ㉡의 '누나와'의 문장 성분은 부사어입니다.
② ㉠은 '와'를 생략하고 그 자리에 쉼표를 찍어 '나는 사과, 배를 샀다.'로 고쳐 쓸 수 있습니다.
③ ㉡에서 '와'를 생략하면 어색한 문장이 되기 때문에 ㉡의 '와'는 부사격 조사입니다.
④ ㉡에서 서술어 '다툰다'는 '나는'과 '누나와'를 필수적으로 요구하는 두 자리 서술어입니다.

CODE 064 조사의 의미와 기능

128 밑줄 친 조사에 대해 설명한 내용으로 적절한 것은?

> ㄱ. 영희는 어제 학교에 오지 않았어.
> ㄴ. 철수와 나는 영희를 마주쳤다.
> ㄷ. 어머니하고 언니하고 다 직장에 갔어요.
> ㄹ. 아 조선의 독립국임과 조선인의 자주민임을 선언하노라.

① ㄱ의 '는'은 주어임을 나타내고, '에'는 부사어임을 나타내는 격 조사이다.
② ㄴ의 '와'는 이어진 문장을 만드는 접속 조사이다.
③ ㄷ의 '하고'는 '일 따위를 함께 함'을 나타내는 격 조사이다.
④ ㄹ의 '의'는 '민족자존의 정권'과 같은 의미와 기능을 가진다.

CODE 064 조사의 의미와 기능

129 〈보기〉의 밑줄 친 조사를 탐구한 내용으로 적절하지 않은 것은?

> 보기
>
> ㄱ. 그녀는 학교에서 공부한다.
> ㄴ. 철수야, 영희에게 공책을 주어라.
> ㄷ. 친구하고 놀러 가자.
> ㄹ. 그는 요란한 소리에 잠을 깼다.

① ㄱ의 '－에서'는 '정부에서 담화문을 발표했다.'와 다른 의미이다.
② ㄴ의 '－에게'는 '재해 지역 선포를 청와대에 요청하였다.'와 같이 '상대'를 의미한다.
③ ㄷ의 '－하고'는 '그는 오랜만에 아내와 나들이를 했다.'의 '－와'와 같이 '동반'의 의미로 쓰인다.
④ ㄹ의 '－에'는 '그것은 예의에 어긋나는 행동이다.'와 같이 앞말이 '원인'이라는 의미로 쓰인다.

127 정답해설 ①

㉠에서 '와'는 접속 조사로 쓰였다. 접속 조사는 둘 이상의 대상을 같은 자격으로 이어 주기 때문에 '사과와'는 '배를'과 마찬가지로 목적어에 해당한다. ㉡의 '와'는 부사격 조사이며 '누나와'는 부사어에 해당한다.

오답해설

② 접속 조사는 경우에 따라 생략이 가능하고 그 자리에 쉼표를 찍는다고 하였으므로 '나는 사과, 배를 샀다.'로 고쳐 쓸 수 있다.

③ 접속 조사는 생략이 가능하지만, 부사격 조사는 생략하면 문장이 어색해진다고 하였다. ㉡에서 '와'를 생략하여 '나는 종종 누나 다툰다.'와 같이 어색해지기 때문에 '와'는 부사격 조사에 해당한다.

④ 부사격 조사 '와/과'가 결합된 부사어는 필수 부사어에 해당한다고 하였기 때문에 '누나와'는 서술어 '다툰다'가 필수적으로 요구하는 문장 성분이다.

128 정답해설 ②

ㄴ의 '와'는 '철수는 영희를 마주쳤다'와 '나는 영희를 마주쳤다'를 대등하게 이어주는 접속 조사이다.

만약 '철수와 나는 마주쳤다.'의 상황이라면 '마주치다'는 복수의 대상을 원하므로 홑문장을 만드는 단어 접속 조사의 역할을 하는 것이다.

오답해설

① ㄱ의 '는'은 보조사, '에'는 부사격 조사이다. 보조사가 격 조사 자리에 와서 역할을 대신 하더라도 보조사임은 변하지 않는다.

③ ㄷ의 '하고'는 (구어체로) 둘 이상의 사물이나 사람을 같은 자격으로 이어 주는 접속 조사이다.

✎ 조사 '하고'[05]

1. (체언 뒤에 붙어)
   ① (구어체로) 다른 것과 비교하거나 기준으로 삼는 대상임을 나타내는 격 조사
      예 철수는 너하고 닮았다./너는 성적이 누구하고 같으냐?/내 모자는 그것하고 달라.
   ② (구어체로) 일 따위를 함께 함을 나타내는 격 조사.
      예 나하고 놀자./너는 누구하고 갈 테냐?/친구하고 놀러 간다.
   ③ (구어체로) 상대로 하는 대상임을 나타내는 격 조사.
      예 사소한 오해로 그는 애인하고 헤어졌다.
2. (체언 뒤에 붙어)
   (구어체로) 둘 이상의 사물이나 사람을 같은 자격으로 이어 주는 접속 조사. ≒하며.
   예 배하고 사과하고 감을 가져오너라./어머니하고 언니하고 다 직장에 나갔어요./붓하고 먹을 가져오너라.

④ ㄹ의 '의'는 앞 체언이 관형어 구실을 하게 하며, 앞 체언이 뒤 체언이 나타내는 행동이나 작용의 주체임을 나타내는 격 조사이다. '민족자존의 정권'에서 '의'는 '소유되거나 소속됨'을 나타내는 격 조사이다.

✎ 조사 '의'

- 소유되거나 소속됨을 나타내는 격 조사
  예 나의 옷/그의 가방
- 행동이나 작용의 주체임을 나타내는 격 조사
  예 우리의 각오/국민의 단결
- 대상을 만들거나 이룬 형성자임을 나타내는 격 조사
  예 거문고의 가락
- 과정이나 목표 따위의 대상임을 나타내는 격 조사
  예 승리의 길
- 행동의 대상임을 나타내는 격 조사
  예 질서의 확립/인권의 존중
- 사실이나 상태가 앞의 체언에 관한 것임을 나타내는 말
  예 서울의 찬가
- 인물의 행동이나 행위가 앞 체언이 나타내는 사건이나 사물을 대상으로 하고 있음을 나타내는 격 조사
  예 책의 저자/아파트의 주인/올림픽의 창시자
- 뒤 체언이 지니고 있는 정보가 앞 체언의 속성 따위임을 나타내는 격 조사
  예 금의 무게/물의 온도/국토의 면적
- 뒤 체언이 나타내는 속성의 보유자임을 나타내는 격 조사
  예 꽃의 향기
- 어떤 동작을 주된 목적이나 기능으로 하는 것임을 나타내는 말
  예 축하의 잔치
- 의미적으로 동격임을 나타내는 말
  예 각하의 칭호/조국 통일의 위업
- 사회적 · 친족적 관계에 있음을 나타내는 말
  예 나의 친구/선생님의 아들
- 사물이 일어나거나 위치한 곳임을 나타내는 격 조사
  예 몸의 병/하늘의 별
- 사물이 일어나거나 위치한 때임을 나타내는 격 조사
  예 정오의 뉴스
- 정도나 수량을 한정함을 나타내는 격 조사
  예 100℃의 끓는 물
- 전체와 부분의 관계를 나타내는 격 조사
  예 국민의 대다수/가진 돈의 얼마
- 뒤 체언이 나타내는 사물의 특성을 나타내는 격 조사
  예 불후의 명작
- 비유의 대상임을 나타내는 말
  예 철의 여인/무쇠의 주먹
- 재료임을 나타내는 말
  예 순금의 보석
- 앞 체언이 어떤 결과를 낳는 행동임을 나타내는 격 조사
  예 투쟁의 열매
- 연결되는 조사의 의미 특성을 가지고 뒤 체언을 꾸미는 기능을 가짐을 나타내는 격 조사
  예 구속에서의 탈출/저자와의 대화

129 정답해설 ④

ㄹ의 '-에'는 앞말이 원인의 부사어임을 나타내는 격 조사인데, '그것은 예의에 어긋나는~'의 '에'는 앞말이 기준이 되는 대상이나 단위의 부사어임을 나타내는 격 조사이다.

오답해설

① ㄱ의 '-에서'는 앞말이 행동이 이루어지고 있는 처소의 부사어임을 나타내는 부사격 조사인데, '정부에서 담화문을~'의 '에서'는 단체를 나타내는 명사 뒤에 붙어 앞말이 주어임을 나타내는 주격 조사이다.

② 상대를 나타내는 부사격 조사에는 '-에게'와 '-에'가 있는데, 유정명사 뒤에는 '-에게'가 무정명사 뒤에는 '-에'가 구분되어 쓰인다.

③ '-하고'나 '-와'는 일 따위를 함께 함을 뜻하는 동반 부사격 조사이다.

CODE 065 명사와 명사형의 구별

130 밑줄 친 부분이 ㉠에 해당하는 예로만 묶인 것은?

> 명사는 서술격 조사가 결합하는 경우를 제외하고는 서술어로 쓰일 수 없고, 관형어의 수식을 받는다. 반면 ㉠ 동사나 형용사는 명사형이라 하더라도 문장이나 절에서 서술어로 쓰이고, 부사어의 수식을 받는다. 그리고 부사는 격조사와 결합할 수 없고 다른 부사어나 서술어 등을 수식한다.

① ┌ 많이 앎이 항상 미덕인 것은 아니다.
   └ 그의 목소리는 격한 슬픔으로 떨렸다.

② ┌ 멸치 볶음은 맛도 좋고 건강에도 좋다.
   └ 오빠는 몹시 기쁨에도 내색을 안 했다.

③ ┌ 요즘은 상품을 큰 묶음으로 파는 가게가 많다.
   └ 무용수들이 군무를 춤과 동시에 조명이 켜졌다.

④ ┌ 어려운 이웃을 도움으로써 보람을 찾는 이도 있다.
   └ 나는 그를 온전히 믿음에도 그 일은 맡기고 싶지 않다.

CODE 066 관형사와 관형사형의 구별

131 ㉠과 품사가 같은 것을 고른 것이 적절한 것은?

> ㉠ 다른 사람들이 우리를 지켜보고 있다.

> • 그는 성격이 ㉮ 어떤 사람이야?
> • 신문을 읽는 ㉯ 어떤 사람에게 길을 물어보았다.
> • 오래된 가옥을 ㉰ 헌 자리에 새 건물이 들어섰다.
> • 버려도 되는 ㉱ 헌 옷이 있어야 새 옷을 살 수 있다.

① ㉮, ㉰
② ㉮, ㉱
③ ㉯, ㉰
④ ㉯, ㉱

CODE 065 명사와 명사형의 구별

✐ A화 접미사와 A형 전성 어미

- **A화 접미사:** A 품사가 아닌 말을 A 품사로 바꾸어 주는 지배적 접미사
- **A형 전성 어미:** A 품사가 아닌 말을 A 품사처럼 쓰게 성격을 바꾸어 주는 전성 어미

✐ 명사와 용언의 명사형 구별하기

1. 순철이는 '책 많이 읽기' 시합에서 일등을 했다. > ①
2. 순영이는 물속에서 숨 안 쉬고 오래 참기를 잘 한다. > ②
3. 주말에는 온 가족이 '봄맞이 함께 걷기' 대회에 참석했다. > ③
4. 우리말에서 정확한 띄어쓰기는 참 어렵다. > ④
5. 사람이라면 치타보다 빨리 달리기가 쉽지 않다. > ⑤
6. 그의 선조들은 불우한 삶을 살았다. > ⑥
7. 겨울이어서 노면에 얼음이 자주 얼었다. > ⑦
8. 영희는 깊은 잠을 잠으로써 피로를 풀었다. > ⑧
9. 진행자가 크게 웃음으로써 분위기를 바꾸었다. > ⑨
10. 나 보기가 역겨워 가실 때에는 > ⑩

130 정답해설 ④

'도움'은 '어려운 이웃을 도움'이라는 절에서 서술어로 쓰이고 있고, '잘', '열심히' 등 부사어의 수식을 받을 수 있으므로 동사이다. '믿음'은 '온전히'라는 부사어의 수식을 받고 있으므로 동사이다.

오답해설

① 명사는 관형어의 수식을 받고, 동사나 형용사는 부사어의 수식을 받는 서술어이다. '앎'은 '많이'라는 부사어의 수식을 받고 있으므로 동사이다. '슬픔'은 '격한'이라는 관형어의 수식을 받고 있으므로 명사이다.

② '볶음'은 '멸치'라는 명사의 수식을 받았으니 명사이고, '기쁨'은 '몹시'라는 부사어의 수식을 받고 있으므로 형용사이다.

③ '묶음'은 '큰'이라는 관형어의 수식을 받으므로 명사이고, '춤'은 '무용수들이 군무를 춤'이라는 절에서 서술어로 쓰이고 있고 '잘', '멋지게' 등 부사어의 수식을 받을 수 있으므로 동사이다.

CODE 066 관형사와 관형사형의 구별

✐ 관형사와 형용사의 구분

- **관형사:** 체언 앞에서 그 체언의 내용을 꾸미면서 형태상으로는 활용하지 않고, 조사가 붙을 수 없는 불변어의 묶음이다.
- ⑪ 　　사: 사람이나 사물의 성질이나 상태를 표시하는 단어들의 묶음이다.
- ⑫ 　　어: 체언을 꾸며 주는 수식어로 '어떤', '어떠한'에 해당하는 문장 성분이다.

✐ 관형사 '다른'과 형용사 '다르다'

관형절로 안긴 문장에서 서술어의 기능을 하면서 관형사형 전성 어미로 활용된 경우라면 형용사, '딴'으로 바꿔 쓸 수 있는 수식 기능만 하는 경우라면 관형사이다.

✐ 관형사와 용언의 관형사형 구별하기

1. 기차 안에서 어떤 여인을 만났다. > ⑬
2. 다른 사람들은 어디 있지? > ⑭
3. 그런 사람이 어찌 그런 일을 해? > ⑮
4. 생김새가 어떤 사람이니? > ⑯
5. 그는 어떤 사람이니? > ⑰
6. 어떤 책을 샀니? > ⑱
7. 많은 사람이 우리의 의견에 동조했다. > ⑲
8. 다른 생각은 하지 말고 공부나 해라. > ⑳

131 정답해설 ④

㉠은 관형사로서 그 자체가 하나의 단어로 뒤에 오는 체언을 수식하고 있다. ㉮는 '어떻다'라는 형용사의 관형사형이며, ㉯는 관형사이다. ㉰는 동사의 관형사형이며, ㉱는 관형사이다. 따라서 ㉠과 품사가 같은 것은 ㉯와 ㉱이다. 이와 같은 관형사는 서술 기능을 지니고 있지 않은 반면, 용언의 관형사형인 ㉮와 ㉰는 서술 기능을 지니고 있다. (㉮, ㉰는 용언의 어간에 관형사형 어미 '-ㄴ'이 결합된 용언의 관형사형이다.)

Answer

① 명사형 ② 명사형 ③ 명사형 ④ 명사 ⑤ 명사형 ⑥ 명사 ⑦ 명사 ⑧ 명사형 ⑨ 명사형 ⑩ 명사형 ⑪ 형용 ⑫ 관형 ⑬ 관형사 ⑭ 관형사 ⑮ 관형사 ⑯ 형용사의 관형사형 ⑰ 관형사 ⑱ 관형사 ⑲ 형용사의 관형사형 ⑳ 관형사

CODE 067 접두사의 의미

132 접두사가 결합된 파생어를 활용하여 문장을 만든 것으로 적절하지 않은 것은?

> 보기
>
> 맨- : (일부 명사 앞에 붙어) '다른 것이 없는'의 뜻을 더하는 접두사.
> ⇒ 어머니는 아들을 맨발로 뛰어나와 맞았다.

① 겉-: (일부 명사나 동사나 형용사 앞에 붙어) 실속과는 달리 겉으로만 그러하다는 뜻을 더하는 접두사.
⇒ 그는 자기의 본색이 탄로날까 봐 계속되는 질문에 겉대답만 하였다.

② 치-: (일부 동사 앞에 붙어) '위로 향하게' 또는 '위로 올려'의 뜻을 더하는 접두사.
⇒ 치솟는 감정을 억누를 방법이 없다.

③ 들-: (일부 동사 앞에 붙어) '무리하게 힘을 들여', '마구', '몹시'의 뜻을 더하는 접두사.
⇒ 아이가 어디가 아픈지 찡얼대며 제 어미를 들볶는다.

④ 몰-: (몇몇 명사 앞에 붙어) '모두 한곳으로 몰린'의 뜻을 더하는 접두사.
⇒ 그는 그녀가 공연장에서 떠들고 웃는 몰상식한 행동을 보이자 그만 나와 버렸다.

CODE 067 접두사의 의미

133 다음 중 ㉠의 '엇-'과 의미가 가장 유사한 것은?

> 내가 못을 박으면 박는 족족 ㉠ 엇나가기만 한다.

① 그와 나의 키는 엇비슷하다.
② 내가 차와 엇갈리기 직전에 차가 멈춰 섰다.
③ 그녀는 공원 벤치에 엇비스듬하게 앉아 있었다.
④ 엇구수한 이야기를 잘하는 그는 사람들에게 인기가 높다.

CODE 068 'ㅡ' 탈락

134 다음 중 용언의 활용 양상이 올바르게 쓰인 것은?

① 문을 꼭 잠궈야 한다고 현관 앞에 써 놔.
② 밥을 퍼서 그릇에 담아야 해.
③ 너무 익어서 분 라면을 먹었더니 얼굴이 부었어.
④ 너가 더 서둘었으면 하고 바라.

CODE 068 'ㅡ' 탈락

135 용언의 활용을 이해한 내용으로 적절하지 않은 것은?

① '일을 하여'와 '집에 이르러'에서는 '하다'와 '이르다'가 각각 어미가 변하는 불규칙 활용을 한다.
② '서점에 들러'와 '언덕이 가팔라'에서는 '들르다'와 '가파르다'가 각각 어간이 변하는 불규칙 활용을 한다.
③ '손을 씻어'에서 '씻다'는 규칙 활용을 하지만 '물을 부어'에서 '붓다'는 어간이 변하는 불규칙 활용을 한다.
④ '개나리가 노래서'와 '저녁놀이 빨개서'에서는 '노랗다'와 '빨갛다'가 각각 어간과 어미가 함께 변하는 불규칙 활용을 한다.

CODE 067 접두사의 의미

✎ 뜻이 여러 가지인 접두사

접두사	의미	예
개-	야생의, 질이 떨어지는/쓸데없는	개떡, 개살구/개수작, 개죽음
군-	쓸데없는/가외로 더한, 덧붙은	군것, 군기침, 군말, 군살, 군불/군식구
날-	말리거나 익히거나 가공하지 않은/지독한	날것, 날김치, 날고기/날강도, 날도둑놈
덧-	거듭된, 겹쳐 신거나 입는/거듭, 겹쳐	덧니, 덧신, 덧저고리/덧대다, 덧붙이다
들-	야생으로 자라는/무리하게 힘을 들여, 마구, 몹시	들개, 들국화/들끓다, 들볶다
맏-	맏이/그해에 처음 나온	맏아들, 맏며느리/맏나물, 맏배
민-	꾸미거나 딸린 것이 없는/그것이 없음	민가락지, 민얼굴/민무늬, 민소매
빗-	기울어진/기울어지게/잘못	빗금, 빗면/빗대다, 빗뚫다/빗나가다, 빗디디다
애-	맨 처음/어린, 작은	애당초/애호박, 애벌레
올-	생육 일수가 짧아 빨리 여무는/빨리	올밤, 올콩, 올벼/올되다
참-	진짜/품질이 우수한/먹을 수 있는	참사랑, 참뜻/참먹, 참흙/참꽃, 참배
풋-	처음 나온, 덜 익은/미숙한, 깊지 않은	풋감, 풋고추, 풋나물/풋사랑, 풋잠
한-	큰/정확한, 한창인/바깥/끼니때 밖	한걱정/한가운데/한데/한음식
핫-	짝을 갖춘/솜을 둔	핫어미, 핫아비/핫바지, 핫옷
헛-	이유 없는, 보람 없는/보람 없이, 잘못	헛고생, 헛소문/헛보다, 헛디디다
홀-	한 겹으로 된/혼자인	홀바지, 홑옷, 홑이불/홀몸
되-	도로/도리어/다시	되돌아가다, 되팔다/되잡다/되살리다
뒤-	몹시, 마구, 온통/반대로, 뒤집어	뒤끓다, 뒤덮다/뒤바꾸다, 뒤엎다
엇-	어긋나게, 삐뚜로/어지간한 정도로 대충	엇걸리다, 엇나가다/엇비슷하다

132 정답해설 ④

'몰상식'에 쓰인 '몰(沒)-'은 '그것이 전혀 없음'의 뜻을 더하는 한자어 접두사이다. '몰염치/몰상식/몰인정/몰지각/몰가치'의 '몰-'이 모두 같은 의미이다.

이와 달리 '모두 한곳으로 몰린'의 뜻을 더하는 접사 '몰-'이 결합한 예로는 '몰매', '몰표' 등이 있다.

133 정답해설 ②

㉠은 '서로 어긋난다'는 뜻이다. '엇나가다'는 '비뚤어지다', '어긋나다'의 뜻이므로 ②의 '엇-'은 ㉠의 '엇-'과 의미가 유사하다.

엇-: 「1」 (일부 동사 앞에 붙어) '어긋나게' 또는 '삐뚜로'의 뜻을 더하는 접두사 예 엇걸리다, 엇나가다, 엇베다

「2」 (몇몇 명사 앞에 붙어) '어긋난' 또는 '어긋나게 하는'의 뜻을 더하는 접두사 예 엇각, 엇결, 엇길, 엇시침

「3」 (몇몇 형용사 앞에 붙어) '어지간한 정도로 대충'의 뜻을 더하는 접두사 예 엇구수하다, 엇비슷하다

오답해설

① '엇비슷하다'는 거의 비슷하다는 뜻이므로 여기서의 '엇-'은 '거의', '어지간히'의 뜻이다.

③ '엇비스듬하다'는 조금 비스듬하다는 뜻이므로 여기서의 '엇-'은 '조금'의 뜻이다.

④ '엇구수한 이야기'는 그럴듯한 이야기를 의미하므로 여기서의 '엇-'은 '그럴듯한', '은근한'의 뜻이다.

CODE 068 'ㅡ' 탈락

- 규칙 활용: 활용할 때 어간과 어미의 모습이 일정하거나, 변하더라도 국어의 음운 규칙으로 설명이 가능하게 활용하는 것(=자동적 교체)
- 'ㅡ' 규칙 용언: 'ㅡ'가 어미 '-아/어' 앞에서 규칙적으로 탈락되는 용언

예 김치를 '담그다': 담그고, 담그니, ① ______, 담가서, 담갔다, 담가라

예 창문을 '잠그다': 잠그고, 잠그니, ② ______, 잠가서, 잠갔다, 잠가라

예 서점에 '들르다': 들르고, 들르니, ③ ______, 들러서, 들렀다, 들러라

예 하늘을 '우러르다': 우러르고, 우러르니, ④ ______, 우러렀다, 우러러라

134 정답해설 ②

'푸다'는 모음 어미 '-어서'와 결합할 때 'ㅜ' 불규칙 활용을 하므로 '퍼서'라고 쓰고, '담다'는 모음 어미 '-아야'와 결합하여 '담아야'라고 쓰는 것이 옳다.

오답해설

① 잠궈야 ⇨ 잠가야: '잠그다'는 모음 어미 '-아야'와 결합할 때 'ㅡ' 규칙 활용을 하므로 '잠가야'라고 쓴다.

'쓰다' 역시 'ㅡ' 규칙 활용을 하므로 '써'라고 쓴다.

③ 분 ⇨ 붇은: '물에 젖어서 부피가 커지다.'라는 의미의 동사는 '붓다'나 '불다'가 아니라 '붇다'이다. '붇다'는 과거 시제를 표현해야 하는 관형사형 전성 어미로 '-ㄴ(은)'과 결합하며, 모음 어미 앞에서 'ㄷ' 불규칙 활용하므로 '불은'이라고 쓰는 것이 옳다.

'살가죽이나 어떤 기관이 부풀어 오르다.'라는 의미의 동사는 '붓다'이며 'ㅅ' 불규칙 활용하므로 '부었다'라고 쓴다.

④ 너가 더 서둘었으면 하고 바라 ⇨ 네가 더 서둘렀으면 하고 바라: '너'에 주격 조사가 올 때는 '네'로 쓴다.

'서두르다/서둘다'는 자음 어미 앞에서는 '서두르고, 서둘고'와 같이 쓰지만, 모음 어미와 결합할 때에는 '서둘러'만 쓴다.

'바라다'의 '바라-'는 모음 어미 '-아'와 결합하면 동음 탈락이 일어나므로 '바라'라고 쓴다.

135 정답해설 ②

'들러'의 기본형은 '들르다'이다. '들르-+-어'가 '들러'가 되는 것은 어간의 'ㅡ'가 어미 '-아/어' 앞에서 탈락하는 규칙 활용에 해당된다. '가파르다'는 '가팔라', '가팔라서'처럼 활용되므로 어간이 변하는 '르' 불규칙 활용을 하는 말이다.

오답해설

① '하다'는 '여' 불규칙 활용을 하는 단어이고 '이르다'는 '러' 불규칙 활용을 하는 단어로 모두 어미가 변하는 불규칙 활용을 한다.

③ '씻다'는 '씻고, 씻으면, 씻으니' 등 규칙 활용을 하지만, '붓다'는 '붓고, 부으면, 부으니' 등 불규칙 활용을 한다.

④ '노랗다'와 '빨갛다'는 '노랗-+-아서 → 노래서', '빨갛-+-아서 → 빨개서'처럼 어간과 어미가 모두 변하는 불규칙 활용을 한다.

Answer

① 담가 ② 잠가 ③ 들러 ④ 우러러

Chapter 3

오답률이 높은 심화코드 03

출제단원	출제코드	채점
이론 문법 – 통사	CODE 069 서술어 자릿수	
	CODE 070 문장의 호응	
	CODE 071 피동/사동의 오류	

출제단원	출제코드	채점
이론 문법 – 의미와 담화	CODE 072 간접 높임법	
	CODE 073 상대 높임의 등급	
	CODE 074 언어 예절	
어문규정 – 한글 맞춤법	CODE 075 중복 표현	
	CODE 076 어미의 맞춤법	

CODE 069 서술어 자릿수

136 다음 문장들을 대상으로 문장 성분에 대해 탐구 활동을 한 결과로 옳지 않은 것은?

> (가) ㉠ 칠판의 글씨가 선명하게 보인다.
> ㉡ 그 아이가 불쌍하게 보였다.
> (나) ㉠ 그들은 황무지를 녹지로 만들었다.
> ㉡ 형이 종이로 공룡 모형을 만들었다.
> (다) ㉠ 우리는 국어와 수학을 공부했다.
> ㉡ 민호는 수지와 극장에서 만났다.

① (가)–㉠의 '보인다'와 (가)–㉡의 '보였다'는 모두 필수 부사어를 요구하는 두 자리 서술어이다.
② (나)–㉠의 '녹지로'는 필수 부사어이지만 (나)–㉡의 '종이로'는 필수 부사어가 아니다.
③ (나)–㉠에서는 의미 변화 없이 목적어와 부사어의 순서를 바꿀 수 없지만 (나)–㉡에서는 그럴 수 있다.
④ (다)–㉠에는 주어, 목적어, 서술어만 있고 (다)–㉡에는 주어, 부사어, 서술어만 있다.

CODE 069 서술어 자릿수

137 밑줄 친 말이 ⓐ에 해당하지 않는 것은?

> 서술어의 자릿수는 그 기능 및 의미에 의해 결정된다. 따라서 ⓐ 동일한 형태의 두 서술어가 서로 다른 자릿수를 가지기도 한다.

① 돌이가 남은 음식을 다 먹었다.
옷감에 풀이 빳빳하게 잘 먹었다.
② 수리를 하니까 자동차 바퀴가 잘 돈다.
그 선수가 방금 전에 반환점을 돌았다.
③ 우리는 황무지를 녹지로 만들었다.
형이 장난감을 만들어 나에게 주었다.
④ 눈부신 햇빛을 받아 유리창이 반짝인다.
내가 거울을 반짝이니까 그가 놀랐다.

CODE 070 문장의 호응

138 다음 문장에서 주어와 서술어의 호응 관계가 부적절한 것은?

① 무엇보다 중요한 점은 문명의 이기가 인간을 위해 사용되어야 한다는 사실이다.
② 시를 생활화한다는 말은 곧 시를 짓고, 읽으며, 시를 맛보고, 생각한다는 뜻이다.
③ 그가 어린 시절을 보내던 이곳은 마치 동화 속의 나라에 들어온 듯한 착각을 일으킨다.
④ 그 집을 한 번 바라본 순간 나는 견딜 수 없는 암울한 감정에 빠져들었다.

CODE 070 문장의 호응

139 다음 중 문장의 쓰임이 어법에 맞는 것은?

① 이 지역은 무단 입산자에 대하여는 자연 공원법 제60조에 의거 처벌을 받게 됩니다.
② 무엇보다 중요한 점은 문명의 이기를 사용할 때 그것이 인간 자신을 위해 슬기롭게 사용되어야 한다.
③ 주례 선생님의 말씀이 계시겠습니다.
④ 참가국 중에는 이 기회를 한반도에서의 영향력을 확대하는 계기로 삼으려는 의도를 지닌 나라도 있다.

CODE 070 문장의 호응

140 다음 중 성분 간의 호응이 자연스러운 것은?

① 나는 그 일은 도저히 납득할 수 없다.
② 정들었던 친구들과 헤어지려 하니 여간 슬프다.
③ 내가 눈물을 흘린 것은 고향에 계신 부모님이 그립다.
④ 내가 좋아하는 옷은 색깔이 진하고 헐렁한 옷을 좋아한다.

CODE 069 서술어 자릿수

✎ 서술어 자릿수

국어는 서술어 중심 언어이기 때문에 서술어가 국어의 문장 골격을 결정한다. 서술어의 성격에 따라 앞에 반드시 와야 할 문장 성분의 수가 달라지는데, 이를 '서술어의 자릿수'라고 한다.

㉠ 한 자리 서술어: ① 만 요구하는 서술어이다. 주어 외에 다른 성분이 필요 없는 자동사와 형용사, '체언 + 이다'가 이에 해당한다.
예 꽃이 노랗다, 비가 온다.

㉡ 두 자리 서술어: 주어와 함께 ② 를 취하는 타동사, ③ 를 취하는 '되다'와 '아니다', 필수 ④ 를 요구하는 자동사와 형용사가 이에 해당한다.
예 내가 음식을 만들었다, 내가 공무원이 되다, 나는 남자가 아니다, 내가 목적지에 이르다.

㉢ 세 자리 서술어: 주어와 함께 ⑤ 와 ⑥ 를 요구하는 타동사가 이에 해당한다. 이는 필수 부사어를 요구하는 타동사이다. '주다, 삼다, 넣다, 의논하다'가 대표적인 예이다.
예 아버지가 나에게 용돈을 주셨다, 내가 봉투에 편지를 넣는다.

136 정답해설 ①

(가)의 ㉠에서 쓰인 부사어는 서술어가 필수적으로 요구하는 부사어가 아니다. 그러므로 "칠판의 글씨가 보인다."와 같이 부사어를 생략해도 의미 전달에 문제가 없다. 그러나 (가)의 ㉡에서 쓰인 부사어는 서술어가 필수적으로 요구하는 부사어이다. 그러므로 "그 아이가 보였다."와 같이 부사어를 생략하면 서술어가 다른 의미로 변하게 된다. 따라서 (가)−㉠의 '보인다'는 한 자리 서술어이고 (가)−㉡의 '보였다'는 두 자리 서술어임을 알 수 있다.

오답해설

② (나)의 ㉠에서 '녹지로'를 생략하면 '황무지를 만들었다'가 되는데 원래의 '황무지를 녹지로 만들었다'와 의미가 전혀 달라지므로 '녹지로'는 필수 부사어이다. 그러나 (나)의 ㉡에서 '종이로'는 생략되어도 다른 문장 성분의 의미 해석을 바꾸지 않으므로 필수 부사어가 아니다.

③ (나)의 ㉠에서 목적어와 부사어의 순서를 바꾸면 '녹지로 황무지를 만들었다'가 되어 무슨 뜻인지 이해하기 어려운 말이 되지만 (나)의 ㉡에서는 '공룡 모형을 종이로 만들었다'로 바꾸어 써도 의미 변화가 없다.

④ (다)의 ㉠은 주어 '우리는', 목적어 '국어와 수학을', 서술어 '공부했다'로 이루어진 문장이다. (다)의 ㉡은 주어 '민호는', 부사어 '수지와(필수 부사어)', '극장에서(비필수 부사어)', 서술어 '만났다'로 이루어진 문장이다.

137 정답해설 ①

앞의 '먹다'는 '누가 무엇을 먹다'로 쓰이므로 두 자리 서술어, 뒤의 '먹다'는 '무엇에 무엇이 먹다'로 쓰이므로 역시 두 자리 서술어이다. 즉 서술어의 자릿수가 다르지 않다.

오답해설

② 앞의 '돌다'는 한 자리 서술어, 뒤의 '돌다'는 두 자리 서술어이다.

③ 앞의 '만들다'는 세 자리 서술어, 뒤의 '만들다'는 두 자리 서술어이다.

④ 앞의 '반짝이다'는 한 자리 서술어, 뒤의 '반짝이다'는 두 자리 서술어이다.

CODE 070 문장의 호응

필수 성분의 호응이나 누락을 점검할 때에는 선지의 서술어를 모두 체크한 뒤 그 서술어들을 기준으로 빠진 성분은 없는지, 호응은 적절한지 판단한다.

138 정답해설 ③

'이곳은'이 주어인데, 서술어 '일으킨다'와는 호응이 되지 않는다. 따라서 서술어를 '일으키는 곳이다'로 고쳐야 한다.

오답해설

① '~점은 ~(라)는 것이다', '~점은 ~(라)는 사실이다'의 관계로 주어와 서술어의 호응이 자연스럽다.

② '~ㄴ 말은 ~ㄴ 뜻이다'처럼 호응하므로 ②도 자연스럽다.

④ '나는 ~ 감정이다'가 아닌, '나는 ~ 감정이 들었다'나 '나는 ~한 감정을 느꼈다', '나는 ~ 감정에 빠져들었다'가 자연스럽다.

139 정답해설 ④

참가국 중에는 [이 기회를 (한반도에서의 영향력을 확대하는) 계기로 삼으려는] 의도를 지닌 나라도 있다.

⇨ '참가국 중에는 ~ 의도를 지닌 나라도 있다'라는 문장 속에 '이 기회를 (한반도에서의 영향력을 확대하는) 계기로 삼다'라는 관형절이 안겨 있는 문장이다. 관형절 내부의 서술어는 '삼다'이며, '삼다'는 주어와 목적어와 필수 부사어를 필요로 하는 세 자리 서술어이다. 제시된 문장은 '의도를 지닌 나라'를 주어로, '이 기회를'을 목적어로, '~ 계기로'를 부사어로 모두 가지고 있는 적절한 문장이다.

오답해설

① 이 지역은 무단 입산자에 대하여는 자연 공원법 제60조에 의거 처벌을 받게 됩니다.
(⇨ ① 이 지역은 자연 공원법 제60조에 의거하여 무단 입산자를 처벌하는 곳입니다. ② 이 지역에 무단 입산하는 자는 자연 공원법 제60조에 의거하여 처벌받게 됩니다.)
'이 지역이 처벌받게 된다.'라는 논리가 되면서 주어와 서술어의 호응이 이루어지지 않고 있다. 처벌을 받게 되는 주체는 '입산자'이므로 주어와 서술어가 호응하도록 고쳐야 한다.

② 무엇보다 중요한 점은 문명의 이기를 사용할 때 그것이 인간 자신을 위해 슬기롭게 사용되어야 한다. (⇨ ~사용되어야 한다는 것이다)
주어 '점은'에 해당하는 서술어 '사용되어야 한다.'가 의미상 호응하고 있지 않다.

③ 주례 선생님의 말씀이 계시겠습니다. (⇨ 있으시겠습니다)
'계시다'는 주체를 직접적으로 높이는 표현인데, '말씀'은 높임의 대상이 아니므로 어울리지 않는다. '주례 선생님'을 간접적으로 높이는 '있으시겠습니다.'로 고쳐야 한다.

140 정답해설 ①

부사 '도저히'는 부정 서술어와 호응한다.

오답해설

② '여간'은 '~지 않다', '~이 아니다'라는 부정 어구와만 호응이 되므로 '정들었던 친구들과 헤어지려 하니 여간 슬픈 것이 아니다.'로 바꿔 쓰는 것이 옳다.

③ 주어가 '~것은~'이기 때문에 '~기 때문이다.'로 끝나야 한다. '내가 눈물을 흘린 것은 고향에 계신 부모님이 그립기 때문이다.'로 바꿔 쓰는 것이 옳다.

④ '좋아하다'가 중복되기 때문에 '내가 좋아하는 옷은 색깔이 진하고 헐렁한 옷이다.'로 고쳐 쓰는 것이 옳다.

Answer

① 주어 ② 목적어 ③ 보어 ④ 부사어 ⑤ 목적어 ⑥ 부사어

CODE 070 문장의 호응

141 밑줄 친 부분이 부정 극어에 해당하지 않는 것은?

'결코'와 같이 부정문에서만 쓰이는 말을 부정 극어라고 하는데, 어떤 문장이 부정문인가 그렇지 않은가는 부정 극어와의 호응 가능성을 기준으로 판단할 수 있다.

① 하필 그날은 모임에 못 나갔다.
② 그 사람과 나는 전혀 관계가 없다.
③ 그런 것은 그다지 큰 문제가 안 된다.
④ 이런 일은 비단 어제오늘만의 일이 아니다.

CODE 071 피동/사동의 오류

142 밑줄 친 말 중 제시된 사례와 유사한 예로 볼 수 없는 것은?

'밝혀지다'는 사동사 어간 '밝히-'에 통사적인 피동 표현 '-어지다'가 결합한 것이지 이중 피동은 아니다.

① 바람에 모자가 벗겨졌다.
② 머리가 저절로 숙여졌다.
③ 쓸개는 약효가 없다고 알려졌다.
④ 그 일은 오래전에 잊혀졌다.

CODE 071 피동/사동의 오류

143 다음 중, 밑줄 친 어휘의 쓰임이 적절한 것은?

① 밤을 새서라도 못한 공부를 끝내려고 한다.
② 사람들이 많은 거리에서 담배를 피우면 벌금을 내야 한다.
③ 시간에 얽매어 아무것도 할 수가 없었다.
④ 두근두근 설레이는 마음을 안고, 약속 장소로 나갔다.

CODE 072 간접 높임법

144 밑줄 친 부분의 높임이 올바른 것은?

① 손님, 여기 커피 나오셨습니다.
② 환자분, 이 약 지금 바로 드실게요.
③ 현금으로 결제하면 할인이 되시거든요.
④ 이모님 댁이 여기서 머시다고 들었어요.

CODE 073 상대 높임의 등급

145 해체와 하게체 양쪽으로 해석할 수 있는 문장은?

① 형님이 건강이 안 좋다고 하시네.
② 이번에는 내가 적극적으로 나서서 할게.
③ 네가 마음이 많이 상했겠구나.
④ 짐은 여기에 놓고 가볍게 떠나고 싶어.

141 정답해설 ①

밑줄 친 예들이 부정 극어인지 아닌지를 알기 위해서는 제시된 선지들을 긍정문으로 바꾸어 보았을 때, 밑줄 친 말들이 쓰일 수 있는가를 판단해 보면 된다. '하필 그날은 모임에 나갔다'는 자연스럽게 사용될 수 있으므로, '하필'은 부정 극어가 아니다.

오답해설

② '그 사람과 나는 전혀 관계가 있다.'는 비문이므로, '전혀'는 부정문에서만 쓰일 수 있는 부정 극어이다.
③ '그런 것은 그다지 큰 문제가 된다.'는 비문이 되므로, '그다지'는 부정문에서만 쓰일 수 있는 부정 극어이다.
④ '이런 일은 비단 어제오늘만의 일이다.'는 비문이므로, '비단'은 부정문에서만 쓰일 수 있는 부정 극어이다.

CODE 071 피동/사동의 오류

✎ 과도한 피동 표현

• '-되어지다', '-지게 되다' 같은 이중 피동을 사용하는 경우
  예 생각되어지다(×)
• '피동형'에 '-어지다'가 결합되는 경우
  예 믿겨지지(×), 열려지지(×), 들려져(×)
• 피동의 어휘를 잘못 구사한 경우
  예 닫아져서(×), 불리우는(×)
• 필요 없는 접사가 잘못 들어간 경우
  예 목메인(×), 헤매이다(×), 배이다(×), 부숴지다(×)

✎ 과도한 사동 표현

• 사동의 의미가 없음에도 사동 접사를 사용하는 경우
  예 대회를 치뤄야(×)
• '-하다'를 쓸 수 있는 말에 '-시키다'를 사용하는 경우
  예 개선시켜(×), 관철시키려(×), 가동시켜(×), 주차시켜(×), 소개시켜(×), 교육시켜(×), 야기시켜(×), 금지시켜(×)

142 정답해설 ④

'잊혀지다'는 피동사 어간 '잊히-'에 통사적인 피동 표현 '-어지다'가 결합한 것이다. 이는 이중 피동 표현이라 할 수 있다.

오답해설

① '벗겨지다'는 사동사 어간 '벗기-'에 통사적인 피동 표현 '-어지다'가 결합한 것이다.
② '숙여지다'는 사동사 어간 '숙이-'에 통사적인 피동 표현 '-어지다'가 결합한 것이다.
③ '알려지다'는 사동사 어간 '알리-'에 통사적인 피동 표현 '-어지다'가 결합한 것이다.

143 정답해설 ②

'피우다'는 '피다(구름이나 연기 따위가 커지다.)'의 사동사로, '~을 피우다'의 형태로 실현된다.

오답해설

① 새서라도 ⇨ 새워서라도: '한숨도 자지 아니하고 밤을 지내다.'라는 뜻의 동사는 '새우다'이다.
③ 얽매어 ⇨ 얽매여: '얽매다'의 피동사인 '얽매이다'를 써야 한다.
④ 설레이는 ⇨ 설레는: '마음이 가라앉지 아니하고 들떠서 두근거리다.'라는 뜻의 동사는 '설레다'이다.

CODE 072 간접 높임법

✎ 높임법

높임법은 높이는 대상에 따라 문장 주체를 높이는 ① 높임법, ② (목적어, 부사어)를 높이는 객체 높임법, 말을 듣는 상대방을 높이는 ③ 높임법으로 구분한다.

✎ 주체 높임법

• 직접 높임: 문장의 주체(주어)가 되는 대상을 높이는 것
• 간접 높임: 일반적으로 높여야 할 대상의 신체, 개인적 소유물, 주체와 관련된 사물의 말에 '-(으)시-'를 붙여서 주체를 간접적으로 높이는 것

144 정답해설 ④

높이고자 하는 대상인 '이모님'의 관련 대상인 '집'을 '댁'으로 높이고 '멀다고'를 '머시다고'로 높인 간접 높임이다.

오답해설

① 커피를 제공하는 주체가 화자이므로 커피에 대해 높임법을 사용하면 안 된다.
② '-ㄹ게'는 어떤 행동에 대한 약속이나 의지를 나타내는 종결 어미로, 이를 자신의 행동에 대하여 쓰는 것은 자연스럽지만 상대방의 행동에 대하여 쓰는 것은 어색하다.
③ 할인을 제공하는 주체가 화자이므로 할인에 대해 높임법을 사용하면 안 된다. '현금으로 결제하시면 할인이 되거든요.'라고 결제의 주체인 청자를 높이는 것이 바른 높임이다.

CODE 073 상대 높임의 등급

✎ 상대 높임 등급 변별

해체와 하게체는 상대 높임의 등급으로 확실히 구분된다. 해체는 듣는 이를 비격식적으로 낮추거나 편안하게 대하며 말하는 뜻을 나타내고, 하게체는 자기와 비슷하거나 자기보다 낮은 상대를 존중하며 말하는 뜻을 나타낸다. 그런데 해체와 하게체 종결 어미의 형태가 같아서 상황 맥락 없는 문장만으로는 해체인지 하게체인지 구별할 수 없는 경우가 있다. 이때 해체라면 듣는 이가 자기보다 높은 사람인 경우 '요'를 붙여 해요체로 바꾸어 쓸 수 있고 하게체라면 '요'를 붙일 수 없다. '요'의 결합 가능성은 비격식적 낮춤인 해체와 격식적 낮춤인 해라체를 구분할 때에도 유용하게 사용된다.

구분		평서형	의문형	명령형	④	감탄형
격식체	하십시오체	합니다	합니까?	하십시오	⑤	–
	하오체	하오	하오?	하(시)오, 하구려	합시다	하는구려
	하게체	하네, 함세	하는가?, 하나?	하게	하세	⑥
	해라체	한다	하냐?, 하니?	해라, 하거라	하자	하는구나
비격식체	해요체	해요, 하지요	해요?, 하지요?	해요, 하지요	해요, 하지요	⑦
	해체(반말)	해, 하지	해?, 하지?	해, 하지	해, 하지	해, 하지, 하는군, ⑧ , 하네

145 정답해설 ①

이 문장이 예컨대 장인이 사위에게 하는 말이라면 '-네'를 하게체의 어미로 이해할 수 있다. 그러나 만약 친구끼리 하는 말이라면 '-네'를 해체의 어미로 이해할 수 있다. 뒤의 경우, 듣는 사람이 높은 사람이라면 '-네'에 '요'를 더 붙여 '-네요'라고 말할 수 있다.

오답해설

② '-(으)ㄹ게'는 해체 평서형 어미로서 듣는 사람이 높은 사람이면 '요'를 더 붙여 '-(으)ㄹ게요'라고 할 수 있다. 그렇게 높인다면 이 문장에서는 '내가'를 '제가'로 바꾸어 높임과 겸양의 짝을 맞추어 주어야 한다.
③ '-구나'는 해라체 감탄형 어미로서 듣는 사람이 높은 사람이면 쓰지 않고 '요'를 붙일 수도 없다.
④ '-어'는 해체 어미로서 듣는 사람이 높은 사람이면 '요'를 더 붙여 '-어요'라고 할 수 있다.

Answer

① 주체 ② 객체 ③ 상대 ④ 청유형 ⑤ 하시지요 ⑥ 하는구먼 ⑦ 하는군요 ⑧ 하는구먼

CODE 074 언어 예절

146 다음 중, 호칭어나 지칭어의 사용이 적절하지 않은 것은?

① 갑: 김 서방, 먼 길 오느라 고생 많았네.
을: 아버님 뵙고 싶어 빨리 달려왔습니다.

② 갑: 언니, 우리 ○○ 아빠가 생신 축하드린대요.
을: 그래, 제부에게 고맙다고 좀 전해 줘.

③ 갑: 아주버님, 그동안 안녕하셨어요?
을: 계수씨도 안녕하셨습니까?

④ 갑: 저... 우리 바깥양반 어디 있나요?
을: 아, 금방 나갔는데 못 만나셨군요.

CODE 074 언어 예절

147 제시된 호칭어나 지칭어에 대한 설명으로 옳지 않은 것은?

① 令息, 令尊: 윗사람의 아들을 높여 이르는 말이다.
② 大夫人, 慈堂: 남의 어머니를 높여 이르는 말이다.
③ 家慈, 慈親: 남에게 자기 어머니를 이르는 말이다.
④ 令愛, 令孃: 윗사람의 딸을 높여 이르는 말이다.

CODE 074 언어 예절

148 직장에서의 언어 예절로 바람직하지 않은 것은?

① 부장이 다른 회사 과장을 다른 회사 부장에게 말할 때: "김 과장님은 아까 출발하셨습니다."
② 부장이 다른 회사 과장에게 우리 회사 과장에 대해 말할 때: "김 과장 은행에 갔습니다."
③ 평사원이 과장을 다른 회사 부장에게 말할 때: "김 과장님 은행에 가셨습니다."
④ 평사원이 과장을 부장에게 말할 때: "부장님, 김 과장님 어디 계십니까?"

CODE 075 중복 표현

149 의미가 중첩된 표현을 고친 것이 바르지 않은 것은?

① 서민들의 애환과 기쁨이 살아 있는 드라마
(⇨ 서민들의 기쁨이~)
② 그 둘은 판이(判異)하게 다른 것으로 나타났다.
(⇨ 그 둘은 매우 다른 것으로~)
③ 그의 뇌리 속을 스치는 기억 하나가 있었다.
(⇨ 그의 머릿속을 스치는 기억 하나가~)
④ 빈 공간이 있어야 점포를 얻지.
(⇨ 빈 장소가 있어야~)

CODE 074 언어 예절

✎ 부모·자식과 연관된 어휘

구분	호칭어	남에게 쓰는 지칭어			
		자기		남	
		산 사람	죽은 사람	산 사람	죽은 사람
아버지	아버지(표준) 아빠(허용)	아버지, 아빠 가친(家親) 엄친(嚴親) ③ (家君)	아버지(님) 선친(先親) ② (先考)	○○ 아버지(님) 춘부장(春府丈) ④ (椿堂, 春堂) ⑤ (令尊), 대인(大人)	○○ 아버지(님) ① (先大人) 선고장(先考丈)
어머니	어머니(표준) 엄마(허용)	어머니, 엄마 자친(慈親) 가자(家慈)	어머니(님) ⑥ (先妣) 선자(先慈)	○○ 어머니(님) 자당(慈堂) 훤당(萱堂) 북당(北堂) 대부인(大夫人)	○○ 어머니(님) ⑦ (先夫人)
아들	○○(이름) ○○ 아비(아범)	○○(이름) ○○ 아비(아범) 가아(家兒) 가돈(家豚)		아드님 영식(令息) 영윤(令胤) ⑧ (令郎)	
딸	○○(이름) ○○ 어미(어멈)	○○(이름) ○○ 어미(어멈) 여식(女息)		따님 ⑨ (令愛) 영양(令孃)	
손주	○○(이름)	손자(孫子) 손아(孫兒) 손녀(孫女) 손주(孫주)		영손(令孫) 영포(令抱)	

✎ 2020년 언어 예절 호칭어 개정 사항

정비 내용	적용
'안', '밭(바깥)' 등 성에 따른 구분 표지나 남녀 비대칭적인 구분 표지의 사용을 지양한다.	예 '안사람', '바깥양반' 등은 '아내'와 '남편'으로 사용함.
남녀 비대칭적인 호칭과 지칭은 대칭적으로 맞춘다.	예 시부모에 대한 호칭 중 '시아버지'는 '아버님'으로만, '시어머니'는 '어머님/어머니'를 모두 쓸 수 있게 한 것을, 시부모 모두에 대하여 '아버님/아버지', '어머님/어머니'로 쓸 수 있게 함.
남자와 여자의 결혼 이전 친부모의 집을 이르는 말로 '본가'를 사용한다. 단, 여자의 경우는 '친정'도 함께 사용할 수 있다.	예 남자: 본가 아버지, 본가 누나 여자: 본가/친정아버지, 본가/친정 언니
서열은 아래이지만 나이가 많은 경우, 상대를 존중할 수 있는 장치인 '-님'을 붙여 부르고 이를 수 있다.	예 여동생의 남편이 나보다 나이가 많을 경우 '매부님', '매제님', 'ㅇ서방님'과 같이 부를 수 있음. 예 '조카님', '처제님', '동서님'
가족 관계에서 서열도 아래이고 나이도 어린 경우, 친근한 가족 관계에서 서로 양해가 되었다면 'ㅇㅇ 씨'로 부르고 이를 수 있다.	예 남편의 남동생이나 여동생이 나보다 나이가 어릴 경우 'ㅇㅇ 씨'로 부를 수 있음.
전통 언어 예절에서는 아버지 쪽은 가까움을 뜻하는 '친(親)-'을 쓰고, 어머니 쪽은 바깥을 뜻하는 '외(外)-'를 써서 구분하여 왔는데, 지역 이름을 넣어 친·외가 구분 없이 표현할 수 있다.	예 '효자동 할머니', '광주 할아버지'
남녀 차별적인 호칭으로 관심을 모았던 '도련님', '서방님', '아가씨' 등은 대체할 만한 말로 자유롭게 부른다.	예 ㅇㅇ[자녀 이름] 삼촌/고모, ㅇㅇ 씨

146 정답해설 ④

2020년 언어 예절 호칭어 개정으로 인해 자신의 남편을 '바깥양반'이라고 부르지 않게 되었다. 자신의 남편을 남에게 말할 때는 '제 남편'이라고 지칭하는 것이 옳다.

147 정답해설 ①

'영존(令尊)'은 남의 아버지를 높여 이르는 말이다. 남의 아들을 이르는 말에는 '아드님, 영식(令息), 영윤(令胤), 영랑(令郞)' 등이 있다.

오답해설

② 대부인(大夫人), 자당(慈堂): 남의 어머니를 높여 이르는 말이다.
③ 가자(家慈), 자친(慈親): 남에게 자기 어머니를 이르는 말이다.
④ 영애(令愛), 영양(令孃): 윗사람의 딸을 높여 이르는 말이다.

148 정답해설 ②

⇨ "김 과장님 은행에 가셨습니다."
다른 회사 직원과 자신의 부하 직원에 대해서 이야기할 때, 그 사람의 직급이 부하 직원보다 높지 않다면 자신의 부하 직원을 높여 말하도록 한다.

✎ 직장에서의 압존법

가족 간에는 압존법을 지키는 것이 원칙이나, 일반 직장에서는 허용되지 않는다. 따라서 직장에서 자기보다 윗사람에 대해 말할 때에는 말 듣는 이에 상관없이 반드시 높임이 이루어져야 한다.

예 (평사원이) 부장님, 이 과장은 잠깐 외출했습니다.(×)
⇨ (평사원이) 부장님, 이 과장님은 잠깐 외출하셨습니다.(○)

CODE 075 중복 표현

✎ 잉여적 표현(=의미의 ⑩ , 의미의 ⑪)

한 단어나 어절, 문장의 앞이나 뒤에 붙어 있는 의미상 불필요한 말

- 같은 내용이 되풀이되는 경우

예 매주 토요일마다 운동, 어쩔 수 없는 불가피한 선택, 서해 바다, 하얀 백차, 과반수 이상의 찬성, 지나가는 과객, 남은 여생, 역전 앞, 젊은 청년, 그때 당시, 아무 생각 없이 무심히 도보로 걸었다, 빈 공간, 필요한 필수품, 허송세월을 보냈다, 공기를 자주 환기, 형극의 가시밭길, 뇌리 속, 애환과 기쁨, 현안 문제

- 한자어와 우리말이 어울리는 경우

예 여가(餘暇) 시간, 미리 예습(豫習), 어려운 난관(難關), 더러운 누명(陋名), 다시 재론(再論)할, 보는 관점(觀點), 기간 동안, 홀로 독수공방(獨守空房), 바로 한국 시리즈에 직행(直行)했다, 백주(白晝) 대낮에, 계속되는 연휴(連休), 접수(接受)받았다, 낙엽(落葉)이 떨어지는, 원고를 투고(投稿)하여, 판이(判異)하게 다른 것, 자문(諮問)을 구(求)하였다.

149 정답해설 ①

'애환(哀歡)'은 '슬픔과 기쁨'을 이르는 말이다. 따라서 '서민들의 슬픔과 기쁨이~'로 고쳐야 한다.

오답해설

나머지는 의미 중첩이 바르게 고쳐져 있다.

Answer

① 선대인 ② 선고 ③ 가군 ④ 춘당 ⑤ 영존 ⑥ 선비 ⑦ 선부인 ⑧ 영랑 ⑨ 영애 ⑩ 중첩 ⑪ 중복

CODE 076 어미의 맞춤법

150 ㉠~㉢에서 밑줄 친 발음 부분을 바르게 표기하기 위해 적용되는 원칙을 바르게 짝지은 것은?

> ㉠ 이것은 유명한 책이 [<u>아니요</u>].
> ㉡ 영화 구경 [<u>가지요</u>].
> ㉢ 이것은 [<u>설탕이요</u>], 저것은 소금이다.

> • 용언의 어간과 어미는 구별하여 적는다.
> – 종결형에서 사용되는 어미 '–오'는 '요'로 소리 나는 경우가 있더라도 그 원형을 밝혀 '오'로 적는다. … ⓐ
> – 연결형에서 사용되는 '이요'는 '이요'로 적는다. … ⓑ
> • 어미 뒤에 덧붙는 조사 '요'는 '요'로 적는다. …… ⓒ

① ㉠–ⓐ ② ㉠–ⓑ
③ ㉡–ⓑ ④ ㉢–ⓐ

CODE 076 어미의 맞춤법

151 다음 중 맞춤법에 맞지 않는 것은?

① <u>잇딴</u> 범죄 사건 때문에 밤길을 다니기가 두렵다.
② 그날 집에 온 게 누구였<u>던지</u> 생각이 나니?
③ 철수가 벌써 <u>제대한대</u>.
④ 비가 <u>올는지</u> 습한 바람이 불기 시작했다.

CODE 076 어미의 맞춤법

152 ㉠을 명사형으로 고치려 할 때, 그 형태가 옳은 것은?

> 달이 차고 ㉠ <u>기울다</u>에 따라 만조 때 수위가 변한다.

① 기움 ② 기욺
③ 기울음 ④ 기울임

CODE 076 어미의 맞춤법

'-오'와 '-요'

말과 말을 이어주는 연결형 어미로는 '-요'를 사용한다. 말을 마무리하는 종결형으로는 '-오'나 보조사 '요'를 사용하는데, '-요', '-오'를 빼고 문장이 성립하면 종결형에 '요'를 쓰고 그렇지 않으면 '-오'를 쓴다.

예 이것은 책이요, 저것은 먹이다.

예 잔디밭에 들어가지 마시오.

'-데'와 '-대'

'-데'는 '-더라'의 준말로, 과거에 직접 경험한 내용을 회상하여 일러 주거나 묻고 스스로의 느낌을 나타낼 때 주로 사용하지만 '-대'는 '-다고 해'의 준말로 남의 말을 듣고 전달할 때 주로 사용하며, 놀라거나 못마땅함을 드러내기도 한다.

예 1. 어제 보니까 정민이가 참 ①(예쁘데 / 예쁘대).
2. 사람들이 그러는데 진영이가 참 ②(예쁘데 / 예쁘대).
3. 듣건대 그는 사람이 아주 ③(똑똑하데 / 똑똑하대).
4. 어쩌면 그렇게 사람이 ④(많데 / 많대).

한글 맞춤법 제53항

다음과 같은 어미는 예사소리로 적는다.

-(으)ㄹ걸	-(으)ㄹ게	-(으)ㄹ세
-(으)ㄹ세라	-(으)ㄹ거나	-(으)ㄹ수록
-(으)ㄹ시	-(으)ㄹ지	-(으)ㄹ지니라
-(으)ㄹ지라도	-(으)ㄹ지어다	-(으)ㄹ지언정
-(으)ㄹ진대	-(으)ㄹ진저	-올시다

다만, ⑤ 을 나타내는 다음 어미들은 된소리로 적는다.

-(으)ㄹ까? -(으)ㄹ꼬? -(스)ㅂ니까? -(으)리까? -(으)ㄹ쏘냐?

한글 맞춤법 제56항

'-더라, -던'과 '-든지'는 다음과 같이 적는다.

1. ⑥ 을 나타내는 어미는 '-더라, -던'으로 적는다.
   예 지난겨울은 몹시 춥더라. / 깊던 물이 얕아졌다. / 그 사람 말 잘하던데! / 얼마나 놀랐던지 몰라.
2. 물건이나 일의 내용을 가리지 아니하는 뜻을 나타내는 조사와 어미는 '-든지'로 적는다.
   예 배든지 사과든지 마음대로 먹어라.(조사) / 가든지 오든지 마음대로 해라.(어미)

※ -ㄹ는지(-ㄹ런지×, -ㄹ른지×)

150 정답해설 ①

㉠ '이것은 유명한 책이 [아니요].'에서 '[아니요]'의 위치는 종결형이다. 따라서 ㉠은 "종결형에서 사용되는 어미 '-오'는 '요'로 소리 나는 경우가 있더라도 그 원형을 밝혀 '오'로 적는다."라는 규칙인 ⓐ에 맞게 '아니오'로 적어야 한다.

오답해설

㉡ '영화 구경 [가지요].'에서 '[가지요]'는 '가지'라는 용언의 서술형에 조사 '요'가 덧붙은 것이다. 즉 용언의 어간 '가-'에 종결 어미 '-지'와 높임의 보조사 '요'가 결합한 것이다. 따라서 "어미 뒤에 덧붙는 조사 '요'는 '요'로 적는다."라는 규칙인 ⓒ의 적용을 받는다.

㉢ '이것은 [설탕이요], 저것은 소금이다.'에서 '[설탕이요]'는 연결형이다. 따라서 "연결형에서 사용되는 '이요'는 '이요'로 적는다."는 규칙인 ⓑ의 적용을 받는다.

151 정답해설 ①

잇딴 ⇨ 잇따른/잇단: '잇따르다'의 활용형인 '잇따른'이나 '잇달다'의 활용형인 '잇단'을 써야 한다.

오답해설

② '-던지'는 '막연한 의문이 있는 채로 그것을 뒤 절의 사실이나 판단과 관련시키는 데 쓰는 연결 어미'이므로 적절한 표현이다.

③ '-ㄴ다고 해'가 줄어든 말인 '-ㄴ대'를 써서 남의 말을 듣고 전달한다는 것을 드러냈으므로 적절한 표현이다.

④ '어떤 일의 실현 가능성에 대한 의문을 나타내는 연결 어미'는 '-ㄹ는지'이다. 따라서 적절한 표현이다.

152 정답해설 ②

'기울다'는 어간(기울-)이 'ㄹ' 받침으로 끝나는 경우이므로 명사형이 '기울-+-ㅁ' 즉, '기욺'으로 활용된다. '삶, 앎, 만듦, 베풂' 등도 동일한 활용 양상을 보이는 어휘이다.

용언의 명사형

어간이 모음이나 'ㄹ' 받침으로 끝나는 경우에는 어간에 '-ㅁ', 그 이외에는 '-음'을 붙인다. 또 다른 명사형 어미 '-기'는 양자의 경우에 모두 붙일 수 있다.

국립국어원 관련 질의응답 답변

'아물다'의 명사형은 '아물-'에 명사를 만드는 '-ㅁ'이 붙어 '아묾'으로 씁니다. 받침이 없거나 '아물다'처럼 'ㄹ' 받침으로 끝나는 동사, 형용사에는 '-ㅁ'을 붙여서 명사형을 만듭니다.

예 만듦(만들다) / 베풂(베풀다) / 놂(놀다) / 삶(살다)

Answer

① 예쁘데 ② 예쁘대 ③ 똑똑하대 ④ 많대 ⑤ 의문 ⑥ 지난 일

Chapter 4

오답률이 높은 심화코드 04

출제단원	출제코드	채점
이론 문법 – 고전 문법	CODE 077 차자 표기	
	CODE 078 중세 국어 문법	
	CODE 079 근대 국어	
어문규정 – 외래어 표기법	CODE 080 외래어 표기법	

출제단원	출제코드	채점
어휘 · 한자	CODE 081 순화어	
	CODE 082 한자어의 관계	
융합형	CODE 083 융합형(독해 + 성어)	
	CODE 084 융합형(문맥추론 + 한자어)	

CODE 077 차자 표기

153 훈민정음과 차자 표기에 대한 설명이 옳지 않은 것은?

① 서기체 표기는 한자를 우리말의 어순대로 배열하였다.

② 이두는 차자 표기 중 가장 오래 사용되었다.

③ 훈민정음에 언급되는 'ㆍ스ㆍ믈여ㆍ듧 字ㆍ쫑'에는 병서로 만들어진 글자도 포함된다.

④ 훈민정음 초기에는 주로 8종성법이 쓰였으나, 16세기를 지나면서 7종성법이 쓰였다.

CODE 077 차자 표기

154 이 글을 분석한 내용으로 적절한 것은?

> 善化公主主隱
> 他密只嫁良置古
> 薯童房乙
> 夜矣卯乙抱遣去如

① '善化公主主'에서 앞의 '主'는 음독, 뒤의 '主'는 훈독한다.

② '嫁'는 '시집갈 가'인데 신라 시대에는 '얼 가'로 읽었기 때문에 음독한다.

③ '薯童'은 '서동'으로 읽혔으므로 둘 다 음을 따온 것이다.

④ '去'는 어간이므로 훈독하나 '如'는 어미이므로 음독한다.

CODE 077 차자 표기

✎ 차자 표기

1. ① 명사 표기
   - 한자 차용
   - 고유어와 한자어의 경쟁
2. 서기체 표기: 한자를 우리말의 어순대로 나열한 표기 형태
3. ② : 서기체 형태에 문법 형태소(조사, 어미)를 보충하는 차자 표기 조선 초 ≪대명률직해≫에 이르러 그 체계가 완성됨.
4. 구결: 한문 원문을 읽을 때, 뜻을 명백히 하거나 읽고 외우기 쉽게 하기 위하여 구절 사이에 삽입하는 요소, 즉 토(吐)
5. ③ : 한자의 음과 훈을 이용해 우리말을 표기하려던 신라 시대 표기법
   - 실질 형태소: ④ 독
   - 형식 형태소: ⑤ 독

✎ 서동요

善化公主主隱: 선화공주님은

구분	善	化	公	主	主	隱
뜻	착할	될	귀인	님	님	숨을
음	선	화	공	주	주	은

他密只嫁良置古: 남몰래 결혼하고

구분	他	密	只	嫁	良	置	古
뜻	남	그윽할	다만	얼	좋을	둘	옛
음	타	밀	지	가	량	치	고

薯童房乙: 맛둥서방을

구분	薯	童	房	乙
뜻	마	아이	방	새
음	서	동	방	을

夜矣卯乙抱遣去如: 밤에 몰래 안고 가다.

구분	夜	矣	卯	乙	抱	遣	去	如
뜻	밤	어조사	토끼	새	안을	보낼	갈	같을(다)
음	야	의	묘	을	포	견	거	여

153 정답해설 ③

'병서(竝書)(골바쓰기)'는 둘 또는 세 자음자를 좌우로 결합하는 방법으로, 동일 문자를 결합하는 각자 병서와 서로 다른 문자를 결합하는 합용 병서가 있었다. 새로 만든 글자가 아니라 기본자를 나란히 쓴 것이므로 훈민정음 28자에 포함되지 않았다.

오답해설

① 서기체 표기(誓記體表記): 한자를 우리말 어순대로 배열한 표기 형태이다.

예 壬申年六月十六日 / 二人竝誓記 / 天前誓
임신년 6월 16일 / 두 사람이 함께 맹세하여 기록한다. / 하늘 앞에 맹세한다.

② 이두(吏讀): 한자를 우리말 어순대로 배열하고 음독이나 훈독의 방법으로 토를 붙인 표기법이다. 조선 초 ≪대명률직해(大明律直解)≫에 이르러 체계가 완성되었으며, 19세기 말까지 공문서, 상용 문서 등에 사용되었다.

예 必于 / 罪名亦 / 明白爲去乃 (비록 죄명이 명백하거나)
필우 / 죄명 또한 / 명백하거내

④ 훈민정음 초기에는 주로 8종성법(ㄱ, ㄴ, ㄷ, ㄹ, ㅁ, ㅂ, ㅅ, ㆁ)이 쓰였으나, 16세기를 지나면서 'ㄷ'과 'ㅅ'이 중화되어 7종성법(ㄱ, ㄴ, ㄹ, ㅁ, ㅂ, ㅅ, ㆁ)이 쓰였다.

154 정답해설 ①

'선화공주님은'이라 읽으므로 '善化公主主隱'에서 앞의 '主'는 '주'로 읽은 '음독'이고, 맨 마지막의 '主'는 '－님'이라는 뜻의 '훈독'이다.

오답해설

② '嫁良'은 '얼어'라 해독하여 앞의 '嫁(얼－)'은 훈독으로 읽은 것이고 良을 연결 어미일 때 '－아/－어'로 읽는 것은 음독이다.
③ '薯'는 '마 서', '童'은 '아이 동'이므로 '서동'에서 '서－'는 음독이 아니라 훈독이다.
④ '去如'는 '가다'로 둘 다 훈독이다. '如'가 '－다, －다이'로 해독되는 것은 '－답다'에서 나온 말로 모두 훈독이다.

Answer

① 고유 ② 이두 ③ 향찰 ④ 훈 ⑤ 음

CODE 078 중세 국어 문법

155 중세 국어의 어법에 맞지 않는 것은?

① 西京(서경)은 편안ᄒᆞᆫ가 몯ᄒᆞᆫ가

② 이도곤 ᄀᆞᄌᆞᆫ데 또 어듸 잇닷 말고

③ 너ᄂᆞᆫ 천고 흥망을 아ᄂᆞᆫ가, 몰ᄋᆞᄂᆞᆫ가

④ 쇼양강 ᄂᆞ린 믈이 어드러로 든단 말고

CODE 078 중세 국어 문법

156 다음 자료를 탐구한 내용으로 적절하지 않은 것은?

> ⓐ孔·공子·ᄌᆞㅣ 曾증子·ᄃᆞ·려 ⓑ닐·러 ᄀᆞᆯᄋᆞ·샤·ᄃᆡ, ·몸·이며 얼굴·이며 머·리털·이·며·ᄉᆞᆯ·ᄒᆞᆫ父·부母:모·ᄭᅴ ⓒ받ᄌᆞ·온 거·시·라 敢:감·히 헐·워 샹·히·오·디 아·니:홈·이 ⓓ:효·도ᄋᆡ ⓔ비·르·소미·오·몸·을 셰·워 道:도·를 行·ᄒᆡᆼ·ᄒᆞ·야 일:홈·을 後:후世:셰·예:베퍼·ᄡᅥ 父·부母:모ᄅᆞᆯ:현·뎌케:홈·이:효·도·ᄋᆡ ⓕᄆᆞ·ᄎᆞᆷ·이니·라
>
> –〈소학언해(小學諺解)〉

① ⓐ와 ⓓ에서 현대 국어와 다른 형태의 조사를 찾을 수 있다.

② ⓑ는 현대 국어와 달리 단어 첫음절의 ‘ㅣ’ 앞에 ‘ㄴ’이 오지 못하는 제약이 없었음을 보여 준다.

③ ⓔ와 ⓕ를 통해 이어 적기와 끊어 적기가 같이 쓰이고 있었다는 것을 알 수 있다.

④ ⓒ의 선어말 어미는 현대 국어처럼 상대에게 자신을 낮춰 표현하기 위한 겸양의 기능을 한다.

CODE 078 중세 국어 문법

157 〈보기〉를 이해한 내용으로 적절하지 않은 것은?

> 보기
>
> ㉠ 내 마ᅀᆞ미 ᄭᅵ돋과ᅌᅵ다
> [내 마음이 깨달았습니다.]
>
> ㉡ 世尊하 내 堂中에 이셔 몬져 如來 보ᅀᆞᆸ고
> [세존이시여, 내가 집 안에서 먼저 여래 뵙고]
>
> ㉢ 聖子ᄅᆞᆯ 내시니이다
> [(하늘이) 성자를 내셨습니다.]
>
> ㉣ 王이 부텻긔 더옥 敬信ᄒᆞᆫ ᄆᆞᅀᆞᄆᆞᆯ 내ᅀᆞᄫᅡ
> [왕이 부처께 더욱 공경하고 믿는 마음을 내어]

① ㉠: 선어말 어미 ‘-이-’로 청자를 높이고 있다.

② ㉡: 호격 조사 ‘하’와 선어말 어미 ‘-ᅀᆞᆸ-’을 통해 각각 청자와 객체인 목적어를 높이고 있다.

③ ㉢: 선어말 어미 ‘-시-’와 ‘-이-’를 통해 각각 주체와 청자를 높이고 있다.

④ ㉣: 선어말 어미 ‘-ᅀᆞᇦ-’으로 객체인 목적어를 높이고 있다.

CODE 078 중세 국어 문법

✎ 높임법

1. 주체 높임법(존경법): ① + 자음 어미 / ② + 모음 어미
2. ③ 높임법(겸양법): –ᄉᆞᆸ–, –ᄌᆞᆸ–, –ᅀᆞᆸ– / –ᄉᆞᄫ–, –ᄌᆞᄫ–, –ᅀᆞᄫ–
3. 청자 높임법(공손법): (평서형) –이– / (의문형) –잇– / (명령형) –쇼셔
   - ※ 고어에서는 시제의 선어말 어미가 높임의 선어말 어미 앞에 오는 '시제 선행법'이 주류하였다.
   - ※ 17세기 이후에는 높임 선행법이 이루어졌다.
     예 하거시늘 > 하시거늘, 하더시니 > 하시더니

✎ 문장의 종결

1. 평서문: –다, –라
2. 감탄문
   - (1) 선어말 어미: –돗–, –옷–, –ㅅ–
   - (2) 종결 어미: –ㄹ셔, –ㄴ뎌, –어라, –애라
3. 의문문
   - (1) ④ : –니여, –녀, –리여, –려, –ㄴ가, –ㄹ까, –가(아/어 계통)
   - (2) ⑤ : (의문사有) –니오, –뇨, –리오, –료, –ㄴ고, –ㄹ꼬, –고(오 계통)
   - ※ 주어가 2인칭일 때는, 의문사의 존재 여부와 관계없이 '–ㄴ다, –ᇙ다'를 취한다.
4. 명령문: –라, –쇼셔
5. 청유문: –새, –쟈스라, –져, –사이다 예 어서 가압사이다.
6. 경계문: 의구형 종결 어미 –ㄹ셰라(~할까 두렵다.)

155 정답해설 ③

중세 국어에서 의문은 물음말(의문사)의 존재 여부에 따라 '–ㄴ가', '–ㄹ가'와 같은 '아' 형 어미와 '–ㄴ고', '–ㄹ고'와 같은 '오' 형 어미를 구별하여 사용하였다. '아' 형은 물음말이 없는 의문문에 사용되고, '오' 형은 '어ᄂᆞ, 엇뎨, 므슷' 등의 물음말이 있는 의문문에 사용되었다. 그리고 주어가 2인칭인 의문문에는 물음말의 존재와 관계없이 '–ㄴ다'가 사용되었다. 따라서 ③은 주어가 2인칭인 의문문이므로, 물음말의 존재 여부와 관계없이 '–ㄴ다'를 사용하여 '너ᄂᆞᆫ 천고 흥망을 아ᄂᆞᆫ다, 몰ᄋᆞᄂᆞᆫ다'라고 표기해야 한다.

오답해설

① 의문사가 없으므로 '아' 형을 사용해야 한다.
② 의문사 '어듸'가 사용되었으므로 '오' 형을 사용해야 한다.
④ 의문사 '어드러로'가 사용되었다. 따라서 '쇼양강 ᄂᆞ린 믈이 어드러로 든단 말고'로 표기해야 한다.

156 정답해설 ④

'받ᄌᆞ온'에는, 중세 국어의 객체 높임 선어말 어미 '–ᄌᆞᆸ–/–ᄌᆞᄫ–'에서 변화된, 선어말 어미 '–ᄌᆞ오–'가 결합되어 있다. 이를 통해 부사어가 가리키는 대상인 '부모'를 높이는 표현이다.
현대 국어에서 '–자오–'는 예스러운 표현으로 자기를 낮추면서 상대편에게 공손하게 대하는 뜻을 나타내는 선어말 어미이다. 참고로 'ᄫ'은 15세기 중엽을 넘어서면서, 'ㆍ' 또는 'ㅡ'가 이어진 경우 이 모음과 결합하여 'ㅗ' 또는 'ㅜ'로 바뀌었다.

오답해설

① ⓐ에는 주격 조사 'ㅣ'가 결합되어 있고, ⓓ에는 관형격 조사 'ᄋᆡ'가 결합되어 있는데, 이는 현대 국어에서는 사용하지 않는 형태이다.
② 일부 소리가 단어의 첫머리에 발음되는 것을 꺼려 나타나지 않거나 다른 소리로 발음되는 일을 두음 법칙이라 한다. 'ㅣ, ㅑ, ㅕ, ㅛ, ㅠ' 앞에서의 'ㄹ'과 'ㄴ'이 없어지고, 'ㅏ, ㅗ, ㅜ, ㅡ, ㅐ, ㅔ, ㅚ' 앞의 'ㄹ'은 'ㄴ'으로 변하는 것 따위를 말한다. ⓑ의 '닐러'는 이러한 현대 국어의 제약이 중세에는 없었음을 보여 준다.
③ '비르소미오'는 '비르솜'에 '이오'가 연결된 것이다. 여기서 '비르솜'은 '비릇–'에 '–옴'이 결합한 형태로, '비릇–'의 끝소리 'ㅅ'을 다음 음절의 첫소리로 이어 적고 있음을 알 수 있다. 또한 '비르솜'의 끝소리 'ㅁ'을 다음 음절의 첫소리로 이어 적고 있다. 그런데 'ᄆᆞᄎᆞᆷ이니라'에서는 'ᄆᆞᄎᆞᆷ'의 형태를 그대로 살려 끊어 적고 있다.

> **❗ 현대어 풀이**
> ⓐ <u>공자께서</u> 증자에게 ⓑ <u>일러</u> 말씀하시기를, 몸과 형체와 머리털과 살은 부모께 ⓒ <u>받은</u> 것이므로, 감히 헐게 하여 상하게 하지 아니함이 ⓓ <u>효도의</u> ⓔ <u>시작이고</u>, 몸을 세워 도를 행하여 이름을 후세에 베풀어 이로써 부모를 드러나게 함이 효도의 ⓕ <u>끝이다</u>.

157 정답해설 ④

'내ᅀᆞᄫᅡ'는 객체 높임 선어말 어미 '–ᅀᆞᄫ–'이 결합하여 부사어가 가리키는 대상인 '부텨(부처)'를 높이고 있다. 따라서 객체인 목적어를 높이고 있다는 진술은 옳지 않다.

오답해설

① 'ᄡᅵᄃᆞᆫ과이다'는 상대 높임 선어말 어미 '–이–'가 결합하여 상대를 높이고 있다.
② '世尊하'와 '보ᅀᆞᆸ고'는 높임의 대상을 부르는 호격 조사 '하'와 객체를 높이는 선어말 어미 '–ᅀᆞᆸ–'이 결합하여 각각 청자인 '세존'과 목적어인 '여래'를 높이고 있다.
③ '내시니이다'는 주체 높임 선어말 어미 '–시–'와 상대 높임 선어말 어미 '–이–'가 결합하여 각각 주체 '하늘'과 청자를 높이고 있다.

✎ 중세 높임법

갈래	형태		사용 조건
주체 높임	–(으)시–	–시–	자음 앞
		–샤–	모음 앞
객체 높임	–ᄉᆞᆸ–	–ᄉᆞᆸ–	ㄱ, ㅂ, ㅅ, ㅎ 뒤
		–ᄌᆞᆸ–	ㄷ, ㅈ, ㅊ, ㅌ 뒤
		–ᅀᆞᆸ–	유성음 뒤
상대 높임	–(으)이–	–이–	평서형
		–잇–	의문형

Answer

① –시– ② –샤– ③ 객체 ④ 판정 ⑤ 설명

CODE 079 근대 국어

158 근대 국어 자료를 탐구한 내용으로 적절하지 않은 것은?

> ㉠ <u>홍ᄉᆡᆨ이</u> 거록ᄒᆞ야 븕은 긔운이 하ᄂᆞᆯ을 ᄯᅱ노더니 이랑이 소ᄅᆡᄅᆞᆯ ㉡ <u>놉히</u> ᄒᆞ야 나를 불러 져긔 ㉢ <u>믈 밋출</u> 보라 웨거ᄂᆞᆯ 급히 눈을 드러 보니 믈밋 홍운을 헤앗고 큰 실오리 ㉣ <u>ᄀᆞᆺᄒᆞᆫ</u> 줄이 ㉤ <u>븕기</u> 더옥 긔이ᄒᆞ며 긔운이 진홍 ᄀᆞᆺᄒᆞᆫ 것이 ᄎᆞᄎᆞ 나 손바닥 너ᄇᆡ ᄀᆞᆺᄒᆞᆫ 것이 그믐밤의 보는 ㉥ <u>숫불빗</u> ᄀᆞᆺ더라. ᄎᆞᄎᆞ 나오더니 그 우흐로 젹은 회오리밤 ᄀᆞᆺᄒᆞᆫ 것이 호박 구슬 ᄀᆞᆺ고 ᄆᆞᆰ고 ㉦ <u>통낭ᄒᆞ기ᄂᆞᆫ</u> 호박도곤 더 곱더라.

① ㉠과 ㉢을 보니, 거듭적기를 주로 사용했음을 알 수 있다.
② ㉡과 ㉣을 보니, 재음소화 표기가 나타났음을 알 수 있다.
③ ㉤과 ㉥을 보니, 원순 모음화가 부분적으로 나타났다.
④ ㉤과 ㉦을 보니, 명사형 어미 '-기'가 활발히 사용되었다.

CODE 080 외래어 표기법

159 다음 외래어 표기 원칙을 지키지 않은 것은?

> 제1항 외래어는 국어의 현용 24 자모만으로 적는다.
> 제2항 외래어의 1음운은 원칙적으로 1기호로 적는다.
> 제3항 받침에는 'ㄱ, ㄴ, ㄹ, ㅁ, ㅂ, ㅅ, ㅇ'만을 쓴다.
> 제4항 파열음 표기에는 된소리를 쓰지 않는 것을 원칙으로 한다.
> 제5항 이미 굳어진 외래어는 관용을 존중하되, 그 범위와 용례는 따로 정한다.

① 'fighting'의 'f'는 우리말의 'ㅎ'과 발음이 유사하지만 '파이팅'으로 적는다.
② 'shirts'는 '샤쓰'가 아니라 '셔츠'로 적는다.
③ 'camera'는 규정 표기는 '캐머러'이지만, '카메라'로 적는다.
④ 'service'의 'v'는 국어에 없는 발음이지만, '서비스'로 적는다.

CODE 080 외래어 표기법

160 외래어 표기법에 맞게 적은 것끼리 짝지어진 것은?

① 스테인리스, 스폰지, 악센트
② 스티로폼, 앙케트, 앙코르
③ 플랭카드, 색소폰, 쥬니어
④ 자켓, 커튼, 링거

CODE 079 근대 국어

✎ 근대 국어의 특징

1. 음운적 특징
   - ① 이 경음화되어 각자 병서인 'ㄲ, ㄸ, ㅃ, ㅆ, ㅉ' 등으로 바뀜.
   - '② '의 소실로 인해 모음 조화 파괴가 일어남.
   - 문자 'ㅿ', 'ㆁ', 'ㆆ' 등 소실
   - 성조가 소실되어 방점으로 나타나지 않음.
   - 'ㄷ, ㅌ'의 구개음화, 'ㅅ, ㅈ, ㅊ'+이중 모음의 단모음화
   - 원순 모음화, 움라우트 현상, 전설 모음화

2. 문법적 특징
   - 객체 존대의 기능을 담당하던 '-숩-'이 그 기능을 상실하고 성질이 변해 상대·주체 존대에 관여.
   - 명사형 어미 '③ '가 매우 활발하게 쓰임.
   - 분철(끊어적기)의 확대, 중철(④ 적기) 표기가 나타남.
   - 재음소화 표기('ㅊ, ㅋ, ㅌ, ㅍ'을 'ㅈ + ㅎ, ㄱ + ㅎ, ㄷ + ㅎ, ㅂ + ㅎ'으로 2차 분석)가 나타남.

3. 어휘의 특징
   - 고유어가 한자어에 의해 약화되고 한자어가 증가하였다.

158 정답해설 ①

근대 국어 시기에는 이어적기(연철 표기)가 끊어적기(분철 표기)로 변화되는 과도기로 거듭적기(중철 표기)가 나타났다고 하였다. 그런데 ㉢의 '믈 밋ᄎᆞᆯ'은 거듭적기를 한 것이지만, ㉠의 '홍식이'는 끊어적기를 한 것이므로 ①은 적절하지 않은 탐구 내용이다.

> **❗ 현대어 풀이**
>
> ㉠홍색(紅色)이 거룩하여 붉은 기운이 하늘을 뛰놀더니, 이랑이 ㉡크게 소리를 질러 나를 불러, "저기 ㉢물 밑을 보십시오." 외치거늘, 급히 눈을 들어 보니, 물 밑 홍운(紅雲)을 헤치고 큰 실오리 ㉣같은 줄이 ㉤붉기 더욱 기이하며, 기운이 진홍(眞紅) 같은 것이 차차 나 손바닥 넓이 같은 것이 그믐밤에 보는 ㉥숯불빛 같더라. 차차 나오더니, 그 위로 작은 회오리밤 같은 것이 붉기가 호박(琥珀) 구슬 같고, 맑고 ㉦통랑(通朗)하기는 호박보다 더 곱더라.
>
> – 의유당 남씨, 〈의유당관북유람일기〉

오답해설

② 재음소화 표기는 하나의 음소를 두 개의 음소로 쪼개어 표기하는 현상으로 'ㅊ, ㅋ, ㅌ, ㅍ'을 각각 'ㅈ+ㅎ, ㄱ+ㅎ, ㄷ+ㅎ, ㅂ+ㅎ'으로 분석하여 표기하는 것이다. ㉡ '놉히'에서처럼 'ㅍ'을 'ㅂ+ㅎ'으로, ㉣ 'ᄀᆞᆺ흔(ᄀᆞᇀᄋᆞᆫ → ᄀᆞᆮᄒᆞᆫ → ᄀᆞᆺᄒᆞᆫ)'에서처럼 'ㅌ'을 'ㄷ+ㅎ'으로 쪼개어 표기하는 것이 그 예라 할 수 있다.

③ ㉤의 '븕'은 원순 모음화가 적용되지 않았으나 ㉥의 '불'은 원순 모음화가 적용된 것으로 보아 원순 모음화 현상이 부분적으로 나타났음을 알 수 있다.

④ 중세 국어 시기에는 명사형 어미 '-옴/-움'이 쓰였으나 중세 후기부터는 '-기'가 쓰이기 시작하여 근대 국어에서는 '븕기', '통낭하기'처럼 명사형 어미 '-기'가 활발하게 쓰였다.

CODE 080 외래어 표기법

✎ 외래어 표기법 제1장 표기의 원칙

- 제1항: 외래어는 국어의 현용 ⑤ 자모만으로 적는다.
- 제2항: 외래어의 1 음운은 원칙적으로 ⑥ 기호로 적는다.
- 제3항: 받침에는 '⑦ '만을 쓴다.
- 제4항: 파열음 표기에는 ⑧ 소리를 쓰지 않는 것을 원칙으로 한다.
- 제5항: 이미 굳어진 외래어는 관용을 존중하되, 그 범위와 용례는 따로 정한다.

✎ 외래어 표기법 제3장 표기 세칙

- 제1항: 짧은 모음 다음의 어말 무성 파열음([p], [t], [k])은 받침으로 적는다.
- 제4항: 'ㅈ'이나 'ㅊ' 다음에 'ㅣ' 계열의 이중 모음을 쓰지 않도록 한다.

159 정답해설 ②

'빵(pao), 껌(gum), 삐라(pira), 빨치산(partisan), 샤쓰(shirts), 조끼(chokki), 짬뽕(champon), 히로뽕(hiropon)' 등은 굳어진 관용 표기를 인정한다.

이 가운데서 '샤쓰-셔츠', '빨치산-파르티잔', '히로뽕-필로폰'은 관용적인 표기와 현지 발음 위주의 표기 양쪽 모두 인정하고 있다.

오답해설

① 'fighting'의 'f'는 우리말의 'ㅎ', 'ㅍ'과 발음이 유사하지만, 외래어의 1음운은 우리말의 1기호로만 적어야 한다는 원칙에 따라 '파이팅'으로만 적어야 한다.

③ 'camera'는 규정 표기로는 '캐머러'이지만, 이미 굳어서 관용적으로 쓰이는 외래어이므로 '카메라'로 적어야 한다.

④ 'service'의 'v'는 국어에는 없는 발음이지만, 국어의 현용 24 자모만으로 적어야 한다는 규정에 따라 'ㅂ'으로 적는다.

160 정답해설 ②

오답해설

① 스펀지
③ 플래카드, 주니어
④ 재킷

Answer

① 어두 자음군 ② • ③ -기 ④ 거듭 ⑤ 24 ⑥ 1
⑦ ㄱ, ㄴ, ㄹ, ㅁ, ㅂ, ㅅ, ㅇ ⑧ 된

CODE 081 순화어

161 일본식 외래어를 다듬은 것이 옳지 않은 것은?

① 始末書 – 경위서
② 引繼하다 – 넘겨받다
③ 回覽 – 돌려 보기
④ 納期 – 내는 날, 내는 기간

CODE 082 한자어의 관계

162 다음 중 유의어인 한자어끼리 묶인 것이 아닌 것은?

① 窮理 – 熟考 – 看做
② 許諾 – 承認 – 付託
③ 制限 – 抑壓 – 制御
④ 徵候 – 幾微 – 兆朕

CODE 082 한자어의 관계

163 ㉠~㉢에 해당하는 것끼리 바르게 묶인 것은?

> 반의 관계에는 중간 개념이 없는 ㉠ '모순 관계', 중간 개념이 존재하는 ㉡ '반대 관계', 관계되는 두 실체를 떼어서는 생각할 수 없는 ㉢ '상대적 대립 관계'가 있다.

	㉠	㉡	㉢
①	虛僞 : 事實	喜悅 : 哀惜	宏壯 : 細細
②	喜悅 : 哀惜	虛僞 : 事實	以上 : 以下
③	虛僞 : 事實	宏壯 : 細細	以上 : 以下
④	以上 : 以下	喜悅 : 哀惜	虛僞 : 事實

CODE 082 한자어의 관계

164 다음 ⓐ, ⓑ의 관계와 같지 않은 것은?

> ⓐ 緻密 : ⓑ 嚴密

① 人格 : 人品
② 矛盾 : 撞着
③ 納得 : 首肯
④ 分析 : 對照

CODE 081 순화어

161 정답해설 ②

'引繼하다'를 다듬은 말은 '넘겨받다'가 아니라 '넘겨주다'이다.

서울시 일본식 한자어 – 외국어(외래어) 순화어 23개

– 2015. 03. 30. 국립 국어원

순화 대상어	권하는 말	순화 대상어	권하는 말
견출지(見出紙)	찾음표	식비(食費)	밥값
절취선(切取線)	자르는 선	식대(食代)	밥값
시말서(始末書)	경위서	인수(引受)하다	넘겨받다
가처분(假處分)	임시처분	인계(引繼)하다	넘겨주다
견습(見習)	수습	차출(差出)하다	뽑다, 뽑아내다
거래선(去來先)	거래처	납부(納付)하다	내다
행선지(行先地)	목적지, 가는 곳	호출(呼出)하다	부르다
내구연한(耐久年限)	사용 가능 기간	회람(回覽)	돌려 보기
음용수(飮用水)	마실 물, 먹는 물	잔업(殘業)	시간 외 일
잔반(殘飯)	음식 찌꺼기, 남은 음식	절수(節水)	물 절약, 물 아낌
납기(納期)	내는 날, 내는 기간	러시아워(rush hour)	혼잡 시간(대)
와쿠(와꾸)	틀		

CODE 082 한자어의 관계

162 정답해설 ②

'허락'과 '승인'은 서로 유의 관계가 맞지만, '부탁'은 유의어로 묶을 수 없다.

- 허락(許諾): 청하는 일을 하도록 들어줌.
  許 허락할 허, 諾 허락할 락
- 승인(承認): 어떤 사실을 마땅하다고 받아들임. '인정함'으로 순화.
  承 이을 승, 認 알 인
- 부탁(付託): 어떤 일을 해 달라고 청하거나 맡김. 또는 그 일거리.
  付 줄 부, 託 부탁할 탁

오답해설

① • 궁리(窮理): 마음속으로 이리저리 따져 깊이 생각함.
  窮 다할 궁, 理 다스릴 리
- 숙고(熟考): 곰곰 잘 생각함. 또는 그런 생각.
  熟 익을 숙, 考 생각할 고
- 간주(看做): 상태, 모양, 성질 따위가 그와 같다고 봄. 또는 그렇다고 여김.
  看 볼 간, 做 지을 주

③ • 제한(制限): 일정한 한도를 정하거나 그 한도를 넘지 못하게 막음.
  制 절제할 제, 限 한할 한
- 억압(抑壓): 자기 뜻대로 자유로이 행동하지 못하도록 억지로 억누름.
  抑 누를 억, 壓 누를 압
- 제어(制御): 상대편을 억눌러서 제 마음대로 다룸.
  制 절제할 제, 御 거느릴 어

④ • 징후(徵候): 겉으로 나타나는 낌새.
  徵 부를 징, 候 기후 후
- 기미(幾微): 어떤 일을 알아차릴 수 있는 눈치. 또는 일이 되어가는 야릇한 분위기.
  幾 몇 기, 微 작을 미
- 조짐(兆朕): 좋거나 나쁜 일이 생길 기미가 보이는 현상.
  兆 조 조, 朕 나 심

163 정답해설 ③

반의 관계 종류의 연결이 모두 옳다.

'허위(虛僞) : 사실(事實)'은 모순 관계이다.

'굉장(宏壯) : 세세(細細)'는 반대 관계이다.

'이상(以上) : 이하(以下)'는 상대 관계이다.

오답해설

'희열(喜悅) : 애석(哀惜)'은 반대 관계이다.

164 정답해설 ④

ⓐ'緻密(치밀)하다'와 ⓑ'嚴密(엄밀)하다'는 유의 관계이나, ④의 '分析(분석)'과 '對照(대조)'는 유의 관계에 해당하지 않는다.

치밀(緻密)하다: 「1」 자세하고 꼼꼼하다. ≒ 밀치하다, 세치하다

「2」 아주 곱고 촘촘하다. ≒ 밀치하다

緻 빽빽할 치, 密 빽빽할 밀

엄밀(嚴密)하다: 「1」 매우 비밀하다.

「2」 조그만 빈틈이나 잘못이라도 용납하지 아니할 만큼 엄격하고 세밀하다.

嚴 엄할 엄, 密 빽빽할 밀

분석(分析): 얽혀 있거나 복잡한 것을 풀어서 개별적인 요소나 성질로 나눔.

分 나눌 분, 析 쪼갤 석

대조(對照): 「1」 둘 이상인 대상의 내용을 맞대어 같고 다름을 검토함.

「2」 서로 달라서 대비가 됨.

對 대답할 대, 照 비출 조

오답해설

①, ②, ③은 모두 유의 관계이다.

① 인격(人格): 사람으로서의 품격.

人 사람 인, 格 격식 격

인품(人品): 사람이 사람으로서 가지는 품격이나 됨됨이.

人 사람 인, 品 물건 품

② 모순(矛盾): 어떤 사실의 앞뒤, 또는 두 사실이 이치상 어긋나서 서로 맞지 않음을 이르는 말. 중국 초나라의 상인이 창과 방패를 팔면서 창은 어떤 방패로도 막지 못하는 창이라 하고 방패는 어떤 창으로도 뚫지 못하는 방패라 하여, 앞뒤가 맞지 않은 말을 하였다는 데서 유래한다.

矛 창 모, 盾 방패 순

당착(撞着): 「1」 말이나 행동 따위의 앞뒤가 맞지 않음.

「2」 서로 맞부딪침.

撞 칠 당, 着 붙을 착

③ 납득(納得): 다른 사람의 말이나 행동, 형편 따위를 잘 알아서 긍정하고 이해함.

納 들일 납, 得 얻을 득

수긍(首肯): 옳다고 인정함. ≒ 긍수

首 머리 수, 肯 옳게 여길 긍

CODE 083 융합형(독해 + 성어)

165 ㉠에 들어갈 한자 성어로 적절하지 않은 것은?

> 수필을 쓰는 사람은 잠시 번졌다가 지워지는 마음의 앙금이나, 종횡무진하게 넝쿨져 가는 사색의 여적은 간략하게 메모를 해 둔다. 말하자면, 수필을 위한 제대로의 메모다. 더구나, 그것은 소설의 제재도 될 수 있어서 (㉠)이/가 되는 셈이다. 그 속에 담지 못할 것이 없다. 비록 그것이 한 작품을 이루지 못하고 메모에 그치고 마는 경우가 있다고 하더라도, 그 메모로서 족할 수도 있다.

① 錦上添花
② 唯一無二
③ 一擧兩得
④ 一箭雙鵰

CODE 083 융합형(독해 + 성어)

166 다음 글에서 확인할 수 있는 유교 덕목이 아닌 것은?

> 형아 아ᄋᆡ야 네 ᄉᆞᆯᄒᆞᆯ 만져 보아
> 뉘손ᄃᆡ 타나관ᄃᆡ 양ᄌᆡ조차 ᄀᆞᄐᆞᄉᆞᆫ다
> ᄒᆞᆫ 젓 먹고 길러나이셔 닷 ᄆᆞᄋᆞᆷ을 먹디 마라
>
> 어버이 사라질 제 셤길 일란 다ᄒᆞ여라
> 디나간 후(後)ㅣ면 애ᄃᆞᆲ다 엇디ᄒᆞ리
> 평ᄉᆡᆼ애 고텨 못ᄒᆞᆯ 일이 잇ᄲᅮᆫ인가 ᄒᆞ노라
>
> 오ᄂᆞᆯ도 다 새거다 호ᄆᆡ 메고 가쟈ᄉᆞ라
> 내 논 다 매여든 네 논 졈 매여 주마
> 올 길에 뽕 따다가 누에 머겨 보쟈ᄉᆞ라

① 父爲子綱
② 兄友弟恭
③ 相扶相助
④ 朋友有信

CODE 083 융합형(독해 + 성어)

165 정답해설 ②

메모를 해 두면 수필을 쓰기에도 소설을 쓰기에도 좋고 하며 결국 이러한 상황은 ㉠이라고 말하고 있다. 따라서 ㉠에는 두 마리의 토끼를 잡게 된다는 의미가 들어가야 한다. '唯一無二(유일무이)'는 '오직 하나뿐이고 둘도 없음.'을 의미한다.

유일무이(唯一無二): 오직 하나뿐이고 둘도 없음. ≒ 독일무이
唯 오직 유, 一 한 일, 無 없을 무, 二 두 이

오답해설

① 금상첨화(錦上添花): 비단 위에 꽃을 더한다는 뜻으로, 좋은 일 위에 또 좋은 일이 더하여짐을 비유적으로 이르는 말. 왕안석의 글에서 유래한다.
錦 비단 금, 上 위 상, 添 더할 첨, 花 꽃 화

③ 일거양득(一擧兩得): 한 가지 일을 하여 두 가지 이익을 얻음. ≒ 양득, 일거이득
一 한 일, 擧 들 거, 兩 두 양, 得 얻을 득

④ 일전쌍조(一箭雙鵰): 화살 하나로 수리 두 마리를 떨어뜨린다는 뜻으로, 한 가지 일을 하여 두 가지 이득을 취함을 이르는 말.
一 한 일, 箭 화살 전, 雙 두 쌍, 鵰 독수리 조

166 정답해설 ④

'朋友有信(붕우유신)'은 '오륜의 하나로, 벗과 벗 사이의 도리는 믿음에 있음'을 이른다. 지문에서는 이와 같은 덕목을 강조하는 내용이 드러나지 않는다.

朋友有信(붕우유신): 오륜(五倫)의 하나. 벗과 벗 사이의 도리는 믿음에 있음.
朋 벗 붕, 友 벗 우, 有 있을 유, 信 믿을 신

오답해설

① 父爲子綱(부위자강)은 아들이 아버지를 섬기는 것은 근본임을 이르는 말로, '어버이 ~ ᄒᆞ노라'에서 확인할 수 있다.
父爲子綱(부위자강): 삼강(三綱)의 하나. 아들은 아버지를 섬기는 것이 근본임을 이른다.
父 아버지 부, 爲 할 위, 子 아들 자, 綱 벼리 강

② 兄友弟恭(형우제공)은 형은 아우를 사랑하고 동생은 형을 공경한다는 의미로, 형제간에 서로 우애 깊게 지냄을 이르는 말이며, '형아 아ᅌᆞ야 ~ 먹디 마라'에서 확인할 수 있다.
兄友弟恭(형우제공): 형은 아우를 사랑하고 동생은 형을 공경한다는 뜻으로, 형제간에 서로 우애 깊게 지냄을 이르는 말.
兄 형 형, 友 벗 우, 弟 아우 제, 恭 공손할 공

③ 相扶相助(상부상조)는 서로서로 도움을 뜻하며, '오ᄂᆞᆯ도 다 ~ 머겨 보쟈ᄉᆞ라'에서 확인할 수 있다.
相扶相助(상부상조): 서로서로 도움.
相 서로 상, 扶 도울 부, 相 서로 상, 助 도울 조

작품 해설

▶ 정철, 〈훈민가(訓民歌)〉

- 해제: 정철이 강원도 관찰사로 재직하면서 지은 총 16수의 연시조로 계몽적이고 교훈적인 내용을 담은 작품이다. 백성들에게 유교를 보편화하고, 유교적 덕목을 일깨우고자 부모에 대한 효도, 형제간의 우애, 군신유의, 붕우유신 등 유교적 윤리와 도덕의 실천을 주제로 하고 있다.
- 주제: 유교적 윤리와 도덕 실천 권유
- 구성

제1수	부의모자(父義母慈) – 부모님의 은덕에 대한 예찬
제2수	군신유의(君臣有義) – 임금과 백성의 관계와 부모님의 배려
제3수	형우제공(兄友弟恭) – 형제간의 반목을 금하고, 우애 있게 지내기를 권함.
제4수	자효(子孝) – 효도로 어버이를 섬기는 효행의 길
제5수	부부유은(夫婦有恩) – 부부는 일심동체이자 상호간의 존경의 대상임.
제6수	남녀유별(男女有別) – 남녀관계가 문란해짐을 경계
제7수	자제유학(子弟有學) – 자녀들에게 학문 권장
제8수	향려유례(鄕閭有禮) – 올바른 행동 권유
제9수	장유유서(長幼有序) – 어른 공경하는 태도
제10수	붕우유신(朋友有信) – 벗의 관계
제11수	친척상구(親戚相救) – 상부상조의 정신
제12수	혼인사상(婚姻死喪) 인리상조(隣里相助) – 애경사(哀慶事)에 서로 도울 것
제13수	무타농상(無惰農桑) – 농사일의 성실과 상부상조의 정신
제14수	무작도적(無作盜賊) – 남의 물건을 탐내지 말 것
제15수	무학도박(無學賭博), 무호쟁송(無好爭訟) – 도박과 송사를 금함.
제16수	반백자불부대(斑白者不負戴) – 노인에 대한 공경

현대어 풀이

형아, 아우야, 네 살을 만져 보아라
누구에게서 태어났기에 모습조차 같은 것인가?
같은 젖을 먹고 자라났으니 딴 마음을 먹지 마라.

어버이 살아 계실 동안에 섬기는 일일랑 다하여라.
돌아가신 후면 아무리 애태우고 뉘우친들 어찌하리?
평생에 다시 할 수 없는 일은 부모 섬기는 일뿐인가 하노라.

오늘도 날이 다 밝았다. 호미 메고 가자꾸나.
내 논의 김을 다 매거든 네 논도 매어 주마.
일을 끝내고 돌아오는 길에 뽕을 따다가 누에도 먹여 보자꾸나.

CODE 084 융합형(문맥추론 + 한자어)

167 다음에 제시된 '나누다'의 의미와 대응되지 않는 한자어는?

- 함께 모은 재산이니 공평하게 나누는 것이 맞아요.
- 동물을 생태에 따라 나누면 다음과 같다.
- 기업들도 소유와 경영을 나누는 것이 옳다.
- 은행에서 빌린 자금을 10년으로 나눠 상환 중이다.

① 分離하다 ② 分配하다
③ 分類하다 ④ 分別하다

CODE 084 융합형(문맥추론 + 한자어)

168 ㉠과 바꿔 쓸 수 있는 말로 가장 적절한 것은?

배심제가 ㉠ 자리 잡은 다른 나라에서는 배심원 평결이 곧 판결입니다.

① 着席한 ② 確定된
③ 定着된 ④ 優勢한

CODE 084 융합형(문맥추론 + 한자어)

169 ㉠과 바꾸어 쓰기에 가장 적합한 한자어는?

우리 사회에서 문신은 죄의 대가로 새기는 형벌문신의 영향과 유가적(儒家的) 신체관의 유산 때문에 반사회적 · 반윤리적 이미지를 ㉠ 불러일으키는 불온한 상징물로 간주된다.

① 喚起하는 ② 誘導하는
③ 强調하는 ④ 宣揚하는

CODE 084 융합형(문맥추론 + 한자어)

170 ㉠~㉢에 들어갈 낱말들을 바르게 나열한 것은?

- 퇴근 시간에 차량들로 (㉠)한 도로를 간신히 빠져 나왔다.
- 약속 장소를 (㉡)하여 친구를 기다리게 했다.
- 전화에 갑자기 (㉢)이 생겨 통화를 중단했다.

① ㉠ 混雜 ㉡ 混亂 ㉢ 混沌
② ㉠ 混亂 ㉡ 混沌 ㉢ 混雜
③ ㉠ 混雜 ㉡ 混同 ㉢ 混線
④ ㉠ 混亂 ㉡ 混線 ㉢ 混同

CODE 084 융합형(문맥추론 + 한자어)

167 정답해설 ④

'分別(분별)하다'는 '서로 다른 일이나 사물을 구별하여 가르다.'라는 의미를 지니고 있으며, '주위가 어두워 형체를 분별할 수 없다.' 등의 예에 적용할 수 있다.

分 나눌 분, 別 나눌 별/다를 별

참고 네 번째 용례에는 '나누어 쪼갬.'의 의미를 지닌 말인 '분할(分割)'을 사용할 수 있다.

割 벨 할

오답해설

① '分離(분리)하다'는 '서로 나누어 떨어지게 하다.'라는 의미를 지닌 말로, 세 번째 용례에 사용할 수 있다.

離 떠날 리

② '分配(분배)하다'는 '몫몫이 별러 나누다.'라는 의미를 지닌 말로, 첫 번째 용례에 사용할 수 있다.

配 나눌 배/짝 배

③ '分類(분류)하다'는 '종류에 따라 가르다.'라는 의미를 지닌 말로, 두 번째 용례에 사용할 수 있다.

類 무리 류

168 정답해설 ③

㉠은 제도가 자리를 잡은 것이므로 문화 현상이나 학설 등이 당연한 것으로서 사회적으로 수용된다는 의미를 가진 '정착(定着)'으로 바꾸어 쓸 수 있다.

정착(定着): 「1」 일정한 곳에 자리를 잡아 붙박이로 있거나 머물러 삶.

「2」 다른 물건에 단단하게 붙어 있음.

「3」 새로운 문화 현상, 학설 따위가 당연한 것으로 사회에 받아들여짐.

定 정할 정, 着 붙을 착

오답해설

① **착석(着席)**: 자리에 앉음.

着 붙을 착, 席 자리 석

② **확정(確定)**: 일을 확실하게 정함.

確 굳을 확, 定 정할 정

④ **우세(優勢)**: 상대편보다 힘이나 세력이 강함. 또는 그 힘이나 세력.

優 뛰어날 우, 勢 형세 세

169 정답해설 ①

'불러일으키는'의 문맥상 의미를 추리하면 '연상'이나 '환기'가 정답이다.

환기(喚起): 주의나 여론, 생각 따위를 불러일으킴.

喚 부를 환, 起 일어날 기

오답해설

② **유도(誘導)**: 「1」 사람이나 물건을 목적한 장소나 방향으로 이끎. ≒ 도유

「2」『물리』 전기장이나 자기장 속에 있는 물체가 그 전기장이나 자기장, 즉 전기 · 방사선 · 빛 · 열 따위의 영향을 받아 전기나 자기를 띠는 것. 또는 그 작용. = 감응

「3」『수의』 동물의 발생 과정에서 배(胚)의 어떤 부분의 발생이 그에 접하는 다른 배역(胚域)의 영향을 받아 어떤 기관이나 조직으로 분화 · 결정되는 현상.

「4」『생명』 세포 내에서 효소 합성이 촉진되는 일.

誘 꾈 유, 導 인도할 도

③ **강조(强調)**: 어떤 부분을 특별히 강하게 주장하거나 두드러지게 함.

强 강할 강, 調 고를 조

④ **선양(宣揚)**: 명성이나 권위 따위를 널리 떨치게 함.

宣 베풀 선, 揚 날릴 양

170 정답해설 ③

㉠은 많은 차량이 뒤섞이어 어수선한 상황이므로 '혼잡(混雜)'이 적절하고, ㉡은 약속 장소를 구별하지 못하고 뒤섞어서 생각한 것이므로 '혼동(混同)'이 적절하며, ㉢은 전화 통화 중 전파가 뒤섞여 통신이 엉클어진 것으로 '혼선(混線)'이 적절하다.

혼잡(混雜): 여럿이 한데 뒤섞이어 어수선함.

混 섞을 혼, 雜 섞일 잡

혼동(混同): 「1」 구별하지 못하고 뒤섞어서 생각함.

「2」 서로 뒤섞이어 하나가 됨.

「3」『법률』 서로 대립하는 두 개의 법률적 지위가 동일인에게 귀속하는 일. 주로 물권과 채권이 소멸되는 원인이 된다.

混 섞을 혼, 同 같을 동

혼선(混線): 「1」 전신 · 전화 · 무선 통신 따위에서, 선이 서로 닿거나 전파가 뒤섞여 통신이 엉클어지는 일.

「2」 말이나 일 따위를 서로 다르게 파악하여 혼란이 생김.

「3」 줄이 갈피를 잡을 수 없게 뒤섞임. 또는 그 줄.

混 섞을 혼, 線 선 선

오답해설

혼란(混亂): 뒤죽박죽이 되어 어지럽고 질서가 없음. ≒ 효란

混 섞을 혼, 亂 어지러울 란

혼돈(混沌): 「1」 마구 뒤섞여 있어 갈피를 잡을 수 없음. 또는 그런 상태. ≒ 혼륜

「2」 하늘과 땅이 아직 나누어지기 전의 상태. ≒ 혼륜

混 섞을 혼, 沌 어두울 돈

PART 3

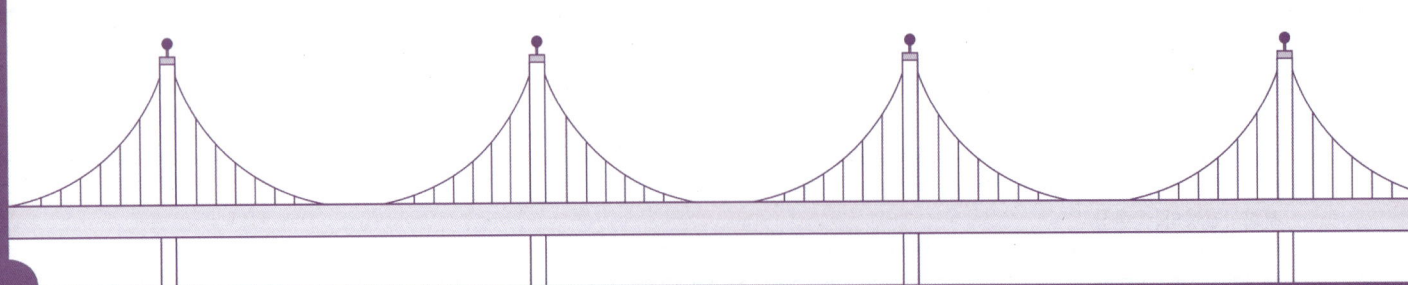

독해 유형별 코드

이유진 국어

Chapter 1 독해 유형별 코드 01 – 중심 화제, 주제

CODE 085 중심 화제

'중심 화제'를 찾는다?

지문 위에 있는 정보를 **확인**한다. '정상의 시력 + 집중력' 필요	➡	누군가 전달하고자 하는 이야기의 **핵심**을 **이해**한다. '어휘력 + 문장 추론력 + 요약 능력 + 눈치' 필요

'중심 화제'를 찾는 것은 지문에서 전달하고자 하는 이야기의 '주어'를 찾는 것입니다. 지문에 등장하는 모든 어휘 중에서 '가장 중요한 어휘'를 가려내야 하는 것이죠. 그렇다면, '가장 중요한 어휘'는 어떻게 찾아야 할까요?

중심 화제를 찾기 위한 방법

1. '추상어' 중에서 반복되는 말을 확인한다. ⇨ 화제어(話題語, topic word)
   ↳ 어떤 대상의 '특성'을 가리키는 관념적 어휘
   ⇔ 구체어: 감각에 의해 인식되는 특정한 대상(=특수어)
   특히 시각적으로 관찰되며, 공간 속에 존재하는 대상을 가리키는 단어들은 모두 구체어이다.

2. 화제어 중에서 중심이 되는 말을 고른다. ⇨중심 화제어(中心語, key word)
   ↳ 서술의 주성분
   수식을 받는 말
   열거된 정보를 포괄하는 말

오답을 피하는 방법

1. '보조 화제'를 중심 화제로 착각하지 말 것!
   ↳ 중심 화제를 쉽게 설명하기 위해 활용하는 보조적인 글감
   - 중심 화제보다 지시 범위가 넓은 상위 화제
   - 중심 화제와 범위가 같은 동위 화제
   - 중심 화제보다 범위가 좁은 하위 화제
   - 중심 화제와 범주가 다른 관련 화제
2. '보조 관념'을 중심 화제로 착각하지 말 것!
   ↳ 중심 화제를 효과적으로 전달하기 위해 비유적으로 활용하는 글감
   예 그녀는 장미다. ⇨ 말하는 사람이 이야기하고 싶은 것은 '그녀'(원관념)입니다.
   '장미'는 비유적 표현(보조 관념)이지요.
3. '무의미어'를 중심 화제로 착각하지 말 것!
   ↳ 글을 내용을 이어나가기 위해 활용하는 메타적인 어휘
   예 이 사회에서 가장 중요한 것은 ○○○다. ⇨ '가장 중요한 것'은 무의미어, ○○○이 전달하고자 한 중심 내용입니다.

CODE 086 주제

'주제'를 찾는다?

주제라는 것은 마치 나무의 줄기처럼 다양한 부분들을 흐트러지지 않게 붙잡으면서도 자신은 중심 속에 숨어 있는 '무엇'입니다. 줄기가 든든하지 않고서는 무성한 가지와 잎들을 지탱할 수 없을 것이며 가지와 잎들이 풍요로우면 풍요로울수록 줄기 자체는 숨겨지기 마련입니다. 따라서 주제란 이야기를 구성하는 여러 성분 자질들을 결합시키는 중심 원리이지만 주제가 제대로 기능하는 이야기일수록 주제는 잘 드러나지 않습니다.
지문에는 '주어(중심 화제)'에 대한 많은 정보가 담겨 있습니다. '주제'란 지문에 제시된 중심 화제의 모든 서술어를 합해서 만든 '단 하나의 문장'입니다. 따라서 '주제'를 찾으려면 지문의 많은 서술어를 경쟁시켜서 가장 중요하고도 포괄적인 하나의 서술어를 찾아내야 합니다. 주제를 잘 만들 수 있는 사람이 잘 찾을 수 있는 법이지요.
그런데 문제는 매력적인 오답도 내가 준비한 '가답안(스스로 지문을 읽고 요약하여 만든 주제)'과 유사하다는 것입니다. 따라서, 정답을 골라내기 위한 기준으로는 '가답안'을 사용하면서, 동시에 오답 패턴을 익혀두고 소거 기준으로 함께 사용해야 합니다. 그렇다면 출제자는 어떻게 '주제 찾기'의 오답을 만들어 낼까요?

출제자가 오답을 만드는 방법

1. 중심 화제를 확대하여 오답을 만든다.
   ↳ 몸에 작은 옷은 단번에 알지만, 큰 옷은 일단 입을 수 있으니 괜찮다고 생각할 수 있습니다.
   지문에서 선지 밖으로 나가는 내용이 없네? 안전하군. 이렇게 착각하는 것이죠.
   하지만 잊지 마세요. 주제 찾기 패턴은 항상 '가장 적절한 것'을 묻습니다.
   예 공룡 발자국 화석을 분석한 지문의 주제를 '공룡 화석 탐구'로 만든다.
2. 지문을 대표할 수 없는 부분적인 내용으로 오답을 만든다.
   ↳ 지문에 있는 내용이라고 모두 주제가 될 수는 없습니다.
   주제 찾기 패턴은 '참'을 찾는 것이 아닙니다.
   예 사계절의 아름다움을 이야기한 지문의 주제를 '신록의 아름다움'으로 만든다.
3. 중심 화제에 대한 논점을 왜곡하거나 거짓 정보를 활용하여 오답을 만든다.
   ↳ 글은 '무엇(중심 화제)'에 대해서 '어떠하다/어찌하다/무엇이다'라고 서술합니다.
   '무엇'은 적절히 잡은 뒤, 서술 부분에서 글쓴이의 의도를 왜곡하거나 거짓을 만들 수 있습니다.
   예 중심 화제의 문제점을 다룬 설명문의 주제를 '~해야 한다'는 식의 주장으로 만든다.
   지문에 없거나 지문과 상충되는 정보를 주제문에 넣는다.

CODE 085 중심 화제

171 다음 글의 제목으로 가장 적절한 것은?

> 과거에는 경제 자본이 사회 질서를 유지하고 '지배 권력' 관계를 재생산했다면, 이제는 간접적이고 비가시적인 문화 자본이 지배 계급의 상징적 구분 짓기의 수단이 되었다. 경제 자본처럼 직접적으로 사회적 지위를 전수하지는 않지만, 문화 자본은 문화적 성향과 태도를 차별화한다는 점에서 사회적 지위를 재생산하는 기제이다. 특히 문화 자본은 집단 간 문화적 취향의 차이를 발생시키는데, 이 취향은 행위자들의 문화적 경험과 생활에서 획득되는 것으로 객관적 계급의 위치와 함께 형성되고 변화한다. 대개 지배 계급인 부르주아는 실용적인 것, 양적인 것, 필요한 것으로부터 거리를 두는 순수 취향으로, 일반 대중은 실용성, 필요, 양에 중점을 두는 필요 취향으로 나타난다.

① 부르주아와 일반 대중의 대조적 취향
② 경제 자본에 비교한 문화 자본의 우월성
③ 사회 계급별 취향의 형성 원리
④ 사회적 계급 짓기 기제로서의 문화 자본

172 다음 글의 중심 내용으로 가장 적절한 것은?

> 동조 행위란 주위의 사람들이 하는 것을 따라서 하는 행위를 말한다. 유행을 따르는 행위, 타인의 행동이나 판단을 따르는 행위 등이 동조 행위에 해당된다. 동조 행위가 나타나는 이유에는 정보적 영향과 규범적 영향이 있다. 사람들은 어떻게 행동해야 좋은지를 알지 못할 때 다른 사람의 행동을 중요한 정보의 원천으로 보고 다른 사람의 행동을 자기에게 적용하는데, 이를 정보적 영향이라 한다. 즉, 객관적 판단 기준이 전혀 없는 상황에서 타인의 판단이 사회적 기준의 역할을 하는 것이다.
>
> 그러나 이 같이 판단의 준거가 애매한 상황에서만 동조 행위가 나타나는 것은 아니다. 오히려 판단의 준거가 뚜렷한 경우에도 동조 행위가 나타날 수 있는데 이를 규범적 영향이라 한다. 규범적 영향은 사람들이 집단의 일원으로 남고 싶고, 일원으로서의 혜택을 유지하고 싶을 때 자신의 의견과 다르더라도 다른 사람의 행동을 따라함으로써 발생한다. 사람들은 집단의 다른 구성원과 동일하게 행동함으로써 집단의 구성원으로서 인정받고, 소외되는 것을 피하려는 욕구를 갖는다.

① 인간의 사회적 욕구
② 동조 행위의 원인
③ 판단 기준의 성립 과정
④ 동조 행위의 종류

173 다음 글의 주제로 가장 적절한 것은?

> 민주주의 정부가 국민들과 한마음이어서 대다수 국민이 동의하기만 한다면 어떠한 강제 권력도 행사할 수 있다고 가정하기 쉽다. 그러나 국민 스스로에 의해서든, 그들의 정부에 의해서든 이러한 강제를 행사할 권리는 부정되어야 한다. 강제 권력은 대중의 여론에 반하는 경우보다 대중의 여론에 일치하여 행사될 때 더욱 위험하다. 한 사람을 제외한 모든 인류가 같은 의견이고, 단 한 사람만이 반대 의견이라고 해서 인류가 그 한 사람을 침묵시키는 것이 정당화될 수 없는 것은 그가 인류 전체를 침묵시키는 것이 정당화될 수 없는 것과 마찬가지이다. 의견을 표현하지 못하게 하여 침묵하게 하는 일은 그 의견을 지지하는 모든 사람에게, 나아가 그 의견을 반대하는 모든 사람들에게, 현존하는 세대뿐만 아니라 후세의 모든 사람들에게 강도짓 같은 해악을 끼친다. 만약 그 의견이 옳다면 그러한 권력은 오류를 진리로 바꿀 기회를 모든 사람에게서 강탈한 것이다. 설사 그 의견이 틀리다 하더라도 진리와 오류가 충돌할 때 발생하는 더욱 명료한 인식과 생생한 교훈을 배울 기회를 우리 모두에게서 빼앗아 버린 것이다.

① 강제 권력의 위험성
② 대중의 여론을 기반으로 한 권력
③ 표현의 자유가 침해되고 있는 실태
④ 표현의 자유를 제한하는 것의 부당함

174 다음 글의 중심 화제로 가장 적절한 것은?

> '퍼블리시티권'이란 특정인이 자신의 초상, 성명, 목소리, 이미지 등을 상업적으로 이용하거나 제3자에게 이용을 허락할 수 있는 배타적 권리를 말한다. 우리나라에서는 저작권과 관련된 기존의 법을 활용하여 초상이나 성명을 저작물에 준해 보호하고 그에 대한 사용권을 저작 재산권으로 통제할 수 있다는 의견도 있지만, 기존 법률의 보호 대상은 정보나 저작물만을 의미하고 있기 때문에 기존 법률만으로는 초상과 성명, 목소리 등을 지적 재산물의 범주에 명확히 담아내지 못한다는 주장도 만만찮다. 퍼블리시티권이 어느 경우에 인정이 되고, 어떠할 때 인정되지 못하는지 기준이 명확하지 않은 상태라 문제를 해결하고 싶은 이들은 소송을 내고, 하급심은 기존 법에 의지해 제각각 판결하며, 일부는 다시 항소하는 악순환이 벌어지고 있다. 유명인의 퍼블리시티권을 이미 인정해 관련 산업이 발전했고, 그 가치로 주식회사까지 설립되는 상황인데 법에 근거가 없다는 이유로 인정하지 않는 것은 문제라는 지적이다.

① 퍼블리시티권의 개념과 한계
② 퍼블리시티권 분쟁에 대한 법적 해결책
③ 퍼블리시티권의 목적 실현을 위한 법적 요건
④ 퍼블리시티권의 법적 제도화 필요성

175 다음 글의 제목으로 가장 적절한 것은?

정부가 어떤 재화에 세금을 부과하면 그 부담은 누가 지는가? 구입자와 공급자가 세금을 나누어 부담한다면 각각의 몫은 어떻게 결정될까? 이러한 질문들을 경제학자들은 '조세의 귀착'이라 한다. 결과적으로 정부가 구입자에게 세금을 부과하는 경우와 공급자에게 세금을 부과하는 경우 모두 구입자와 공급자는 공동으로 세금을 부담한다.

그렇다면 세금 부담의 몫은 어떻게 결정될까? 그것은 수요와 공급 탄력성의 상대적 크기에 달려 있다. 공급이 매우 탄력적이고 수요는 상대적으로 비탄력적인 시장에 세금이 부과되면 공급자가 받는 가격은 큰 폭으로 하락하지 않으므로 공급자의 세금 부담은 작다. 반면에 구입자들이 내는 가격은 큰 폭으로 상승하기 때문에 구입자가 세금을 대부분 부담한다. 거꾸로 공급이 상대적으로 비탄력적이고 수요는 매우 탄력적인 시장인 경우에는 구입자가 내는 가격은 큰 폭으로 상승하지 않지만, 공급자가 받는 가격은 큰 폭으로 하락한다. 따라서 공급자가 세금을 대부분 부담한다. 수요의 탄력성이 작다는 것은 구입자가 세금이 부과된 재화를 대체할 다른 재화를 찾기 어렵다는 것이고 공급의 탄력성이 작다는 것은 공급자가 세금이 부과된 재화를 대체할 재화를 생산하기 어렵다는 의미다. 재화에 세금이 부과될 때, 대체재를 찾기 어려운 쪽일수록 그 재화의 소비를 포기하기 어려우므로 더 큰 몫의 세금을 부담할 수밖에 없다.

① 조세의 귀착과 탄력성
② 세금 부과의 바람직한 방향
③ 탄력성이 경제에 미치는 영향
④ 조세 부과에 대한 대응 전략

CODE 086 주제

176 다음 글의 주장으로 적절한 것은?

경제가 어려울수록 사람들은 경제적 재화가 모두에게 똑같이 분배되는 사회를 소망한다. 하지만 이러한 형태의 단순 평등 사회가 달성된다고 하더라도 그 상태는 유지될 수 없다. 처음에 경제적 재화를 똑같이 분배받는다고 하더라도 사람들은 자신의 선택에 따라 재화를 자유롭게 사용할 것이고, 그렇게 되면 시간이 지남에 따라 결국 다시 불평등한 사회가 될 것이다. 이러한 불평등을 반복적으로 제거하면 다시 단순 평등 사회로 되돌아갈 수 있다고 생각할지도 모른다. 하지만 그것은 오직 국가의 개입과 통제가 있어야만 가능한 일이다. 문제는 그 누구도 개인의 자유를 억압하는 사회를 원치 않는데, 국가의 개입과 통제가 필연적으로 개인의 자유를 억압한다는 것이다.

① 사람들은 국가의 개입과 통제를 원하지 않는다.
② 자유를 억압하지 않는다면 평등을 달성할 수 있다.
③ 단순 평등 사회는 장기적으로 지속 가능하지 않다.
④ 경제가 어려울수록 개인의 자유가 보장되어야 한다.

177 다음 글에서 이끌어 낼 수 있는 주장과 가장 가까운 것은?

가치 있는 대상은 사람들이 그렇게 평가하기 때문에 가치 있는 것일까? 아니면 대상 자체로 가치 있는 것일까? 즉 '가치'는 주관적일까, 객관적일까?

대상에 대한 가치의 평가는 평가자에 따라 달라질 수 있다. 하지만 '평가'라는 인간의 심리적 행위와 평가의 대상이 되는 '사물의 가치'는 별개이다. 인간의 지각이 대상을 파악하는 작용일 뿐 대상 자체를 만들어 내는 것이 아닌 것처럼, 인간의 주관적 평가도 가치 자체에 대한 평가는 아니다.

빨간 풍선의 '빨간색'은 풍선이 가진 특성 중 하나이다. 가치 역시 개체와 상관없이 독립적으로 존재하는 성질이다. 따라서 가치가 상대적인 것이 아니라 그에 대한 인식이나 평가만이 상대적일 수 있다.

미(美)와 같은 가치는 어느 사회에서든 보편적 가치를 인정받는다. 개인의 문화적 배경과 경험의 차이가 개인의 평가를 다르게 할 뿐이다.

① 가치는 객관적으로 결정되는 것이다.
② 가치 있는 대상은 평가를 통해 가치를 획득한다.
③ 모두에게 인정받는 보편적 가치가 존재한다.
④ 인간은 평가를 통해 대상의 가치를 결정한다.

178 다음 글의 내용을 균형 있게 잘 간추린 것은?

> 우리나라의 전통 윤리는 정(情)에 바탕을 둔 윤리이다. 혈연의 정, 이웃 또는 친지의 정을 따라서 서로 사랑하고 도와가며 살아가는 지혜가 곧 전통 윤리의 기본이다. 정은 자기와 가까운 사람에 대해서 강하게 일어나고 먼 사람에 대해서는 약하게 일어나는 것이 보통이므로, 정에 바탕을 둔 윤리가 명령하는 행위는 상대가 누구냐에 따라 달라질 수 있다. 예컨대 남의 아버지보다는 내 아버지를, 남의 아들보다는 내 아들을 더 아끼는 것이 정에 바탕을 둔 윤리에 부합하는 태도이다.

① 가까운 사람들을 생각하는 전통 윤리는 바람직하다.
② 정에 바탕을 둔 윤리는 그 대상이 누구든 일관적이다.
③ 전통 윤리는 정에 바탕을 둔 상부상조의 윤리이다.
④ 우리나라의 전통 윤리는 정에 바탕을 두어 자기중심적이다.

179 이 글의 내용의 핵심 내용으로 알맞은 것은?

> 몸과 마음이 가난한 사람은 건강하다. 산짐승들은 모두 건강하고 천명(天命)을 누린다. 이것은 주어진 여건에 만족하고 헛된 욕심을 부리지 않기 때문이다. 그러나 인간은 산짐승과 같은 자족(自足)의 생활을 잃어버리고 탐욕(貪慾)과 이기(利己)의 노예가 된 지 오래다. 탐욕은 필연적으로 불만을 낳고, 불만은 우리 몸을 막히고 꼬이게 만든다. 물 흐르듯 자연스럽게 흘러야 할 몸의 기운이 막히고 꼬이고 뒤틀리면 그것이 병이다. 간디의 말처럼 지구는 인류가 살기에 충분한 조건을 갖추고 있으나 인간의 탐욕까지 만족시킬 만큼 그렇게 넉넉하지는 못한 것이다.
>
> 신체 이상은 생태계의 고장과 밀접하게 연관되어 있다. 식물은 햇빛을 받아 광합성 작용을 함으로써 유기물을 생성하고, 흙으로부터 무기질을 흡수한다. 이 식물이 생성한 물질을 동물이 먹고 살고, 동물의 죽은 시체를 미생물이 분해하여 식물이 살아갈 수 있는 토양(土壤)을 만든다. 이것이 곧 자연계의 순환 원리이다. 이러한 자연계는 인간이 분석하고 해석할 대상이 아니다. 극복하고 정복해야 할 대상은 더욱 아니다. 인간 사회 역시 자연의 일부로서 자연의 생태계 속에서 빠져나갈 수가 없다. 그러므로 인간 사회도 자연의 질서에 순응(順應)해야 한다.

① 병은 인간의 탐욕과 생태계의 고장 때문에 생긴다.
② 병을 치유하기 위해서는 자연을 닮으려고 노력해야 한다.
③ 정신과 마음이 건강하지 않으면 신체도 결코 건강하지 않다.
④ 몸과 마음이 건강하기 위해서는 인간 사회도 자연의 질서에 순응해야 한다.

180 다음 글이 가지고 있는 문제의식으로 가장 적절한 것은?

> 어떤 현상을 설명하는 하나의 주장이 다른 주장에 비해 상대적으로 설명력이 뛰어나다면, 그것은 그 주장이 옳다고 믿을 만한 충분한 이유가 된다. 이러한 추론을 '최선의 설명에로의 추론'이라고 부른다.
>
> 최선의 설명에로의 추론은 과학적 실재론을 옹호하는 데 매우 유용하다. 과학 이론이란 자연 세계를 서술하고 이를 바탕으로 현상을 설명하는 언어이다. 그런데 자연 세계에는 현상을 일으켰지만 우리가 직접 관측할 수는 없는 사물이나 원리가 존재한다. 과학 이론은 이런 내용들을 포함하기 때문에 매우 추상적이다. 따라서 어떤 과학 이론이 참인지 경험을 통해 확인하기는 매우 어렵다. 이런 상황에서 과학적 실재론자는 과학 이론이 자연 세계를 참되게 혹은 적어도 근사적으로 서술한다고 믿는다. 나아가 그러한 과학 이론 안에 가정된 이론적 존재자들 역시 실제로 존재하는 사물들을 표상한 것으로 본다.
>
> 과학적 실재론자가 그런 믿음을 주장하는 가장 중요한 이유는 그런 믿음이 전제되지 않으면 실제 역사 속에 드러난 과학 이론의 성공을 설명할 수 없기 때문이다. 가령 별의 운행과 관련하여 점성술보다는 천문학의 설명이, 천동설보다는 지동설이 훨씬 성공적이었다. 여기서 우리는 과학적 실재론이 최선의 설명에로의 추론을 통해 옹호되고 있음을 볼 수 있다.

① 과학 이론은 검증 가능한가?
② 과학에서의 이론적 존재자들은 실제로 존재하는가?
③ 과학적 실재론은 과학의 성공에 대한 최선의 설명인가?
④ 과학 이론은 세계에 관한 참된 서술인가?

Chapter 2 독해 유형별 코드 02 – 전개 방식, 접속어

CODE 087 전개 방식

↘ '전개 방식' 유형을 해결하려면 우선!

이 유형을 해결하기 위해서는 일단 용어에 대한 이해가 필요합니다. 지문에서 파악한 다양한 내용을 논지전개 방식과 서술 방식의 개념어를 활용해 일반화시킨 정답을 찾아야 하기 때문이죠. 이는 문학에서 표현상의 특징이나 서술상 특징에 대한 개념어를 알고 있어야 하는 것과 같습니다. 또, 선지의 구조에 따라 O/×를 따질 줄 아는 능력도 당연하고요.

부정발문은 지문 전체의 구조를 묻는 것이 아닙니다. 지문 여기저기에서 부분적으로 활용된 서술 전개 방식을 확인해야 합니다. 따라서 지문을 다 읽고 선지를 보면서 '이런 게 있었나?'하고 떠올리는 것보다 선지를 먼저 보고 지문을 읽으며 발견해 나가는 것이 유리합니다. 따라서 선지를 끊어 읽어가며 서술 전개 방식에 대한 개념어를 잡아 동그라미를 치고, 지문을 읽다가 해당되는 부분을 발견하면 바로바로 선지를 확인하고 처리합니다.
반면, 지문 전체의 구조를 가장 잘 설명하는 선지를 찾아야 하는 긍정발문을 위해서는 '정보의 요약 능력'이 필수입니다. 지문의 중심 화제에 대해 문단별로 중요한 부분에 체크하며 요약한 뒤, 문단 간의 관계를 파악합니다. 그리고 마지막으로 지문 전체에서 정보를 어떻게 펼쳐 나갔는지 한 문장으로 정리하는 것이지요. 이렇게 가답안을 만드는 과정을 거치지 않고 선지를 먼저 보게 되면, 오답 중 하나에 이끌려 그 선지에 맞춰 지문을 합리화하는 경우가 생길 수 있습니다.

↘ 전개 방식 유형의 선지 개념어

1. **설명**: 사실이나 정보 등을 전달하거나 독자의 이해를 돕는 진술 방식으로, 감정적 표현을 배제한 객관성에 근거한 진술 방식
   (1) **정의**: 어떤 대상의 범위를 규정짓고 그 본질을 명제의 형식으로 진술하는 방식

종개념	종차 요소(변별 요소)	(최근) 유개념
사람은	(　　　　　　　　)	동물이다
피정의항	정의항	

   (2) **확인(지정)**: '누구냐, 무엇이냐?'에 대해 그 특성을 통해 단순히 답변하는 방식
   (3) **분석**: 하나의 대상(전체)을 구성 요소(부분)들로 나누어 진술하는 방식
   (4) **분류와 구분**: 한 무리의 사물을 일정한 기준에 따라 갈래 짓는 것
   • 분류: 종개념들을 모아 유개념으로 묶어가는 것　• 구분: 유개념(類概念)에서 종개념(種概念)으로 내려오면서 가르는 것
   (5) **예시**: 일반적 · 추상적 진술의 타당성을 뒷받침할 수 있도록 구체화하여 설명하는 방식
   (6) **유추**: 생소한 어떤 개념이나 현상을 친숙한 대상에 빗대어 설명하는 방식
   (7) **비교와 대조**: 둘 이상의 대상을 견주어 공통점이나 차이점을 찾는 일
   • 비교: 대상 간의 공통점 위주로 설명하는 것　• 대조: 대상 간의 차이점 위주로 설명하는 것
   (8) **과정(過程)**: 어떤 결과를 가져오게 한 변화나 단계 또는 기능, 작용 등을 밝히는 진술 방식
   (9) **인과(因果)**: 원인(原因)과 결과(結果), 왜 그것이 일어났는가, 결과가 무엇인가

2. **묘사**: 구체적인 대상을 감각적으로 구체화하여 표현하는 진술 방식
   (1) **객관적 묘사(과학적 묘사)**: 주관을 배제하고, 대상이나 상황을 사실에 충실하게 묘사
   (2) **주관적 묘사(인상적, 문학적 묘사)**: 주관적 인상을 통해 대상을 그려내는 것

3. **서사**: 대상의 움직임(행동)을 시간의 흐름에 따라 진술하는 방식

4. **논증**: 불확실한 사실이나 원칙을 논거를 통해 논리적으로 밝혀 독자를 설득시킴으로써 주장을 입증하는 진술 방식
   (1) **연역적 방법**: 일반적인 원리나 원칙을 근거로 하여 구체적인 어떤 사실을 이끌어 내는 방법, 이미 알고 있는 일반적 명제를 바탕으로 새로운 명제를 이끌어 내는 추론 방법이다.

생물은 모두 성장한다.	[대전제] – 일반적인 원리
사람은 생물이다.	[소전제] – 구체적인 원리
↓	↓
그러므로 사람은 성장한다.	[결 론] – 구체적 결론

   (2) **귀납적 방법**: 구체적인 사실로부터 일반적인 사실을 결론으로 이끌어 내는 방법, 가능한 한 많은 사례를 통해 결론을 도출하는 것이 중요하지만 예외가 있을 때는 주장을 완벽하게 증명하기 어렵다.

예 제비도 날개가 있다. 까치도 날개가 있다.	[구체적인 사실들]
이들은 모두 새이다.	[공통점]
∴ 그러므로 모든 새는 날개가 있다.	[결론]

   (3) **변증법적 방법**: 비판적 의문을 제기하여 가장 완벽한 결론에 도달하고자 하는 것, 하나의 이론[정(正)]에 대해 이의를 제기[반(反)]하면 그것을 받아들여 새로운 이론[합(合)]을 정립하고 이 과정을 반복한다.

CODE 088 접속어

↘ 적절한 접속어 판별법

'**접속어(접속 부사)**'는 문장과 문장, 문단과 문단을 이어주는 역할을 합니다. 그렇기 때문에 문장의 관계나 문단의 관계를 파악하는 데 중요한 단서를 제공하죠. 접속어의 기능을 잘 파악하면, 글쓴이의 의도나 말하고자 하는 바를 보다 쉽게 파악할 수 있어서 속독과 요약에 도움이 됩니다. 또한, 제시된 접속어를 통해 **앞에 나올 정보나 이어질 정보를 추론**하는 능력은 **배치나 배열** 패턴에서도 정답을 찾는 데에 아주 중요하게 활용됩니다.

✔ 빈칸에 적절한 접속어를 찾는 방법

- 빈칸의 앞부분과 뒷부분을 잘 요약한다.
- 아래에 제시된 접속어의 종류와 의미를 숙지하였다가 적절한 접속어를 고르도록 한다.

✔ 접속어(접속 부사)의 종류와 의미

관계	예	
순접(병렬)/보충(첨가)/선택	순접(병렬)	그리고, 또, 또한, 덧붙여 등
	보충(첨가)	게다가, 더구나, 하물며, 더욱이, 특히 등
	선택	또는, 혹은 등
대립(역접)/전환	대립(역접)	그러나, 그렇지만, 하지만, 한편, 반면에, 거꾸로 등
	전환	그러나, 그렇지만, 하지만, 그런데, 아무튼, 그렇다 하더라도, 다만 등
인과/귀결	원인	왜냐하면, 그 이유는, 그 이유로 등
	결과	그러므로, 그러니까, 따라서, 그러한즉(그런즉), 그래서, 결론적으로 등
예	예를 들어, 가령, 예컨대 등	
상술/정의/정리	곧, 즉, 말하자면, 다시 말해서, 달리 말하면, 요컨대 등	

- **중심 내용이 뒤에 있는 접속어:** 그러나, 따라서, 요컨대, 결국, 그런데, 그러므로, 그렇다면, 이제
- **중심 내용이 앞에 있는 접속어:** 즉, 왜냐하면, 다시 말해, 가령, 예를 들어, 예컨대

✔ 접속어 유형을 위한 전략적 펜터치

다음 세 가지 기능의 접속어에는 반드시 표시를 해 두는 것이 좋습니다.
다소 복잡해 보일 수 있지만, 실제로 표시를 하며 읽어 보면 글의 내용을 이해하는 데 매우 유용한 도구라는 것을 알 수 있습니다. 이처럼 글의 핵심과 그 핵심을 이해하기 위한 중요한 부분에 표시하는 것이 바로 '전략적 펜터치'입니다.

관계	기호	
대립(역접)/전환	↔	
인과/귀결	원인	인(근거) → 과(결론)
	결과	과(결론) ← 인(근거)
예	>	

- '인과/귀결'을 나타내는 접속어는, 해당 인과를 빠르게 파악할 수 있도록 결과나 결론 쪽으로 화살표 머리가 향하도록 표시하세요. 이런 표시는 인과 관계가 연쇄적으로 반복되는 지문에서 강력한 도구가 됩니다.

- '대립(역접)/전환'을 나타내는 접속어는 지문에서 가장 중요하게 활용되는 접속어입니다. 이 접속어가 등장하면 논지가 전환되거나 논지에 대한 비판 · 반박이 이어지거나 아예 중심 화제가 전환될 수도 있습니다. 이 접속어에 대해서 주의할 점은, 접속어의 기능이 적용되는 범주가 앞뒤 문장일 뿐인지, 그 이상의 내용 단락인지 판단하셔야 한다는 점입니다.

- '예'를 나타내는 접속어가 나오면 앞의 내용에 대한 구체화이니 앞에 제시된 일반화 진술의 방향으로 부등호(>)를 하고, 다양한 예시가 열거되거나 어느 정도 텍스트 분량을 차지하는 일화인 경우 소괄호(( ))를 활용하여 묶어 두도록 합니다. 예시는 글의 내용을 확실히 이해했다면 빠르게 읽어 나가도 되는 부분입니다. 다만, 선지에서 예시에서 다룬 내용을 묻는다면, 지문으로 다시 와서 ( ) 안을 확인하여 푸는 것이 정확합니다. 이를 위해 미리 지문에 표시를 해 두는 것이기도 합니다.

- '순접(병렬)/보충(첨가)/선택'이나 '상술/정의/정리'의 관계에는 별도로 표시를 할 필요까지는 없습니다. 이런 접속어가 등장했을 때는 맥락에 따라 자연스럽게 읽어 나가면 됩니다.

CODE 087 전개 방식

181 다음 중 〈보기〉와 같은 전개 방식으로 쓰인 문장은?

보기

길 오른편은 경사진 개간지요, 왼편은 소나무 숲이었다. 이 사이로 외발자국 오솔길이 나 있었다. 여름이면 쑥과 뱀딸기 덩굴로 거의 덮이다시피 했다.

① 본질이란 사물의 존재와 발전의 기초가 되는 내적 측면이다.
② 희곡이란 일정한 인물과 사건과 주제를 가지고 있다는 점에서 소설과 다를 바가 없다.
③ 원구는 동욱이가 쪽지에 그려 준 약도를 몇 번이나 펴 보며 걷기 힘든 비탈길을 조심히 걸어 올라갔다.
④ 이건 위아래가 뭉툭한 것이 내 눈에는 하릴없이 감참외 같다.

182 논증 방식이 〈보기〉와 가장 유사한 것은?

보기

자식이 부모를 공경하지 않으면 그것은 인간으로서의 도리를 잃어버리는 것이다. 이런 세태는 물질을 우선시하는 산업 구조가 만들어 낸 것이며, 인간 본연의 가치를 지키려는 교육이 이루어지지 않은 한국 사회의 병폐다. 따라서 인간의 가치와 본질에 대한 의미를 일깨우는 교육이 실현되어야 한다.

① 암 환자들 중에는 흡연자 비율이 비흡연자보다 높았다. 따라서 흡연을 많이 하면 암에 걸릴 확률이 높다.
② 과거 수십 년간 석유류의 가격이 오르면 전체 물가가 올랐던 기록이 있다. 최근에 석유류 가격이 많이 올랐다. 따라서 앞으로 물가가 오를 것이다.
③ 사회 구조의 변동이 심한 곳에서는 어휘 변동도 급격히 진행된다. 오늘날 우리 사회는 구조 변화가 심하다. 따라서 우리말 어휘 체계가 크게 달라질 것이다.
④ 모든 분야에서 높은 지위를 획득한 사람들이 정보와 지식에 의존하는 비율이 높아지고 있다. 따라서 앞으로 정보와 지식이 사회적 지위를 결정할 것이다.

183 다음 글에 사용된 전개 방식이 아닌 것은?

자연이 수학적 집합, 즉 근대 자연과학의 대상으로 포섭되어 가는 역사적 과정은 몇 단계로 구분할 수 있다. 먼저, 대상의 형태적 측면을 이념화하는 과정이 있다. 이는 대상의 형태적 측면이 추상적이지 않은 공간적 현상이면 별다른 장애 없이 직관적으로 진행되는 단계이다. 다음으로, 대상의 운동과 감각을 수학화하는 단계가 이루어진다. 경험 가능한 사물은 형태와 감각을 지니고 있다. 그런데 형태는 그 특성상 직접적으로 이념화될 수 있지만, 색깔과 같은 감각은 공간적 특성이 아니므로 간접적으로 이념화될 수밖에 없다. 가령, 밝음, 어두움과 같은 빛의 세기는 감각의 영역이지만 이를 대상으로부터 반사되어 나오는 입자로 정의함으로써 수학화가 가능한 대상으로 만들 수 있다. 마지막으로, 공간적 관계를 함수 관계로 대치시키는 형식화가 이루어진다. 이 단계에서 직선이나 원 등은 함수로 수식화되며, 이는 기하학이 성립하게 되었음을 의미한다. 즉, 기하학이 모든 영역을 포괄하는 보편성을 지니게 된 것이다.

① 두 개념의 특성을 대조하여 설명하고 있다.
② 사례를 통해 생소한 개념의 이해를 돕고 있다.
③ 시간 순서에 따른 대상의 변천을 설명하고 있다.
④ 기하학이 자연을 포섭하는 과정을 서술하고 있다.

184 다음 글의 전개 방식으로 적절하지 않은 것은?

예술의 기원을 중심으로 예술을 판단하는 관점으로는 모방설, 상징설, 도구설 등이 있다. 아리스토텔레스는 "모방은 인간에게 있어 어린 시절부터 갖고 있는 것이요, 또 인간이 세상에서 가장 모방을 잘하는 동물이요, 처음에 이 모방에 의하여 배운다."고 주장했다. 상징설에서는 예술은 감정의 폭발이 아니라, 그것의 깊은 통일과 연속을 나타낸다는 점을 강조해, 예술은 상징적 언어라고 정의하고 있다. 이 관점에 따르면 예술이 가지려는 것은 보이지 않는 감정이기 때문에 예술은 자연스럽게 상징적인 형태를 취하게 된다. 도구설은 노동설이라고도 하며 예술이란 인간이 자연을 변형시키는 행위인 노동의 일종이라고 보는 견해이다. 예술은 노동에 도움이 되고, 노력을 통합시키며 개인을 사회 집단과 연결시킨다는 것이다.

① 적절한 인용을 통해 내용을 뒷받침하고 있다.
② 유추의 방법으로 대상의 본질을 규명하고 있다.
③ 대상의 특성을 다양한 각도에서 설명하고 있다.
④ 일정한 기준에 따라 대상을 나누어 설명하고 있다.

185 다음 글의 논지 전개 방식으로 가장 적절한 것은?

과거에는 실제로 존재한다고 여겨지던 것들이 오늘날에는 허구적인 것으로 취급받게 된 경우들이 있다. 과거 과학자들은 '플로지스톤'이라는 개념을 이용해서 연소 현상을 설명했으며, 그것이 실제로 존재한다고 생각했다. 하지만 오늘날 플로지스톤이 존재한다는 것을 믿는 자연과학자는 없으며, 그런 개념은 현대 자연과학에서 사라져 버렸다. 이는 표준적인 현대 화학 이론이 '플로지스톤'이라는 개념을 동원하지 않고서도 연소 현상을 보다 더 잘 설명하기 때문이다.

우리는 '믿음', '욕구' 등과 같은 통속 심리 이론 속 개념들도 동일한 운명에 처할 것이라는 걸 알 수 있다. 일상적으로 우리는 행동 현상을 설명하기 위해서 통속 심리 이론의 개념을 사용한다. 예를 들어, 영화관으로 향하는 행동 현상은 영화 감상에 대한 '욕구'와 '믿음' 등을 이용해 설명한다. 그런데 오늘날 신경과학자들은 통속 심리 이론과 전혀 다른 방식으로 행동 현상을 설명하기 시작했다. 즉 최근 신경 과학 이론은 '믿음', '욕구' 등에 호소하지 않고 신경들 사이의 연결과 그 구조를 통해서 인간의 행동 현상을 설명한다. 그렇다면 '믿음', '욕구' 등도 '플로지스톤'과 비슷한 운명을 겪게 될 것이다.

① 사례를 제시하며 유추를 통해 주장의 근거를 제시하고 있다.
② 대상에 대한 비교와 대조를 통해 주장을 강화하고 있다.
③ 전문가들의 견해를 인용하여 주장을 강화하고 있다.
④ 시간의 흐름에 따라 대상의 변화를 설명하고 있다.

186 다음 글에 나타난 추론 방식을 바르게 설명한 것은?

'왜'라는 말로 시작되는 물음은 다음의 두 가지 중의 하나를 겨냥한다. 그 하나는 어떤 것이 원인이 무엇인가 함이요, 다른 하나는 어떤 사태를 만든 이유 혹은 목적, 의도가 무엇인가 함이다. 앞의 원인을 겨냥하는 '왜'라는 질문의 예는 너무나 허다하다. '물은 왜 어는가?', '눈은 왜 내리는가?', '바람은 왜 불며 천둥은 왜 치는가?' 등은 우리가 학교에서 배우는 과학적 지식만으로도 그 원인들이 무엇인가를 곧 알 수 있는 물음이다. 물론, 옛날에는 이러한 '왜'의 질문들에 대한 대답들이 공포로 뒤범벅이 된 허무맹랑한 소리들로 충만된 것이었음을 우리는 잘 알고 있다. 또한, 이유 혹은 목적, 의도에 관계되는 '왜'라는 질문의 예도 한두 가지가 아니다. '왜 너는 동생을 때렸니?', '왜 너는 학교에 다니니?', '왜 너는 이런 인형을 만들었니?' 등의 물음이 그것이다. 이러한 물음은 원인을 묻는 질문들과는 달리 분명한 답을 찾기가 쉽지 않다.

그러면 '왜 사는가?'의 '왜'는 어떤 것을 겨냥하는 질문일까? 만일 원인을 겨냥한다면 그것은 생물학 내지 생리학이 혹은 물리 · 화학이 대답해 줄 것이다. 내가 세상에 태어나게 된 원인은 생물학 내지 생리학적 작용의 결과였음을 아무도 부인하지 않을 것이다. 그리고 내가 이렇게 걸어 다니며 '왜 사는가'하는 질문을 제기하며 살 수 있는 것은, 내 몸뚱아리의 생리적 기능이 제대로 돌아가 주기 때문이다. 그리고 설사 생리적 기능에 아무 탈이 없다 하더라도 그 활동에 필요한 물질을 공급해 주지 않았을 때 어찌될 것인가는 불문가지(不問可知)이다. 먹어야 산다는 말은 이것을 꼬집어 주는 말이다. 그런데 '왜 사는가?'라고 묻는 사람은, 아마도 요즈음 사람은, 지금 말한 그런 사실을 몰라서, 그래서 알고 싶어서 그런 질문을 하지는 않을 것이다.

① 일반적 전제에서 연역적으로 결론을 유도한다.
② 구체적 사례들로부터 결론을 귀납적으로 유도한다.
③ 유사한 대상에 비유하여 결론을 유도한다.
④ 상반된 두 주장을 비판하여 새로운 결론을 유도한다.

CODE 088 접속어

187 ㉠~㉢에 알맞은 접속어를 순서대로 나열한 것은?

> 시민들의 정보 해석 능력이 낮아서 의사소통의 장애가 발생하고, 그 결과 시민들의 정치 참여가 저조하다는 견해가 있다. (㉠) 정보 해석 능력이 향상되지 않으면 시민들의 정치 참여가 증가하기 어렵다는 것이다. 따라서 정보 해석 능력이 향상되면 정치 참여가 증가한다는 것은 분명하다. (㉡) 정보 해석 능력과 시민들의 정치 참여는 양의 상관관계를 갖는다. (㉢) 연구에 따르면 그런 상관관계의 증거는 없다.

	㉠	㉡	㉢
①	따라서	그렇다면	요컨대
②	따라서	다만	그러나
③	즉	그렇다면	그러나
④	즉	다만	요컨대

188 빈칸에 들어갈 접속어를 순서대로 나열한 것은?

> 모든 혁명과 전쟁은 언제나 정의의 이름으로 행해졌다. [ ] 이상한 것은 새로운 질서의 개척자와 구질서의 옹호자가 모두 정의의 지배를 내세운다는 점이다. 적대 관계에 있는 자들은 항상 정의가 자신의 편이라고 주장해 왔다. 여기서 우리는 정의라는 관념에 부착된 의미가 믿을 수 없을 정도로 다양하다는 것과 그러한 정의 관념이 극심한 혼동을 야기한다는 것을 알 수 있다. [ ] 다양한 정의 개념 중 특정한 정의 개념을 채택하여 그것이 유일한 참된 정의라고 주장하는 것은 바람직하지 않다. 바람직한 것은 다양한 정의 개념의 공통점을 추출하여 이를 바탕으로 정의를 공식화하는 것이다.

① 그런데 – 따라서
② 그리고 – 특히
③ 그런데 – 가령
④ 덧붙여 – 그러한즉

189 ㉠~㉢에 알맞은 접속어를 순서대로 나열한 것은?

> 인권 보호 질서는 가장 새롭게 등장한 국제 질서의 하나이다. 주권 국가 중심의 현 국제 정치 질서에서는 주권 존중과 내정불간섭 원칙이 엄격하게 지켜지고 있다. (㉠) 자국 정부에 의한 자국민 학살, 탄압, 인권유린 등이 국외에서는 외면되어 왔다. (㉡) 정부에 의한 인민 학살의 피해나, 자국 내 소수민족 탄압 등이 용인되기 어려운 상태에까지 이름에 따라 인권 보호를 위한 인도주의적 개입의 당위가 논의되기 시작하고 있다. 이러한 흐름 속에서 각종 NGO 등의 노력으로 국제사회에서 공동 개입하여 인권 보호를 이루려는 운동이 일어나고 있다. (㉢) 하나의 새로운 국제 질서인 인권 보호 질서가 자리를 잡아가고 있다. 21세기에 접어들며 세계 시민 의식이 급속히 확산되고 있는 점을 감안하면, 향후 인권 보호 질서가 결코 무시할 수 없는 국제 질서가 될 것이다.

	㉠	㉡	㉢
①	하지만	그러나	요컨대
②	하지만	즉	그 결과
③	그래서	즉	요컨대
④	그래서	그러나	그 결과

190 문맥을 고려할 때 ㉠~㉣에 들어갈 접속 부사가 차례대로 바르게 나열된 것은?

> (가) 언론 윤리란 모든 언론인과 언론사가 공동의 선을 추구하기 위해 지켜야 하는 규범을 말한다. 가령 '언론 윤리 강령'은 언론인이나 언론사가 지켜야 할 언론 윤리의 총괄적인 내용을 담고 있다. 언론은 다른 일반 기업 집단과는 달리 국민들의 알 권리 충족이라는 공익적 임무를 수행하기 때문에, 이러한 윤리를 더욱 잘 지켜야 한다는 것이다. 기본적인 윤리 의식이 부족한 집단이 공공의 이익을 위해 가장 객관적인 내용을 전달하기는 어렵다고 본 것이다. 이러한 생각에 덧붙여 언론 윤리가 지켜져야 하는 이유에 대해 다음과 같은 원리를 근거로 제시하기도 한다.
>
> (나) 첫째, 중용의 원리이다. 이는 아리스토텔레스가 주장하는 황금 분할 원리로서 언론인은 기사를 작성하면서 어느 한쪽에 치우치지 말고 균형을 유지하라는 것을 암시한다. 둘째, 보편적 도덕률의 원리이다. 이는 임마누엘 칸트의 절대적 보편성에 근거하는 것으로서 목적 달성을 위해 수단이 잘못되어서는 안 된다는 것을 강조한다. 셋째, 공리적 원리이다. 이는 제레미 벤담의 최대 다수의 최대 행복의 원칙을 행위의 기준으로 삼는 시각이다. 언론 보도에서도 최대 다수의 행복을 위해서는 소수가 희생될 수도 있는데, 이는 결과가 얼마나 바람직하게 유도되는가의 여부에 의해 결정된다는 점을 내포하고 있다.
>
> (다) 이러한 원리는 뉴스의 취재 과정에서부터 수용자들에게 전달되는 순간까지 전 과정에 반영되어야 한다. (㉠) 언론 종사자들은 '사회적 복리의 실천'이라는 궁극적 목적을 이루기 위해 최선을 다해야 한다. 물론 언론인이라고 해서 다른 직종 사람들보다 훨씬 더 엄격하게 윤리를 지켜야 하는 것은 아니다. (㉡) 언론 윤리가 지켜지지 않을 경우에는 다른 어떤 일보다 사회적 파장과 피해가 크다는 점을 기억해야 한다.
>
> (라) (㉢) 현실에서는 언론 윤리가 철저하게 지켜지지 않는 것이 사실이다. 언론인들은 마감 시간에 맞추어 대단히 빠른 속도로 일을 하며 특종에 대한 욕구로 정확성을 지키지 못하는 경우가 많다. 때로는 윤리적 측면을 무시해야 독자의 관심을 끌 수 있다고 생각하기까지 한다. 물론 언론인 중에 자신이 만든 기사가 가져올 사회적 파장에 대해 무관심한 경우도 적지 않다. (㉣) 수많은 사람들은 기사의 진실성에 의문을 제기하지 않는다. 이 같은 상황 때문에 언론은 지속적인 고민에 빠져 있다. 하지만 이러한 고민을 통해 언론은 보다 발전적인 미래를 향해 나아가고 있다.

① 물론 – 한편 – 요컨대 – 그리고
② 물론 – 그러나 – 그러나 – 아울러
③ 그리하여 – 그렇지만 – 그러나 – 그리고
④ 그리하여 – 한편 – 요컨대 – 아울러

독해 유형별 코드 03 – 배치, 배열

CODE 089 배치

배치의 원리

'배치'는 제시된 보기(문장/문단)를 지문의 어느 부분에 두는 게 가장 적절할지 판단하는 패턴입니다. 이때 지문은 보기 부분의 내용이 빠진 불완전한 지문이겠죠? 즉, 출제자는 '배치'를 출제할 때 의도적으로 지문의 '완결성'을 훼손합니다.

완결성이 결여된 대표적인 두 가지 경우 – 배치되어야 할 내용은?

중심이 되는 부분이 드러나지 않은 경우

아무도 쥐를 보고 후덕하다고 생각은 아니할 것이고, 할미새를 보고 진중하다고는 생각하지 아니할 것이오, 돼지를 소담한 친구라고는 아니할 것이다. 토끼를 보면 방정맞아 보이지마는, 고양이처럼 표독스럽게는 아무리 해도 아니 보이고, 수탉을 보면 걸걸은 하지마는, 지혜롭지는 아니하여 보이며, 뱀은 그림만 보아도 간특하고 독살스러워 보이고, 개는 얼른 보기에 험상스럽지마는 간교한 모양은 조금도 없다. 그는 충직하게 생겼다.

↳ 말하려는 바는 짐작이 가지만, 구체적으로 지문에 주제가 드러나지 않았다.
이 지문의 맨 앞이나 맨 뒤에 주제문이 들어가야 한다. 이 글은 이광수의 '우덕송'으로 실제 맨 앞 문장은 다음과 같다.
<u>외모로 사람을 취하지 말라고 하였으나, 대개는 속마음이 외모에 나타나는 것이다.</u>

보조적인 부분의 충분한 뒷받침이 없는 경우

우리나라의 자연은 네 계절이 다 아름답다. 봄에는 산과 들에 진달래, 개나리가 피고, 여름에는 울창한 숲에서 시원한 바람이 불어오며, 겨울에는 함박눈이 소복이 쌓여 온 세상을 하얗게 순화시켜 주니 그 얼마나 아름다운가?

↳ 주제문에 의하면 네 계절의 아름다움이 공평하게 열거되어야 한다. 여름과 겨울 사이에 가을의 아름다움이 들어가야 한다.

지문 먼저? 보기 먼저?

- 배치해야 할 대상인 보기가 접속어나 지시어(이, 그, 저)로 시작하는 경우: 앞에 올 내용을 추론할 수 있으므로 보기 먼저 읽는다.
- 그 외: 지문을 먼저 읽으며 어색한 부분을 찾거나 주제를 파악한다. 그 뒤 보기를 보고 보기가 맡아야 하는 역할을 따져 배치한다.

CODE 090 배열

문장/문단을 빨리 맞추는 방법

1. 배열할 각 부분의 중요 정보를 파악한다.
⬇
2. 표지(접속어, 지시어, 보조사, 어미)를 파악한다.
⬇
3. 반드시 연결될 부분이나 선후를 파악한 뒤
⬇
4. 조건을 충족하는 정답을 선지에서 찾는다.

명시적 연결과 내용적 연결

1. **명시적 연결**: 접속 부사나 지시어를 사용하여 문장과 문장, 문단과 문단을 연결하는 것
   ↳ 주로 문장 연결 패턴에 활용된다.
2. **내용적 연결**: 명시적 연결어 없이 문단이나 글 전체가 끊어진 듯한 느낌이 없이 잘 연결되어 있는 것
   ↳ 주로 문단 연결 패턴에 활용된다.

문단 배열에서 주로 활용하는 내용적 연결 방식

☑ 주제 문단은 두괄 혹은 미괄이다.
☑ 의문, 문제, 통념 제시는 시작 부분이다.
☑ 일반적 진술 뒤에 그에 대한 구체적 진술이 이어진다.
☑ 포괄 문단에서 제시한 순서대로 보충 문단이 진행된다.

CODE 089 배치

191 〈보기〉의 문장이 들어갈 위치로 가장 적절한 것은?

보기

그런데 감각기관을 통한 인지능력의 예민함은 저하되지만, 쾌와 불쾌의 주관적인 느낌은 더 강해진다.

일반적으로 문화가 발전하면서 시각이나 후각과 같은 감각은 근거리에 한정된다. 우리는 근시안이 될 뿐 아니라 근감각이 된다. ① 특히 후각의 경우가 그러하다. 더 이상 우리는 원시 종족만큼 객관적으로 냄새를 인지할 수 없지만, 후각이 주는 인상들에 대해서는 주관적으로 더욱 더 강렬히 반응하게 된다. ② 특별히 예민한 코를 가진 사람은 바로 이러한 강렬함 때문에 확실히 즐거움보다 불쾌함을 훨씬 더 많이 체험한다. 우리가 감각이 주는 인상에 더 강렬하게 반응하게 되면서, 현대인들이 서로 배척하여 고립되는 현상이 발생한다. ③ 우리는 어떤 냄새를 맡게 되면 그것의 인상을 우리 안으로 깊숙이 끌어들인다. 누군가의 냄새를 맡는다는 것은 그를 가장 내밀하게 인지하는 것이다. 타인은 기체의 형식을 통해 가장 감각적이고 내면적으로 우리에게 들어온다. ④ 그리고 후각이 주는 인상에 대한 예민함이 증가함에 따라 이들 인상에 대한 선호의 차이가 생겨난다.

192 제시된 문장이 들어갈 곳으로 가장 적절한 것은?

즉, 주식 소유권에 기초한 기업 소유는 다른 재산의 소유와 다르며, 주주뿐만 아니라 기업 특수 투자의 담당자인 노동자들의 기여도 무시할 수 없다는 것이다.

기업에서 주주 이익을 극대화하는 경영을 부정하는 입장이 있다. (①) 이러한 입장은 주주들이 경영자의 이익추구 행위를 규율하는 것은 원천적으로 불가능하며, 특히 재벌 기업의 경우에는 더욱 그러하다고 주장한다. (②) 나아가 주주 이익 극대화는 기업 활동에 관련된 주주 이외의 다른 행위자의 손실로 이어지기도 한다. 그 결과 사회경제적 양극화가 심해질 수 있다. (③) 그래서 일부에서는 주주뿐 아니라 채권자, 소비자, 노동자 등 여러 이해관계자의 참여를 통해 기업 경영이 감시되어야 한다는 주장이 제기되었다. (④) 그러나 이 주장은 자본주의의 근간인 사유 재산권을 침해하는 것이라는 원론적인 반론을 피하기 힘들다. 아울러, 주주 이외의 이해 관계자가 기업 경영에 관해 자신의 권리를 주장할 수 있는 통로와 방법이 없다는 현실적인 한계도 극복하기 어렵다.

193 다음 문장이 들어갈 곳으로 가장 적절한 곳은?

그러나 인간의 천부적 존엄성은 그런 대우에 맞서 스스로를 보호할 권리를 부여한다.

범죄자에 대한 처벌 여부와 처벌 방식의 정당성은 그의 범죄 행위뿐 아니라 사회 전체의 문제점도 함께 고려하여 확립되어야 한다. 그러나 처벌의 이러한 면모는 타인의 공리를 위해 범죄자들을 이용하는 것이다. (①) 즉, 범죄자를 목적으로 대하는 것이 아닌, 다른 사회 구성원들의 이익을 위한 수단으로 대우하는 것이다. (②) 처벌 여부와 처벌 방식을 결정하는 데 있어 처벌을 통해 얻을 수 있는 사회의 이익을 고려해서는 안 된다. (③) 악행을 한 사람에 대한 그 처벌 여부와 방식은 그 악행의 응분의 대가로서 이루어져야 하는 것이다. 또한 그에 의해서만 정당화되어야 한다. (④)

194 제시된 문장이 들어갈 위치로 가장 적절한 것은?

독서란 단순히 글자들을 응시하고 눈을 움직이는 과정 이상인 까닭이다.

책을 읽을 때 우리는 자동차가 달리듯 눈으로 글 위를 수월하게 읽어 나가는 것이 아니다. 개구리가 도약과 움츠림을 반복하듯, 우리는 한 초점에 멈췄다가 다시 몇 단어 건너서 다음 초점으로 옮기는 동작을 반복하며 책을 읽는다. ① 우리 눈은 안구 망막의 중심와에 비친 것만 자세히 볼 수 있는데, 중심와의 크기는 아주 작기 때문에 우리가 한 번 응시할 때 볼 수 있는 단어는 2~3개에 불과하다. ② 이를 극복하기 위해 우리 눈은 1초에 약 4번씩 점프하며 움직이므로, 우리가 1분 동안 볼 수 있는 단어는 500~700단어 정도가 된다. 그런데 우리가 실제로 책을 읽을 때에는 1분에 300단어 정도가 보통이다. ③ 독서에는 글의 의미를 이해하고, 배경지식을 이용하여 글의 전체적 연결을 분석하는 인지 과정이 포함된다. ④

195 〈보기〉의 문장이 들어갈 위치로 가장 적절한 것은?

보기

문제는 이것이 연구의 공헌도에 대한 사회적 인정을 잘못 배당하는 결과를 낳기도 한다는 점이다.

1960년대 말 조나단 콜의 연구는 엘리트 과학자 집단의 활동을 조망할 수 있게 해주었다. 당시 미국에서는 가장 많이 인용되는 논문을 발표하는 물리학자들의 분포가 최상위 아홉 개 물리학과에 집중되는 경향이 있었고, 동시에 이 물리학자들은 국립 과학 아카데미의 회원인 경우가 많았다. ① 이런 상황은 일종의 '후광 효과'로 이어진다. 그것은 엘리트 과학자의 손길이 닿은 흔적만으로도 연구 논문이 빛나 보이는 현상이다. ② 이미 명성을 얻은 과학자는 덜 알려진 젊은 과학자를 희생시켜서 특정 아이디어에 대한 공로를 인정받는 경향이 있다. 그런 희생을 의도하지 않았더라도 마찬가지다. ③ 이런 현상은 공동 연구 프로젝트에서 특히 두드러진다. 무명의 과학자와 노벨상을 받은 그의 지도 교수가 공동으로 논문을 게재한 경우, 실질적인 공헌과는 무관하게 대개 노벨상 수상자에게 그 공로가 돌아간다. ④ 이런 현상을 과학 사회학자 머튼은 "있는 자는 받아 넉넉하게 되되 없는 자는 그 있는 것도 빼앗기리라."라는 마태복음의 구절을 인용하며 '마태 효과'라고 불렀다.

CODE 090 배열

196 다음 글의 전개 순서로 가장 적절한 것은?

ㄱ. 즉, '선'은 역사적인 생성이나 변화를 초월한 초역사적이고 보편적인 본성이다. 다만 그것이 내재된 개체의 기질에 의해 실현의 제약을 받을 뿐이다.
ㄴ. 성리학에서는 인간을 선천적으로 선(善)한 존재로 규정한다. 우주의 보편적인 이치이자 일상의 실천적인 규범인 '선'이 본성에 내재한다고 본 것이다.
ㄷ. 이것은 인간의 본성인 인(仁)·의(義)·예(禮)·지(智)라는 사덕(四德)과 연관되어 있다.
ㄹ. 따라서 인간의 본성은 형이상학적인 실체이자 절대적인 '선'으로, 역사의 변화나 조건에 의해 소멸하지 않는 영원성을 갖는다.

① ㄴ－ㄱ－ㄷ－ㄹ　　② ㄴ－ㄷ－ㄹ－ㄱ
③ ㄹ－ㄱ－ㄷ－ㄴ　　④ ㄹ－ㄷ－ㄴ－ㄱ

197 다음 글의 전개 순서로 가장 적절한 것은?

요통에 대한 보존 치료나 수술 치료를 위해서는 척추의 구조 및 요통의 진행 과정에 대해 정확히 알아야 한다.

㉠ 이로 말미암아 추간판의 높이가 소실되어 척추 분절이 불안정해지거나 주위의 뼈에서 비정상적인 뼈가 성장하게 된다.
㉡ 이로 인해 척추로부터 빠져나오는 신경근이 지나가는 추간공(椎間空)이 좁아져서 신경근이 눌리는 것이다.
㉢ 추체와 추체 사이에는 우리가 흔히 디스크라 부르는 추간판이 있어 척추에 운동성과 안정성을 제공한다.
㉣ 이렇게 발생한 신경근증은 해당 신경 지배 영역에 감각 이상 및 방사통을 일으킨다.
㉤ 만성 요통은 추간판의 탈출이나 추간판 조직의 생화학적 변화로부터 시작된다.
㉥ 척추는 추체(椎體)라 부르는 뼈가 여럿 이어진 구조를 갖고 있다.

물론 추간판 조직의 탈출은 직접적으로 신경근증을 일으키기도 한다. 따라서 척추 구조물 안에서 어느 부위가 압박되고 있는지와 그 정도에 따라 치료 방법을 달리해야 한다.

① ㉤－㉥－㉢－㉠－㉡－㉣
② ㉥－㉢－㉠－㉤－㉣－㉡
③ ㉥－㉢－㉤－㉠－㉡－㉣
④ ㉥－㉤－㉢－㉠－㉣－㉡

198 다음 글을 논리적 순서에 따라 바르게 배열한 것은?

ㄱ. 그러므로 이들은 올바른 삶을 살기 위해 욕망과 충동을 억제하는 금욕주의를 강조하였고 이성을 중시하면서 감정과 충동에 흔들리지 않는 부동심의 경지를 주장하여 폭넓은 인간애와 정의의 추구를 역설하였다.
ㄴ. 그러나 우주적 인과 관계와 자연법칙을 제대로 깨닫는다면, 개개인의 이성은 보편적인 이성과 하나가 될 수 있다고도 하였다.
ㄷ. 올바른 삶이란 보편적 이성에 따르는 삶이고, 개인적인 욕망과 충동은 이를 방해한다고 본 것이다.
ㄹ. 서양에서 헬레니즘 철학 사상의 주류를 형성했던 스토아(Stoicism) 학파는 인간의 감정이 선악에 대한 판단을 흐리게 하여 우리 마음의 평정을 빼앗는다고 하였다.

① ㄷ－ㄱ－ㄹ－ㄴ　② ㄷ－ㄴ－ㄹ－ㄱ
③ ㄹ－ㄴ－ㄷ－ㄱ　④ ㄹ－ㄷ－ㄴ－ㄱ

199 ㉠~㉤의 배열이 가장 자연스러운 것은?

서로 반대되거나 대립하는 의미가 있는 단어의 관계를 '반의 관계'라고 한다. 두 단어 사이에 반의 관계가 성립하려면 다음 조건을 만족시켜야 한다.

㉠ 반의 관계는 이러한 동질성의 조건 속에서 하나의 매개 변수만 다른 이질성의 조건이 필요하다. '남편'과 '아내'는 동질성 속에서 '성(性)'이라는 단 하나의 매개 변수만 다르므로 반의어가 될 수 있는 것이다.
㉡ '살다'와 '삶'의 반의어는 각각 '죽다'와 '죽음'인데, 이것은 반의어의 품사가 동일해야 함을 말해 준다. '가볍다'의 반의어가 '무겁다'이지 '무거운'이 될 수 없는 것처럼 형태도 마찬가지로 동일해야 한다.
㉢ 우선 반의 관계의 두 단어는 동일 의미 영역에 속해야 한다. 즉, 동일한 의미 성분을 공유해야 한다.
㉣ 그리고 동일 의미 영역의 두 단어는 동일 어휘 범주에 속해야 한다. 동일 어휘 범주는 반의 관계에 있는 두 단어의 품사와 형태가 같아야 한다는 것이다.
㉤ '남편'과 '아내'라는 단어는 '인간'이고 '성인'이며 '기혼'이라는 공통점이 있으므로 동일 의미 영역에 속한다.

① ㉢－㉤－㉣－㉡－㉠
② ㉡－㉢－㉠－㉤－㉣
③ ㉠－㉡－㉤－㉣－㉢
④ ㉢－㉣－㉤－㉠－㉡

200 다음 글을 논리적 순서에 따라 배열한 것은?

(가) 조선은 문화의 계승, 일본은 천황가의 존재를 근거로 중화를 내세웠다. 한편, 청조 역시 중화의 해석을 새로이 시도하였다.
(나) 동아시아에서 중국 중심의 조공 책봉 체제는 장기간에 걸쳐 존속된 국제 질서이다. 이는 유럽 중세의 신성 로마 제국 체제에 견줄 만한 규모와 지속성을 가지고 있다.
(다) 중화에 대한 다양한 해석의 존재는 곧 전통적 조공 책봉 체제의 붕괴를 의미한다. 이는 신성 로마 제국의 해체 시기와 오버랩된다.
(라) 그러나 양자 사이에는 근본적 차이가 존재한다. 신성 로마 제국은 해체의 방법으로 국제법을 만들었으나, 동아시아 각국 중화주의는 개별 의식에만 집중한 나머지 틀이나 룰을 만드는 데 소극적이었다.
(마) 조공 책봉 체제에서 중국은 문명의 중심을 표방하면서 중추 역할을 해왔다. 그러나 18세기에 들어와 동아시아 각국은 모두 자국을 중화로 자처하였다.

① (가) － (다) － (나) － (마) － (라)
② (나) － (마) － (가) － (다) － (라)
③ (다) － (나) － (가) － (마) － (라)
④ (마) － (가) － (다) － (나) － (라)

201 다음 글의 순서로 가장 적절한 것은?

우리는 '안보를 굳건히 해야 한다.'는 표현을 일상적으로 사용한다. 전통적으로 안보는 우리나라를 침략으로부터 지키는 것, 국방력을 강화하는 것을 의미하였다.

(가) 이 방어적 행위는 또다시 위협으로 인식될 수 있다. 한 나라의 안보 추구 행위가 상대 나라의 안보를 위협하게 됨으로써 결국 자국의 안보에 해를 끼치는 '안보 딜레마'가 발생하는 것이다. 이러한 안보 딜레마는 결과적으로 불필요한 경쟁을 유발하여 국가 경쟁력을 떨어뜨리는 문제를 일으킨다. 군사적 차원에서 발생하는 딜레마인 것이다.

(나) 이는 우리가 안보를 군사적 차원에서 한정해서 보는 것이 아니라 포괄적 안보 개념으로 받아들여야 한다는 의미이다.

(다) 하지만 안보의 개념은 보다 포괄적일 수 있다. 안보는 위협이 없는 상태를 의미하는 것으로, 누구에 대한 위협인가, 무엇에 대한 위협인가에 따라 다르게 설명될 수 있다.

(라) 또, 안보는 일방적 관계가 아니라 상대적 관계이다. 위협이 되는 상대방이 존재할 때, 우리는 그 상대방으로 말미암아 발생할 수 있는 위협을 없애 안보를 유지하려고 하며 상대 또한 안보 능력을 강화해 안보를 확보하고자 한다.

① (가) – (나) – (라) – (다)
② (가) – (다) – (나) – (라)
③ (다) – (가) – (나) – (라)
④ (다) – (나) – (라) – (가)

202 다음 글을 논리적인 순서에 맞게 배열한 것은?

ㄱ. 따라서 자연히 화석으로 남을 기회가 상대적으로 적다는 것이다.
ㄴ. 이를 찾지 못하면 진화의 거리감이 굉장히 커져 고생물의 진화 과정을 매끄럽게 찾기 어렵다.
ㄷ. '잃어버린 고리'에 대한 합리적 해석으로 엘드리지와 굴드의 단속 평형설이 있다.
ㄹ. 고생물이 원래의 종에서 다른 종으로 진화할 때의 중간 과정을 중간 단계 화석이라 하는데, 이 중에서도 아직 발견되지 못한 것들을 일컬어 '잃어버린 고리'라 부른다.
ㅁ. 이에 따르면 새로운 종은 모집단에서 변이가 누적되어 서서히 나타나는 것이 아니라, 모집단에서 이탈하여 새로운 환경에 도전하는 소수의 개체 중에서 비교적 이른 시간에 급속하게 출현한다.

① ㄹ – ㄴ – ㄷ – ㅁ – ㄱ
② ㄹ – ㄴ – ㅁ – ㄷ – ㄱ
③ ㄹ – ㄷ – ㅁ – ㄴ – ㄱ
④ ㄷ – ㅁ – ㄱ – ㄴ – ㄹ

203 내용의 전개에 따라 바르게 배열한 것은?

ㄱ. 그리고 인간은 누구나 역경을 이겨 낼 잠재적인 힘인 회복 탄력성이 있다고 한다.
ㄴ. 그 예로 학습 능력이 같아도 수학을 잘할 수 있다는 믿음을 갖고 있는 학생은 그렇지 않은 학생들보다 수학 성적이 높은 경향을 보이는데, 심리학자는 생각의 차이가 이런 결과의 차이를 가져온 것이라고 설명한다.
ㄷ. 긍정의 마음을 갖고 이를 습관화하면 누구나 회복 탄력성을 높일 수 있다.
ㄹ. 따라서 역경을 이겨 내기 위해서 회복 탄력성을 키우는 것이 중요한데, 이것을 높일 수 있는 방법은 바로 자신에 대한 믿음, 즉 긍정의 마음을 갖는 것이다.
ㅁ. 심리학에서는 '자신에게 닥치는 온갖 어려움을 오히려 도약의 발판으로 삼는 힘'을 회복 탄력성이라고 한다.

① ㄷ – ㄱ – ㅁ – ㄹ – ㄴ
② ㄷ – ㄴ – ㅁ – ㄱ – ㄹ
③ ㅁ – ㄱ – ㄷ – ㄹ – ㄴ
④ ㅁ – ㄱ – ㄹ – ㄷ – ㄴ

204 다음 글의 전개 순서로 가장 자연스러운 것은?

가. 19세기 중엽부터 독일의 역사가들은 이러한 역사의 문학성에서 벗어나 사실의 엄밀한 추구를 강조하기 시작했다. 과거에 일어났던 사실을 엄밀하게 밝히는 것이 가장 기본적 임무라고 주장한 이들은 역사학의 목적, 대상, 방법론을 정교하게 다듬었다.

나. 한편 역사의 문학성을 강조하는 사람들은 과학성을 지나치게 강조할 경우, 역사학 자체가 '지식을 위한 지식'을 추구하는 학문으로 전락할 수 있다고 우려했다. 그들은 숨결과 혈기를 지닌 개인이 역사를 구성하는 최소 단위임에 비추어 볼 때, 훌륭한 삶을 살았던 인물의 이야기는 역사적 지식을 넘어 우리의 삶 자체를 고양시켜 줄 수 있다고 보았다.

다. 18세기에 이르기까지 역사학은 문학의 일부로 간주되었다. 따라서 역사 서술은 옛사람의 선행을 본받고 악행을 경계할 교훈을 전해 주는 글로 간주되었다. 역사가에게 요구되는 것은 타인을 설득하는 힘이었으며 역사가는 감동적인 문체로 글을 써야 했다.

라. 역사학에서 사료(史料)를 연구하는 과정은 사뭇 과학적으로 보인다. 하지만 그러면서도 과거에 살던 사람의 마음을 이해하려는 노력도 필요하고 연구 결과를 이야기로 풀어내는 것도 중요하다. 과학이 되기에는 '너무나 인간적'이고, 문학이 되기에는 상상력에 제한이 분명한 것이 역사학이다.

① 다 - 나 - 가 - 라
② 라 - 가 - 나 - 다
③ 라 - 다 - 가 - 나
④ 다 - 가 - 나 - 라

205 다음 글의 전개 순서로 가장 적절한 것은?

영국의 사상가 버크는 프랑스 혁명의 과정을 지켜보면서, 국민 대중에 대하여 회의를 갖게 되었다.

ㄱ. 즉 버크는 대중이 자신들을 위한 유불리를 따지지 못한다는 것을 전제로, 분별력 있는 지도자가 독립적 판단으로 국가를 이끌어야 한다고 한 것이다. 그에 따르면 국민은 지도자와 상호 '신의 계약'이 아니라 '신탁 계약'을 한 것이다.

ㄴ. 교육을 받은 사람들이 그렇지 못한 다수 사람들의 이익을 위해 행동하는 편이 효율적이라고 생각한 것이다. 그가 말하는 대의제란 지도자가 성숙한 판단과 계몽된 의식을 가지고 국민을 대신하여 일하는 것이다. 여기서 대의제의 본질은 국민을 '대표'하기보다 국민을 '대신'한다는 것이다.

ㄷ. 그러므로 지도자에게는 개별 국민들의 요구와 입장을 경청해야 할 의무 대신, 국민 전체의 이익이 무엇인지 판단할 의무가 있다. 만약 지도자가 국민의 의견을 좇아 자신의 판단을 단념한다면, 그것이 오히려 국민을 배신하는 것이라 했다.

ㄹ. 일반 국민이란 교육을 받지 못한 다수를 의미하기 때문에 신뢰할 만하지 않다는 이유에서이다. 그래서 그는 계약에 의해 선출된 능력 있는 대표자가 국민을 대신하여 지도자로서 국가를 운영케 하는 방식의 대의제를 생각해 냈다.

① ㄱ - ㄹ - ㄴ - ㄷ
② ㄱ - ㄷ - ㄹ - ㄴ
③ ㄹ - ㄴ - ㄱ - ㄷ
④ ㄹ - ㄱ - ㄷ - ㄴ

독해 유형별 코드 04 - 내용 확인과 일반 추론

CODE 091 내용 확인/일반 추론 부정 발문

'내용 확인/일반 추론의 부정 발문'은 지문과 '일치하지 않는/부합하지 않는/미루어 알 수 없는 것'을 정답으로 합니다. 따라서 정답을 제외한 선지들은 지문에서 증명됩니다. 이 패턴은 긍정 발문 패턴보다 좀 더 과감한 접근이 필요합니다.
우리가 지문을 꼼꼼하게 보려고 노력하면 당연히 시간이 오래 걸립니다. 하지만 시험은 시간과의 싸움이기도 하지요. 모든 발문에 똑같이 대응해서는 시간을 잡을 수 없습니다. 지문과 선지를 비교해서 참과 거짓을 가려내는 목적은 똑같지만, 부정 발문은 긍정 발문보다 훨씬 진행을 빠르게 할 수 있습니다.
'참'인 선지가 3개일 경우, 선지를 먼저 보았을 때 '거짓'인 선지를 보고 지문을 합리화할 위험은 훨씬 줄어듭니다. 오히려 선지와 관련된 정보를 지문에서 찾을 수 있는 '검색 능력'이 강화되지요. 하지만, 모든 선지를 완벽히 기억하기는 쉽지 않습니다. 지문처럼 앞뒤 정보의 맥락이 없기 때문이지요. 그렇다면 선지를 최대한 기억하면서도 지문을 이해하는 데 방해를 받지 않는 방법은 무엇일까요? 바로, 변별 키워드를 미리 파악하고 지문에서 찾으면 됩니다.
선지 전체를 외우려고 하지 말고, 지문에서 선지 정보를 찾을 때 사용할 만한 변별적이고 필수적인 단어를 '변별 키워드'로 잡습니다. 주어나 목적어 중에서 잡되, 지문에 자주 등장할 중심 화제는 아닌 것이 좋겠지요? 중심 화제는 선지에서 반복해서 제시된 '공통 키워드'일 테니, 선지들 속에서 반복되는 것은 '변별 키워드'로 잡아서는 안 됩니다.
4개 선지의 '변별 키워드'를 외우는 것이 힘들어 보이시나요? 그렇다면 지문을 다 외우고 나서 선지를 처리할까요? 어느 것이 더 어려울까요? 이 발문 열쇠는 정보량이 많은 지문에서 지문을 반복해 보기 때문에 생기는 시간의 낭비를 줄여 줍니다. 어색함과 불편함을 이겨내고 훈련을 통해 숙달되고 나면, 속도와 정확도의 두 마리 토끼를 잡을 수 있습니다.

✔ 내용 확인 부정 발문 알고리즘

1. 각 선지의 '변별 키워드' 잡기
   ※ 변별 키워드 잡는 법
   • 선지에서 반드시 필요한 주어나 목적어 • 선지들이 공유하는 공통 키워드(= 중심 화제)가 아니어야 한다.
   ⬇
2. 지문에서 '변별 키워드'가 나오면 동그라미 하고 그것에 대한 정보에는 밑줄
   ⬇
3. 바로 선지로 가서 참/거짓 확인
   ⬇
4. 참입니까? ➡ yes ➡ 선지를 소거하고 더 읽어나가기 (→ 2로)
   ⬇ no
   종료

※ 변별 키워드 : 지문에서 선지 정보를 찾을 때 사용할 만한 변별적이고 필수적인 단어

CODE 092 내용 확인/일반 추론 긍정 발문

'내용 확인/일반 추론의 긍정 발문'이란 지문과 '일치하는/부합하는/바르게 이해한/미루어 알 수 있는 것'을 정답으로 하는 발문입니다. 정답을 제외한 나머지 4개의 선지는 당연히 지문에 의하면 옳지 않은 정보이거나 언급된 적이 없는 정보입니다. 따라서 선지를 먼저 보고 지문을 읽었다가는 오히려 오답 선지에 맞춰 지문을 합리화(오독-잘못 해석)할 가능성이 높습니다.
문제를 해결하는 가장 좋은 방법은 지문을 처음부터 끝까지 완.벽.히 기억하는 것이겠지요? 하지만 지문을 한 번 읽고 세부적인 정보까지 모두 기억하는 것은 불가능합니다. 자세히 기억하자니 시간이 흐르고, 후다닥 읽자니 필요한 정보를 놓칠 것 같고……. 이 패턴을 위한 알고리즘은 '공통 키워드에 대한 정보 정리'입니다.
선지에 반복해서 등장하는 '공통 키워드'는 백발백중 지문의 중심 화제입니다. 지문의 중심 화제를 따라다니며 정보를 정리해 나가다가, 기억의 한계선에서 욕심부리지 않고 정지!
지문을 한 번 읽기 시작하면 끝까지 읽어야 한다는 편견을 버리세요. 주제 유형은 글의 흐름이 중요하지만, 이렇게 정보 처리가 목적인 패턴에서는 나눠 읽어도 됩니다.

✔ 내용 확인 긍정 발문 알고리즘

1. 선지에서 공통 키워드만 쏘옥 뽑아내기
   ⬇
2. 지문에서 공통 키워드에는 동그라미, 공통 키워드의 정보에는 밑줄
   ⬇
3. 최대한 읽고 기억의 한계에서 정지
   ⬇
4. 선지 확인하고 처리할 수 있는 선지 처리하기
   ⬇
5. 정답이 나왔나? ➡ no ➡ 남은 선지에서 변별 키워드를 잡고 3으로
   ⬇ yes
6. 이 문제는 종료, 다른 문항을 위해 나머지 부분 더 읽기

※ 변별 키워드 : 지문에서 선지 정보를 찾을 때 사용할 만한 변별적이고 필수적인 단어

CODE 091 내용 확인/일반 추론 부정 발문

206 다음 글에 부합하지 않는 것은?

글쓰기 양식은 글 내용을 담는 그릇으로 내용을 강제한다. 이런 측면에서 다산 정약용이 '원체'라는 문체를 통해 정치라는 내용을 담고자 했던 '양식 선택의 정치학'은 특별한 의미를 갖는다. 원체는 작가가 당대의 정치적 쟁점이 되는 핵심 개념을 액자화하여 새롭게 의미를 환기하려는 의도를, 과학적 방식에 의거하여 설득하려는 글쓰기라고 할 수 있다. 원체는 당대 사상의 핵심 개념에 대해 정체성을 추구하는 분석적이고 학술적인 글쓰기이자 정치적 글쓰기로 정립되었다. 다산은 원체가 가진 이러한 정치 · 과학적 힘을 인식하고 원정(原政)이라는 글을 남겼다. 그런데 다산은 단순히 개인적인 차원에서 원체를 선택한 것이 아니었다. 그것은 새로운 시각의 정식화라는 당대의 문화적 추세를 반영한 것이었다. 다산이 쓴 원정은 기존 정치 개념의 답습 또는 모방이 아니라 정치의 정체성에 대한 질문을 통하여 그가 생각하는 정치에 관한 새로운 관점을 정식화하여 제시한 것이다.

① 원체는 분석적이고 과학적인 글쓰기 양식이다.
② 다산의 원체는 당대의 문화적 추세를 반영한다.
③ 원체에는 기존의 정치적 통념을 뛰어넘는 새로운 시각이 반영되어야 한다.
④ 다산은 '원정'에서 기존 정치 개념을 그대로 모방하기보다는 정치에 관한 새로운 관점을 제시하였다.

207 다음 글에 부합하지 않는 것은?

예술의 물질성에 대해 견해를 밝힌 헤겔에 따르면, 예술은 필연적으로 물질성에서 정신성으로 이행한다. 고대 오리엔트를 대표한 예술은 피라미드나 스핑크스와 같은 거대한 건축물이었는데, 이때 정신은 육중한 물질에 눌려 있었다. 이어 등장한 그리스 예술에서는 조각이 중요한 역할을 차지했다. 헤겔은 정신과 물질이 어느 쪽에도 치우치지 않고 조화를 이룬 그리스 조각에서 예술이 그 정점에 도달했다고 보았다. 이후 정신은 성장하며 물질을 압도하기 시작하였다. 르네상스 예술을 주도한 장르는 회화였는데, 회화는 개별 사물이나 표상에서 공통 속성이나 관계를 도출하는 과정을 통해 현실을 접어 평면으로 환원시킨다는 점에서 조각보다도 정신적이다. 또한 회화의 재료인 물감은 조각에 사용되는 돌에 비해 물질성이 훨씬 약하다. 17세기에는 음악이 예술을 주도하는 역할을 수행했는데, 음악의 재료인 소리에는 물질성이 거의 존재하지 않는다. 19세기 이후에는 시가 장르를 주도했다. 이제 예술은 물질성을 벗고 학문과 똑같이 개념을 그 재료로 사용하게 되었다. 이 지점에서 헤겔은 예술의 종언을 선언했다. 정신이 물질적 매체를 통해 예술로 표현되는 시대가 지났다는 것이다.

① 헤겔은 물감이 돌에 비해 물질성이 약하다고 보았다.
② 헤겔은 정신성과 물질성이 조화될 때 예술이 정점에 도달한다고 보았다.
③ 헤겔은 음악이 예술을 주도하게 되면서 예술이 종언을 맞이했다고 보았다.
④ 헤겔에 따르면, 고대의 피라미드에서는 정신보다 물질이 훨씬 더 중요한 역할을 차지했다.

208 다음 글의 내용과 일치하지 않는 것은?

포유동물 간의 뚜렷한 차이는 각 부분들의 팽창이나 축소에서 발견된다. 한 동물이 특출한 재능을 갖고 있으면 뇌 전체의 구조에 반영되는데 때로는 육안으로 보일 정도다.

인간의 뇌는 신체 크기를 기준으로 볼 때, 원숭이나 유인원보다 약 세 배가량 크다. 인간의 뇌는 태아기의 뇌 성장이 출생 후 1년 동안 연장됨으로써 폭발적으로 성장한다.

뇌의 각 부위들도 저마다 개량을 거쳤다. 후각을 담당하는 부위, 시각과 운동을 위한 주요 피질 부위들은 축소되었다. 반면 시각 정보를 언어와 개념 영역들로 돌리는 영역, 사고와 계획 수립의 영역이 있는 전전두엽은 영장류 조상보다 훨씬 커졌다.

인간의 뇌는 외관상 완벽한 축소판으로 보이는 유인원의 뇌와 뉴런들의 연결 패턴이 다르다는 점이 중요하다. 이것은 컴퓨터 프로그램, 마이크로칩, 책, 비디오테이프에서 서로 간의 차이가 전체적인 형태에 있는 것이 아니라 작은 성분들의 조합과 배열에 있는 것과 같다.

① 인간의 뇌는 축소하면 유인원의 뇌와 형태와 기능 면에서 유사하다.
② 출생 후 인간의 뇌는 신체의 다른 부분보다 훨씬 빠르게 성장한다.
③ 포유동물 사이에 나타나는 뇌의 가장 큰 차이는 각 부위의 비율의 차이이다.
④ 인간의 뇌는 정보의 수집을 위한 부위보다 정보의 처리를 위한 부위가 더 발달하였다.

209 다음 글에 부합하지 않는 것은?

징벌적 손해 배상 제도란 손해를 끼친 피해에 상응하는 액수만을 보상하는 전보적 손해 배상 제도와 달리, 직접적인 피해액에 처벌의 성격을 띤 액수를 더해 손해배상을 부과하는 제도이다. 이는 불법행위로 인한 손해배상에 있어 가해자의 악의적 또는 반사회적 행위에 대한 비난에 기초하여 처벌적 성격의 제재를 가하고, 나아가 장래에 유사한 불법행위를 하지 못하도록 억제하기 위한 제도이다.

이 제도가 의도하는 바는 원고가 재산상의 손해에 대한 배상을 얻게 하는 동시에 원고가 입은 정신적 충격 또는 고통에 대하여 위로하고 피고의 악의적인 행위에 징벌을 가하려는 것이다. 미국 연방 대법원은 이를 '응징과 억제를 위해 민사재판의 배심원에 의해 부과되는 사적 벌금'이라고 정의한다. 징벌적 손해 배상 제도는 악의적인 불법행위에 대해 민사적으로 손해배상을 받는 것을 가능케 하여 형사적보다는 민사적으로 분쟁 해결을 유도한다는 장점을 지닌다.

① 미국에서 징벌적 손해배상금은 민사재판의 배심원에 의해 부과된다.
② 징벌적 손해배상금은 그 특성상 원고가 피고에 의해 입은 재산상의 손해액보다는 클 것이다.
③ 징벌적 손해 배상 제도는 원고가 입은 피해에 대한 보상보다는 피고에 대한 처벌에 초점이 있다.
④ 징벌적 손해 배상 제도는 악의적인 불법행위에 대해 민사적인 분쟁 해결을 유도하는 장점을 지닌다.

210 **다음 글에 부합하지 않는 것은?**

어떤 역사적 기록으로부터 정말로 아무런 오류가 없는 사실을 이끌어 내기란 결코 쉬운 일이 아니다. 특히 문자 기록으로부터 객관적인 사실을 끄집어내는 것은 곤란한 경우가 많다. 글로 된 기록은 그 나름대로 갖가지 제약을 가지고 있게 마련이기 때문에 세심한 주의가 필요하다. 그것을 작성한 사람들이 가지고 있던 도덕관념, 종교의식, 또는 정치적인 사고방식 등은 우리의 그것과 반드시 일치하지만은 않는 것이 보통이다. 그러므로 그런 사람들이 글로 써서 남긴 것을 읽을 때에는 항상 그 사람들의 그런 심리적인 태도를 고려하면서 읽어야 한다.

또한 문자로 된 기록에만 의존하지 않고 고고학상의 발굴물, 옛 시대의 화폐, 인류학상의 유물, 언어, 지명, 지리, 천문학상의 자료 등 여러 종류의 다양한 재료를 동원할 필요가 있다. 특히 과학 기술이 점점 진보함에 따라 다양한 보조적 자료들이 역사를 연구하는 데 응용되어 더 많은 효과를 거두고 있고, 이런 경향은 갈수록 두드러질 것으로 보인다.

① 역사학 외의 다른 학문들이 역사 연구에 도움을 줄 수 있다.
② 글로 된 기록을 읽을 때에는 이를 작성한 사람의 심리나 관념을 고려해야 한다.
③ 과학 기술의 발달에 따라 보조적인 자료들이 과거를 여는 실마리를 제공해 주기도 한다.
④ 문자로 기록되어 남아 있는 기록들은 발굴물이나 화폐 같은 것들에 비해 오류일 가능성이 높다.

211 **다음 글의 내용과 일치하지 않는 것은?**

프로이드에 따르면 우리의 인성은 이드(Id), 자아, 초자아로 이루어진다. 이드는 끊임없이 쾌락을 추구하나, 인간은 욕망을 포기해야 하는 경우가 있다. 예술가들은 본능적 욕구가 강한 사람들로, 그들은 현실에서 실현하기 힘든 욕망을 예술로 승화하려고 한다.

그런데 예술가들이 욕망을 예술적으로 승화시키는 것은 욕망을 적나라하게 드러내는 것이 아니다. 만약 그 바람이 사회적으로 금지된 것이라면 교묘하게 바꾸어 쉽게 눈치채지 못하게 해야 한다. 이렇게 대상을 교묘하게 바꾸는 방법을 '데페이즈망'이라고 하는데, 일종의 '낯설게 하기'라 볼 수 있다.

초현실주의 화가 마그리트가 사용한 '데페이즈망'은 '응축'과 '전이'이다. 프로이드에 따르면 꿈에도 법칙이 있다. 여러 사물이 꿈속에 하나가 되어 나타나는 '응축'과, 어떤 사물의 모양이 비슷한 다른 것으로 대치되거나 바뀌는 '전이'가 그것이다.

마그리트의 '데페이즈망'은 작품 속 정보량을 늘리고, 생경함을 부여함으로써 작품을 감상하는 사람들의 쾌감을 증폭시킨다.

① 마그리트는 사물을 낯설게 표현하여 초현실적인 이미지를 드러내었다.
② 예술가는 작품에 자신의 욕망을 교묘히 위장하여 간접적으로 표현한다.
③ 예술가는 현실에서 충족할 수 없는 욕망을 예술 작품을 통해 충족한다.
④ 사람들은 일탈과 질서가 적절히 조화를 이룬 작품을 대할 때, 쾌감을 느낀다.

212 다음 글에 대한 이해로 적절하지 않은 것은?

인공지능과 사물 인터넷의 등장으로 인간은 인간이 아닌 존재와 관계를 맺고 상호작용하고 있다. 또한 인간이 인간을 인식하는 양상도 달라져 '인간'의 의미를 재정의할 필요가 있다. 이에 따라 등장한 개념이 '포스트 휴먼'이다. 포스트 휴먼은 '인간'이 생물학적으로 존재한다는 개념과 대비되는 것으로, 인간의 신체에 기술 문명의 영역을 더한 개념이다. '포스트 휴머니즘'은 포스트 휴먼에 대한 담론으로 미래 사회에 적합한 휴머니즘을 탐색한다.

휴머니즘은 인간이 아닌 존재들과의 대비를 통해 인간을 정의했다. 이에 따르면 인간은 자율적 행위자로서 세계의 중심인 반면, 인간이 아닌 생명체와 자연은 인간의 필요에 의해 처분되는 수동적 대상에 불과하다. 이때 인간의 정신이나 이성은 인간의 본질을 구성하는 핵심 요소로, 인간을 인간이 아닌 존재와 구분 짓는 결정적인 기준이 된다.

반면에 포스트 휴머니즘은 휴머니즘이 이해하는 인간의 본질에 도전해 인간과 인간 아닌 존재의 관계를 재설정한다. '인간' 개념에 내재된 다양한 위계를 해체하고 인간과 인간 아닌 존재 사이의 조화로운 공생을 시도한다. 포스트 휴머니즘에서 인간은 자신의 가치판단에 따라 행동한다는 점에서 자율성을 지녔지만, 주변 환경의 영향으로부터 자유롭지 못하다. 인간 아닌 존재들은 인간과 동일한 정도의 자율성을 갖지는 않지만, 인간에게 묻지 않고 자신의 역할을 수행할 수 있다는 점에서 자율적이다. 따라서 인간과 인간 아닌 존재들은 상호 의존하며 함께 발전한다.

① 포스트 휴먼은 인간의 신체와 기술을 더한 개념이다.
② 휴머니즘에서 인간은 이성을 통해 자율성을 획득한다.
③ 포스트 휴머니즘에서 자연은 자율성을 획득한다.
④ 포스트 휴머니즘은 인간과 인간 아닌 존재를 자율성을 기준으로 대조시킨다.

213 다음 글을 통해 알 수 있는 내용으로 적절하지 않은 것은?

빙하는 오랫동안 쌓인 눈이 얼음덩어리로 변하여 그 자체의 무게로 압력을 받아 이동하는 얼음층이다. 일 년 넘게 보존된 눈의 밀도가 점차 증가하여 공기가 더 이상 침투할 수 없게 되면 빙하가 된다. 빙하는 형태에 따라 산악 빙하와 대륙 빙하로 나뉘는데, 산악 빙하는 높은 산맥들의 산 경사면에 접해 있는 길쭉한 형태의 빙하이다. 반면 대륙 빙하는 넓은 지역에 걸쳐 대규모로 형성된 빙하를 가리킨다.

빙하는 얼음덩어리 내부의 층들이 변형되면서 흐르는 '내부 포행'이나 빙하가 기반암 위로 미끄러져 흐르는 '바닥 미끄러짐'의 두 현상에 의해 고도가 낮은 지역으로 이동하기도 한다. 내부 포행이 발생하는 이유는 얼음 결정들이 위로부터 큰 힘을 받게 되면 결정면들이 같은 방향으로 배열하게 되는데 이때 얼음덩어리 내부의 변형이 쉬워지기 때문이다. 이러한 빙하 이동의 속도를 측정해 보면, 겨울보다 여름이 더 빠르고, 빙하 중앙에 있는 얼음이 가장자리의 얼음보다 더 빨리 이동하는데, 이는 얼음이 기온의 영향을 받으며, 계곡 측벽의 마찰력을 받기 때문이다.

① 쌓인 눈의 밀도가 증가하면 빙하가 된다.
② 대륙 빙하는 산악 빙하와 달리 다양한 지역에 분포한다.
③ 빙하는 고체임에도 형태가 변형되어 흐를 수 있다.
④ 빙하의 이동 속도는 여름이 더 빠르고 겨울이 느리다.

214 다음 글을 읽고 내용과 일치하지 않는 것은?

'사고 실험'은 가상의 각본을 설정한 다음 그것에서 어떤 주장을 끌어내는 활동을 말한다. 일상생활에서 우리는 '이렇게 가정해 보면 어떨까?'와 같은 말을 종종 하는데 이것이 곧 일종의 사고 실험인 것이다. 사고 실험을 실험이라고 부르는 이유는 과학자들이 수행하는 실험처럼 어떤 가상의 상황을 설정해 놓고 여러 개의 변수를 바꿔 본 다음에 거기서 어떤 일이 일어날지 면밀히 검토해 보기 때문이다. 차이점은 과학자들이 경험적으로 실험을 한다면 사고 실험은 순전히 생각만으로 실험을 진행한다는 것이다. 가상 각본은 논리적으로 가능한 것이라면 무엇이든지 허용한다. 가능성은 다양한 의미로 쓰인다. 현실에서 일어날 수 있으면 '실제적으로 가능하다'라고 말하고, 실제로 일어나지 않더라도 자연법칙에 어긋나지 않으면 '법칙적으로 가능하다'라고 말하며, 법칙적으로 가능하지 않지만 상상하는 데 논리적으로 모순이 없으면 '논리적으로 가능하다'라고 말한다. 사고 실험에서 가상의 상황을 상상할 때는 논리적으로 불가능한 것만 아니라면 어떤 것이든 상상 가능하다.

① 사고 실험은 논리적으로 가능하다면 어떠한 가상의 각본도 가능하다.
② 법칙적으로 가능하지 않지만 실제적으로 가능한 사고 실험이 있다.
③ 실제로는 가능하지 않더라도 사고 실험에 따른 결론을 합당한 근거로 받아들일 수 있다.
④ 논리적으로 불가능하면 실제적으로 가능하지도 않다.

215 다음 글을 통해 알 수 있는 내용으로 적절하지 않은 것은?

어떤 사건을 경험한 후, 일어날 수도 있었지만 일어나지 않은 가상의 대안적 사건들에 대해 생각하는 것을 '사후 가정 사고'라고 한다. 사후 가정 사고는 '~했다면'에 해당하는 조건 부분과 '~했을 텐데'라는 결과 부분으로 구성되는 조건문의 형태이다. 조건 부분에서는 특정 선행 사건의 전환이, 결과 부분에서는 실제로 일어난 사건의 전환이 이루어진다.

사후 가정 사고는 조건 부분의 전환 구조에 따라서 '추가형'과 '삭제형'으로, 결과 부분의 전환 방향에 따라서 '상향적'과 '하향적'으로 분류할 수 있다. 추가형은 사실을 가상의 상황으로 전환하는 과정에서 일어나지 않았던 사건을 추가하는 것이고, 삭제형은 일어난 사건을 일어나지 않았던 것처럼 만들어 내는 사후 가정 사고이다. 한편 일어난 사건보다 더 나은 대안적 사건을 결과로 가상하는 것을 상향적 사후 가정 사고, 더 나쁜 대안적 사건을 결과로 가상하는 것을 하향적 사후 가정 사고라고 한다. 대부분은 더 나은 대안의 결과를 상상하는 상향적 사후 가정 사고를 더 많이 하면서 부정적 감정을 경험하게 된다.

사후 가정 사고는 그것이 일단 유발된 후 구체적 내용이 구성된다. 그 주요 요인들 중 하나로 사후 가정 사고의 결과 부분과 관련된 '동기'가 있다. 동기와 관련된 세부 요인 중에서도 대안적 사건의 근접성이 높을 때에는 실제 사건의 전환성이 높게 지각되어 유발 정도가 높아지는데, 대안적 사건의 근접성은 현실에서 일어난 사실적 사건이 대안적 사건과 가까운 정도를 의미한다.

① 대부분은 더 나은 대안적 사건을 결과로 가상하여 부정적 감정을 경험하게 된다.
② 추가형은 '~했다면'에 해당하는 사고로 일어나지 않았던 사건을 실제로 일어났던 것처럼 추가하는 것이다.
③ 삭제형은 '~했을 텐데'라며 일어난 사건을 일어나지 않았던 것처럼 만들어 내는 것이다.
④ 현실에서 일어난 사건이 대안적 사건과 가까울수록 실제 사건의 전환성이 높게 지각된다.

216 ㉠에 대한 설명으로 적절하지 않은 것은?

'지정학'은 지리 환경이 국가 정세에 미치는 영향을 연구한다. 지정학은 1980년대 이후 ㉠ 비판 지정학의 등장으로 중요한 변화를 맞았다. 기존의 고전 지정학은 지정학적 행위의 주체를 국가로 한정하였으나, 비판 지정학은 비정부기구와 기업 등 그 주체를 확장하였다. 사이먼 달비에 따르면 지정학은 한 공간에 속한 사람들이 다른 공간의 사람들을 위험한 존재로 받아들여, 그들의 접근을 막는 데 당위를 부여했다. 따라서 지정학의 중요성은 대외 정책의 이론적 기반이 된다는 점에 있는 게 아니라, 그 정책을 통해 '우리'와 '그들'을 구분한다는 데 있다.

비판 지정학은 기존 지정학적 사고방식을 비판적으로 바라볼 것을 요구한다. 기존 지정학적 사고방식이 국가와 지역에 주목하다 보니, 그 이면의 외교 정책, 국내 정치와 같은 복잡한 현실은 묻혀 버렸기 때문이다. 따라서 비판 지정학은 강대국 사이의 힘겨루기를 설명하기보다는, 다양한 행위 주체가 어떻게 지정학을 하는지에 관심을 두게 되었다. 또한 주체가 객관적일 수 없다고 보아 지리 지식 또한 중립적일 수 없다고 보았다. 따라서 비판 지정학의 입장에서 지리는 관찰되거나 기술되는 '대상'이라기보다는, 의도와 목적을 지니고 현상을 기술하는 '행위'가 된다.

① 지리를 기술되는 대상으로 여기기보다는 기술하는 행위로 여긴다.
② 다양한 주체가 일으키는 지정학적 행위에 주목한다.
③ 강대국 간의 힘겨루기가 일어나는 원인을 지리적 요인에서 찾는다.
④ 고전 지정학보다 지정학적 행위의 주체를 확장하였다.

217 다음 글에 부합하지 않는 것은?

한국어의 알타이어족설은 한국어가 알타이어군인 튀르크어, 몽고어, 만주·퉁구스어와 함께 알타이어족에 속한다는 것이다. 이 학설은 알타이어군과 한국어 간에는 모음조화, 어두 자음군의 제약, 관계 대명사와 접속사의 부재 등에서 공통점이 있다는 비교언어학 분석에 근거하고 있다. 하지만 기초 어휘와 음운 대응의 규칙성에서는 알타이어군과 한국어 간에 차이가 있어 이 학설의 비교언어학적 근거는 한계를 가지고 있다. 이 때문에, 한국어의 알타이어족설은 알타이어군과 한국어 사이의 친족 관계 및 공통 조상어로부터의 분화 과정을 설명하기 어렵다.

최근 한국어 계통 연구는 비교언어학 분석과 더불어, 한민족 형성 과정에 대한 유전학적 연구, 한반도에 공존했던 여러 유형의 건국 신화와 관련된 인류학적 연구를 이용하고 있다. 가령, 우리 민족의 유전 형질에는 북방계와 남방계의 특성이 모두 존재한다는 점과 북방계의 천손 신화와 남방계의 난생 신화가 한반도에서 모두 발견된다는 점은 한국어가 북방적 요소와 남방적 요소를 함께 지니고 있음을 시사해준다. 이런 연구들은 한국어 자료가 근본적으로 부족한 상황에서 비롯된 문제점을 극복하여 한국어의 조상어를 밝히는 데 일정한 실마리를 던져준다.

① 한국어 자료가 부족한 문제를 해결하기 위해 비교언어학적 분석이 활용되고 있다.
② 한국어의 알타이어족설은 알타이어군과 한국어 간의 친족 관계를 설명하기 어렵다.
③ 한반도의 천손 신화에 대한 인류학적 연구는 한국어에 북방적 요소가 있음을 시사한다.
④ 알타이어군과 한국어는 문법적인 공통점이 있으나, 어휘와 음운 대응 등에서 차이를 보인다.

218 다음 글에서 추론할 수 없는 것은?

> 심리학자 타지펠은 사회적 행위를 대인 행위와 대집단 행위로 구분하여 설명하였다. 대인 행위는 개인적 속성인 이름, 성격 등을 바탕으로 다른 개인과 교류할 때 보이는 행위이며, 대집단 행위는 개인이 소속 집단의 특성인 인종, 학력, 직업 등을 바탕으로 개인이나 집단과 교류할 때 보이는 행위이다. 어떤 행위가 어느 쪽에 해당하는지는 여러 변인에 의해 결정된다. 첫째는 집단이 얼마나 명확하게 부각되는지이다. 가령 노사 대표가 교섭하는 상황에서 서로의 행위는 사적인 대화보다 대집단 행위의 성격을 강하게 나타낼 것이다. 둘째는 집단 내 구성원들의 태도나 행위가 얼마나 통일되어 있는지이다. 이익 집단들은 구성원들의 입장이 상당히 유사하므로, 특정 정책에 대한 이익 단체들 간 갈등은 대집단 행위의 성격을 강하게 띤다. 셋째는 자신이 소속되어 있지 않은 외집단의 구성원에 대한 고정관념의 강도가 어느 정도인가이다. 외집단 구성원에 대한 고정관념이 강할수록 일반적으로는 대집단 행위의 성격이 강하다.

① 특정 집단에 대한 고정관념의 차이가 사회적 행위의 차이를 유발할 수 있다.
② 집단 내 구성원들의 태도가 이질적이라면 대집단 행위의 성격은 강할 것이다.
③ 개인적 속성을 바탕으로 한 의사소통은 대집단 행위가 아닌 대인 행위에 가깝다.
④ 노사 대표 간의 교섭은 사적 대화에 비해 집단이 명확하게 부각된다는 특징을 지닌다.

219 ㉠과 ㉡에 대한 설명으로 적절하지 않은 것은?

> 도덕적 갈등 문제는 대립하는 가치들 중 어떤 가치를 선택할지의 문제이다. 우선 ㉠ <u>도덕적 원칙주의자</u>는 합리적 이성을 통해 찾을 수 있는 선험적 도덕 법칙이 존재하며, 이를 반드시 따라야 한다고 주장한다. 따라서 갈등 발생 시, 주관적 욕구나 개인의 상황이 아닌 도덕 법칙에 따라 행동하라고 한다. 이는 합리적 이성을 신뢰하고 이를 통해 윤리적으로 올바른 삶을 규명하려고 했다는 점에 의의가 있다. 하지만 선험적 도덕 법칙이 존재한다면, 도덕적 갈등은 없거나 쉽게 해결이 돼야 하는데 실제로는 그렇지 않다.
> ㉡ <u>도덕적 자유주의자</u>는 선험적 도덕 법칙이 존재하지 않으며, 상위 원리를 바탕으로 갈등을 해결해야 한다고 주장한다. 법과 같은 현실적 규범을 만들고 이를 준수하면 도덕적 갈등이 해결된다는 것이다. 따라서 이들은 가치 판단을 위한 형식적 절차를 마련하는 것을 최우선으로 삼는다. 이들은 인간의 자율성을 보장하면서도 갈등을 해결하는 현실적 방법을 만들어 냈다는 데 의의가 있다. 하지만 상위 원리를 도출하는 것이 쉽지 않으며, 구체적인 규범과 지침을 마련하는 과정에서 또 다른 갈등이 발생할 수 있다.

① ㉠과 ㉡ 모두 도덕적 갈등을 해결할 수 있다고 본다.
② ㉠과 ㉡ 모두 도덕적 가치의 우선순위를 판단할 수 있다고 본다.
③ ㉡과 달리 ㉠은 도덕적 갈등의 해결 방안을 마련하는 과정에서 갈등을 발생시킬 수 있다.
④ ㉠과 달리 ㉡은 선험적 도덕 법칙을 인정하지 않는다.

220 다음 글을 바탕으로, '쿤'의 주장과 거리가 먼 것은?

대부분의 과학은 쿤이 말하는 '정상 과학(normal science)'이다. 과학적 탐구 활동은 이미 확립되어 있는 하나의 패러다임 내에서 수행되기 때문이다. 과학적 탐구 활동에서는 많은 새로운 관찰들을 수집하고 그 수집된 관찰들을 이미 받아들인 이론 내에서 적합하게 만들고, 그 패러다임으로 소수의 문제들을 풀려고 노력함으로써 패러다임을 공고히 하고 확장한다. 그래서 정상 과학은 '수수께끼 풀이' 활동이라고도 하는데, 수수께끼를 푸는데 사용되는 규칙들은 매우 엄밀하며 패러다임에 의해 결정된다.

쿤에 따르면 인간이 창조하는 문화 현상 가운데 하나인 과학을 실천하는 활동들 대부분이 보수적으로 진행되기 때문에, 정상 과학이 지속되는 기간까지는 과학자들은 자신들의 분야의 근본적인 원리들로 받아들이고 있는 것에 관해서는 의문을 제기하지 않는다. 과학자들은 자신들의 이론에 아주 많이 의존하고 있으며, 때때로 그 이론이 논박되는 것이 분명할 때도 그 이론을 간단하게 포기하기보다는 구제하기 위해서 모든 방식의 전략을 채택하려 할 것이다.

① 과학은 문화 현상의 일종이다.
② 과학적 관찰에서는 이론이 강조된다.
③ 정상 과학은 비정상 과학을 포함하고 있다.
④ 과학자들은 대부분 보수적인 성격을 가지고 있다.

CODE 092 내용 확인/일반 추론 긍정 발문

221 다음 글의 내용에 가장 부합하는 것은?

와인은 색상에 따라 화이트, 레드, 로제 와인으로 나눌 수 있다. 레드 와인은 보통 두 가지 스타일로 나뉜다. 하나는 과일 맛이 많은 레드 와인으로, 부담 없이 마시기 좋지만 통이나 발효조에 몇 개월 동안 저장했다가 병입하기는 어렵다. 다른 하나는 몇 개월에서 몇 년 동안 오크통에서 숙성시키는 고급 레드 와인으로, 오크통 내의 복잡한 화학작용으로 인해 와인의 향, 풍미, 질감 등이 서서히 변하게 된다.

레드 와인을 만들 때에는 발효 과정에 색소가 잔뜩 포함된 껍질을 그대로 즙 속에 남겨두었다가 발효가 끝난 후 제거하지만, 화이트 와인은 발효를 시작하기 전에 즙과 껍질을 분리한다. 레드 와인과 달리 화이트 와인은 사과산이 젖산으로 변하는 과정인 유산발효를 거치지 않는데, 그 이유는 화이트 와인에서는 신선한 산도가 중요하기 때문이다.

로제 와인을 만들 때에는 단순히 레드 와인과 화이트 와인을 섞는 것이 아니라, 포도를 껍질과 함께 아주 짧은 시간 둠으로써 약간의 색깔이 배어 나오게 한다. 좋은 로제 와인은 장미 꽃잎 색깔을 띠며, 숙성 초기에 마실수록 맛이 좋다. 또한 2~3년 이상 저장하는 와인이 아니므로 오래된 것은 구입하지 않는다.

① 와인은 오래 숙성시킬수록 맛이 더 좋아진다.
② 레드 와인은 유산발효 과정을 거쳐 만들어진다.
③ 레드 와인을 만들기 위해서는 오랜 기간 오크통에서의 숙성 과정을 거쳐야 한다.
④ 화이트 와인은 발효가 시작된 직후 껍질과 즙을 분리하여 와인에 색깔이 배어 나오지 않도록 한다.

222 다음 글에 대한 설명으로 적절한 것은?

> 대상의 현실성과 표현의 사실성을 모두 추구한 하이퍼리얼리즘은, 팝아트와 비교하면 그 특성이 잘 드러난다. 이들은 당시 자본주의 사회의 일상의 모습을 대상으로 삼은 점에서는 공통적이다. 팝아트는 대상을 함축적으로 변형했지만 하이퍼리얼리즘은 대상을 정확하게 재현하려고 하였다. 그래서 팝아트는 주로 대상의 현실성을 추구하지만, 하이퍼리얼리즘은 대상의 현실성뿐만 아니라 표현의 사실성도 추구한다. 팝아트는 대상의 정확한 재현보다는 대중과 쉽게 소통할 수 있는 인쇄 매체를 주로 활용한 반면에, 하이퍼리얼리즘은 새로운 재료나 기계적인 방식을 적극 사용하여 대상을 정확히 재현하는 방법을 추구하였다.

① 하이퍼리얼리즘에서 인쇄 매체는 활용되지 않는다.
② 팝아트가 인쇄 매체를 활용한 것은 사실성을 위해서이다.
③ 하이퍼리얼리즘은 대상을 함축적으로 표현하지 않아서 현실성이 낮다.
④ 팝아트와 하이퍼리얼리즘은 동일한 대상을 다른 목표로 구현하였다.

223 다음 글의 내용과 일치하는 것은?

> 행동주의는 인간의 행동을 관찰하여 그 행동을 일으킨 자극을 알아내면, 행동의 원인에 대한 설명이 가능하고, 특정 조건에서 어떤 행동을 할지도 예측이 가능하다는 관점이다.
>
> 파블로프의 '고전적 조건화'와 스키너의 '조작적 조건화'는 대표적인 행동주의 이론이다. 이 중 고전적 조건화는 특정 행동을 유발하기 위한 자극에 관심을 둔다. 예를 들어, 파블로프의 실험에서 개에게 고기를 주며 종소리를 들려주는 이유는 종소리만으로도 침을 흘리게 하기 위한 것이며, 이는 행동 유발을 위한 자극 조절이다. 반면, 조작적 조건화는 어떤 행동을 보인 후에 나타나는 결과에 관심을 둔다. 수업 시간에 대답을 잘한 학생에게 칭찬을 해주는 것이 바로 그 예이다. 스키너는 인간의 행동이 어느 정도는 고전적 조건화에 의해 설명될 수 있다는 점에 동의하지만, 인간이 어떤 환경에서 주어진 자극에 단순하게 반응한다고 보지는 않는다. 그래서 그는 언어, 자전거 타기, 친구 사귀기 등과 같은 복잡한 행동이나 습관 등은 조작적 조건화에 의해 학습된다고 주장한다.

① 스키너는 인간 행동의 인과 관계를 파블로프와 반대로 생각했다.
② 스키너는 인간의 행동은 조작적 조건화를 통해서만 설명할 수 있다고 보았다.
③ 파블로프는 자극을 조절하면 특정 행동이 유발될 것이라고 생각했다.
④ 단순한 반응도 조작적 조건화에 의해 학습된다.

224 '위기 시기'에 일어나는 상황을 이해한 것으로 적절한 것은?

> 평상시에는 '가치'가 사회적 삶 아래에 잠재되어 있다가, 그 도덕적 의미가 뿌리부터 뒤흔들리는 '위기 시기'에 위로 올라와 전국적으로 일반화된다. 속된 일상에서 사람들은 가치를 추구하기보다는 자기 이해관계를 구체화한 목표와 이의 실현을 안내하는 규범에 따라 살아간다. 하지만 위기 시기에는 사람들의 관심이 자신들의 특수한 이해관계에서 보편적인 가치로 상승한다. 사람들은 가치에 기대어 위기가 주는 심리적 긴장과 압박을 해소하는 성스러움에 대한 집합 의례를 행한다. 그 결과 사회의 통합이 회복된다. 이는 마치 유기체가 환경 압박으로 인해 흐트러진 항상성을 회복하는 것과 유사하다.

① 사람들이 관심을 세속에서 성스러움으로 옮긴다.
② 사람들이 목표와 규범 차원에서 행동한다.
③ 사람들이 항상성을 유지하기 위해 위기상황을 외면한다.
④ 사람들이 평상시 추구하던 삶의 도덕적 의미를 상실한다.

225 다음 글의 내용으로 가장 적절한 것은?

미국의 건축물 화재 안전 관리 체제는 건축모범규준, 화재안전평가제, 그리고 화재위험도평가제로 구분된다. 건축모범규준과 화재안전평가제는 건축물의 계획 및 시공 단계에서 설계 지침으로 적용되며, 화재위험도평가제는 기존 건축물의 유지 및 관리 단계에서 화재위험도 관리를 위해 활용된다. 우리나라는 정부가 화재 안전 관리체계를 마련하고 시행하는 반면, 미국은 민간 기관이 관련 기준을 개발하고 주 정부가 특정 제도를 선택하여 운영하고 있다.

건축모범규준은 미국화재예방협회에서 개발한 것이 가장 널리 활용되는데 3년마다 개정안이 마련된다. 특정 주요 기준은 대부분의 주가 최근 개정안을 적용하지만, 그 외의 기준에서는 개정 전의 기준을 적용하기도 한다. 마찬가지로 미국화재예방협회에서 개발하여 미국에서 가장 널리 활용되는 화재안전평가제는 공공 안전성이 강조되는 의료, 교정 등의 시설에 대해 화재 안전성을 평가하고 대안 설계안의 인정 여부를 결정함에 목적이 있다. 한편 화재위험도평가제는 기존 건축물에 대한 데이터를 수집하여 화재 안전을 효율적으로 관리하는 제도이다.

① 미국에서는 미국화재예방협회가 건축모범규준과 화재안전평가제를 개발·운영한다.

② 공공안전성이 강조되는 건물에는 화재안전성 평가를 위해 화재안전평가제가 적용된다.

③ 건축모범규준을 적용하여 건축물을 신축하는 경우 반드시 가장 최근에 개정된 기준에 따른다.

④ 건축모범규준, 화재안전평가제, 화재위험도평가제 모두 건축물의 설계·시공단계에 적용된다.

226 다음 글의 내용과 부합하는 것은?

모스의 『증여론』이 제시하는 첫 번째 의제는 선물이 총체적인 사회적 사실이라는 것이다. '총체적인 사회적 사실'이란 정치, 경제, 법률, 종교적인 것과 같은 여러 차원의 문제를 함축하고 있어 하나로 규정할 수 없는 사회 현상을 가리킨다. 선물 역시 경제와 정치적 생활의 모든 부분에 관여하여 사회 구조를 작동시켰고, 주기와 받기, 답례라는 선물의 삼각 구도는 하나의 총제적인 사회적 사실이 되었다. 모스에 따르면 선물의 삼각 구도를 통해 지배자와 피지배자의 정치적 관계, 공동체를 위한 도덕 제도 등 고대 사회의 총체를 분석할 수 있다.

모스의 『증여론』이 제시하는 또 다른 의제는 선물 교환이 호혜성에 기반한 상호 의무성의 원리를 따른다는 것이다. 이는 선물 교환이 겉으로는 자유롭고 무상인 것처럼 보이지만 실제로는 강제적이고 타산적인 성격을 가지고 있다는 것을 의미한다. 즉, 선물 교환은 주어야 할 의무, 받아야 할 의무, 되돌려 주어야 할 의무로 구성되어 있고, 상호 의무성의 원리에 따른 교환 당사자 간의 연쇄적 관계가 선물 교환을 제도화한다.

① 모스의 「증여론」에 따르면 선물 교환은 사회의 정치적 관계만을 반영하고 있다.

② 모스의 「증여론」에 따르면 의무의 연쇄적 관계에 의해 선물 교환이 이루어진다.

③ 모스의 「증여론」에 따르면 선물은 강제적인 형식을 취하고 있다.

④ 모스의 「증여론」에 따르면 선물 교환은 공동체를 위한 윤리 제도로 단일하게 규정될 수 있다.

227 노자가 동의할 수 있는 진술로 가장 적절한 것은?

노자에 따르면 인간은 자연의 일부이므로 자연의 대상물과 다르게 대우해야 할 까닭이 없다. 그래서 도가는 인간이 자연의 이치에 순응하고 자연의 섭리를 수용하는 것은 천도를 따르는 것이라고 본다.

그런 점에서 노자는 비인위적인 자연성을 중시하는 무위를 강조하였다. 이는 인간이 어떤 의도를 가지고 만들어 낸 모든 산물, 즉 예법, 제도, 문물 등 인위의 산물에서 벗어나려는 태도이다. 노자에 따르면 천도가 제대로 뿌리내린 사회에서는 인의나 효자, 충신은 의미가 없다. 노자는 자연에 따라 자유자재로 살아가는 것을 이상시하였는데, 이에 이르기 위한 태도인 무위는 아무것도 하지 않고 가만히 있는 것이 아니라 사물의 자연스러운 본성을 따르는 것을 말한다. 이때의 본성이란 도리나 이치가 아니라 사물이나 사람의 타고난 성질이나 성향을 뜻한다. 나아가 노자는 인위에 집착하는 태도를 사회 혼란의 원인으로 지목하였다. 그래서 '국가도 작고 백성도 적은' 소국과민(小國寡民) 사회를 지향해야 한다고 보았다. 이는 현실에 맞지 않는 인위적인 규범과 제도를 줄여서 백성으로 하여금 타고난 본성대로 살아갈 수 있는 사회를 만들어야 한다는 주장이다.

① 인간이 마련한 도덕 원칙과 행위 규범의 근거는 하늘에 있다.
② 인간다움을 버리고 자연을 따르면 만물의 실정을 잃게 된다.
③ 마음을 극진히 다하는 사람은 하늘이 부여한 본성을 알고, 본성을 알면 하늘을 안다.
④ 인간의 의도로 행하면 날로 보태어지고, 의도를 덜고 또 덜면 함이 없으면서도 하지 못하는 것이 없다.

228 ㉠과 ㉡에 대한 설명으로 가장 적절한 것은?

외부 병원체에 대항하는 신체의 방어 체계를 면역 시스템이라고 한다. 신체에 내재된 면역 시스템은 우리 자신과 남을 구분하는 능력이 있는데, 이 시스템은 남으로 인식되는 외부 병원체에 대해서만 면역 반응이 유발되도록 조절하는 역할을 한다. 병원체에 대한 우리의 면역 시스템은 병원체를 기억하지 않고 즉각 반응하는 ㉠ <u>선천성 면역</u>과, 병원체가 특정 항원을 인식하여 병원체를 막는 ㉡ <u>후천성 면역</u>으로 나뉜다.

선천성 면역은 병원체가 몸 안으로 침투하지 못하도록 방어하는 단계에서부터 몸 안으로 이미 침투한 병원체를 제거하는 과정에서 작동한다. 피부, 소화기나 호흡기의 내벽을 덮은 점막이 병원체의 체내 침투를 저지하며, 땀, 눈물 등의 분비액은 체내에 침투하는 병원체의 생장을 억제한다. 그리고 병원체가 체내에 침투하면 백혈구가 이를 제거한다. 반면 후천성 면역은 특정한 항원에 특이성을 보이는 세포를 활성화해 지속적인 면역 반응을 유발한다. 우리 몸에 존재하지 않는 이질적 항원이 발견되면, 후천성 면역을 담당하는 세포들의 항원 수용체, 즉 항체가 항원과 결합하여 항원과 관련한 병원체의 활동을 저지한다.

① ㉠은 ㉡보다 더 지속적인 면역 반응을 가능케 한다.
② ㉠과 ㉡은 모두 피부나 점막에서 병원체의 침투를 저지하는 역할을 수행한다.
③ ㉡과 달리 ㉠이 작동하려면 '자기'와 '남'을 구분하는 능력이 전제되어야만 한다.
④ ㉠과 달리 ㉡이 작동하기 위해서는 특정한 항원에 특이성을 보이는 세포의 역할이 필요하다.

229 ㉠과 ㉡의 관계를 진술한 것 중 가장 적절한 것은?

> ㉠ 고고학은 인류의 출현에서 문명의 형성을 거쳐 오늘날에 이르는 우리들의 역사, 곧 인류사를 재구성하는 역할의 일부분을 담당하고 있는 학문으로서, 인류사의 재구성을 궁극적인 목적으로 하는 점에서 역사 과학의 성격을 띤다. 물론 문명 형성 이후의 문자로 기록된 역사는 주로 문헌사학이 담당하는 영역이지만, 문명 형성 이전에 오랫동안 영위해 온 인류의 삶에 관한 규명은 고고학이 맡고 있는 영역이다.
>
> ㉡ 문헌사학은 주로 문자에 의하여 남겨진 기록인 문서에 기초하여 과거의 역사를 복원한다. 이에 비해 고고학은 문자 이외에 물적 증거에 기초하여 과거의 역사를 복원한다. 문자에 의한 기록과 침묵하고 있는 물적 증거, 이 두 가지는 각각 그 자료적 성질이 다르기는 하지만, 모두 인류가 과거에 행해 온 폭넓은 인간 활동의 다양한 국면을 기록하였던 흔적이라는 점에서 공통점이 있다. 그러므로 문헌사학과 고고학의 종합을 통해 인간의 역사가 복원될 수 있다.

① 동일한 목적을 가진 중심 학문과 종속 학문의 관계
② 연구 절차는 유사하지만 연구 목적이 다른 관계
③ 연구 방법은 다르지만 연구 목적이 같은 보완적 관계
④ 이질적 범주이지만 유사한 특징을 가진 인접 관계

230 ㉠과 ㉡의 상징적 의미가 바르게 묶인 것은?

> 로마의 최대 신전인 판테온에서 ㉠ 수평축은 마당에서 시작하여 출입 공간을 가로질러 로톤다 중심을 통과하는 순간 상부의 트인 공간을 통해 ㉡ 수직축으로 바뀐다. 수직축은 로톤다의 중심을 통과하여 하늘에 이른다. '판테온은 하늘을 표상한다.'라는 말은 이 건물의 의미를 잘 말해 준다. 수직의 성스러운 차원을 수평의 세속적 차원과 통합시키고 있는 로톤다의 내부 공간은 하늘에 대한 로마인의 생각이 추상화된 것이다. 판테온은 자신을 초월하여 스스로를 신성한 것과 합치시키며 이 공간에 봉헌된 신들과 함께하는 열망을 담은 공간이다.

	㉠	㉡
①	하늘	땅
②	세속적 차원	성스러운 차원
③	천상의 세계	로마와 로마인
④	신들에 대한 염원	인간에 대한 갈망

Chapter 5 독해 유형별 코드 05 - 고급 추론

CODE 093 고급 추론

I 문맥/빈칸 추론

- 문맥 추론: 지문의 부분적인 정보에 밑줄을 긋고 그 의미를 묻는 패턴
- 빈칸 추론: 지문에 빈칸을 주고 빈칸에 가장 적절한 선지를 찾게 하는 패턴

두 가지 유형 모두 주제를 대전제로 하여 밑줄/빈칸에 필요한 정보를 추론하는 것입니다.
따라서 **전체 주제를 파악**하며 지문을 모두 읽은 뒤, **다시 밑줄이나 빈칸 주변을 초점화**하여 **조건을 샅샅이 찾는 것**이 중요합니다. 그리고 조건을 가장 완벽히 충족한 답안을 찾는 것이죠.

문맥 추론 방법

1. 지문을 읽으며 **주제 파악 및 표지(지시어와 접속 부사)** 등의 힌트 확인

⬇

2. 문맥적 의미를 해석해야 하는 **밑줄 부분의 주변 범위에서 조건** 더 찾기

⬇

3. 가답안 형성

⬇

4. 가답안과 가장 유사한 선지 찾기

빈칸 추론 방법

1. 지문을 전체적으로 읽으며 **주제 파악**

⬇

2. **빈칸**이 포함된 문장만 초점화

⬇

3. 초점화된 문장의 **표지(이/그/저, 접속 부사)**를 통한 확장

⬇

4. **확장된 범위에서 조건** 찾기

⬇

5. 조건을 모두 충족한 선지 선택

II 사례 추론

사례 유형이 출제되는 지문에는 조건들이 제시되어 있습니다. 긍정 발문인지 부정 발문인지에 따라서 조건들을 활용하는 방식도 달라집니다.

지문: 정답 조건 1, 정답 조건 2, 정답 조건 3 + 오답 조건

- 긍정 발문이면, '가장 적절한 것'을 골라야 하므로
  ➡ 조건 1~3을 모두 충족하면서 오답 조건을 가지지 않은 것이 답이다.

- 부정 발문이면, '적절하지 않은 것'을 골라야 하므로
  ➡ 나머지 선지가 조건 1~3을 모두 충족했을 때에는, 하나라도 누락한 것이 답이다.
  나머지 선지가 조건 1~3 중 적어도 하나 이상 충족했을 때, 조건을 하나도 충족하지 못한 것이 답이다.
  오답 조건을 가지면 정답 조건을 충족했더라도 답이다.

Ⅲ 비판 추론

비판의 두 가지 방법

① 사실 비판: 너의 말이 틀렸어!
② 관점 비판: 난 너와 생각이 달라!

사실 비판과 관점 비판의 예시

주장: 우리나라 청소년의 흡연을 법적으로 엄격히 규제해야 한다.

근거 1: 우리나라의 청소년 흡연율이 다른 나라보다 높다.

- 사실 비판: 우리나라의 청소년 흡연율이 다른 나라보다 높다는 것은 거짓이다.
  이는 조사 대상 국가가 선진국에만 치우친 통계의 결과이다.
- 관점 비판: 다른 나라보다 흡연율이 높다는 것이 규제의 근거가 될 수는 없다.
  다른 나라보다 열등한 것이 모두 법적 규제의 대상이 될 수는 없다.
  이는 문화적 다양성이다.

근거 2: 청소년의 흡연은 성인의 흡연보다 건강에 더 해롭다.

- 사실 비판: 청소년의 흡연이 성인의 흡연보다 건강에 더 해롭다는 것은 거짓이다.
  흡연을 시작한 시기보다 흡연한 기간이 건강에 더 큰 영향을 미친다.
- 관점 비판: 청소년도 자신의 건강에 대한 자발적 결정권이 있다.
  건강에 나쁘다는 것을 알고 피우는데 법적으로 규제할 필요가 있는가.

근거 3: 교육만으로는 청소년의 흡연을 막을 수 없다.

- 사실 비판: 교육만으로 청소년의 흡연을 막을 수 없다는 것은 거짓이다.
  교육을 통한 자발적 결정의 금연이 더 오래 지속된다.
- 관점 비판: 교육만으로 청소년의 흡연을 막기는 어려우나 교육이 아닌 수단은 청소년에게 부적절하다.

CODE 094 논리 추론

귀납 논증과 연역 논증의 구별

귀납 논증: 구체적인 사실들을 근거로 하여 일반적인 원리나 원칙을 이끌어 내는 방법
연역 논증: 일반적인 원리나 원칙을 근거로 하여 구체적인 어떤 사실을 이끌어 내는 방법

- 결론이 전제가 가지고 있는 내용 이상의 것을 주장하고자 하면 그것은 귀납 논증이다.
- 연역 논증은 전제가 결론을 절대적으로 지지한다고 주장하는 논증이다.
- 과거사실이나 현재 사실로부터 미래의 일을 예측하는 데에는 귀납 논증이 사용된다.
- 연역 논증은 전제가 말하는 내용 이상의 것을 결론에서 주장하고자 하지 않는 논증이다.

조건 명제의 이해

▸ 다음의 조건 명제들은 모두 논리적으로 같은 의미를 갖습니다.

A이면 반드시 B이다.
B일 경우에만/때에만 A이다
B에 한하여 A이다.

필요 조건과 충분 조건

1. 필요 조건: A→B에서 B는 A의 '필요조건으로서의 원인'
   필요조건이란 '원인이 없을 때 결과도 없는 관계'
   B가 참이 아니면 A도 반드시 참이 아니라는 것

2. 충분조건: A→B에서 A를 B의 '충분조건으로서의 원인'
   충분조건이란 '원인이 있을 때 결과도 있는 관계'
   A가 참일 때, B는 항상 참이라는 것

3. 필요충분조건: 'A→B'이면서 'B→A'
   필요충분조건이란 '원인이 있으면 결과가 있고, 원인이 없으면 결과도 없는 관계'
   이는 'A≡B'로 기호화

논리적 동치

- 이중부정: ~(~A) ≡ A
  어떤 명제의 부정을 부정하면 해당 명제가 도출됨.

- 동어반복: (A∧A) ≡ A, (A∨A) ≡ A
  같은 명제를 선언으로 연결하거나 연언으로 연결할 경우에도 해당 명제가 도출됩니다.
  'A가 참석하거나, A가 참석한다', 또는 'A가 참석하고, A가 참석한다'는 두 합성 명제 모두, 'A가 참석한다'와 동치입니다.

- 대우: A→B ≡ ~B→~A
  조건명제 변형 방식에는 크게 '역, 이 대우'가 있습니다.
  - 원 명제가 'A→B'일 때 그 역은 'B→A'입니다.
  - 원 명제가 'A→B'일 때 그 이는 '~A→~B'입니다.
  - 원 명제가 'A→B'일 때 그 대우는 '~B→~A'입니다.

  ▸ 역, 이 대우 중 대우만 원 명제와 동치입니다.
  역과 이는 원 명제와 논리적으로 필연적 관계가 없습니다.

CODE 093 고급 추론

231 ㉠~㉣ 중, 행위 주체가 나머지 넷과 다른 것은?

> 조선 시대에도 교육에 대한 백성들의 집념과 열의는 대단했다. 양반은 말할 것도 없고 평·천민들까지도 교육에 커다란 관심을 가졌으며 어떻게 해서든지 자제들을 ㉠ 가르치려 노력했다. 어려운 살림 속에서도 기금을 마련하여 학계와 서당계 등을 조직하고 훈장을 초빙하여 자제들을 교육시킨 것은 바로 교육에 대한 이러한 열의와 집념의 산물이었다.
>
> 조선 시대의 교육 목표는 백성들에게 삼강 오륜 등의 예의를 ㉡ 가르쳐 이를 실천하게 하는 것이었다. 백성을 기르는 일은 곧 백성을 ㉢ 가르치는 일이었으며, 백성을 가르치는 일은 곧 백성에게 예의를 알게 하는 일이었다. 정약용이 『목민심서』에서 '목민관의 직책으로서 가장 중요한 것은 백성을 교화하는 일이며 교화는 예의를 ㉣ 가르치고 권장하는 일'이라고 말한 것은 이런 생각을 단적으로 보여 준다.

① ㉠ ② ㉡
③ ㉢ ④ ㉣

232 밑줄 친 문장의 이유로 가장 적절한 것은?

> 내집단은 자신이 소속되어 있으면서 집단 구성원과 스스로를 동일시하는 집단이다. 이러한 내집단과 외집단을 구분하는 것은 내집단에 대한 차별적인 편애를 초래하는데, 이는 자신이 속한 집단의 우월성을 입증하여 자긍심을 느끼기 위함이다.
>
> 한 실험에서 피실험자들에게 같은 과제를 부여한 뒤, 두 조에 배정하였다. 그런데 실제로는 과제 수행과 관계없이 임의로 피실험자들을 배정한 것이었다. 즉, 피실험자들이 같은 집단이 된 데는 아무 이유가 없었다. 그리고 같은 집단의 사람들은 앞으로도 관계가 없을 사이였다. 이 상황에서 피실험자들은 자기 집단 구성원 한 명과 상대 집단 구성원 한 명에게 돈으로 환산될 수 있는 점수를 부여해야 했다. 그 결과 피실험자 중 84%가 자기 집단 구성원에게 상대 집단 구성원보다 더 높은 점수를 부여했다.

① 서로 다른 집단 간의 조화를 이루기 위해
② 소속 집단에서 자긍심을 얻고자 하기 때문에
③ 우호적인 행위가 향후 관계의 증진에 도움이 되므로
④ 과제를 통해 특성이 유사한 사람끼리 배정했기 때문에

233 글의 내용으로 보아 괄호 안에 들어가기에 적합한 말이 순서대로 짝지어진 것은?

> 행복에 있어서 제일 중요한 것은 스스로 행복하다고 느끼는 것이다. 행복감을 떠나서 행복이 달리 있을 수 없다. 아무리 돈이 많고 명성이 높고 좋은 가정을 갖고 재능이 뛰어나다고 하더라도, 그 사람이 스스로 행복하다고 느끼지 않는다면 어떻게 할 도리가 없는 것이다. 얼마든지 행복할 수 있는 조건을 가지면서도 불행한 사람, 또 그와 반대로 행복할 수 있는 조건은 별로 갖지 못했으면서도 사실상 행복한 사람을 우리는 세상에서 가끔 본다. 전자(前者)의 불행은 어디서 유래하며 후자(後者)의 비밀은 어디에 있을까.
>
> "항산(恒産)이 없으면 항심(恒心)이 없다."라고 맹자는 말했다. 그러나 맹자는 다시, 선비는 항산(恒産)이 없어도 항심(恒心)이 있다고 단언(斷言)했다. 맹자의 '항산'이란 말을 '행복의 조건'이란 말로 바꾸고, '항심'이란 말을 행복이란 말로 옮겨 놓아도 별로 의미에 큰 차이는 없을 것이다. 행복의 조건을 갖추지 못하면 행복할 수 없다. 그러나 선비는 행복의 조건을 못 갖추어도 행복할 수 있다. 이것이 맹자의 행복의 논리다. 행복의 조건이 행복의 (㉠) 요소라고 한다면, 행복감은 행복의 (㉡) 요소다. 행복은 이 두 가지 요소의 종합에 있다.

	㉠	㉡
①	필수적	선택적
②	선택적	필수적
③	객관적	주관적
④	주관적	객관적

234 ㉠에 들어갈 말로 가장 적절한 것은?

장 마르탱 샤르코는 의학에 사진을 도입하고자 했다. 그는 신경병 환자들의 사진으로 그들의 질병을 진단할 수 있을 것이라 기대하였다. 그러나 결과적으로 샤르코는 사진을 통해 그 기대를 충족하지 못했다. 신경 정신병의 증상은 신체 외부의 일관된 특징으로 나타나는 것이 아니었기 때문이다. 게다가 샤르코와 사진사들은 환자에게 그들이 이미 알고 있던 의학적 지식에 맞게 의도된 포즈를 취하도록 하거나, 서로 다른 발작을 일으키는 환자의 사진을 혼합해 조작된 연속 사진을 만들기도 하였다. 결국 후대의 의학계에서 샤르코가 병원에서 제작했던 사진들은 (㉠) 평가를 받게 되었다.

① 환자의 질병을 체계적으로 식별하고 진단했다는
② 관찰과 기록을 통해 의학의 새 지평을 열었다는
③ 그의 의학 지식을 시각적으로 정당화한 것이라는
④ 기술력의 부족으로 충분한 효과를 거두지 못했다는

235 괄호 안에 들어갈 내용으로 가장 적절한 것은?

통제되지 않는 자연재해와 지배자의 요구에 시달리면서 겨우 생계를 유지하는 전(前) 자본주의 농업 사회 농민들에게, (   )는 거의 없다. 평범한 농민이라면 큰 벌이는 되더라도 모험적인 것을 시도하기보다는 자신과 가족을 파멸시킬 수도 있는 실패를 피하려고 하기 마련이다. 이와 같은 악조건은 농민들에게 삶의 모든 측면에서 안전 추구를 최우선으로 여기는 성향을 체득하도록 한다. 농민들은 경험 축적을 바탕으로 하는 종자의 다양화, 경작지의 분산화, 재배 기술 개선 등 생계 안정성을 담보하는 기술적 장치를 필요로 한다. 또한 마을 내에서 이루어지는 다양한 유형의 호혜성, 그리고 토지의 공동체적 소유 및 공동 노동 등 최소한의 생존을 보장하는 사회적 장치도 필요로 한다.

① 생계 안정을 위한 농민 공동체의 합의
② 마을 내의 다른 농민들에 대한 호혜성과 관대
③ 생존을 위한 행동 외에 스스로의 삶을 즐길 여유
④ 경제학에서 말하는 이윤 극대화를 위한 도전의 여지

236 ㉠의 내용으로 가장 적절한 것은?

여러 가지 물건을 살 때 어떻게 구매해야 가장 큰 만족도를 얻을 수 있을까? '한계효용 균등의 법칙'은 일정한 소득으로 여러 가지 상품을 소비하는 경우, 효용(만족)이 극대화되도록 하기 위해서는 각 상품의 한계효용이 균등하게 되도록 소비를 배분하는 것이 가장 유리하다는 법칙이다.

빵과 우유를 먹는다고 가정해 보자. 빵과 우유의 1원당 한계효용은 각각 1.6, 2일 때, 1원당 한계효용은 우유가 크므로 우유를 먼저 먹어야 한다. 하지만 우유를 더 먹을수록 한계효용은 점점 작아지게 돼, 결국 빵의 한계효용보다 작아지게 된다. 이때는 빵을 먹어 총 효용을 높일 수 있다. 더 나아가 1원당 한계효용이 같아질 때까지 먹으면 가장 큰 효용을 얻을 수 있다. 만일 우유와 빵을 적당량만큼 사는 경우라면 가장 마지막 우유의 한계효용과 가장 마지막 빵의 한계효용을 각 제품의 개별 가격으로 나눈 값이 일치하는 양만큼씩을 샀을 때 소비자는 최선의 선택을 한 것이다.

이러한 경제 법칙을 적용하면 ㉠ <u>뷔페에서 음식을 먹을 때 가장 큰 만족도를 얻는 법을 알 수 있다.</u>

① 많은 사람들이 즐겨 찾는 음식 위주로 먹는다.
② 비싼 음식부터 먹은 다음 싼 음식을 먹는다.
③ 자신이 가장 좋아하는 한 가지 음식만 끝까지 먹는다.
④ 좋아하는 음식부터 양을 조절하여 먹고 다른 음식을 먹는다.

237 다음 중 ㉠의 사례로 가장 적절한 것은?

> 관용은 특정 관습 등을 잘못된 것이라고 여김에도 이를 용인하거나 간섭하지 않는 태도를 의미한다. 이에 따르면, 관용을 실천하는 사람은 그 대상을 실제로는 잘못된 것으로 여기면서도 이를 묵인하거나 불간섭해야 한다.
>
> 그렇다면, 어떤 사람이 자신의 신념과 반대되는 정도가 강한 행동을 실천할 때, 우리는 그가 관용적이라고 말해야 하는가? 예를 들어, 타인의 의견을 묵살하고 싶은 사람이 그 욕구를 억누르는 것을 관용이라고 말하는 것은 바람직한 것인가? 이는 앞에서 제시된 관용의 정의에는 부합하는 것이나, 받아들이기는 어려운 역설적 결론이다.
>
> 도덕적으로 잘못된 것을 용인하는 경우를 관용이라고 볼 수 있을지의 여부도 문제시된다. 앞선 정의에 따르면, 인종차별주의처럼 우리가 일반적으로 잘못인 것으로 판단하는 믿음까지 용인하는 것까지도 관용의 범주에 해당한다. 그러나 그렇다면 관용적일수록 도덕적으로 잘못을 저지르게 될 가능성이 높아지는 역설이 발생할 것이다. 따라서 이러한 ㉠ 역설들을 피하기 위해 관용의 맥락에서 일정한 한계가 있어야 할 것이다.

① 모든 종교적 믿음을 배척하는 사람을 관용적으로 평가한다.

② 자신의 종교가 주는 가르침만이 유일한 진리라고 믿는 사람일수록 덜 관용적이라고 평가한다.

③ 종교적 문제에 대해 별다른 의견이 없는 사람을 관용적이라고 평가한다.

④ 보편적 도덕 원칙에 어긋나는 교리의 종교까지 용인하는 사람을 더 관용적이라고 평가한다.

238 ㉠의 예로 적절하지 않은 것은?

> 인디언인 호피족의 언어에는 서구 문명국의 언어에 당연히 존재하는 시제 개념이 없다. 워프는 이 사실에서 서구인들이 시간과 공간을 세분할 수 있는 대상으로 생각하는 것과 달리, 호피족은 시간과 공간을 하나의 개념으로 생각하여 시간과 공간을 초월하는 의식 속에서 삶을 영위한다는 것을 깨달았다.
>
> 워프는 이 세상의 개개 민족들이 서로 다른 문화권을 가지고 있는 것은 그들이 모두 서로 다른 사고나 세계관을 가지고 있기 때문인데, 이러한 ㉠ 사고나 세계관의 다양성은 궁극적으로 언어의 다양성에서 비롯된다고 믿게 되었다.

① 철수는 친구들을 따라서 비속어를 많이 쓰다 보니 생각과 행동까지도 비속해지는 것을 느꼈다.

② 우리 민족은 높임법이 발달된 우리말 문법 체계에 길들여져 경로 정신이 다른 민족보다 강하다.

③ 서술어가 문장의 끝에 있는 우리말의 특성은, 중요한 것을 나중에 내세우는 사고방식에 영향을 끼쳤다.

④ '우리'라는 말을 많이 사용하는 우리나라 사람들이 '나'를 내세워 말하는 외국인들에 비해 오히려 개인주의적인 행동을 보일 때가 많다.

239 〈보기〉의 관점에서 [A]를 비판한 것이 가장 적절한 것은?

한식 열풍이 불면서, 정부에서 전국 규모의 김치 품평회를 개최하고 여기서 선정된 우수 제품의 김치 제조법을 국가 표준으로 삼아 우리나라를 대표하는 '김치 맛'을 정립하고 이를 세계에 알려야 한다는 의견이 나오고 있다.

김치 수출량이 늘어나면서 시장에 나와서는 안 될 저품질의 김치가 특정 지역 고유의 김치라는 미명하에 판매되어 우리나라의 음식 문화뿐만 아니라, 국가 신임도에도 부정적인 영향을 미치고 있다. 또한 세대 간의 직접 전수를 통해 제조법이 전달되는 방식으로는 몇 세대만 지나더라도 현재의 김치 맛을 그대로 보존하기 어렵다는 한계가 있다. 이런 이유로 김치 제조법을 표준화할 필요성이 대두된 것이다.

[A] 김치 제조법이 표준화된다면 재료의 품질이나 영양 성분 등에서 먹거리로 부적합한 일부 김치가 시장에서 유통되는 것을 막을 수 있으며, 우리의 김치 문화를 효과적으로 보존할 수 있다. 이를 통해 세계인에게 우수한 품질의 김치를 선보일 수 있고 한편으로는 누구나 손쉽게 김치를 담글 수 있게 된다.

이처럼 김치 제조법을 표준화하는 것에는 여러 가지 긍정적인 면이 있다. 그러나 김치 제조법의 표준화로 인해 독특한 맛을 지닌 김치들이 사라질 위험이 있는 것도 사실이다.

보기

김치의 세계화를 위해 우수한 품질의 김치를 보존하는 것은 중요하다. 그러나 그 방법이 획일성을 추구하는 것이어서는 안 된다. 프랑스의 대표 음식인 치즈가 많은 사람들의 사랑을 받는 가장 큰 이유는, 지역마다 개성 있는 맛을 자랑하는 치즈를 생산하기 때문이다.

① 김치의 세계화를 위해서는 각 지역의 고유한 김치 문화를 보존하고 맛의 다양성을 확보해야 한다.
② 김치 제조법의 표준화는 여러 지역의 김치의 특징을 모두 아우를 수 있는 방향으로 진행되어야 한다.
③ 김치의 세계화를 위해 우수한 품질의 김치보다는 다양한 맛을 지닌 김치를 더 가치 있게 바라봐야 한다.
④ 성급하게 표준화된 김치 제조법으로는 시대에 따라 달라지는 사람들의 입맛을 충족시킬 수 없으므로, 보다 심사숙고하여 김치 제조법을 표준화해야 한다.

240 다음 글이 비판의 대상으로 삼는 주장은?

경제 문제는 대개 해결이 가능하지만, 그러한 해결을 위해서는 누군가 상당한 손실을 감수해야 한다는 특징을 갖고 있다. 누구도 이 손실을 자발적으로 감수하고자 하지 않으며, 우리의 정치제도는 누구에게도 이 짐을 짊어지라고 강요할 수 없다. 대개의 경제적 해결책은 제로섬(zero-sum)적인 요소를 갖기 때문에 큰 손실을 수반한다. 모든 제로섬 게임에는 승자가 있다면 반드시 패자가 있으며, 패자가 존재해야만 승자가 존재할 수 있다. 경제적 이득이 경제적 손실을 초과할 수도 있지만, 손실의 주체에게 손실의 의미란 상당한 크기의 경제적 이득을 부정할 수 있을 만큼 매우 중요하다. 결국 우리는 자신의 이익을 보호하기 위해 사회가 우리에게 손해를 입히는 공공 정책을 강제로 시행하는 것을 막기 위해 싸울 것이다

① 경제 문제에서 모두를 만족시키는 해결책은 없다.
② 빈부 격차를 해소하는 것만큼 중요한 정책은 없다.
③ 일부의 손실보다 경제 문제의 해결이 우선이다.
④ 효율적인 경제정책을 위해 일관성을 유지해야 한다.

241 다음 글의 생략된 전제로 가장 알맞은 것은?

생명에 대한 권리는 개별적인 존재의 생존을 지속시킬 권리이다. 생명권을 가지는 데 관련되는 욕망은 개별 존재로서 생존을 지속시키고자 하는 욕망이다. 따라서 자신을 일정한 시기에 걸쳐 존재하는 개별 존재로서 파악할 수 있는 존재만이 생명에 대한 권리를 가질 수 있다. 자신을 일정한 시기에 걸쳐 존재하는 개별 존재로서 파악할 수 있는 존재만이 개별 존재로서 생존을 지속시키고자 하는 욕망을 가질 수 있기 때문이다.

① 생명에 대한 권리를 가질 수 있는 존재만이 개별 존재로서 생존을 지속시키고자 하는 욕망을 가질 수 있다.
② 자신을 개별 존재로서 파악할 수 있는 존재는 욕망을 가질 수 있다.
③ 권리를 소유하려면 어떤 방식으로든 관련된 욕망을 가지는 능력이 있어야 한다.
④ 생존을 지속시키려는 욕망을 가질 수 있는 존재만이 자신을 일정한 시기에 걸쳐 존재하는 개별 존재로 파악한다.

CODE 094 논리 추론

242 다음 중 논증의 유형이 이질적인 것은?

① 제비도 날개가 있다. 까치도 날개가 있다. 이들은 모두 새이다. 그러므로 모든 새는 날개가 있다.
② 모든 사람은 죽는다. 그 독재자는 사람이다. 그러므로 그 독재자는 죽는다.
③ 비가 오지 않는다면 운동회가 열릴 것이다. 비가 오지 않는다. 그러므로 운동회는 열릴 것이다.
④ 내일은 비가 오거나 눈이 올 것이다. 그런데 비는 오지 않을 것이다. 따라서, 눈이 올 것이다.

243 다음 논증 중 전제에서 결론이 도출되지 않는 것은?

① 영호는 주식 투자에서 이득을 보았는데, 주식 투자는 손해를 보는 사람이 있어야 이득을 보는 사람도 있다. 따라서 누군가는 주식 투자에서 손해를 보았다.
② 고온에서 저온으로 열이 이동할 때에만 열에서 동력을 얻을 수 있다. 따라서 열에서 동력을 얻을 수 있었다면 고온에서 저온으로 열의 이동이 발생한 것이다.
③ 마이클 조던이 최고의 농구 선수라면 공중에 3초 이상 떠 있을 수 있어야 한다. 하지만 마이클 조던은 2.5초밖에 공중에 떠 있지 못한다. 그러므로 마이클 조던을 최고의 농구 선수라고 할 수 없다.
④ 도덕적 판단이 객관성을 지닌다면 도덕적 판단은 경험적 근거를 가지며 유전적 요인과는 무관할 것이다. 사람들이 히틀러의 유태인 학살 행위를 잘못이라고 판단하는 것으로 볼 때, 도덕적 판단은 경험적 근거를 가진다. 따라서 도덕적 판단이 유전적 요인과 무관하다면 도덕적 판단은 객관성을 지닌다.

244 다음 글의 전제로 볼 수 있는 것은?

> 아득한 옛날 우리 조상들이 사용하던 국어는 어떠한 모습이었을까? 선사 시대에 대한 궁금증이 모두 그러하듯이, 이 질문에 대해서도 지금으로서는 정확한 대답을 하기가 어렵다. 이 의문에 대해서는 국어가 어떻게 형성되었는가 하는 문제, 즉 국어의 계통이 먼저 정확하게 밝혀져야만 정확한 대답을 할 수 있는데, 국어의 계통에 대해서는 그동안 많은 연구가 이루어져 왔음에도 불구하고 아직 분명하지 않은 점이 많다. 여러 자료들을 바탕으로 살필 때, 몽골 어군, 만주-퉁구스 어군, 튀르크 어군 등과 함께 국어가 알타이 어족에 속할 가능성은 높지만, 아직은 분명한 비교 언어학적 증거가 확보되지 않아 가설 단계에 머물러 있을 뿐이다.

① 비교 언어학은 국어 연구의 기초를 이룬다.
② 선사 시대에 관한 연구는 자료 확보가 어렵다.
③ 계통 연구는 국어학의 주된 관심사가 아니었다.
④ 언어의 계통 연구로 언어의 옛 모습을 알 수 있다.

245 다음 글에서 추론할 수 있는 것은?

사람들을 두 집단으로 나누어 한 집단에게는 실제로 동전을 백 번 던져서 그 결과를 기록하라고 하고, 다른 집단에게는 동전을 백 번 던진다고 상상하여 그 결과가 최대한 실제로 던진 것처럼 보이도록 기록하라고 지시했다. 이후 기록의 내용만 보고 실제 기록 집단과 상상 기록 집단을 구분할 수 있을까? 다음과 같은 점을 염두에 둔다면, 이 일은 꽤 쉬울 수 있다.

정상적인 동전을 실제로 던졌을 때 앞면이 나올 확률과 뒷면이 나올 확률은 모두 1/2이다. 여섯 번 연속 앞면이 나올 확률은 1/2을 여섯 번 곱하면 된다. 결과는 1/64, 즉 2%도 되지 않는다. 그렇지만 동전 던지는 횟수를 증가시키면 같은 면이 연속으로 나올 확률이 높아진다. 그러나 일반적으로 사람들은 무작위로 일어나는 일이 무작위인 것처럼 보이지 않을 때 곤혹스러워한다. 따라서 사람들은 백 번의 동전 던지기에서 앞면이 여섯 번 연속으로 나오는 결과는 실제처럼 보이지 않는다고 생각한다. 뿐만 아니라, 일반적으로 사람들은 동전 던지기를 어느 정도 많이 시행하게 되면 앞면과 뒷면이 나오는 횟수가 50 대 50에 가까워야 한다고 생각한다.

① 여섯 번 연속으로 앞면이 나온 기록이 더 많은 집단은 상상 기록 집단일 확률이 높다.
② 백 번 모두 같은 면이 나온 기록이 실제 기록일 확률과 상상 기록일 확률은 모두 50%이다.
③ 무작위인 것처럼 보이지 않는 결과를 포함한 기록이 많은 집단은 실제 기록 집단일 확률이 높다.
④ 앞면과 뒷면이 나오는 횟수가 비슷하게 나타나는 기록이 많은 집단은 실제 기록 집단일 확률이 높다.

246 다음 글에서 추론하기 어려운 것은?

정언 명제란 '모든'처럼 전칭을 나타내거나 '어떤'처럼 특칭을 나타내는 말과 주어 명사(S), 술어 명사(P)로 구성된 명제로서, 네 가지의 표준 형식으로 나타내어진다. 구체적으로 '모든 S는 P이다'를 전칭 긍정, '모든 S는 P가 아니다.' 또는 '어떤 S도 P가 아니다.'를 전칭 부정, '어떤 S는 P이다.'를 특칭 긍정, 그리고 '어떤 S는 P가 아니다.'를 특칭 부정이라 한다.

이러한 정언 명제로 구성된 삼단 논법을 정언 삼단 논법이라 한다. 가령 대전제인 '모든 새는 날개가 있다.'와 소전제인 '어떤 생물은 날개가 없다.'로부터 결론인 '어떤 생물은 새가 아니다.'를 도출하는 것이 그 예이다. 이 명제를 구성하는 새, 날개, 생물 등을 '명사'라고 한다. 대전제와 결론에 나오는 '새'는 대명사이고, 소전제와 결론에 나오는 '생물'은 소명사이며, 대전제와 소전제에 나오는 '날개'는 중명사이다. 중명사는 대전제와 소전제를 매개하여 결론을 도출한다. 이러한 정언 삼단 논법을 영국의 수학자 불이 집합의 개념으로 나타내었고, 같은 시기 영국 논리학자 벤이 불의 해석을 바탕으로 다이어그램을 통해 정언 삼단 논법을 나타내었다.

① 정언 삼단 논법의 결론이 특칭 부정 형태일 수 있다.
② '모든 S는 P이다.'와 '어떤 S도 P가 아니다.'는 모두 전칭 명제에 해당한다.
③ 정언 삼단 논법에서 전제에 나오지만 결론에는 나오지 않는 명사를 소명사라고 한다.
④ 벤은 정언 삼단 논법에 대한 불의 해석을 바탕으로 정언 삼단 논법을 다이어그램을 통해 나타내었다.

247 다음 글의 내용에 가장 부합하는 것은?

'명제'란 논리학에서 언어적 표현의 기본 단위를 뜻한다. 한 명제의 진술이 사실과 같다면 참이고, 그렇지 못하면 거짓이다. 그런데 논리학에서는 사실 여부를 물어볼 필요가 없이 명제가 참인지 여부, 즉 명제의 진위를 가려낼 수 있는 경우가 있다. 이를테면 '어머니는 여자이다.'와 같은 명제는 진위를 가려내는 데 있어서 사실 여부를 물어볼 필요가 없다. '여자'라는 말의 뜻이 '어머니'라는 말의 뜻 안에 포함되므로 명제가 맺어 준 두 개념의 관계에 의해서 진위를 알 수 있기 때문이다. 이와 같은 방법으로 진위를 알 수 있는 명제를 '분석 명제'라고 한다. 또한, '지금 이곳은 눈이 오거나, 눈이 오지 않는다.'와 같이 명제가 둘 이상 합쳐진 형태의 명제를 '합성 명제'라고 한다. 합성 명제 또한 사실 여부를 묻지 않아도 항상 참 또는 거짓인 경우가 있다.

① '아버지는 여자이다'는 사실 확인 없이 진위를 가려낼 수 있는 합성 명제이다.
② '수달은 동물이다'는 사실 확인 없이 진위를 가려낼 수 없는 분석 명제이다.
③ '우리 모두 빨간 옷을 입었지만, 우리 중 누구도 빨간 옷을 입지 않았다'는 사실 확인 없이 진위를 가려낼 수 있는 합성 명제이다.
④ '나는 지금 밥을 먹고 있거나, 국을 먹지 않고 있다'는 사실 확인 없이 진위를 가려낼 수 있는 분석 명제이다.

248 다음 중 〈보기〉와 오류의 유형이 동일한 것은?

보기

골목에서 야구 하는 것은 곧 남의 집 유리창을 깨기 위한 행동이다.

① 인간은 이성적 동물이다. 정신 질환자는 인간이다. 그러므로 정신 질환자는 이성적인 동물이다.
② 그 연극단은 일류급이다. 박 씨는 그 연극단 일원이다. 그러므로 박 씨는 일류급이다.
③ 사람이 살아가기 위하여 한정된 자원을 사용하는 행위는, 곧 타인이 그 자원을 사용하지 못하게 하려는 이기적인 행동이다.
④ 국민의 67%가 사형 제도에 찬성했다. 그러므로 사형 제도는 정당하다.

249 다음 글의 내용이 참일 때, 반드시 참인 것은?

만일 A 정책이 효과적이라면, 부동산 수요가 조절되거나 공급이 조절된다. 만일 부동산 가격이 적정 수준에서 조절된다면, A 정책이 효과적이라고 할 수 있다. 그리고 만일 부동산 가격이 적정 수준에서 조절된다면, 물가 상승이 없다는 전제하에서 서민들의 삶이 개선된다. 부동산 가격은 적정 수준에서 조절된다. 그러나 물가가 상승한다면, 부동산 수요가 조절되지 않고 서민들의 삶도 개선되지 않는다. 물론 물가가 상승한다는 것은 분명하다.

① 서민들의 삶이 개선된다.
② 부동산 공급이 조절된다.
③ A 정책이 효과적이라면, 물가가 상승하지 않는다.
④ A 정책이 효과적이라면, 부동산 수요가 조절된다.

Chapter 6 독해 유형별 코드 06 - 화법과 작문

CODE 095 화법

Ⅰ 토의

• 두 사람 이상이 집단 사고를 거쳐 문제의 해결을 시도하는 논의
• 공동 이해 기반, 공정한 문제 해결
• 소수의 지식과 의견 존중
• 공동 집단 사고의 민주적 과정
• 종류: 심포지엄, 포럼, 패널 토의, 원탁 토의, 버즈 세션, 자유 · 집단 토의, 공청회

1. 심포지엄
(1) 하나의 논제를 여러 측면으로 나누어 전문가들이 각자의 관점에서 의견을 제시
(2) 청중은 의견을 제시하거나 질문하기보다 문제에 대해 권위있고 체계적인 설명을 들음.

2. 패널 토의
(1) 각 의견의 대표자가 먼저 청중 앞에서 서로 의견을 조정하며 해결책을 모색하고 이후 사회자의 유도에 따라 청중이 참여하는 방식
(2) 개별적인 발표를 거치지 않고 직접 상호 간의 토의에 들어감.

3. 포럼
(1) 청중의 참여가 적극적으로 이루어질 수 있는 토의 방식
(2) 어떤 문제에 대해 의견이 상충하는 토의자가 한 사람씩 해결 방안을 발표한 다음, 청중이 직접 참여하여 의견을 교환함.

4. 원탁 토의
(1) 열 명 내외의 사람들이 상하 구별 없이 자유롭게 의견을 나누는 토의 방식
(2) 대화 형식이 비공개적인 자유토의 형태이기 때문에 토의자들이 적극적으로 참여하며 주어진 토의 문제에 대한 의사 결정이 쉬움.

5. 버즈 세션
전체구성원을 4~6명의 소그룹으로 나누고 각각의 소그룹이 개별적인 토의를 벌인 뒤 각 그룹의 결론을 패널 형식으로 토론하고 최후의 리더가 전체적인 결론을 내리는 토의

6. 공청회
중요한 정책 사안 등에 관해 해당 분야의 학식과 경험이 풍부한 전문가나 이해 당사자 등의 의견을 듣기 위해 의회 · 행정 기관 · 공공 단체 등에서 개최하는 회의

Ⅱ 토론

• 찬성과 반대로 대립하는 사람들이 논리적으로 상대방을 설득하는 논의
• 논제에 대립되는 쌍방, 자기 주장의 정당성을 논거로 제시
• 상대편의 모순 지적
• 약속된 순서와 절차에 의해 진행
• 필요할 때 적절한 방법을 통해 판결

사회자의 역할

• 순차적 진행
• 통제(발화 순서 지정)
• 요약
• 질문
• 참여

토의/토론자의 역할

• 자신의 의견 발표하기
• 상대의 의견에 반박하기
• 예상되는 상대의 반박을 원천봉쇄하거나 반박에 재반박하여 자신의 주장 뒷받침

공감적 듣기

내 입장에서 상대의 말을 분석하거나 비판하는 것이 아니라 감정을 이입하여 상대방의 감정을 이해하려는 데 목적을 두는 '너 중심 듣기'라 할 수 있다. 이를 위해서는 수용적 분위기를 조성하고, 상대의 말을 집중해서 들어야 한다. 공감적 듣기의 '들어주기'에는 '소극적 들어주기'와 '적극적 들어주기'가 있다.

- **소극적 들이주기**: 상대방에게 관심을 표명하면서 화자가 계속 이야기를 이어갈 수 있도록 화맥을 조절해 주는 격려하기 기술
- **적극적 들어주기**: 청자가 객관적인 관점에서 문제에 접근할 수 있도록 화자의 말을 요약, 정리해 주고 반영해 주는 역할을 통해서 화자 스스로 문제를 해결할 수 있도록 도와주는 것

그라이스(Grice)의 '협력의 원리'

- **양의 격률**: 주고받는 대화의 목적에 필요한 만큼만 정보를 제공하고 필요 이상의 정보를 제공하지 말라.
- **질의 격률**: 진실한 정보만을 제공하도록 노력하고 증거가 불충한 것은 말하지 말라.
- **관련성의 격률**: 해당 대화 맥락과 관련되는 말을 하라.
- **태도의 격률**: 모호하거나 중의적인 표현을 피하고 간결하고 조리 있게 말하라.

공손성의 원리

- **요령의 격률**: 상대방에게 부담이 되는 표현은 최소화하고, 상대방의 이익을 극대화하는 표현을 최대화하라.
- **관용의 격률**: 화자 자신에게 혜택을 주는 표현은 최소화하고, 부담을 주는 표현을 최대화하라.
- **찬동의 격률**: 다른 사람에 대한 비방은 최소화하고, 칭찬을 극대화하라.
- **겸양의 격률**: 자신에 대한 칭찬은 최소화하고, 비방을 극대화하라.
- **동의의 격률**: 다른 사람과의 의견 차이를 최소화하고, 일치점을 극대화하라.

협상의 전략

1. **협력 전략 = 타협 전략**(Win–Win)
   - 합의에 이르기 위해 협상 당사자들이 서로 신뢰에 기반을 두고 협력하는 것
   - 자신들의 목적이나 우선순위에 대한 정보를 서로 교환하여 이를 통합하여 문제를 해결하고자 노력
   - 자신이 가지고 있는 것 가운데서 우선순위가 낮은 것은 양보

2. **유화 전략**(Lose–Win)
   - 양보 전략, 순응 전략, 화해 전략, 수용 전략, 굴복 전략
   - 상대방이 제시하는 것을 일방적으로 수용하여 협상의 가능성을 높임.
   - 협상으로 돌아올 결과보다는 상대방과 관계 유지 선호, 상대방과 충돌을 피하고자 함.
   - 단기적 이익은 없지만, 장기적으로는 상호 의존성 관계의 우호적인 면을 강화하여 이익이 될 수 있음.

3. **회피 전략**(Lose–Lose)
   - 무행동 전략, 협상에서 철수하는 전략(회피, 무시, 무반응, 협상 안건 타인에게 넘기기, 협상에서 철수 등)
   - 얻게 되는 결과, 인간관계 모두에 관심이 없을 때 협상 거절
   - 협상의 가치가 낮거나 협상을 중단하고자 하여 상대방에게 심리적 압박감을 주어 필요한 정보를 얻어내고자 할 때 또는 쟁점 해결을 위한 대안이 존재할 때 사용
   - 협상 상황이 자신에게 불리하게 전개되고 있을 때 협상 국면을 전환하기 위해 사용

4. **강압 전략 = 힘의 전략**(Win–Lose)
   - 자신이 상대방보다 힘에서 우위를 점유하고 있을 때 자신의 이익을 극대화하기 위한 전략
   - 강압적 설득, 처벌 등 무력시위 등을 이용하여 상대방을 굴복시키거나 순응시킴.
   - 일방적인 의사소통, 일방적인 양보
   - 합의 도출이 어려움.

250 **토의의 종류에 대한 설명이 적절하지 않은 것은?**

① 심포지엄: 하나의 논제를 여러 측면으로 나누어 전문가들이 각자의 관점에서 의견을 제시
② 패널 토의: 찬성과 반대로 대립하는 사람들이 논리적으로 상대방을 설득하는 논의
③ 원탁 토의: 열 명 내외의 사람들이 상하 구별 없이 자유롭게 의견을 나누는 토의 방식
④ 공청회: 의회 · 행정 기관 · 공공단체 등에서 개최하는 회의

251 **다음 담화에서 어긴 적이 없는 대화의 격률은?**

영주: 시험 끝나고 나랑 영화 보러 가자!
태현: 그래! 마침 할 일이 없었는데 잘 되었네.
아영: 좋아! 우리 무슨 영화 볼까? 액션 영화 보자!
태현: 난 상관 없어. 다 좋아.
영주: ○○○○이 숨 넘어가게 재미있대.

① 요령의 격률　② 질의 격률
③ 관련성의 격률　④ 태도의 격률

252 **다음 대화에서 찾을 수 없는 공손성의 원리는?**

A: 혹시 시간 좀 내주실 수 있으신가요?
B: 네? 제가 잠시 딴 생각을 했네요, 다시 말씀해주세요.
A: 다름이 아니라, 부족한 저에게 이런 큰 상을 주셔서 감사하다고 말씀드리려고요.
B: 천만에요. 저는 당신의 훌륭한 작품에 감명을 받았어요.

① 요령의 격률
② 관용의 격률
③ 겸양의 격률
④ 동의의 격률

253 **다음 대화에 대한 설명으로 가장 적절한 것은?**

유진: ㉠ <u>(박수를 치며) 와! 메모해 두다니, 대단한데</u>.
민호: 책의 내용을 정리해 두면 독후 활동을 할 때 유용해. (메모를 살피며) 나는 "원인을 알면 해결책이 있다." 라고 한 작가의 말이 인상적이었어.
미연: 나도 작가가 우리 삶의 크고 작은 문제에 대해 구체적인 해결책을 제시해 주는 것이 좋았어.
민호: 맞아. 그래서 말인데, 우리가 독후 활동 중 '활동 2'를 해야 하잖아. 공부를 잘하기 위한 방법에 대해 서술하면 어떨까? 내가 초고를 다음 주까지 써 올 테니 함께 검토를 해 줘.
미연: ㉡ <u>(기분 좋은 말투로) 그래. 기꺼이 해 줄게</u>.
민호: ㉢ <u>(간절한 눈빛으로) 유진아, 내일 초고 쓰는 것 좀 도와주지 않을래</u>?
유진: ㉣ <u>(미안한 표정으로) 어떡하지. 나 내일 중요한 선약이 있어</u>.
민호: (실망한 말투로) 어쩔 수 없지. 내가 써 볼게.
유진: 그래. 그럼 다음 주에 보자.

① ㉠에는 상대방을 칭찬하는 언어적 표현을 강화하는 반언어적 표현이 사용되었다.
② ㉡에는 상대방의 제안을 받아들이는 언어적 표현을 강조하는 비언어적 표현이 사용되었다.
③ ㉢에는 언어적 표현이 담고 있는 내용을 상대방이 승낙하기를 바라는 비언어적 표현이 사용되었다.
④ ㉣에는 상대방의 의견과 일치점을 찾고자 하는 언어적 표현을 부각하는 비언어적 표현이 사용되었다.

254 ㉠~㉤ 중 〈보기〉의 ⓐ, ⓑ에 해당하는 발화를 바르게 골라 묶은 것은?

> 아버지: ㉠ 이번 여행은 어디로 가는 것이 좋을까?
> 어머니: ㉡ 설악산 등반을 합시다.
> 아들: 어머니, ㉢ 저는 앉아서 할 일이 참 많아요.
> 아버지: 등산도 좋지만 케이블카 타는 것도 좋지.
> 어머니: ㉣ 둘이 걷기 싫어하는 게 꼭 닮았네.
> 아버지: 아들아, ㉤ 케이블카가 있는 산을 찾아볼까?
> 아들: 이미 검색 중이에요. 아버지.

〈보기〉

> 담화에 사용되는 발화에는 ⓐ 직접 발화와 ⓑ 간접 발화가 있다. 직접 발화는 발화의 형식과 화자의 의도가 일치하는 것이고, 간접 발화는 발화 의도를 직접 드러내지 않고 화자의 의도를 드러내는 방법이다.

	ⓐ	ⓑ
①	㉠, ㉡	㉢, ㉣, ㉤
②	㉠, ㉡, ㉣	㉢, ㉤
③	㉠, ㉡, ㉤	㉢, ㉣
④	㉡, ㉢	㉠, ㉣, ㉤

[255~256] 다음에 제시된 협상의 내용을 읽고 물음에 답하시오.

> 시청 측: 우리시는 2019년 야구장 임대료를 작년처럼 입장료 수입의 15%로 유지하고자 합니다.
> 구단 측: 작년부터 관중 수가 30% 가량 늘었으니 입장료 수입의 10% 정도로 정했으면 합니다.
> 시청 측: 그건 어렵습니다. 관중 수가 증가한 것을 고려하여 12%까지 내릴 수 있습니다. 대신 일시적으로 넘겨 드렸던 야구장 광고권과 매점 운영권을 돌려주십시오.
> 구단 측: 그것은 지나친 요구입니다. 광고권과 매점 운영권이 없으면 저희 구단은 오히려 손해입니다.
> (가) 시청 측: 구단 사정이 어려울 때 넘겼던 권리를 이제 사정이 많이 나아졌으니 돌려받겠다는 것입니다. 임대료를 낮춰 주는데 그것도 불가능하다면 협상을 더 이상 진행하지 않겠습니다.
> 구단 측: 그간 배려해 주신 점 감사합니다. 그렇다면 광고권은 가져가시되 매점 운영권은 계속 저희가 가졌으면 합니다. 대신 시에 적극적으로 협력하겠습니다.
> 시청 측: 그렇다면, 홈런 개수당 일정 금액을 시에 기부하여 난치병 어린이들을 위한 치료비 지원 사업에 도움을 주시는 건 어떻겠습니까?
> 구단 측: 좋습니다. 매점 운영권을 계속 가질 수 있다면, 그 제안은 수용할 수 있습니다. ㉠ 계약서를 작성하시죠.

255 (가)에 나타난 협상 태도로 가장 적절한 것은?

① 자기 주장의 정당성을 언급하며 상대의 제안을 거부한다.
② 상대의 과거 상황을 언급하며 상대의 양보를 제안한다.
③ 상대 측 근거가 타당하지 않음을 완곡하게 지적한다.
④ 상대의 주장을 일부 인정하면서 상대를 강력히 비판한다.

256 ㉠에 포함될 내용으로 적절하지 않은 것은?

① 야구장 임대료는 입장료 수입의 12%로 한다.
② 광고권은 시가, 매점 운영권은 구단이 갖는다.
③ 구단은 홈런 개수당 일정한 금액을 시에 기부한다.
④ 시는 구단의 매점 운영과 관련된 행정적 지원을 한다.

CODE 096 작문

자료 활용의 알고리즘

자료가 여러 개가 나오더라도 반드시 선지를 읽기 전에

1. 줄글은 요약한다.
2. 그래프는 X축과 Y축을 기반으로 특징을 파악한다.

⬇

선지를 읽으며 자료를 확인하면 오답의 논리에 빠지기 쉽다.

그 외에 자주 나오는 유형(개요, 조건 표현, 고쳐쓰기)

개요를 점검하는 법

개요를 제시된 순서대로 쭉 읽는 것이 아니라, 개요를 작성할 때 작성자가 작성했을 순서대로 읽으며 잘못된 점을 파악한다.

〈예시〉 다음 개요는 이렇게 읽는다.

- Ⅳ 결론에서 주제 확인 → Ⅰ 서론의 적합성 파악
- Ⅱ, Ⅲ 문제의 원인과 해결에 대한 글이라는 것을 파악했으면 원인에 적합한 해결이 제시되었는지 확인하며 읽는다.
  - Ⅱ-1 가, 나 → Ⅲ에서 해결 방안이 있는지 확인
  - Ⅱ-2 가, 나 → Ⅲ에서 해결 방안이 있는지 확인

Ⅰ. **서론**: 다양한 분야의 청소년 문화 활동 실태와 문제점

Ⅱ. **문제의 원인 분석**

1. **내부 요인**: 청소년 자체 요인
   가. 공연 관람에 치중된 문화 예술 활동
   나. 청소년 문화에 대한 낮은 사회적 관심도
2. **외부 요인**: 학교, 사회, 제도 측면
   가. 형식적인 학교의 청소년 문화 예술 교육
   나. 청소년 문화 육성을 위한 학교, 지방 자치 단체의 행 · 재정적 지원의 부족

Ⅲ. **문제의 해결 방안**

1. 다양한 방과 후 교육 프로그램의 실시
2. 청소년을 위한 문화 공간의 확보를 위한 재정적 지원
3. 청소년 문화에 대한 인식 제고를 위한 홍보 확대

Ⅳ. **결론**: 문화 예술 활동의 육성을 위한 청소년, 학교, 사회의 노력 필요

조건에 맞는 표현의 알고리즘

1. 조건을 형식 조건과 내용 조건으로 나누고

⬇

2. 형식 조건을 충족하지 못한 선지부터 소거

⬇

3. 남은 선지에서 내용 조건을 가장 잘 표현한 것이 정답(긍정 발문) / 남은 선지에서 내용 조건을 표현하지 못한 것이 정답(부정 발문)

고쳐쓰기 점검의 알고리즘

작문의 고쳐쓰기 과정에서 검토해야 하는 것은 다음과 같다.

1. **어휘 차원**: 적절한 어휘(문맥상 부적절한 유의어로 대체하지 않았는지), 한글 맞춤법, 표준어 규정, 외래어 표기법, 순화어 등
2. **문장 차원**: 피동/사동의 적합성, 성분 사이의 호응, 중의성, 높임, 시제, 띄어쓰기 등
3. **문단 차원**: 통일성(주제에 수렴하는 뒷받침 문장들), 유기성(지시어, 접속 부사, 문장의 순서), 완결성(일반화 진술의 내용에서 누락된 정보) 등

257 기사문을 작성하면서 반영되지 않은 것은?

> 표제: 조선왕조실록, 바람을 쐬다
> 부제: "○○시, 전주 사고에서 조선왕조실록 '포쇄' 행사 재현하다."
> 전문: 지난 3일 ○○시 전주 사고 앞에서 조선왕조실록을 바람에 말리는 포쇄 재현 행사가 열렸다. ○○시는 이 행사를 통해 역사와 문화의 도시로서의 위상을 정립하였다.
> 본문: 조선의 역사를 재현하는 행사 중 하나인 조선왕조실록 포쇄 재현 행사가 지난 3일 ○○시 전주 사고 앞에서 열렸다. 포쇄는 책의 습기를 제거하고 해충을 막기 위해 책을 말리는 것이다. ○○시는 이날 오후 조선왕조실록 포쇄 사관 행렬과 영접례, 포쇄 재현 등 행사를 크게 세 부분으로 나누어 진행했다. 시민들은 행사를 통해 역사의 의미를 되새기는 유익한 시간을 보냈다.

① 표제는 기사의 제목이므로, 중심 소재를 담아야 한다.
② 부제는 표제의 내용을 구체화하는 내용이어야 한다.
③ 전문은 기사 내용 중 핵심을 제시하는 부분이므로 전문만 읽어도 기사 내용을 파악할 수 있어야 한다.
④ 본문에서는 기사 내용에 포함된 사건이나 상황에 대해 전문가의 견해 등을 직접 인용한다.

258 '판소리의 세계화 방안'에 대한 개요 수정 및 구체화 방안으로 적절하지 않은 것은?

> Ⅰ. 서론: 판소리의 우수성 ………………… ㉠
> Ⅱ. 본론
> 1. 판소리 세계화의 의의
> 가. 국가 이미지의 제고
> 나. 전문 소리꾼의 부족 ………………… ㉡
> 2. 판소리 세계화의 걸림돌
> 가. 외국인이 판소리를 쉽게 접하기 힘든 상황
> 나. 판소리에 대한 세계인의 인식 부족
> 다. 경제적인 파급 효과 ………………… ㉢
> 3. 판소리 세계화를 위한 방안
> 가. 판소리 전용 소극장 설치로 공연의 활성화 ‥ ㉣
> 나. 판소리에 대한 적극적인 홍보 대책의 수립
> 다. 전문 소리꾼을 양성할 수 있는 교육기관의 설립
> Ⅲ. 결론: 판소리의 세계화에 대한 전망과 제언

① ㉠: 유네스코가 세계 무형 문화유산으로 선정했다는 사실을 근거 자료로 제시한다.
② ㉡: 'Ⅱ-2'의 하위 항목으로 이동한다.
③ ㉢: 'Ⅱ-1'의 하위 항목으로 이동한다.
④ ㉣: 'Ⅱ-2-가'를 고려하여, '판소리에 대한 외국인의 거부감 완화책 마련'으로 수정한다.

259 다음 글을 바탕으로 마라톤 대회를 홍보할 포스터를 만든다고 할 때, 포스터에 들어갈 문구를 〈조건〉에 따라 작성한 것으로 가장 적절한 것은?

제16회 ○○시 시민 마라톤 대회 참가 안내

우리 ○○시에서는 화창한 봄 햇살 아래 제16회 ○○시 시민 마라톤 대회를 개최하고자 합니다. ○○시 시립 공원 평화 광장 주변으로 10km 코스와 5km 코스가 준비되어 있습니다. 참가자 전원에게 소정의 기념품을 제공할 예정이오니 시민 여러분의 많은 참여 부탁드립니다.

조건

- 청유형 문장을 활용하여 마라톤 대회 참여를 권유할 것.
- 마라톤이 건강에 도움이 된다는 내용을 비유의 방법을 활용하여 표현할 것.

① ○○시 시민 마라톤 대회, 달리면 건강해집니다.
② 마라톤은 건강한 삶의 첫걸음. ○○시 시민 마라톤 대회, 함께 달립시다.
③ 건강한 신체에 건강한 정신이 깃듭니다. 삶에 활력을 제공하는 유익한 마라톤, 이제 시작입니다.
④ 인생은 단거리가 아닌 마라톤입니다. ○○시 시민 마라톤 대회에 참가하여 힘차게 달려봅시다.

260 글을 고쳐 쓰기 위한 방안으로 적절하지 않은 것은?

만화를 읽을거리쯤으로 ⓐ <u>분명하게</u> 여기던 저는, 만화를 그리기 시작하면서 디자인이나 데생, 그리고 이야기가 갖는 힘이 만화에서 매우 중요하다는 것을 알게 되었습니다. 그리고 이 중에서 ⓑ <u>그것</u>은 어디에서 오는지 찾는 게 필요하다고 생각했습니다.

저는 사람들의 흥미를 불러일으키는 만화의 요소를 찾기 위해 설문 조사를 계획했습니다. ⓒ <u>그래서</u> 설문 조사 문항을 만들던 중 제가 만화 이론에 대해 정확히 알고 있는지 불안했습니다. 고민 끝에 찾아간 만화과 교수님께서 제 설문 조사 문항을 이론적으로 뒷받침할 수 있는 연구물을 제공해 주셨습니다.

이런 노력 끝에 조사를 실시하였고 ⓓ <u>그 결과 독자들은 만화의 주제보다는 인물에, 인물보다는 에피소드에 관심이 많은 것으로 나타났습니다</u>. 흥미 있는 주제에 매력적인 인물이 나와도 세부적인 이야기가 지루하면 만화가 부실하다고 느낀다는 것이었습니다.

① ⓐ: '뚜렷하지 못하고 어렴풋하게'라는 의미를 가져야 하므로 '막연하게'로 고친다.
② ⓑ: 지시하는 대상이 불분명하므로 '이야기가 갖는 힘'으로 고친다.
③ ⓒ: 앞뒤 내용을 자연스럽게 연결하지 못하므로 '그런데'로 고친다.
④ ⓓ: 글의 흐름이 어색하므로 바로 뒤 문장과 순서를 바꾸어 고친다.

CODE 097 고전 운문

고전 운문의 주요 작품

1. 고대 가요

작품명	작가	의의	내용	출전
공무도하가	백수광부의 처	현전 최고(最古)의 시	물에 빠져 죽은 남편의 죽음을 애도	해동역사, 고금주
구지가	구간 등	현전 최고(最古)의 무가, 주술가	수로왕의 탄생을 기원하는 주술적인 노래, 영신군가라고도 함.	삼국유사
황조가	유리왕	문헌상 최고(最古)의 고구려 가요	임과 이별한 슬픔을 읊은 노래	삼국사기
해가	미상	구지가의 아류	수로 부인을 구하기 위한 주술적인 노래	삼국유사
정읍사	어느 행상인의 아내	백제의 노래	행상 나간 남편을 걱정	악학궤범

2. 향가

작품명	작가	의의 및 성격	내용
서동요	서동	현전 최초의 향가	서동이 선화 공주를 얻기 위해 퍼뜨린 동요
혜성가	융천사	• 최초의 10구체 향가 • 주술적인 노래	혜성을 물리치기 위해 부른 축사의 노래
풍요	성의 백성들	유일하게 노동요인 향가	부역을 왔던 남녀가 부른 노래
원왕생가	광덕, 광덕의 처	종교적 성격	극락왕생하기를 바라는 불교적인 신앙심
모죽지랑가	득오(곡)	만가의 성격	죽지랑의 고매한 인품을 추모한 노래
헌화가	소를 몰고 가던 어느 노인	민요적인 노래	수로 부인에게 꽃을 바치며 부른 노래
원가	신충	주술적인 노래	효성왕에게 보내는 원망의 노래
도솔가	월명사	주술적인 노래	해가 둘이 나타나서 부른 산화 공덕의 노래
제망매가	월명사	주술적인 노래	죽은 누이의 명복을 빌며 부른 추도의 노래
안민가	충담사	유일한 유교적 향가	경덕왕의 요청으로 군, 신, 민의 도리를 노래한 치국안민의 노래
찬기파랑가	충담사	화랑 예찬의 노래	기파랑의 높은 인품을 추모하며 부른 노래
도천수관음가	희명	기도의 노래	눈먼 자식을 위해 부른 불교 신앙의 노래
우적가	영재	설득	도적의 무리를 회개시킨 설도의 노래
처용가	처용	• 신라 최후의 향가 • 주술적인 노래	아내를 범한 역신을 굴복시키기 위한 주술요
보현십원가	균여 대사	최후의 향가	불교의 대중화를 위해 지은 노래

3. 향가계 여요

작품명	작가	연대	형식	내용	출전
도이장가	예종	예종	8구체	팔관회에서 공신 김낙, 신숭겸 두 장군의 덕을 찬양한 추모의 노래	평산 신씨 장절공유사
정과정	정서	의종	10구체	유배지에서 임금의 부름이 없자 억울함을 하소연하고 그리움을 호소한 노래로 한글로 전해짐.	악학궤범

4. 고려 속요(고려 가요)

작품명	내용
사모곡	어머니의 사랑을 호미와 낫에 비유한 노래
상저가	방아를 찧으며 부른 노동요로 부모에 대한 효심이 드러나 있음.
동동	월령체(달거리 형식)의 효시, 월별로 자연과 풍습에 따라 남녀 간의 애정을 노래함.
정석가	임금 또는 사랑하는 임의 만수무강을 노래함.
처용가	향가 처용가에서 발전된 무가로, 역신을 몰아내는 축사의 노래
청산별곡	유랑인의 생활 또는 실연의 슬픔을 노래함.
가시리	사랑하는 사람과의 이별의 한을 노래함.
서경별곡	대동강을 배경으로 남녀 간의 이별의 정한을 노래함.
쌍화점	남녀상열지사, 고려 후기의 퇴폐한 성 윤리를 노골적으로 표현함.
만전춘별사	• 남녀상열지사, 남녀 간의 애정을 적나라하게 노래함. • 시조의 기원으로 보기도 함.
이상곡	남녀상열지사, 인간의 유한성을 전제로 한 남녀 간의 진실한 애정을 노래함.
유구곡	비둘기와 뻐꾸기의 울음을 비교해 뻐꾸기를 좋아하는 심정을 노래함.

5. 한시

작품명	작가	내용	의의
여수장우중문시	을지문덕	을지문덕이 수나라 장수인 우중문(于仲文)을 희롱하여 지어 보냈다고 한다. 《삼국사기(三國史記)》에 실려 전한다.	한국 최고(最古)의 한시
추야우중	최치원	중원에 진출하여 문명을 드날렸으나 귀국 후 고국에서 그 재능을 발휘할 기회를 얻을 수 없었던 최치원의 고독을 보여준다.	신라 말기에 최치원(崔致遠)이 지은 한시
제가야산독서당	최치원	자연을 통하여 현실적 고뇌를 극복하려는 심정을 나타낸 작품으로 세상의 온갖 시비(是非)로부터 벗어나고자 하는 마음을 우의적(寓意的)으로 읊고 있다.	신라 말기에 최치원(崔致遠)이 지은 한시.
송인	정지상	이별을 제재로 한 송별시 중 백미로 꼽히는 작품으로 대동강가에서의 이별을 노래한 고려가요 〈서경별곡(西京別曲)〉과도 주제가 일치한다.	고려시대의 문신 정지상(鄭知常)의 한시

6. 경기체가

작품명	작가	연대	내용
한림별곡	한림 제유	고종	시부, 서적, 명필, 명주, 화훼, 음악, 누각, 추천을 노래함.

7. 악장

작품명	작가	연대	내용
신도가	정도전	태조	천도의 벅찬 기쁨을 직설적이고 포괄적으로 표현
용비어천가	정인지, 권제, 안지	세종	한글로 쓴 최초의 서사시, 조선 왕조의 창업을 송영(頌詠)한 노래
월인천강지곡	세종	세종	수양 대군의 〈석보상절〉을 보고 악장 형식으로 고쳐 쓴 석가모니 찬가

8. 주요 연시조

작품명	작가	연대	내용
강호사시가	맹사성	세종	• 강호에서 자연을 즐기며 임금의 은혜를 생각함. • 최초의 연시조
오륜가	주세붕	중종	삼강오륜을 노래한 교훈적인 내용
어부단가	이현보	명종	전 5수, 윤선도의 〈어부사시사〉에 영향을 줌.
효빈가	이현보	명종	도연명의 〈귀거래사〉를 본떠서 지은 시조
농암가	이현보	명종	고향의 농암이란 바위에 올라가 지은 시조
도산십이곡	이황	명종	전 12수의 연시조, 전 6곡은 언지, 후 6곡은 언학
고산구곡가	이이	선조	전 10수의 연시조, 주자의 〈무이구곡가〉를 본뜸.
매화사 = 영매가	안민영	고종	스승 박효관이 가꾼 매화를 보고 지은 것

9. 가사

작품명	작가	내용	의의
상춘곡	정극인	태인에 은거하면서 본 경치를 읊음.	가사 문학의 효시
만분가	조위	무오사화 때 순천에서 지은 작품	유배 가사의 효시
면앙정가	송순	면앙정 주위의 산수의 아름다움과 정취를 노래함.	〈상춘곡〉과 〈성산별곡〉의 교량적 역할
관서별곡	백광홍	관서 지방의 아름다운 경치를 노래한 기행 가사	
선반가	권씨 부인	아들을 영접한 잔치 마당에서 부른 노래	내방 가사의 효시
성산별곡	정철	김성원의 풍류와 성산의 풍물을 노래함.	송강 가사의 첫 작품
관동별곡	정철	금강산과 관동의 산수미에 감회를 섞은 기행 가사	홍만종이 극찬함.
사미인곡	정철	충신 연주의 뜻을 노래함.	홍만종이 극찬함.
속미인곡	정철	• 두 여인의 문답으로 된 연군가 • 〈사미인곡〉의 속편	김만중과 홍만종이 극찬함.
규원가	허난설헌	남편을 기다리는 여자의 애원을 노래한 내방 가사	
고공답주인가 (고공답가)	이원익	허전의 〈고공가〉에 화답하는 형식의 노래	
태평사	박인로	임진왜란이 끝나고 태평성대를 노래함.	
선상탄	박인로	전쟁의 비애와 평화를 갈망하는 뜻을 노래함.	
누항사	박인로	안빈낙도의 생활을 노래함.	
농가월령가	정학유	농촌의 연중행사와 풍경을 월령체로 노래함.	가장 긴 월령체
일동장유가	김인겸	일본 사신을 따라갔다 와서 적은 장편 기행 가사	최장편의 가사
만언사	안조환	남해에 귀양 가서 겪은 심회를 적은 유배 가사	
봉선화가	미상	봉선화를 매개로 섬세한 여성의 생활 감정을 노래함.	
북천가	김진형	귀양 생활과 견문을 쓴 유배 가사	
연행가	홍순학	청에 가는 사신의 견문을 적은 기행 가사	

10. 잡가(좌창)

대표작: 〈유산가〉

11. 민요

대표작: 〈아리랑〉, 〈방아타령〉, 〈잠노래〉, 〈시집살이 노래〉

261 다음 글에 대한 설명으로 적절하지 않은 것은?

> 묻노니, 그대는 왜 푸른 산에 사는가.
> 웃을 뿐, 답은 않고 마음이 한가롭네.
> 복사꽃 띄워 물은 아득히 흘러가나니,
> 별천지 따로 있어 인간 세상 아니네.
>
> – 이백, 〈산중문답〉

① 1행의 질문은 속세 사람이 화자에게 물은 것이다.
② 2행의 웃음은 화자의 한가로운 마음을 드러낸다.
③ 3행의 복사꽃은 현실과 이상향을 잇는 매개이다.
④ 4행의 별천지는 화자가 있는 곳이 속세와는 구별되는 공간임을 드러낸다.

262 (가)와 (나)를 비교한 내용이 적절하지 않은 것은?

> (가) 구스리 아즐가 구스리 바회예 디신ᄃᆞᆯ
> 위 두어렁셩 두어렁셩 다링디리
> 긴히ᄯᆞᆫ 아즐가 긴힛ᄯᆞᆫ 그츠리잇가 나ᄂᆞᆫ
> 위 두어렁셩 두어렁셩 다링디리
> 즈믄 ᄒᆡ를 아즐가 즈믄 ᄒᆡ를 외오곰 녀신ᄃᆞᆯ
> 위 두어렁셩 두어렁셩 다링디리
> 신(信)잇ᄃᆞᆫ 아즐가 신(信)잇ᄃᆞᆫ 그츠리잇가 나ᄂᆞᆫ
> 위 두어렁셩 두어렁셩 다링디리
>
> – 〈서경별곡〉
>
> (나) 비록 구슬이 바위에 떨어져도
> 끈은 진실로 끊어질 때 없으리.
> 낭군과 천 년을 이별한다고 해도
> 한 점 붉은 마음이야 어찌 바뀌리오?
>
> – 〈정석가〉

① (가)와 (나)에서 '구슬'은 변할 수 있는 것을, '긴'이나 '끈'은 변하지 않는 것을 비유한다.
② (가)에서는 '신'을, (나)에서는 '붉은 마음'을 굳건한 '바위'로 형상화하였다.
③ (가)와 (나) 모두에서 변하지 않는 마음을 소중한 가치로 여기는 화자의 태도가 나타난다.
④ (가)와 (나)를 보니 동일한 모티프가 서로 다른 형식의 작품으로 수용되었다.

263 다음 작품을 감상한 내용으로 적절하지 않은 것은?

> 님이 오마 하거늘 저녁밥을 일찍 지어 먹고
> 중문 나서 대문 나가 지방 위에 치달아 앉아 이수(以手)로 가액(加額)하고 오는가 가는가 건넌 산 바라보니 거머횟들 서 있거늘 저야 님이로다. 버선 벗어 품에 품고 신 벗어 손에 쥐고 곰븨님븨 님븨곰븨 천방지방 지방천방 진 데 마른 데 가리지 말고 워렁충창 건너가서 정(情)엣말 하려 하고 곁눈을 흘깃 보니 상년(上年) 칠월 사흗날 갉아 벗긴 주추리 삼대 살뜰이도 날 속였구나
> 모쳐라 밤일세망정 행여 낮이런들 남 웃길 뻔 하괘라
>
> – 작자 미상, 〈님이 오마 하거늘~〉

① 일상에서 흔히 볼 수 있는 '버선', '신'이라는 소재를 활용하여 임의 소중함을 상징하고 있군.
② '주추리 삼대'를 임으로 착각하여 달려가는 화자의 우스꽝스러운 모습에서 해학성을 느낄 수 있군.
③ 임을 그리워하는 절실한 마음을 드러내기 위해 화자의 행동을 구체적으로 제시하다 보니 중장이 길어졌군.
④ '진 데 마른 데 가리지' 않고 임에게 가서 '정(情)엣말'을 하려는 모습에서 애정을 표현하려는 화자의 대담성을 엿볼 수 있군.

264 다음 작품에 드러나는 미의식으로 가장 적절한 것은?

> 首陽山 ᄇᆞ라보며 夷齊를 恨하노라
> 주려 주글진들 採薇도 ᄒᆞᄂᆞᆫ것가
> 아모리 푸새엣 거신들 긔 뉘 ᄯᅡ헤 낫ᄃᆞ니

① 자기의 희생정신에서 기인하는 골계미가 나타난다.
② 부재 혹은 상실감에서 기인하는 비장미가 나타난다.
③ 화려한 한문 투의 문체에서 기인하는 지성미가 나타난다.
④ 높은 학식과 깊은 사고력에서 기인하는 우아미가 나타난다.

265 ㉠과 ㉡에 대한 이해로 가장 적절한 것은?

> 이런 일을 보면, 배를 만든 제도야
> 매우 묘한 듯하지만, 어찌하여 우리 무리들은
> 나는 듯한 판옥선을 밤낮으로 비스듬히 타고
> 풍월을 읊되 흥(興)이 전혀 없는 것인가?
> ㉠ 석일(昔日) 주중(舟中)에 배반(杯盤)이 어지럽게 흩어졌더니
> ㉡ 금일(今日) 주중(舟中)에 대검장창(大劍長槍)뿐이로다.
> 같은 배이건마는 가진 바가 다르니,
> 그 사이 근심과 즐거움이 서로 같지 못하도다.
>
> – 박인로, 〈선상탄(船上歎)〉

① ㉠은 풍류를 즐기는 도구로서의 배의 용도를, ㉡은 생계를 위한 수단으로서의 배의 용도를 나타낸다.
② ㉠은 평화로운 과거 시절의 배의 모습을, ㉡은 전쟁의 기운이 감도는 현재의 배의 모습을 나타낸다.
③ ㉠은 배가 처음 만들어졌을 때의 모습을, ㉡은 시간이 흐름에 따라 다양해진 배의 모습을 나타낸다.
④ ㉠은 배를 잘못 사용한 결과 야기된 부작용을, ㉡은 배를 올바르게 사용한 결과 얻게 된 효과를 나타낸다.

266 ㉠과 이미지가 가장 유사한 것은?

> 원앙금 버혀 노코 오색선 플텨 내여, 금자히 견화이셔 님의 옷 지어 내니, 수품은ᄏᆞ니와 제도도 ᄀᆞᄌᆞᆯ시고. 산호수 지게 우희 백옥함의 다마 두고, 님의게 보내오려 님 겨신 ᄃᆡ ᄇᆞ라보니, ㉠ 산인가 구롬인가 머흐도 머흘시고. 천리만리 길흘 뉘라셔 ᄎᆞ자갈고.

① 구버ᄂᆞᆫ 천심녹수 도라보니 萬疊靑山
　십장홍진이 얼마나 ᄀᆞ렷ᄂᆞᆫ고
　강호에 월백ᄒᆞ거든 더욱 무심ᄒᆞ여라.
② 靑山은 엇데ᄒᆞ야 만고에 프르르며
　流水는 엇데ᄒᆞ야 주야애 긋디 아니ᄒᆞᄂᆞᆫ고
　우리도 그치디 마라 만고상청호리라
③ 뫼ᄒᆞᆫ 노프나 놉고 물은 기나 길다
　놉흔 뫼 길 물에 갈 길도 그지업다
　님 그려 저즌 ᄉᆞ매ᄂᆞᆫ 어느 저귀 ᄆᆞᄅᆞᆯ고
④ 深山의 밤이 드니 북풍이 더욱 차다
　옥루고처에도 이 ᄇᆞᄅᆞᆷ 부ᄂᆞᆫ 게오
　긴 밤의 치우신가 북두 비겨 바ᄅᆡ로다.

267 ㉠, ㉡에 대한 이해로 적절하지 않은 것은?

> (가) ㉠ <u>한숨아 세한숨아 네 어느 틈으로 드러온다</u>
> 고미장지 세살장지 가로닫이 여닫이에 암돌쩌귀 수돌쩌귀 배목걸쇠 뚝닥 박고 용거북 자물쇠로 수기수기 채웠는데 병풍(屛風)이라 덜걱 접은 족자(簇子)이라 데데굴 만다 네 어느 틈으로 드러온나
> 어인지 너 온 날 밤이면 잠 못 들어 하노라
>
> (나) ㉡ <u>저 건너 흰옷 입은 사람 잔밉고도 얄미워라</u>
> 작은 돌다리 건너 큰 돌다리 넘어 밥 뛰어 간다 가로 뛰어 가는고 어허 내 서방(書房) 삼고라쟈
> 진실로 내 서방 못 될진데 벗의 님이나 되고라쟈

① ㉠에서 화자는 자신의 감정을 타자화하여 원망의 대상으로 삼고 있다.
② ㉡에서 화자는 대상에 대한 관심을 반어적으로 드러내고 있다.
③ ㉠은 말을 건네는 형식으로, ㉡은 독백의 형식으로 감정을 드러내고 있다.
④ ㉠과 ㉡은 모두 비유적 표현으로 화자의 상황을 드러내고 있다.

[268~269] 다음 글을 읽고 물음에 답하시오.

> (가) 첩첩 바위 사이를 미친 듯 달려 겹겹 봉우리 울리니
> 지척에서 하는 ㉠ <u>말소리</u>도 분간키 어려워라.
> 늘 시비하는 소리 귀에 들릴세라,
> 짐짓 흐르는 물로 온 산을 둘러버렸다네.
>
> (나) 님은 갔습니다. 아아, 사랑하는 나의 님은 갔습니다.
> 푸른 산빛을 깨치고 단풍나무 숲을 향하여 난 적은 길을 걸어서, 차마 떨치고 갔습니다.
> 황금의 꽃같이 굳고 빛나던 옛 맹서는 차디찬 티끌이 되어서 한숨의 미풍에 날아갔습니다.
> 날카로운 첫 키스의 추억은 나의 운명의 지침을 돌려놓고, 뒷걸음쳐서 사라졌습니다.
> 나는 향기로운 님의 ㉡ <u>말소리</u>에 귀먹고, 꽃다운 님의 얼굴에 눈멀었습니다.
> 사랑도 사람의 일이라, 만날 때에 미리 떠날 것을 염려하고 경계하지 아니한 것은 아니지만, 이별은 뜻밖의 일이 되고, 놀란 가슴은 새로운 슬픔에 터집니다.

268 ㉠과 ㉡에 대한 설명으로 적절한 것은?

① ㉠과 ㉡은 모두 화자가 경계하는 대상이다.
② ㉠은 자연의 소리, ㉡은 인간의 소리를 의미하는 대상이다.
③ ㉠과 달리 ㉡은 화자가 거부감을 갖고 있는 대상이다.
④ ㉡과 달리 ㉠은 화자에게 은둔하고자 하는 마음을 먹게 한 대상이다.

269 (나)에 대한 설명으로 적절하지 않은 것은?

① 경어체를 통해 화자와 대상의 수직적 관계를 드러내고 있다.
② 추상적 상황에 대한 화자의 정서를 구체적으로 형상화하고 있다.
③ 영탄적 표현으로 화자의 간절한 마음을 극대화하고 있다.
④ 대조적 이미지의 시어를 사용하여 화자의 정서를 부각시키고 있다.

CODE 098 고전 산문

고전 산문의 갈래별 특징

1. 설화

민족 집단 안에서 공동의 의식을 바탕으로 발생된 이야기 형태의 구비 문학으로, 구전성, 서사성, 허구성, 산문성, 민중성을 가지고 있다. 신화, 전설, 민담으로 나눈다.

✔ 주요 작품

작품명	내용	특징	출전
단군 신화	고조선 건국 신화	천강(적강)	삼국유사, 제왕운기, 세종실록지리지, 동국여지승람
해모수 신화	동명왕 신화의 연계 신화	천강(적강)	삼국유사, 삼국사기, 동명왕편
금와 신화	동명왕 신화의 연계 신화	천강(적강)	삼국유사, 삼국사기, 동명왕편
동명왕 신화	(= 주몽 설화) 고구려 건국 신화	난생	삼국유사, 삼국사기, 동국이상국집
김수로왕 신화	가야 건국 신화	〈구지가〉 배경 설화, 난생	삼국유사
박혁거세 신화	신라 건국 신화	난생	삼국유사, 삼국사기, 제왕운기
연오랑세오녀	일본으로 건너간 부부의 이야기	일월(日月) 숭배	삼국유사, 필원잡기
조신몽 설화	인생무상의 불교 설화	〈구운몽〉 배경 설화, 몽유, 몽자의 효시	삼국유사
그 외 전설과 민담: 거타지, 아기장수 우투리, 장자못, 지귀, 망부석, 도미의 처, 달팽이 각시, 사복불언, 온달과 평강 공주, 이야기 주머니, 경문대왕			

2. 가전체 문학

사물을 의인화하여 그 가계, 생애, 성품, 공과를 기록하는 전기 형식으로 계세징인을 목적으로 하는 풍자적인 문학이다.

✔ 주요 작품

작품명	작가	소재
화왕계	설총	꽃
화사	임제	꽃
수성지	임제	마음
천군연의	정태제	마음
국순전	임춘	술(누룩)
국선생전	이규보	술(누룩)

작품명	작가	소재
공방전	임춘	돈
청강사자현부전	이규보	거북
죽부인전	이곡	대나무
저생전	이첨	종이
정시자전	석식영암	지팡이

3. 고소설

(1) 특징

① 권선징악이라는 획일적이고 도덕적인 주제가 많음.
② 일대기적 형식, 평면적 구성, 우연적 구성이 많음.
③ 문어체, 율문체에 가까운 산문체, 편집자적 논평이 많음.
④ 재자가인, 영웅, 평면적·전형적 인물이 많음.
⑤ 우연적, 비현실적, 행복한 결말이 많음.
⑥ 초기 작품은 중국 배경(특히 明)이 많음.

조선 전기 주요 작품

작품명	작가	내용
금오신화	김시습	• 최초의 한문 소설(집) • 《전등신화》의 영향을 받음. • 우리나라에서 일어나는 우리나라 사람의 이야기 • 〈만복사저포기〉, 〈이생규장전〉, 〈취유부벽정기〉, 〈남염부주지〉, 〈용궁부연록〉 수록
대관재몽유록	심의	최치원이 왕이고, 역대 문인들이 신하인 왕궁에서 벼슬하고 결혼해서 행복하게 살았다는 꿈 이야기
화사	임제	국가와 군신을 꽃에 비유하여 국가의 흥망성쇠를 그린 의인체 소설
수성지	임제	세상에 대한 불만과 현실에 대한 저주를 의인화
원생몽유록	임제	생육신(남효온)의 처지를 슬퍼하여 쓴 몽유록계 소설

조선 후기 주요 작품

유형		작품명	작가	내용
사회 소설		홍길동전	허균	• 최초의 국문 소설, 사회 소설, 영웅 소설 • 적서 차별에 대한 비판 의식, 이상 사회의 건설 • 호민론, 유재론이 배경 • 지하국 대적 퇴치 설화, 〈수호지〉, 〈삼국지연의〉의 영향을 받음.
		전우치전	미상	〈홍길동전〉의 아류작
		서화담전	미상	〈홍길동전〉의 아류작
염정 소설		운영전	미상	궁녀 운영과 김 진사의 비극적 사랑 = 〈수성궁몽유록〉
		구운몽	김만중	• 몽자류 소설 • 유교, 불교, 도교 사상 융합 • 조신몽의 영향을 받음.
		옥련몽	남영로	〈구운몽〉의 아류작
		옥루몽	남익훈	
		옥단춘전	미상	〈춘향전〉의 아류작
		숙향전		
		숙영낭자전		
가정 소설		사씨남정기	김만중	• 처첩 간의 갈등을 소설화한 최초의 작품 • 장희빈을 중전으로 책봉한 것을 풍자함.
		창선감의록	조성기	중국 명나라의 병부 상서인 화공의 세 부인과 그 자녀들 사이의 갈등을 다룸.
가문 소설		명주보월빙	미상	
		윤하정삼문취록	미상	'윤', '하', '정' 세 가문의 남녀가 서로 얽힌 이야기
		완월회맹연	미상	정한이라는 인물이 입신양명하여 가문을 일으킨 이야기
		임화정연	미상	
군담 소설	창작	유충렬전	미상	영웅 일대기 구조를 가장 잘 보인 작품
		조웅전	미상	중국을 무대로 영웅의 무용담을 그림.
		소대성전	미상	
		장국진전	미상	
		신유복전	미상	조선 명종 때가 배경인 작품
	역사	임진록	미상	'임진왜란', '병자호란'이라는 역사적 사건을 배경으로 함.
		곽재우전	미상	
		김덕령전	미상	
		박씨전	미상	
		임경업전	미상	

풍자 소설	배비장전	미상	배비장과 기생 애랑의 이야기를 통해 양반의 위선을 풍자
	이춘풍전	미상	무력한 남편과 거세된 양반층을 풍자
연암 소설	호질	박지원	도학자의 위선적인 생활을 풍자
	양반전	박지원	양반 사회의 허례허식 및 그 부패를 폭로
	허생전	박지원	허생의 상행위를 통한 이용후생의 실학사상 반영
	광문자전	박지원	기만과 교만에 찬 양반 생활의 풍자
	예덕선생전	박지원	직업 차별의 타파와 천인의 성실성에 대한 예찬
	민옹전	박지원	무위도식하는 유생에 대한 풍자와 미신 타파
	마장전	박지원	유생들의 위선적인 교우를 풍자
	김신선전	박지원	신선 사상의 허무맹랑함을 풍자
	열녀함양박씨전	박지원	개가 금지에 대한 반대
판소리계 소설	별주부전 = 토끼전	미상	〈구토 설화〉 + 〈용원 설화(인도 설화)〉 ⇨ 〈토끼전〉 = 〈별주부전〉 ⇨ 〈토의 간(신)〉
	흥부전	미상	〈방이 설화〉 + 〈박타는 처녀(몽고 설화)〉 ⇨ 〈흥부전〉 ⇨ 〈연의 각(신)〉
	심청전	미상	〈연권녀 설화(효녀 지은 설화)〉 + 〈인신 공희 설화(거타지 설화)〉 ⇨ 〈심청전〉 ⇨ 〈강상련(신)〉
	춘향전	미상	〈도미의 처〉 + 〈암행어사 설화〉 + 〈관탈민녀 설화〉 ⇨ 〈춘향전〉 ⇨ 〈옥중화(신)〉
	두껍전	미상	쟁장 설화
	옹고집전	미상	장자못 설화

4. 판소리

평민 문학으로 시작하여 양반까지 향유층으로 흡수한 구비 문학으로, 직업적인 소리꾼(광대)이 고수의 장단에 맞춰 연행함.

(1) 특징

① 율문성과 산문성의 공존
② 언어 층위의 다양성(평민 언어 + 양반 언어)
③ 주제의 양면성(교훈적, 중세적인 표면 주제와 풍자적, 근대적인 이면 주제)
④ 부분의 독창성 = 부분창(더늠) 중시 = 장면의 극대화
⑤ 광대의 역할: 창(노래) + 아니리(이야기) + 발림/너름새(동작)
⑥ 고수의 역할: 장단, 추임새
⑦ 관객의 참여

(2) 판소리의 장단

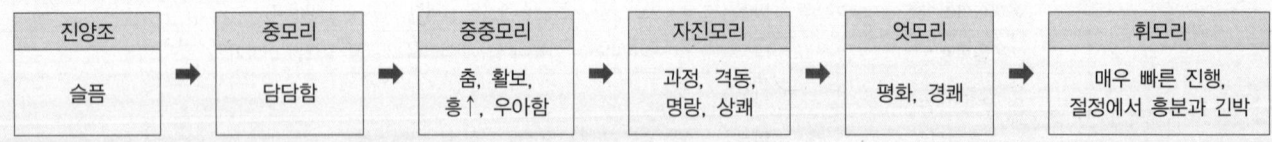

진양조	➡	중모리	➡	중중모리	➡	자진모리	➡	엇모리	➡	휘모리
슬픔		담담함		춤, 활보, 흥↑, 우아함		과정, 격동, 명랑, 상쾌		평화, 경쾌		매우 빠른 진행, 절정에서 흥분과 긴박

(3) 주요 작품

구분	해당 작품
신재효, 여섯 마당	춘향가, 심청가, 흥부가(박타령), 토끼 타령(토별가), 적벽가, 변강쇠 타령(가루지기 타령)

5. 민속극

전통극	서양 연극
• 현실적 비판, 즉 풍자가 중심 • 극 중의 장소와 공연 장소가 대개 같다. • 관객이 무대에 개입 가능 • 각 장의 줄거리가 독립적 • 시간과 공간의 제약을 별로 받지 않는다.	• 예술적 환상이 중심 • 극 중의 장소와 공연 장소가 다르다. • 관객은 철저히 방관자 • 각 장의 줄거리가 유기적 • 시간과 공간의 제약이 강하다.

6. 수필

(1) 국문 수필

① **일기**

- 《계축일기》(어느 궁녀): 광해군의 인목 대비 서궁 유폐 사건 = 《서궁록》
- 《산성일기》(어느 궁녀): 병자호란 당시 남한산성에서 있었던 사건
- 《의유당일기》(의유당): 영조 때 명승고적을 답사(〈동명일기〉 수록)
- 《화성일기》(이의평): 정조 때 능행시 왕대비의 회갑연

② **기행**: 《연행록》(김창업), 《무오연행록》(서유문) – 청에 대한 견문

③ **제문**: 《조침문》(유씨 부인) – 바늘을 부러뜨린 심회

④ **궁중**

- 〈인현왕후전〉(어느 궁녀): 인현 왕후, 숙종, 장희빈의 관계
- 《한중록》(혜경궁 홍씨): 혜경궁 홍씨의 자전적 회고록

⑤ **기타**

- 〈윤씨행장〉(김만중): 어머니를 추모하여 생전의 행장을 적은 추도문
- 〈어우야담〉(유몽인): 야담류의 효시
- 〈요로원야화기〉(박두세): 선비 사회의 병폐를 대화체로 쓴 풍자 문학
- 〈규중칠우쟁론기〉: 작자 연대 미상, 바느질 도구의 쟁공을 쓴 의인체 수필

(2) 한문 수필

① **삼국 시대**

- 〈화왕계〉(설총): 꽃을 의인화한 의인체 수필
- 《왕오천축국전》(혜초): 인도와 그 주변 나라를 여행한 기행체 수필

② **고려 시대**

- 패관: 《파한집》(이인로), 《보한집》(최자), 《역옹패설》(이제현), 《백운소설》(이규보)
- 기타: 〈슬견설〉, 〈경설〉, 〈이옥설〉(이규보), 〈차마설〉(이곡)

③ **조선 후기**: 《순오지》(홍만종), 《서포만필》(국어 존중론, 김만중), 《열하일기》(박지원)

270 다음 중 밑줄 친 행동의 주체가 다른 것은?

> 옛날에 환인(桓因)의 서자(庶子) 환웅이 항상 천하에 뜻을 두고 인간 세상을 몹시 바랐다. 아버지는 아들의 뜻을 알고 삼위태백(三危太伯)을 내려다보니, ㉠ 인간 세계를 널리 이롭게 할 만했다. 이에 천부인(天符印) 세 개를 주어, 내려가서 ㉡ 세상을 다스리게 하였다.
>
> 환웅은 그 무리 3천 명을 거느리고 태백산 꼭대기의 신단수 아래에 내려와서 이 곳을 신시(神市)라 불렀다. 이 분을 환웅 천왕이라 한다. 그는 풍백(風伯), 우사(雨師), 운사(雲師)를 거느리고, 곡식·수명·질병·형벌·선악 등을 주관하고, 인간의 삼백예순여 가지나 되는 일을 주관하여 인간 세계를 다스려 ㉢ 교화(敎化)시켰다.
>
> [중략]
>
> 웅녀(熊女)는 그와 혼인할 상대가 없었으므로 항상 단수(壇樹) 아래에서 아이 배기를 축원했다. 환웅은 이에 임시로 변하여 ㉣ 그와 결혼해 주었더니, 그는 임신하여 아들을 낳았다. 이름을 단군 왕검(檀君王儉)이라 하였다.

① ㉠ ② ㉡ ③ ㉢ ④ ㉣

[271~272] 다음 글을 읽고 물음에 답하시오.

> 공방(孔方)의 자(字)는 관지(貫之)이다. 공방이란 구멍이 모가 나게 뚫린 돈, 관지는 돈의 꿰미를 뜻한다. 그의 조상은 일찍이 수양산 속에 숨어 살면서 아직 한 번도 세상에 나와서 쓰여진 일이 없었다.
>
> 그는 처음 황제(黃帝) 시절에 조금 조정에 쓰였으나 워낙 성질이 굳세어 원래 세상일에는 그다지 세련되지 못했다. 어느 날 황제가 상공(相工)[1]을 불러 그를 보였다. 상공은 한참 들여다 보고 나서 말한다.
>
> "이는 산야(山野)의 성질을 가져서 쓸 만한 것이 못 됩니다. 그러하오나 폐하께서 만일 만물을 조화하는 ⓐ 풀무[2]나 망치를 써서 그때를 긁어 빛이 나게 한다면, 그 본래의 바탕이 차차 드러나게 될 것입니다. 원래 왕자(王者)란 모든 사람으로 하여금 올바른 그릇이 되게 해야 하는 것입니다. 원컨대 폐하께서는 이 사람을 저 쓸모 없는 완고한 구리쇠와 함께 내버리지 마시옵소서."
>
> 이리하여 공방은 차츰 그 이름이 세상에 나타나기 시작했다.
>
> 그 뒤에 일시 난리를 피하여 강가에 있는 숯 굽는 거리로 옮겨져서 거기에서 오래 살게 되었다. ⓑ 그의 아버지 천(泉)은 주나라의 대재(大宰)로서 나라의 세금에 관한 일을 맡아 처리하고 있었다. 천(泉)이란 화천(貨泉)을 말한다.
>
> ⓒ 공방은 생김새가 밖은 둥글고 구멍은 모나게 뚫렸다. 그는 때에 따라서 변통을 잘 한다. 한번은 한나라에 벼슬하여 홍려경(鴻臚卿)[3]이 되었다. 그 때 오왕(吳王) 비(濞)가 교만하고 참람(僭濫)[4]하여 나라의 권리를 혼자서 도맡아 부렸다. 방은 여기에 붙어서 많은 이익을 보았다. 무제 때에는 온 천하의 경제가 말이 아니었다. 나라 안의 창고가 온통 비어 있었다. 임금은 이를 보고 몹시 걱정했다. 방을 불러 벼슬을 시키고 부민후(富民侯)로 삼아, 그의 무리인 염철승(鹽鐵丞) 근(僅)과 함께 조정에 있게 했다. 이때 근은 방을 보고 항상 형이라 하고 이름을 부르지 않았다.
>
> 방은 성질이 욕심이 많고 비루(卑陋)[5]하고 염치가 없었다. 그런 사람이 이제 재물을 맡아서 처리하게 되었다. 그는 돈의 본전과 이자의 경중을 다는 법을 좋아하여, 나라를 편안하게 하는 것은 반드시 질그릇이나 쇠그릇을 만드는 생산 방법에만 있는 것이 아니라고 생각했다. 그는 백성으로 더불어 한 푼 한 리의 이익이라도 다투고, 한편 모든 물건의 값을 낮추어 곡식을 몹시 천한 존재로 만들고 딴 재물을 중하게 만들어서, 백성들이 자기들의 본업인 농업을 버리고 사농공상(士農工商)의 맨 끝인 장사에 종사하게 하여 농사짓는 것을 방해했다.
>
> 이것을 보고 간관(諫官)들이 상소를 하여 이것이 잘못이라고 간했다. 하지만 임금은 이 말을 듣지 않았다. 방은 또 권세 있고 귀한 사람을 몹시 재치 있게 잘 섬겼다. 그들의 집에 자주 드나들면서 자기도 권세를 부리고 한편으로는 그들을 등에 업고 벼슬을 팔아, 승진시키고 갈아 치우는 것마저도 모두 방의 손에 매이게 되었다. 이렇게 되니, ⓓ 한

다 하는 공경(公卿)들까지도 모두들 절개를 굽혀 섬기게 되었다. 그는 창고에 곡식이 쌓이고 뇌물을 수없이 받아서 뇌물의 목록을 적은 문서와 증서가 산처럼 쌓여 그 수를 셀 수 없이 되었다.

그는 모든 사람을 상대하는 데 잘나거나 못난 것을 관계하지 않는다. 아무리 시정 속에 있는 사람이라도 재물만 많이 가졌다면 모두 함께 사귀어 상통한다. 때로는 거리에 돌아 다니는 나쁜 소년들과도 어울려 바둑도 두고 투전도 한다. 이렇게 남과 사귀는 것을 좋아한다. 이것을 보고 당시 사람들은 말했다.

"공방의 한 마디 말이 황금 백 근만 못하지 않다."

– 임춘, 〈공방전(孔方傳)〉

271 이 글에 대한 설명으로 적절하지 않은 것은?

① 대상에 대한 작자의 주관적인 평가를 바탕으로 하고 있다.
② 허구적이고 서사적인 성격을 지니고 있다.
③ 역사적 인물의 행적을 중심으로 기록하고 있다.
④ 독자들에게 교훈을 주고 경계심을 일깨우고 있다.

272 ⓐ~ⓓ에 대한 설명으로 적절하지 않은 것은?

① ⓐ: 쇠붙이를 다듬어 돈을 만드는 과정을 의미한다.
② ⓑ: 돈이 세금 징수의 수단으로 사용되었음을 의미한다.
③ ⓒ: 돈이 긍정적 측면과 부정적 측면의 이중성이 있음을 드러낸다.
④ ⓓ: 권력자들만이 돈을 가질 수 있었음을 의미한다.

273 다음 글의 내용을 통해 미루어 알 수 없는 것은?

흉녀는 이 말을 듣고, '이제는 원을 이룰 때가 왔다.' 하고, 마음에 기꺼워하면서도 겉으론 탄식하여 하는 말이, "내 죽어 모르고자 하였더니, 낭군이 이토록 과념하시니 부득이 참거니와, 저 아이를 죽이지 아니하면 장차 문호에 화를 면치 못할 것입니다. 其勢兩難이니 빨리 처치하여 이 일이 드러나지 않게 하십시오." 하였다.

좌수는 망처(亡妻)의 유언을 생각하고 망극하나, 일변 분노하여 처치할 묘책을 의논하니, 흉녀는 기뻐하며,

"장화를 불러 거짓말로 속여 저희 외삼촌댁에 다녀오게 하고, 장쇠를 시켜 같이 가다가 뒤 연못에 밀쳐 넣어 죽이는 것이 상책일까 합니다."

[중략]

"이제 명관이 간악한 계집의 말을 곧이들어 그 흉측함과 악독함을 깨닫지 못하시니 어찌 애달프지 아니하겠나이까? 소녀의 일은 천지일월 신령이 이미 알고 계시니 원통함을 풀기가 손바닥을 뒤집는 것처럼 쉽사옵니다. 소녀들의 어린 소견에는 흉녀를 다시 잡아 낙태한 것을 올리라 하여 배를 가르고 보시면 반드시 참거짓을 가릴 수 있을 것이니, 아신 후에는 소녀 형제를 불쌍히 여기사 법대로 처리하여 주시고, 소녀의 아비는 본성이 착하고 어두운 사람이라 그 흉녀의 간특한 모계에 빠져 흑백을 분별치 못하오니 특별히 용서하여 주심을 천만 바라나이다." 하고 말을 그치며 홍련 형제가 일어나 절하고 청학을 타고 반공에 솟아 갔다.

부사가 그 말을 들으매 하나하나가 분명하니 자신이 흉녀에게 속은 것을 알고 더욱 분노하여 날이 새기를 기다려 동이 틀 무렵에 좌기를 베풀고 좌수 부부를 성화같이 잡아들여 각별히 다른 말은 묻지 않고 그 낙태한 것을 바삐 들이라 하여 살펴본즉 낙태한 것이 아님이 분명하매 좌우를 명하여 그 낙태한 것의 배를 가르라 하니 좌우 영을 받들어 칼을 가지고 달려들어 배를 가르니 그 속에 쥐똥이 가득하였다.

① 망처(亡妻)는 죽기 전 좌수에게 두 딸의 안위를 부탁했다.
② 좌수 부부는 장쇠를 시켜 홍련 형제를 죽였다.
③ 홍련 형제는 아버지도 처벌받을까 우려하였다.
④ 흉녀는 부사에게 거짓 증거를 들어 위기에서 벗어났다.

274 [A]와 [B]에 대한 이해로 가장 적절한 것은?

옥황이 다 보고 나서 여러 신선들과 의논할 때 태을 선인이 나와 말한다.

"동해 용왕 광연은 다스림이 사해 중 제일인바 불행히 병이 들어 반드시 죽을 지경에 이르렀으니 그 정상이 가련합니다. 원컨대 폐하께서는 토끼를 잡아 보내어 쇠잔한 목숨을 구원하소서."

또 일광노 선인이 나와 말한다.

[A] "안 됩니다. 넓은 하늘 아래 임금의 땅 아닌 곳이 없고 온 천하에 임금님의 신하 아닌 사람이 없습니다. 만수산과 용궁에 각각 그 임금에 그 나라 그 백성이니 어찌 순종할 리가 있겠습니까? 또 대소와 귀천을 막론하고 삶을 좋아하고 죽음을 싫어하는 마음이 없겠습니까? 이제 폐하께서 광연의 병 때문에 죄없는 토끼를 죽인다면 공정하지 못한 일이오니 마땅히 둘을 모두 불러 사리를 밝혀 처결함이 지극히 옳을 줄로 압니다."

옥황이 그 말을 따르기로 하고 일광노로 하여금 용왕을 불러오게 하고 뇌공으로 하여금 토끼를 데려오게 하니, 두 사람이 명령을 받아 떠났다.

[중략]

옥황이 다 읽고 나서 여러 신선들과 의논하니 일광노가 나와 말한다.

[B] "두 사람이 진술한 바로 그 옳고 그름이 불을 보듯 환하게 되었습니다. 폐하께서 병든 자를 위하여 죄없는 자를 죽인다면 그 원망을 어찌하겠습니까? 강자를 누르고 약자를 도와 공정한 처결을 하소서."

– 작자 미상, 〈토공전〉

① [B]는 [A]와 달리 근거를 들어 자신의 생각을 밝히는 방식으로 옥황의 결정에 영향을 미치고 있다.

② [A]는 [B]에서와 달리 설의적 표현을 활용하여 자신의 뜻을 강조하고 있다.

③ [A]의 죄 없는 토끼를 죽이는 것은 공정하지 못하다고 한 말에 담긴 생각은 [B]에서도 유지되고 있다.

④ [A]는 현재 상황의 시급함을, [B]는 미래에 있을 불행한 상황을 언급하며 일광노 선인이 옥황을 설득하고 있다.

275 이 글의 창작 당시의 사회상이 가장 잘 반영된 것은?

천하에 두려워할 대상은 오직 백성뿐이다. 백성은 홍수나 화재 또는 호랑이나 표범보다도 더 두려워해야 한다. 그런데도 윗자리에 있는 사람들은 백성들을 업신여기면서 가혹하게 부려먹는데 어째서 그러한가?

이미 이루어진 것을 여럿이 함께 즐거워하고, 늘 보아 오던 것에 익숙하여 그냥 순순하게 법을 받들면서 윗사람에게 부림을 당하는 사람들은 항민(恒民)이다. 이러한 항민은 두려워할 것이 없다. 모질게 착취당하여 살가죽이 벗겨지고 뼈가 부서지면서도, 집안의 수입과 땅에서 산출되는 것을 다 바쳐서 한없는 요구에 이바지하느라, 혀를 차고 탄식하면서 윗사람을 미워하는 사람들은 원민(怨民)이다. 이러한 원민도 굳이 두려워할 필요는 없다. 자신의 자취를 푸줏간 속에 숨기고 몰래 딴 마음을 품고서, 세상을 흘겨보다가 혹시 그때에 어떤 큰일이라도 일어나면 자기의 소원을 실행해 보려는 사람들은 호민(豪民)이다. 이 호민은 몹시 두려워해야 할 존재이다. 호민이 나라의 허술한 틈을 엿보고 일의 형편을 이용할 만한 때를 노리다가 팔을 떨치며 밭두렁 위에서 한번 소리를 지르게 되면, 원민은 소리만 듣고도 모여들어 모의하지 않고서도 소리를 지르고, 항민도 또한 제 살 길을 찾느라 호미, 고무래, 창, 창자루를 가지고 쫓아가서 무도한 놈들을 죽이지 않을 수 없는 것이다.

진나라가 망한 것은 진승과 오광 때문이었고, 한나라가 어지러워진 것은 황건적 때문이었다. 당나라가 쇠퇴하자 왕선지와 황소가 그 틈을 타고 일어났는데, 마침내 백성과 나라를 망하게 한 뒤에야 그쳤다. 이러한 일들은 모두 백성들에게 모질게 굴면서 저만 잘 살려고 한 죄의 대가이며, 호민들이 그러한 틈을 잘 이용한 것이다. 하늘이 임금을 세운 것은 백성을 돌보게 하기 위해서였지 한 사람이 위에서 방자하게 눈을 부릅뜨고서 계곡같이 커다란 욕심을 부리라고 한 것은 아니었다. 진나라, 한나라 이후의 화란은 당연한 결과였지, 불행했던 것은 아니다.

조선은 중국과는 다르다. 땅이 비좁고 험하여 사람도 적고, 백성 또한 나약하고 게으르며 잘아서, 뛰어난 절개나 넓고 큰 기상이 없다. 그런 까닭에 평상시에 위대한 인물이나 뛰어난 재주를 가진 사람이 나와서 세상에 쓰이는 일도 없었지만, 난리를 당해도 또한 호민이나 사나운 병졸들이 반란을 일으켜 앞장서서 나라의 걱정거리가 되었던 적도 없었으니 그 또한 다행이었다. 비록 그렇긴 하지만 지금의 시대는 고려 때와는 같지 않다. 고려 때에는 백성들에게 조세를 부과함에 한계가 있었고, 산림(山林)과 천택(川澤)[1]에서 나오는 이익도 백성들과 함께했었다. 장사할 사람에게 그 길을 열어 주고, 물건을 만드는 기술자에게 혜택이 돌아가게 하였다. 또 수입을 잘 헤아려 지출을 하였기 때문에 여분의 저축이 있어 갑작스럽게 커다란 병화(兵禍)나 상사(喪事)가 있어도 조세를 추가로 징수하지는 않았다. 다만 그 말기에 이르러서는 오히려 삼공(三空)[2]을 염려하였다.

우리 조정은 그렇지 아니하여 구구한 백성이면서도 신을

섬기고 윗사람을 받드는 범절을 중국과 대등하게 하고 있었는데, 백성들이 내는 조세가 다섯 푼이라면 조정에 돌아오는 이익은 겨우 몇 푼이고 그 나머지는 간사한 자들에게 어지럽게 흩어져 버린다. 또 관청에서는 여분의 저축이 없어 일만 있으면 한 해에도 두 번씩이나 조세를 부과하는데, 지방의 수령들은 그것을 빙자하여 칼질하듯 가혹하게 거두어들이는 것 또한 끝이 없었다. 그런 까닭에 백성들의 시름과 원망은 고려 말보다 더 심한 상태였다. 그런데도 윗사람들이 태평스레 두려워할 줄 모르고, 우리나라에는 호민이 없다고 생각한다. 불행하게도 견훤이나 궁예 같은 자가 나와서 몽둥이를 휘두른다면 근심하고 원망하던 백성들이 가서 따르지 않으리라고 어떻게 보증하겠는가? 기주·양주에서와 같은 천지를 뒤엎는 변란[3]은 발을 구부리고 기다리고 있을 것이다. 백성을 다스리는 사람이 두려워해야 할 만한 형세를 명확하게 알아서 시위[4]와 바퀴를 고친다면, 오히려 제대로 된 정치를 할 수 있을 것이다.

– 허균, 〈호민론〉

1) 천택(川澤): 내와 못을 아울러 이르는 말
2) 삼공(三空): 흉년 든 탓으로 사당에 제사를 지내지 못하고, 서당에 학생이 없이 텅 비고, 뜰에 개가 얼씬거리지 않는 것. 즉 관청에 물자가 달림.
3) 기주 · 양주에서와 같은 천지를 뒤엎는 변란: 진(秦)나라 말기에 가난한 농부였던 진승이 오광과 거병하여 일으킨 농민 반란과, 당나라 때 소금 밀매업자였던 황소와 왕선지가 수해와 충해 속에서 수탈을 견디다 못해 일으킨 반란
4) 시위: 활대에 걸어서 켕기는 줄. 곧 '활시위'를 말함.

① 가을밤 괴로이 읊조리나니 / 세상에 나를 알아주는 사람이 없구나 / 창밖에 밤 깊고 비는 내리는데 / 등불 앞의 마음은 만 리 밖을 내닫네 – 최치원, 〈추야우중〉
② 새로 짜낸 무명이 눈결같이 고왔는데 / 이방 줄 돈이라고 황두가 빼어가네 / 누전 세금 독촉이 성화같이 급하구나 / 삼월 중순 세곡선(稅穀船)이 서울로 떠난다고. – 정약용, 〈탐진촌요〉
③ 안락성 안에 날이 저무는데 / 관서 지방 못난 것들이 시 짓는다고 우쭐대네. / 마을 인심이 나그네를 싫어해 밥 짓기는 미루면서 / 주막 풍속도 야박해 돈부터 달라네. – 김병연, 〈안락성을 지나며〉
④ 동쪽 바다엔 큰 고래가 날뛰고 / 서편 국경에는 사나운 짐승 있건만 / 강가 초소엔 잔약한 병졸 울부짖고 / 바닷가 진지엔 굳센 보루 없구나. – 임제, 〈잠령민정〉

276 ㉠~㉣에 대해 이해한 내용으로 적절하지 않은 것은?

연전(年前)에 우리 시삼촌께옵서 동지상사(冬至上使) 낙점(落點)을 무르와, 북경(北京)을 다녀오신 후에, 바늘 여러 쌈을 주시거늘, 친정(親庭)과 원근 일가(遠近一家)에게 보내고, 비복(婢僕)들도 쌈쌈이 낱낱이 나눠 주고, ㉠ 그중에 너를 택하여 손에 익히고 익히어 지금까지 해포 되었더니, 슬프다, 연분(緣分)이 비상(非常)하여, 너희를 무수히 잃고 부러뜨렸으되, 오직 너 하나를 연구(年久)히 보전하니, 비록 무심한 물건이나 어찌 사랑스럽고 미혹(迷惑)지 아니하리요. 아깝고 불쌍하며, 또한 섭섭하도다. 나의 신세 박명(薄命)하여 슬하에 한 자녀 없고, 인명(人命)이 흉완(凶頑)하여 일찍 죽지 못하고, 가산이 빈궁(貧窮)하여 침선(針線)에 마음을 붙여, 널로 하여 시름을 잊고 생애를 도움이 적지 아니하더니, ㉡ 오늘날 너를 영결(永訣)하니, 오호 통재(嗚呼痛哉)라, 이는 귀신이 시기하고 하늘이 미워하심이로다.

아깝다 바늘이여, 어여쁘다 바늘이여, 너는 미묘한 품질과 특별한 재치를 가졌으니, 물중(物中)의 명물(名物)이요, 철중(鐵中)의 쟁쟁(錚錚)이라. 민첩하고 날래기는 백대(百代)의 협객(俠客)이요, 굳세고 곧기는 만고(萬古)의 충절(忠節)이라. ㉢ 추호(秋毫) 같은 부리는 말하는 듯하고, 두렷한 귀는 소리를 듣는 듯한지라. 능라(綾羅)와 비단(緋緞)에 난봉(鸞鳳)과 공작(孔雀)을 수놓을 제, 그 민첩하고 신기함은 귀신이 돕는 듯하니, 어찌 인력(人力)이 미칠 바리요. 오호 통재(嗚呼痛哉)라, 자식이 귀하나 손에서 놓일 때도 있고, 비복(婢僕)이 순(順)하나 명(命)을 거스를 때 있나니, ㉣ 너의 미묘한 재질이 나의 전후(前後)에 수응(酬應)함을 생각하면, 자식에게 지나고 비복(婢僕)에게 지나는지라.

– 유씨 부인, 〈조침문〉

① ㉠: 바늘과 맺은 인연의 각별함을 부각하고 있다.
② ㉡: 초월적 존재의 힘에 대한 긍정을 통해, 바늘과의 이별을 보편적 섭리에 따른 일로 수긍하고 있다.
③ ㉢: 바늘을 생명체에 빗대어, 평소 자신과 교감을 나누는 인격체로 인식하고 있었음을 보여 주고 있다.
④ ㉣: 글쓴이가 침선을 성공적으로 하게 된 공을 바늘에게 돌리려는 의도를 보여 주고 있다.

[277~278] 다음 글을 읽고 물음에 답하시오.

정사와 한 가마를 타고 삼류하(三流河)를 건너 냉정에서 조반을 먹었다. 십여 리를 가다가 산기슭 하나를 돌아 나가니 태복이란 놈이 국궁(鞠躬)을 하고는 말 머리로 좇아와서 땅에 엎드리고 큰 소리로,

㉠ "백탑(白塔)이 현신하였기에, 이에 아뢰나이다."한다. 태복은 정 진사의 마두이다.

산기슭이 가로막고 있어 백탑이 보이지 않기에 말을 급히 몰아 수십 보를 채 못 가서 겨우 산기슭을 벗어났는데, 안광이 어질어질하더니 홀연히 검고 동그란 물체가 오르락내리락한다. ㉡ 이제야 깨달았다. 사람이란 본래 의지하고 붙일 곳 없이 단지 하늘을 이고 땅을 밟고 이리저리 나다니는 존재라는 것을.

말을 세우고 사방을 둘러보다가 나도 모르게 손을 들어 이마에 얹고,

"한바탕 통곡하기 좋은 곳이로구나."

[중략]

사람들은 단지 인간의 칠정 중에서 오로지 슬픔만이 울음을 유발한다고 알고 있지, 칠정이 모두 울음을 자아내는 줄은 모르고 있네. ㉢ 기쁨이 극에 달하면 울음이 날 만하고, 분노가 극에 치밀면 울음이 날 만하며, 즐거움이 극에 이르면 울음이 날 만하고, 사랑이 극에 달하면 울음이 날 만하며, 미움이 극에 달하면 울음이 날 만하고, 욕심이 극에 달해도 울음이 날 만한 걸세. 막히고 억눌린 마음을 시원하게 풀어 버리는 데에는 소리를 지르는 것보다 더 빠른 방법이 없네.

㉣ 통곡 소리는 천지간에 우레와 같아 지극한 감정에서 터져 나오고, 터져 나온 소리는 사리에 절실할 것이니 웃음소리와 뭐가 다르겠는가? 사람들이 태어나서 사정이나 형편이 이런 지극한 경우를 겪어 보지 못하고 칠정을 교묘하게 배치하여 슬픔에서 울음이 나온다고 짝을 맞추어 놓았다네. 그리하여 초상이 나서야 비로소 억지로 '아이고'하는 등의 소리를 질러 대지.

그러나 정말 칠정에서 느껴서 나오는 지극하고 진실한 통곡 소리는 천지 사이에 억누르고 참고 억제하여 감히 아무 장소에서나 터져 나오지 못하는 법이네. 한나라 때 가의(賈誼)는 적당한 통곡의 자리를 얻지 못해 울음을 참다가 견뎌 내지 못하고 갑자기 한나라 궁실인 선실(宣室)을 향해 한바탕 길게 울부짖었으니, 어찌 사람들이 놀라고 괴이하게 여기지 않을 수 있겠는가?

– 박지원, 〈통곡할 만한 자리〉

277 '나'의 생각으로 옳지 않은 것은?

① 드넓은 자연에 비하면 인간은 보잘것없는 존재야.
② 인간의 여러 감정 중 특히 슬픔은 울음을 만들지.
③ 울음을 우는 것은 답답하고 막혀 있는 듯한 마음을 풀 수 있는 좋은 방법이야.
④ 초상집에서 억지로 곡소리를 내는 것은 지극하고 진실한 통곡이라고 볼 수 없어.

278 ㉠~㉣에 대한 설명으로 적절하지 않은 것은?

① ㉠: 사물을 의인화하였다.
② ㉡: 문장의 순서를 뒤바꾸었다.
③ ㉢: 성격이 서로 다른 대상을 대조하였다.
④ ㉣: 의문형을 사용하여 자신의 생각을 드러내었다.

279 ⓐ~ⓓ 중, 〈보기〉의 밑줄 친 부분에서 보이는 말하기 방식과 가장 유사한 것은?

양반 : 이놈 말뚝아. 잔소리 말고 저만큼 물러서서 인사나 탱탱 꼴아 올려라.

말뚝이 : 누구시옵나이까? 평양감사 갔던 청보 생원님이 옵나이까?

양반 : 이놈 말뚝아. 청보 생원님은 이 양반이 청보 생원님이다. 그리고 저기 선 양반을 보아라. ⓐ <u>한쪽은 수원 백 서방이 만들었고 한쪽은 남양 홍 서방이 만들어서 접으로 된 양반이다.</u> 이놈 말뚝아. ⓑ <u>저 밑에 선 도련님이 남 뵈기는 빨아 놓은 김치가닥 같고 밑구녕에 빠진 촌충이 같애도 내가 평양감사 갔을 때 병풍 뒤에서 낮에 만든 도령님이다.</u> 인사나 올려라. (덧배기 장단에 한바탕 춤을 어울려 춘다.)

도령 : (양반이 저 밑에 선 도령 할 적에 점잖게 양반을 치고 앉아 수염을 쓰다듬는 행세를 한다.)

양반 : 쉬~ (음악과 춤을 멈춘다) 이때가 어느 때냐, 춘삼월 호시절이라 석양은 재를 넘고 까마귀 슬피 울제 한 곳을 점점 내려가 마하에 내리서니 ⓒ <u>영양공주, 난양공주, 진채봉, 계섬월, 백능파, 심호연, 적제홍, 가춘홍 모도 모도 모여서서</u> 나를 보고 반가하니 이내 마음 홍컬~ 방컬~철~철~(굿거리 장단에 맞춰 한바탕 춤을 어울려 춘다.)

말뚝이 : 쉬-. (장단과 춤을 멈춘다.) 날이 덥더부리 하니 양반의 자식들이 흔터(빈터)에 강아지새끼 모인 듯이 연당못에 줄남성이 모인 듯이 물끼 밑에 송사리새끼 모인 듯이 모도 모도 모여 서서 말뚝인지 개뚝인지 과거장 중에 들어서서 제 의붓애비 부르듯이 말뚝아 말뚝아 부르니 아니꼬워 못 듣겠네. (말채로 못 듣겠네 동시에 땅을 친다.)

도령 : (말뚝이 땅을 치는 말채 소리와 동시에 놀라 덥석 주저앉는다.)

양반 : 이놈. 의붓애비라니?

젓광대들: (따라서) 네가 의붓애비다. 네가 의붓애비다.

말뚝이 : 소인은 상놈이라 이놈 저놈 할지라도 소인의 근본을 들어 보소. 우리 칠대 팔대 구대조께옵서는 남병사 북병사를 지내옵고 사대 오대 육대조께옵서는 평양감사 마다하고 알성급제 도장원에 승지참판을 지냈으니, 그 근본이 어떠하오.

양반 : 이놈 말뚝아, 네 근본 제쳐 놓고 내 집 근본 들어봐라. 기생이 여덟이요, 내자가 여덟이요, 능노꾼이 스물이요, 마호꾼이 서른이라. 그 근본이 어떠하노.

젓광대들: (서로) 네 근본이다. 네 근본이다.

양반 : 이놈 말뚝아, 과거 길이 바빠오니 과거 행장 차리어라.

말뚝이 : 예, ⓓ <u>마판에 들어서니 서산 나귀 몰아내어 가진 안장 찌울 적에 청홍사 고흔굴레 주먹상모 덥벅달아 앞도 걸쳐 잡아메고 뒤도 걸쳐 잡아메고 노생원님 끌어냈오.</u>

양반 : 이놈 노 생원이라니.

말뚝이 : 청노새란 말씀이올시다.

양반 : 내 잘못 들었네. 네 귀꾸멍에 이내 작순이로 쿡쿡 처박아라. (굿거리 장단에 맞추어 청노새 청노새 하며 말뚝이가 춤을 추면 모두 어울려 한바탕 춤을 추다가 덧배기 장단에 맞춰 비비에게 위협을 받으며 하나하나 퇴장한다.)

– 작자 미상, 〈고성 오광대〉

보기

어사또 부채꼭지로 운봉 옆구리 콕 찌르며,
"여보 운봉 영감! <u>거 갈비 한 대 주.</u>"
운봉이 깜짝 놀래며,
"허어, 그분이 갈비를 달래면 익은 소갈비를 달래지. 사람의 생갈비를 달랜다 말이오?"

– 〈춘향전〉

① ⓐ ② ⓑ ③ ⓒ ④ ⓓ

Chapter 9 독해 유형별 코드 09 – 현대 운문

CODE 099 현대 운문

'시'는 **함축적인 언어**로 주제를 전달합니다. **비유와 상징**을 통해 표현된 주제는 보는 사람마다 다른 해석을 가능하게 하죠. 그러니 시를 쓴 작가가 아니라면, 무슨 생각을 가지고 무엇에 대해서 썼는지 어떻게 알겠습니까!

'시를 감상한다'는 말은 '시를 이해하고 즐기고 평가함'이라는 뜻입니다. 그러나 우리가 해야 할 일은 시를 감상하는 것이 아니라, 시를 분석하는 것입니다. 우리는 직접 이해하고 평가할 필요까지는 없습니다. 그것은 선지에 다 되어 있기 때문이죠. 우리는 선지에 대해 **'O(당연히 그러하다) / X(절대로 그럴 수 없다)'**만 판단하면 됩니다.

O/X를 판단하게 해주는 시의 기본 분석

	(　　　)한 화자가	(　　　)에 대해	(　　　)한 정서와	(　　　)한 태도를 보이다.
긍정 상황	주인공	자기자신	긍정	긍정
부정 상황	관찰자	외부 대상	부정	부정
	외부 → 자신		관조	

화자 중심의 시 분석 알고리즘

1. 화자 찾기 / 화자를 주어로 하는 서술어에 밑줄

⬇

2. 화자와 대조되는 대상이나 동일시되는 대상이 있다면 체크

⬇

3. 대상을 주어로 하는 서술어에 물결

⬇

4. 밑줄과 물결의 정보를 바탕으로 기본 분석
   (　　　)한 화자가 (　　　)에 대해 (　　　)한 정서와 (　　　)한 태도를 보이다.

⬇

5. 기본 분석을 바탕으로 긍정 발문일 때에는 당연히 맞는 것
   부정 발문일 때에는 절대로 그럴 수 없는 것

시 형식 분석 알고리즘

1. 선지(형식 + 효과)를 끊어 읽으며 형식 부분 파악

⬇

2. 지문에서 선지에 제시된 형식 부분을 찾아, 형식이 적용된 부분에 밑줄

⬇

3. 선지에 제시된 형식이 없거나, 형식이 있더라도 효과가 충족되지 않은 선지가 정답

280 〈보기〉를 바탕으로 다음 시를 설명할 때, 적절하지 않은 것은?

한밤에 일어나
얼음을 끈다.
누구는 소용없는 일이라지만
보라, 얼음 밑에서 어떻게
물고기가 숨쉬고 있는가
나는 물고기가 눈을 감을 줄 모르는 것이 무섭다.
증오에 대해서
나도 알 만큼은 안다.
이 곳에 살기 위해
온갖 굴욕과 어둠과 압제 속에서
싸우다 죽은 나의 친구는 왜 눈을 감지 못하는가.
누구는 소용없는 일이라지만
봄이 오기 전에 나는
얼음을 꺼야 한다.
누구는 소용없는 일이라지만
나는 자유를 위해
증오할 것을 증오한다.

보기

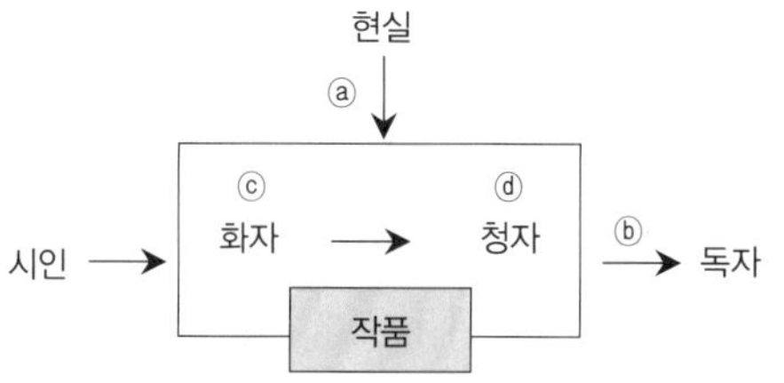

〈시의 소통 구조〉

① ⓐ: 억압적 정치 상황에 맞서 싸우다 죽은 사람들의 모습을 통해 시대적 상황을 짐작할 수 있다.
② ⓑ: 정의를 위해 치열하게 살아가는 삶의 자세에 대해 다시 생각해 보게 되었다.
③ ⓒ: 단호한 어조에서 화자의 강한 의지를 느낄 수 있다.
④ ⓓ: '누구'를 청자로 설정하여 그를 강하게 질타하고 있음을 알 수 있다.

281 이 시를 〈보기〉의 관점에서 감상한 것은?

보기

작가는 개인이 겪은 문제만을 작품으로 형상화하는 것이 아니다. 개인의 삶은 공동체 전체가 함께 겪는 역사적, 사회적 문제의 영향을 받기 때문이다.

나는 북관(北關)에 혼자 앓아누워서
어느 아침 의원(醫員)을 뵈이었다.
의원은 여래(如來)같은 상을 하고 관공(關公)의 수염을 드리워서
먼 옛적 어느 나라 신선 같은데
새끼손톱 길게 돋은 손을 내어
묵묵하니 한참 맥을 짚더니
문득 물어 고향이 어데냐 한다.
평안도 정주라는 곳이라 한즉
그러면 아무개 씨 고향이란다.
그러면 아무개 씰 아느냐 한즉
의원은 빙긋이 웃음을 띠고
막역지간(莫逆之間)이라며 수염을 쓴는다.
나는 아버지로 섬기는 이라 한즉
의원은 또다시 넌지시 웃고
말없이 팔을 잡아 맥을 보는데
손길은 따스하고 부드러워
고향도 아버지도 아버지의 친구도 다 있었다.

– 백석, 〈고향(故鄕)〉

① 화자가 병을 앓고 있는 것은 자신의 문제를 해결할 능력도 의지도 없는 나약한 상태임을 보여 준다.
② 화자의 고향은 그 당시 고향을 잃고 떠돌아다니던 우리 민족의 보편적인 고향을 나타낸 것이다.
③ 대화적 형식을 통해 다수의 독자와 시적 상황을 나누고자 하는 작가의 의도를 알 수 있다.
④ 이 시가 가상의 상황을 설정하여 이야기한 것은 우리 민족이라면 누구나 공감할 수 있게 하기 위함이다.

282 시적 화자의 태도가 다음과 가장 유사한 것은?

> 세상이 어지러울수록
> 남에게는 엄격해지고 내게는 너그러워지나 보다.
> 돌처럼 잘아지고 굳어지나 보다.

① 인생은 살기 어렵다는데
시가 이렇게 쉽게 씌어지는 것은
부끄러운 일이다.

② 꿈 꾸어도 노래하지 않고
두 쪽으로 깨뜨려져도
소리하지 않는 바위가 되리라.

③ 한밤중에 바람이 분다.
바람 속에서 애기가 웃는다.
애기는 방 속을 들여다본다.
들창을 열었다 다시 닫는다.

④ 산산이 부서진 이름이여!
허공 중에 헤어진 이름이여!
불러도 주인 없는 이름이여!
부르다가 내가 죽을 이름이여!

283 [A]와 [B]에 대한 이해로 적절한 것은?

> [A]
> 상한 갈대라도 하늘 아래선
> **한 계절** 넉넉히 흔들리거니
> 뿌리 깊으면야
> **밑둥** 잘리어도 **새순**은 돋거니
> 충분히 흔들리자 상한 영혼이여
> 충분히 흔들리며 고통에게로 가자
>
> [B]
> 뿌리 없이 흔들리는 부평초 잎이라도
> 물 고이면 꽃은 피거니
> 이 세상 어디서나 **개울**은 흐르고
> 이 세상 어디서나 **등불**은 켜지듯
> 가자 고통이여 살 맞대고 가자
> 외롭기로 작정하면 어딘들 못 가랴
> 가기로 목숨 걸면 **지는 해**가 문제랴
>
> 고통과 설움의 땅 훨훨 지나서
> 뿌리 깊은 벌판에 서자
> 두 팔로 막아도 바람은 불 듯
> 영원한 눈물이란 없느니라
> 영원한 비탄이란 없느니라
> 캄캄한 밤이라도 하늘 아래선
> 마주잡을 손 하나 오고 있거니

① [A]의 '밑둥'과 [B]의 '개울'은 실존적 위기감을 의미한다.
② [A]의 '한 계절'과 [B]의 '지는 해'는 극한 상황을 비유하는 대상이다.
③ [A]의 '새순'과 [B]의 '등불'은 고난 극복의 가능성을 의미한다.
④ [A]와 [B]는 모두 비판적 어조를 사용하고 있다.

284 ㉠과 함축적인 의미가 가장 유사한 것은?

> 고향에 돌아 온 날 밤에
> 내 백골(白骨)이 따라와 한 방에 누웠다.
>
> 어둔방은 우주로 통하고
> 하늘에선가 소리처럼 바람이 불어온다.
>
> 어둠 속에서 곱게 풍화 작용(風化作俑)하는
> 백골을 들여다보며,
> 눈물 짓는 것이 내가 우는 것이냐
> 백골이 우는 것이냐?
> 아름다운 혼이 우는 것이냐
>
> 지조 높은 개는/밤을 새워 어둠을 짖는다.
>
> 어둠을 짖는 개는/나를 쫓는 것일 게다.
>
> 가자 가자/쫓기우는 사람처럼 가자.
> 백골 몰래/아름다운 ㉠ 또 다른 고향에 가자.
>
> – 윤동주, 〈또 다른 고향〉

① 다시 천고의 뒤에 / 백마 타고 오는 초인이 있어 / 이 광야에서 목놓아 부르게 하리라.
② 가슴엔 듯 눈엔 듯 또 핏줄엔 듯 / 마음이 도른도른 숨어 있는 곳 // 내 마음의 어딘 듯 한편에 끝없는 /강물이 흐르네.
③ 이것은 소리 없는 아우성 / 저 푸른 해원을 향하여 흔드는 / 영원한 노스탤지어의 손수건
④ 잉크병 얼어드는 이러한 밤에 / 어쩌자고 잠을 깨어 / 그리운 곳 차마 그리운 곳 // 눈이 오는가 북쪽엔 / 함박눈 쏟아져 내리는가.

285 ㉠에 대한 설명으로 적절한 것은?

> 어제 우리가 함께 사랑하던 자리에
> 오늘 가을비가 내립니다
>
> 우리가 서로 사랑하는 동안
> 함께 서서 바라보던 ㉠ 숲에
> 잎들이 지고 있습니다
>
> 어제 우리 사랑하고
> 오늘 낙엽 지는 자리에 남아 그리워하다
> 내일 이 자리를 뜨고 나면
> 바람만이 불겠지요
>
> 바람이 부는 동안
> 또 많은 사람들이
> 서로 사랑하고 헤어져 그리워하며
> 한세상을 살다가 가겠지요.
>
> – 도종환, 〈가을비〉

① 화자의 소망이 실현된 이상적인 공간이다.
② 미래의 삶에 대한 희망적 각오를 다지는 공간이다.
③ 화자의 비판 의식이 담긴 공간이다.
④ 과거와 다른 현재를 인식하는 공간이다.

286 ㉠~㉣에 대한 이해로 가장 적절하지 않은 것은?

> 춥다. 눈사람이 되려면 얼마나 걸어야 할까? 잡념과 머리카락이 희어지도록 걷고 ㉠ 밤의 끝에서 또 얼마를 걸어야 될까? 너무 넓은 밤, 사람들은 밤보다 더 넓다.
>
> 사물에 이름을 붙이고 즐거워하는 ㉡ 사람들
> 이름을 붙여야 마음이 놓이는 사람들
> 이름을 말하고 이름을 듣는 사람들
> 이름을 두세 개씩 갖고 이름에 매여 사는 사람들
>
> ㉢ 깊은 산에 가고 싶다. 사람들은 산을 다 어디에 두고 다닐까? 혹은 산을 깎아 대체 무엇을 메웠을까? 생각을 돌리자. 눈발이 날린다.
>
> ㉣ 눈꽃, 은방울꽃, 안개꽃, 메밀꽃, 배꽃, 찔레꽃, 박꽃
>
> 나는 하루를 하루 종일 돌았어도
> 분침 하나 약자의 침묵 하나 움직이지 못했다.
> 들어가자, 추위 속으로.
>
> 때까치, 바람새, 까투리, 오소리, 너구리, 도토리, 다람쥐, 물
>
> – 신대철, 〈추운 산〉

① ㉠: 화자의 내면을 정화하는 시간이다.
② ㉡: 현실의 어려움에 저항하는 순수한 존재이다.
③ ㉢: 화자가 추구하는 순수하고 순결한 공간이다.
④ ㉣: 화자가 바라는 순수한 삶의 상징이다.

287 ㉠~㉤에 대한 이해로 가장 적절한 것은?

> 사당역 4호선에서 2호선으로 갈아타려고
> 에스컬레이터에 실려 올라가서
> 뒤돌아보다 마주친 저 수많은 얼굴들
> 모두 붉은 흙 가면 같다
> 얼마나 많은 불가마들이 저 얼굴들을 구워 냈을까
>
> 무표정한 저 얼굴 속 어디에
> 아침마다 두 눈을 번쩍 뜨게 하는 힘 숨어 있었을까
> 밖에서는 기척도 들리지 않을 이 깊은 땅속을
> 밀물져 가게 하는 힘 숨어 있었을까
>
> 하늘 한구석 별자리마다 쪼그리고 앉아
> ㉠ 별들을 가마에서 구워 내는 분 계시겠지만
> 그분이 점지하는 운명의 별빛 ㉡ 지상에 내리겠지만
> 물이 쏟아진 듯 몰려가는
> ㉢ 땅속은 너무나 깊어
> 그 별빛 여기까지 닿기나 할는지
>
> 수많은 저 사람들 몸속마다에는
> 밖에선 볼 수 없는 ㉣ 뜨거움이 일렁거리나 보다
> 저마다 진흙으로 돌아가려는 몸을 일으켜 세우는
> 불가마 하나씩 깃들어 있나 보다
>
> 저렇듯 십 년 이십 년 오십 년 얼굴을 구워 내고 있었으니
> 모든 얼굴은 뜨거운 속이 굽는 ㉤ 붉은 흙 가면인가 보다
>
> – 김혜순, 〈별을 굽다〉

① ㉠은 ㉢에 영향을 주는 초월적 존재이다.
② ㉡은 ㉠으로부터 괴리되어 있는 공간이다.
③ ㉣은 ㉢에서 화자가 만난 인간의 내면이다.
④ ㉠에 의해 ㉤이 만들어지는 것이다.

288 '변화법'의 범주에 속하는 표현이 사용되지 않은 것은?

> 표현 기법은 크게 비유, 변화, 강조 등으로 나뉜다. 이 중 '변화'는 글의 표현이나 내용의 전개에 변화를 주는 기법으로 반어, 역설, 도치, 문답, 대구 등이 있다.

① 아이야, 무릉도원이 어디냐. 나는 여기인가 하노라.
② 괴로웠던 사나이, / 행복한 예수 그리스도에게 / 처럼 십자가가 허락된다면
③ 서검(書劍)을 이루지 못하고 쓸데없는 몸이 되어 / 오십 년 세월을 해 온 일 없이 지냈구나.
④ 길 따라 그이들을 따라 오르는 일 / 이리 힘들고 어려워도 / 왜 내가 지금 주저앉아서는 안 되는지를 나는 안다.

289 다음 글에 대한 이해로 적절하지 않은 것은?

> 거미 새끼 하나 방바닥에 나린 것을 나는 아무 생각 없이 문밖으로 쓸어 버린다
> 차디찬 밤이다
>
> 어니젠가 새끼 거미 쓸려 나간 곳에 큰 거미가 왔다
> 나는 가슴이 짜릿한다
> 나는 또 큰 거미를 쓸어 문밖으로 버리며
> 찬 밖이라도 새끼 있는 데로 가라고 하며 서러워한다
>
> 이렇게 해서 아린 가슴이 싹기도 전이다
> 어데서 좁쌀알만 한 알에서 가제 깨인 듯한 발이 채 서지도 못한 무척 작은 새끼 거미가 이번엔 큰 거미 없어진 곳으로 와서 아물거린다
> 나는 가슴이 메이는 듯하다
> 내 손에 오르기라도 하라고 나는 손을 내어 미나 분명히 울고불고할 이 작은 것은 나를 무서우이 달아나 버리며 나를 서럽게 한다
> 나는 이 작은 것을 고이 보드라운 종이에 받아 또 문밖으로 버리며
> 이것의 엄마와 누나나 형이 가까이 이것의 걱정을 하며 있다가 쉬이 만나기나 했으면 좋으련만 하고 슬퍼한다
>
> – 백석, 〈수라〉

① 점층적 구조를 통해 정서를 심화하고 있다.
② 대상의 상황에 대한 화자의 인식에 일관성이 있다.
③ 대상에 대한 연민의 정서가 직접적으로 드러나 있다.
④ 시간의 흐름에 따라 대상에 대한 감정을 전달하고 있다.

290 다음 시에 대한 설명으로 적절하지 않은 것은?

> 얼음을 깬다
> 강에는 얼은 물
> 깰수록 청청한
> 소리가 난다
> 강이여 우리가 이룰 수 없어
> 물은 남몰래 소리를 이루었나
> 이 강을 이루는 물소리가
> 겨울에 죽은 땅의 목청을 트고
> 이 나라의 어린 아희들아
> 물은 또한 이 땅의 풀잎에도 운다
> 얼음을 깬다
> 얼음을 꺼서 물을 마신다
> 우리가 스스로 흐르는 강을 이루고
> 물이 제 소리를 이룰 때까지
> 아희들아
>
> – 정희성, 〈얼은 강을 건너며〉

① 시간의 흐름에 따라 변화하는 화자의 심리를 표현하고 있다.
② 의인법을 활용하여 대상에 대한 화자의 정서를 드러내고 있다.
③ 청자에게 말을 건네는 방식을 사용하여 시상을 전개하고 있다.
④ 감각적 이미지를 활용하여 시적 상황의 변화를 나타내고 있다.

Chapter 10 독해 유형별 코드 10 - 현대 산문

CODE 100 현대 산문

✪ 산문 내용 분석의 알고리즘

'인물'은 소설에서 일어나는 모든 일의 주체입니다. 소설 속에는 갈등의 중심이 되는 주요 인물, 그리고 주요 인물과 관련이 있으나 상대적으로 덜 중요한 주변 인물이 있습니다. 그러나 문제를 풀 때는 **출제자가 궁금해 한다면 모두 중요한 인물**이 됩니다. 따라서 지문을 읽기 전에 발문에 제시되거나 선지에 언급된 인물을 빠르게 훑어보고 지문을 읽는 것이 좋습니다. 발문에서 묻는 특정 인물이나, 선지에서 반복되는 인물이라면 지문의 중심인물이라고 보면 됩니다.

인물이 혼자 읊조리는 말이나 속으로 하는 생각(내적 독백)을 보면 솔직한 심리와 성격을 알 수 있습니다. 인물들 간의 대화를 통해서도 정보를 얻을 수 있지만, 주변의 상황을 통해 그런 말을 한 의도를 파악해야 하죠.

소재나 배경의 의미를 묻는 경우, 그 자체만으로 의미와 기능을 알 수 없습니다. 결국 인물의 감정이나 행동 등의 상황을 파악하는 과정을 거쳐야 합니다. 시어나 시구를 '시 전체'를 보고 난 후에 의미를 파악했던 것과 마찬가지지요. 우선, **인물들의 감정을 따라 내용을 요약해나가면서 인물의 상황과 감정 속에서 그 소재나 배경이 인물과 같은 방향인지, 반대 방향인지**를 따져봅니다. 그 다음엔 긍정 의미인지, 부정 의미인지 따져봅니다.

1. 발문이나 선지에서 언급된 인물에 동그라미
   ※ 한 인물을 다양하게 표현할 수 있으니, 같은 인물에는 같은 기호!
   ※ 선지에 여러 인물이 있다면 반복되는 인물이 주요 인물입니다. 이럴 땐 주요 인물에 대한 주변 인물의 자세를 파악하라는 것이지요.

⬇

2. 지문에서 인물의 감정이나 행동에 대한 중요 정보에 밑줄

⬇

3. 밑줄을 연결하고 이를 바탕으로 선지 판단
   긍정 발문일 때에는 당연히 맞는 것, 부정 발문일 때에는 절대로 그럴 수 없는 것이 정답

✪ 산문 형식 분석의 알고리즘

형식상의 특징을 물을 때에는 운문과 마찬지로 긍정 발문이든, 부정 발문이든 선지를 먼저 보는 것이 좋습니다. 지문이 운문보다 길기 때문에 지문을 다시 읽는 상황이 발생하지 않도록 해야 합니다.

선지를 먼저 볼 때에는 끊어 읽어야 합니다. 선지에서 O/X 기준이 나올 때마다 끊어주면 됩니다. 끊어주고 나서 보면, 'A하고 B하다', 'A해서 B하다' 등의 선지의 패턴이 보일 거예요. 그런데 B가 A가 나오기만 하면 따라오는 효과일 경우, 예를 들어 '감각적 이미지가 나오면 구체적이 된다.'에서 '구체적이 된다.'는 당연한 효과입니다. 따라서 '구체적이 된다.'까지는 기억할 필요가 없겠죠? 즉, A에만 체크해 두고 당연히 따라오는 B는 머릿속에 기억할 필요가 없습니다. 당연히 따라 나오는 B가 아닐 경우에는 양 쪽 A, B에 체크해서 기억해 두어야겠죠.

1. 선지를 끊어 읽으며 서술상 · 서사적 특징에 대한 개념어 잡기

⬇

2. 지문을 읽으면서 전체적 장면의 특징 파악하기

⬇

3. 지문 전체의 형식적인 특징이 있고, 그 형식에 따른 효과까지 충족한 선지가 정답

291 [A]에 내재된 인물의 심리가 반영된 것은?

어스름을 기다려 실딘 집골목을 들어시니 사정은 역시 K시에서 듣고 온 대로였다. 집은 텅텅 빈 채였고 식구들은 어디론지 간 곳이 없었다. 나는 다시 골목 앞에 살고 있던 먼 친척 간 누님을 찾아갔다. 그런데 그 누님의 말을 들으니, 노인이 뜻밖에 아직 나를 기다리고 있다는 것이었다.

[A] "여기가 어디냐. 네가 누군데 내 집 앞 골목을 이렇게 서성대고 있어야 하더란 말이냐."

한참 뒤에 어디선가 누님의 소식을 듣고 달려온 노인이 문간 앞에서 어정어정 망설이고 있는 나를 보고 다짜고짜 나무랐다. 행여나 싶은 마음으로 노인을 따라 문간을 들어섰으나 집이 팔린 것은 분명해 보였다.

그날 밤 노인은 옛날과 똑같이 ㉠ 저녁을 지어 내왔고, 그날 밤을 거기서 함께 지냈다. 그리고 이튿날 새벽 일찍 K시로 나를 다시 되돌려 보냈다. 나중에야 안 일이지만 노인은 그렇게 나에게 저녁밥 한 끼를 지어 먹이고 마지막 밤을 지내게 해주고 싶어, 새 주인의 양해를 얻어 그렇게 혼자서 나를 기다리고 있었다 했다. 언젠가 내가 다녀갈 때까지는 하룻밤 만이라도 내게 옛집의 모습과 옛날 같은 분위기 속에 맘 편히 눈을 붙이고 가게 해 주고 싶어서였을 터이다. 아무리 그렇더라도 ㉡ 문간을 들어설 때부터 썰렁한 집안 분위기가 이사를 나간 빈집이 분명했건만.

한데도 노인은 그때까지 매일같이 그 빈집을 드나들며 먼지를 털고 ㉢ 걸레질을 해온 것이었다. 그리고 그때 노인은 아직 집을 지켜온 흔적으로 안방 한쪽에 ㉣ 이불 한 채와 옷궤 하나를 예대로 그냥 남겨두고 있었다. 이튿날 새벽 K시로 다시 길을 나설 때서야 비로소 집이 팔린 사실을 분명히 해온 노인의 심정으로는 그날 밤 그 옷궤 한 가지로나마 옛집의 분위기를 되살려 내 괴로운 잠자리를 위로하고 싶었음에 분명한 물건이었다.

– 이청준, 〈눈길〉

① ㉠, ㉢, ㉣
② ㉠, ㉡, ㉣
③ ㉡, ㉢, ㉣
④ ㉠, ㉡, ㉢

292 다음 글에서 ㉠과 ㉡이 궁극적으로 의미하는 것은?

[앞부분 줄거리] 6·25 전쟁으로 한 집에서 살게 된 동만이의 친할머니와 외할머니는 각각 빨치산과 국군이 된 아들을 두고 있다. 이로 인해 두 할머니는 갈등을 겪게 된다. 친할머니는 점쟁이의 예언을 듣고 동만이의 삼촌이 살아 돌아올 것을 믿으며 잔치 준비를 하지만 삼촌은 오지 않고 난데없이 구렁이 한 마리가 아이들의 돌팔매에 쫓겨 집안으로 들어온다.

잠시 머뭇거린 다음 ㉠ 구렁이는 꿈틀꿈틀 기어 외할머니 앞으로 다가왔다. 외할머니가 한쪽으로 비켜서면서 길을 터주었다. 이리저리 움직이는 대로 뒤를 따라가며 외할머니는 연신 소리를 질렀다. 새막에서 참새떼를 쫓을 때처럼 "쉬이! 쉬이!"하고 소리를 지르면서 손뼉까지 쳤다.

[중략]

"고맙네, 이 사람! 집안 일은 죄다 성님한티 맽기고 자네 혼잣 몸띵이나 지발 성혀서 ㉡ 먼 길을 펜안히 가소. 뒷일은 아모 염려 말고 그저 펜안히 가소. 증말 고맙네, 이 사람아."

– 윤흥길, 〈장마〉

	㉠	㉡
①	6·25 전란	다른 나라로 가는 길
②	조상의 혼령	극락왕생(極樂往生)
③	삼촌의 혼령	서방정토(西方淨土)
④	외삼촌의 혼령	전장으로 가는 길

293 '그'의 상황을 고려하여 ㉠~㉣을 이해한 내용으로 적절하지 않은 것은?

> 설득자는, 손에 들었던 연필 꼭지로, 테이블을 툭 치면서, 곁에 앉은 미군을 돌아볼 것이다. 미군은, 어깨를 추스르며, 눈을 찡긋하고 웃겠지.
>
> 나오는 문 앞에서, 서기의 책상 위에 놓인 명부에 이름을 적고 천막을 나서자, 그는 마치 재채기를 참았던 사람처럼 몸을 벌떡 뒤로 젖히면서, ㉠ 마음껏 웃음을 터뜨렸다. 눈물이 찔끔찔끔 번지고, 침이 걸려서 캑캑거리면서도 그의 웃음은 멎지 않았다.
>
> ㉡ 준다고 바다를 마실 수는 없는 일. 사람이 마시기는 한 사발의 물. 준다는 것도 허황하고 가지거니 함도 철없는 일. 바다와 한 잔의 물. 그 사이에 놓인 골짜기와 눈물과 땀과 피. 그것을 셈할 줄 모르는 데 잘못이 있었다. 세상에서 뒤진 가난한 땅에 자란 지식 노동자의 슬픈 환장. 과학을 믿은 게 아니라 마술을 믿었던 게지. ㉢ 바다를 한 잔의 영생수로 바꿔 준다는 마술사의 말을. 그들은 뻔히 알면서 권력이라는 약을 팔려고 말로 속인 꾀임을. 어리석게 신비한 술잔을 찾아 나섰다가, 낌새를 차리고 항구를 돌아보자, 그들은 항구를 차지하고 움직이지 않고 있었다. 참을 알고 돌아온 바다의 난파자들을 그들은 감옥에 가둘 것이다.
>
> ㉣ 못된 균을 옮기지 않기 위해서.
>
> – 최인훈, 〈광장〉

① ㉠: 설득자의 회유를 거절한 것에 대한 심정
② ㉡: 수용할 수 없는 설득자의 제안에 대한 생각
③ ㉢: 자신을 꾀려는 설득자의 허황된 말에 대한 생각
④ ㉣: 설득자가 자신을 회유하려는 이유에 대한 추측

294 ㉠에 대한 이해가 바르지 못한 것은?

> "조금 전까지만 해도 나는 그것들에서 솟아오르는 ㉠ 금시조를 보기를 간절히 원했다. 그것으로 내 삶이 온전한 것으로 채워질 줄 알았다. 그러나 지금은 설령 내가 그 새를 보았다 한들 과연 그러할지 의문이다."
>
> [중략]
>
> "불을 질러라."
>
> 마를 대로 마른 종이와 헝겊인데다가 개중에는 기름까지 먹인 것도 있어 서화 더미는 이내 맹렬한 불꽃으로 타올랐다. 신음 같은 탄식과 숨죽인 흐느낌과 나지막한 비명들이 여기저기서 터져나왔다.
>
> 어떤 사람에게는 고죽 일생의 예술이 타고 있었다. 어떤 사람에게는 그 처절한 진실이 타오르고 있었고, 또 어떤 사람에게는 고죽의 삶 자체가 타는 듯도 보였다. 드물게는 불타는 서화 더미가 그대로 그만한 고액권 더미처럼 보이는 사람도 있었다. 반세기 가깝게 명성을 누려 온 노대가, 두 대통령이 사람을 보내 그의 서화를 얻어 가고, 국전 심사위원도 한 마디로 거부한 고죽의 진적(眞蹟)들이 한꺼번에 타 없어지고 있는 것이었다.
>
> 그러나 그때 고죽은 보았다. 그 불길 속에서 홀연히 솟아오르는 한 마리의 거대한 금시조를, 찬란한 금빛 날개와 그 힘찬 비상을.
>
> – 이문열, 〈금시조〉

① 고죽을 평생 자기 비하에 시달리게 한 원인이다.
② 고죽이 추구해 온 예술의 최고 경지라 할 수 있다.
③ 창작 활동만으로 결국 이루지 못한 고죽의 이상이다.
④ 고죽이 자기를 부정하여 이루게 된 예술적 완성이다.

295 다음 글에 대한 설명으로 가장 적절한 것은?

> 소름이 쏙 끼치고 간담이 서늘해지는 처참한 비명이었다. 그녀도 뛰어나가고 그녀의 남편까지도 엉겁결에 뛰어나갔다. 잠깐 아무도 분별력이 없었다. 저만치 뒷간 모퉁이에 패잔병인 듯싶은 지치고 남루한 인민군이 서너 명 일제히 총부리를 시어머니에게 겨누고 있었다. 그들도 놀란 것 같았다. 그들은 처음부터 누굴 해치려고 나타났다기보다는 그냥 시어머니와 마주쳤거나 마주친 김에 옷이나 먹을 것을 달랄 작정이었는지도 모른다. 그런데 그들이 무슨 말을 걸기도 전에 시어머니는 그 자리에 꼼짝도 못하고 못 박힌 채 고개만 미친 듯이 저으며 "몰라요, 난 몰라요."를 딴사람같이 드높고 새된 소리로 되풀이했다. 패잔병 중 한 사람의 눈에 살기가 번뜩이는가 하는 순간 총이 그녀의 남편을 향해 난사됐다. 그녀의 남편은 처참한 모습으로 나동그라지고 그들도 어디론지 도망쳤다. 이런 일은 일순에 일어났다.
>
> – 박완서, 〈겨울 나들이〉

① 주인공의 시점에서 사건을 서술하고 있다.
② 인물의 심리 묘사를 중심으로 서술하고 있다.
③ 다른 인물에게 벌어진 사건을 서술하고 있다.
④ 한 인물의 내면적 갈등을 중심으로 서술하고 있다.

296 다음 글에 대한 설명으로 가장 적절한 것은?

> 옥임이는 정례 모친이 혼쭐이 나서 달아나는 꼴을 그것 보라는 듯이 곁눈으로 흘겨보고 입귀를 샐룩하여 비웃으며, 버젓이 사람 틈을 헤치고 종로 편으로 내려갔다. 의기양양할 것도 없지마는, 가슴 속이 후련하니 머릿속이고 가슴속이고 무언지 뭉치고 비비꼬이고 하던 것이 확 풀어져 스러지고 화가 제대로 도는 것 같아서 기분이 시원하다.
>
> [중략]
>
> 처지가 뒤바뀌어서 관 속에 한 발을 들여 놓은 영감이나마 반민자로 지목이 가다니, 이런 것 저런 것을 생각하면 쭉쭉 뽑아 놓은 자식들과, 한참 활동적인 허위대 좋은 남편에 둘러싸여 재미있고 기운꼴 차게 사는 양이 역시 부럽고 저희만 잘 된다는 것이 시기도 나는 것이었다. 보기 좋게 이년 저년을 붙이며 한바탕 해대고 나서 속이 후련한 것도 그러한 은연중의 시기였고, 공연한 자기 화풀이였는지 모른다.

① 개인 대 사회의 갈등을 드러내고 있다.
② 내면 의식의 서술을 통해 인물의 성격을 드러내고 있다.
③ 액자 구조를 통해 상이한 이야기가 갖는 의미를 강조하였다.
④ 과거와 현제를 교차시켜 사건에 입체감을 부여하고 있다.

297 작중 인물의 제한적 시점에서 내면 심리를 서술한 것은?

> ⓐ <u>죽지나 않았을까, 자살을 하든, 굶어 죽든……</u> 하고 혼잣말처럼 중얼거리며 돌아서는 원구의 등에다 대고, 중요한 옷가지랑은 꾸려 가지고 간 모양이니 ⓑ <u>자살할 의사는 없었음</u>이 분명하고, 한편 병신이긴 하지만, 얼굴이 고만큼 밴밴하고서야, 어디 가 몸을 판들 굶어 죽기야 하겠느냐고 주인 사나이는 지껄이는 것이었다. ⓒ <u>얼굴이 고만큼 밴밴하고서야 어디 가 몸을 판들 굶어 죽기야 하겠느냐</u>는 말에, 이상하게 원구는 정신이 펄쩍 들어, ⓓ <u>이놈 네가 동옥을 팔아먹었구나</u>, 하고 대들 듯한 격분을 마음속 한구석에 의식하면서도, 천근의 무게로 내리누르는 듯한 육체의 중량을 감당할 수 없어 그는 말없이 발길을 돌이켰다.

① ⓐ　　② ⓑ
③ ⓒ　　④ ⓓ

298 다음 글의 서술상의 특징으로 가장 적절한 것은?

> 그 신사는, 우선 몸이 뚱뚱하고, 더욱이 배가 앞으로 쑥 나왔다. 그것에 정비례하여, 그의 얼굴이 크고 또 살찐 것은 물론이지만, 그 큰 얼굴에 또 그대로 정비례하여, 눈, 코, 귀, 입이 모두 크다. 그중에도 장관인 것은, 그의 코로, 그 이를테면 벌렁코 종류에 속하는 크고 둥근 콧잔등이가, 근래는 단연히 금주하였음에도 불구하고, 역시 전에 그가 애주하였을 때의 그 기념으로, 새빨갛게 주독이 든 것이, 여간 탐스럽지 않다. 그러한 얼굴에다, 그 위에, 그가 애용하는 중산모를 얹고, 실내화 신은 발을 천천히 옮겨 걸어갈 때, 그를 대하는 모든 사람이, 마음에 은근한 기쁨을 갖더라도, 그것이 결코 이상한 일이 아닐 것이다. 더구나 그가 남의 앞에서 즐겨 꺼내 보는 그 시계는 참말 금시계지만, 역시 참말 십팔금인 것같이 남이 알아주기를, 은근히 바라고 있는 듯싶은 그 시곗줄이, 사실은 오금에 지나지 않는다는 것을, 이발소 안에서의 풍문으로 들어 알고 있는 소년은, 그의 태도와 걸음걸이가 점잖으면 점잖을수록에, 더욱이 속으로 우스웠다.

① 외양 묘사를 통해 인물의 성격을 직접 제시하였다.
② 3인칭 전지적 작가의 제한적 시점을 사용하였다.
③ 서술자의 논평을 통해 인물의 성격 변화를 드러냈다.
④ 사건을 삽화식으로 나열하여 입체적으로 구성하였다.

299 ㉠~㉣ 중, <보기>의 밑줄 친 내용에 해당하는 것은?

㉠ 아마도 세상에 그처럼 충실한 신문 독자는 없을 것이다. 두 종류의 신문을 그는 한 시간 이상이나 시간을 소비해 가며 첫줄 처음부터 끝줄 끝까지 기사고 광고고 할 것 없이 하나도 빼지 않고 죄다 읽어 버리는 것이다.

신문 사회면에는 어느 제약회사에서 외국제 포장갑을 대량으로 밀수입해다가 인체에 유해한 위조품을 넣어 가지고 고급 외국약으로 기만 매각하여 수천만 환에 달하는 부당 이득을 취하였다는 기사가 크게 보도되어 있었다. ㉡ 인숙이가 그 기사를 읽는 동안 익준은 분을 누르지 못해 진찰실과 대합실 사이를 왔다 갔다 하며 혼자 투덜거렸다. 이윽고 인숙에게서 신문지를 도로 받아 든 익준은 그것을 돌돌 말아 가지고 옆에 있는 의자를 한 번 딱 치고 나서,

"그래 미스 홍은 어떻게 생각해. 이놈들을 어떻게 처치했으면 속이 시원하겠느냐 말요?"

"뻔하죠. 으레 법에 의해서 적당히 처벌될 게 아니겠어요."

㉢ 그러자 익준은 한층 더 분개해서 흡사 인숙이가 범인이거나 한 듯이 핏대를 세우고 대드는 것이었다.

[중략]

그의 시선은 자주 간호원에게로 간다. ㉣ 그때만은 그의 눈도 노상 황홀하게 빛난다. 그러다가 간호원과 시선이 마주치면 봉우는 당황한 표정으로 외면해 버리는 것이다.

보기

전지적 작가 시점은 등장인물의 행동과 태도는 물론, 그의 내면세계까지도 나타내는 방식의 시점이다. 작가 자신의 입장에서 인물의 행동과 심리 상태를 해석하기도 한다.

① ㉠, ㉡　　② ㉠, ㉢
③ ㉠, ㉣　　④ ㉡, ㉢

300 다음 글에 대한 설명으로 적절하지 않은 것은?

매화는 그 둥치를 꾸미지 않아도 좋습니다. 제 자라고 싶은 대로 우뚝 뻗어서 피고 싶은 대로 피어오르는 꽃들이 가다가 훌쩍 향기를 보내기도 하고, 또 어느 때는 제가 방 한 구석에 있는 체도 않고 은사(隱士)처럼 겸허하게 앉아 있는 품이 그럴듯합니다.

나는 구름같이 핀 매화 앞에 단정히 앉아 행여나 풍겨오는 암향이 다칠세라 호흡도 가다듬어 쉬면서 격동하는 심장을 가라앉히기에 힘을 씁니다. 그는 앉은 자리에서 나에게 곧 무슨 이야긴지 속삭이는 것 같습니다.

[중략]

요즈음은 턱없이 분주한 세상이올시다. 기실 내남 할 것 없이 몸보다는 마음이 분주한 세상이올시다.

바로 며칠 전이었던가요. 어느 친구를 만났을 때 내가 "○선생 댁에 매화가 피었다니 구경이나 갈까?" 하였더니 내 말이 맺기도 전에 그는 "자네도 꽤 한가로운 사람일세." 하고 조소를 하는 것이 아닙니까.

나는 먼 산만 바라보았습니다. 어쩌다가 우리는 이다지도 바빠졌는가. 물에 빠져 금시에 죽어가는 사람을 보고 "그 친구 인사라도 한 자였다면 건져 주었을걸" 하는 영국풍의 침착성은 못 가졌다 치더라도, 이 커피는 맛이 좋으니 언짢으니 하는 터에 빙설을 견뎌 내고 피어난 애련한 매화를 완상(玩賞)할 여유조차 없는 이다지도 냉회(冷灰)같이 식어 버린 우리네 마음이리까?

- 김용준, <매화>

① 상대방에게 말을 건네듯이 서술하고 있다.
② 대상을 감상하면서 과거의 삶을 성찰하고 있다.
③ 비유적 표현을 통해 대상의 속성을 제시하고 있다.
④ 여유와 멋을 즐기지 못하는 세태를 아쉬워하고 있다.

MEMO

MEMO

예상 코드

2024
9·7급

정답 및 해설

이유진 국어

공무원 합격을 위한 이유 있는 선택

Lee youjin

메가 공무원

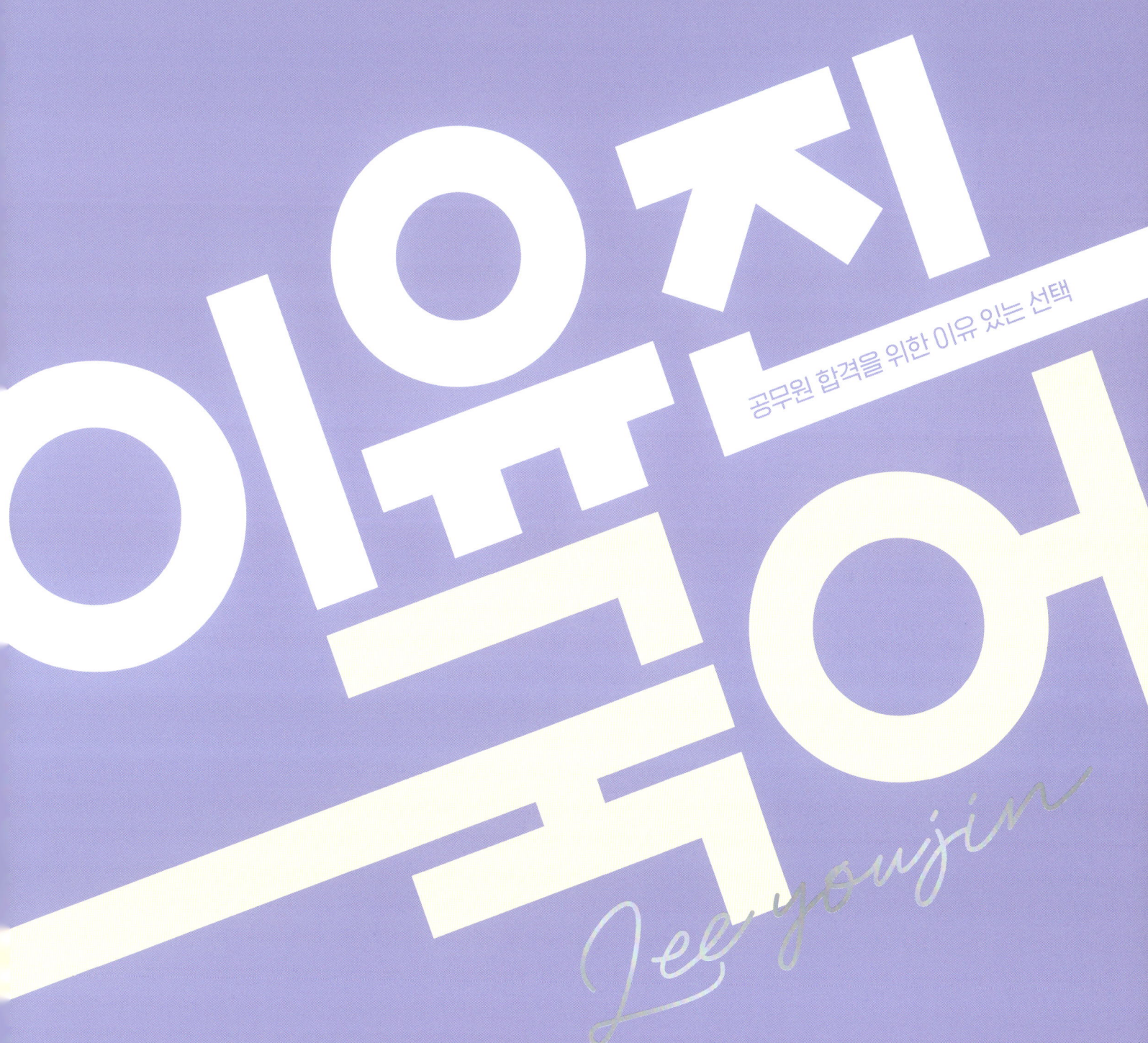

예상 코드

이유진 국어

공무원 합격을 위한 이유 있는 선택

Lee youjin

스피드 체크

PART 3 독해 유형별 코드

Chapter 1 독해 유형별 코드 01 – 중심 화제, 주제

171	④	172	②	173	④	174	④	175	①	176	③	177	①	178	④	179	①	180	③

Chapter 2 독해 유형별 코드 02 – 전개 방식, 접속어

181	④	182	③	183	③	184	②	185	①	186	①	187	③	188	①	189	④	190	③

Chapter 3 독해 유형별 코드 03 – 배치, 배열

191	①	192	④	193	②	194	③	195	②	196	②	197	③	198	③	199	①	200	②
201	④	202	①	203	④	204	③	205	③										

Chapter 4 독해 유형별 코드 04 – 내용 확인과 일반 추론

206	③	207	③	208	①	209	③	210	④	211	④	212	④	213	②	214	②	215	③
216	③	217	①	218	②	219	③	220	③	221	②	222	④	223	③	224	①	225	②
226	②	227	④	228	④	229	③	230	②										

Chapter 5 독해 유형별 코드 05 – 고급 추론

231	①	232	②	233	③	234	③	235	④	236	④	237	④	238	④	239	①	240	③
241	③	242	①	243	④	244	④	245	③	246	③	247	③	248	③	249	②		

Chapter 6 독해 유형별 코드 06 – 화법과 작문

250	②	251	③	252	④	253	③	254	②	255	①	256	④	257	④	258	④	259	②
260	④																		

Chapter 7 독해 유형별 코드 07 – 고전 운문

261	③	262	②	263	①	264	②	265	②	266	③	267	④	268	④	269	①		

Chapter 8 독해 유형별 코드 08 – 고전 산문

270	②	271	③	272	④	273	②	274	③	275	②	276	②	277	②	278	③	279	④

Chapter 9 독해 유형별 코드 09 – 현대 운문

280	④	281	②	282	①	283	③	284	③	285	④	286	②	287	③	288	③	289	②
290	①																		

Chapter 10 독해 유형별 코드 10 – 현대 산문

291	①	292	③	293	④	294	①	295	③	296	②	297	④	298	②	299	③	300	②

PART 3

독해 유형별 코드
정답 및 해설

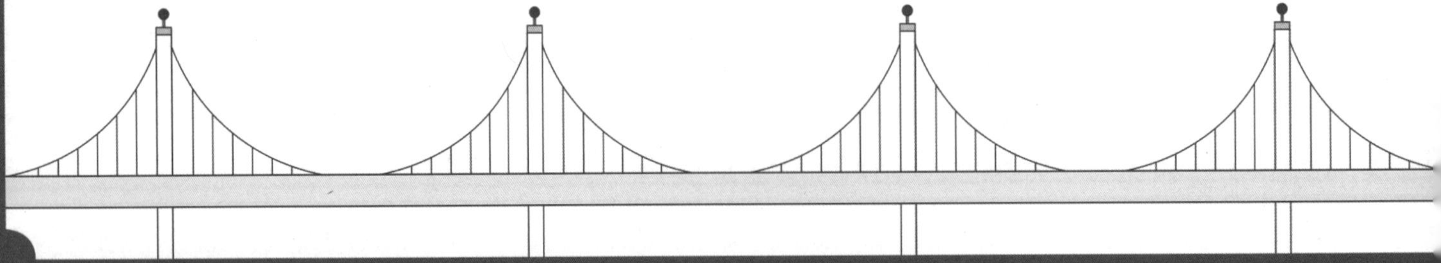

이유진 국어

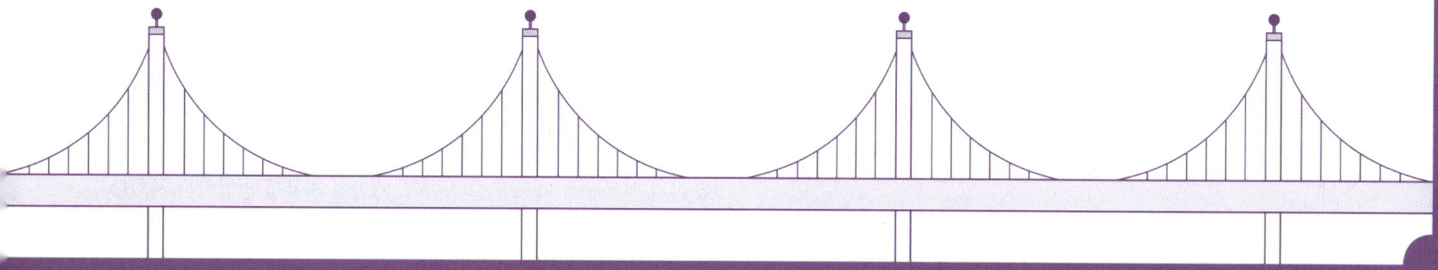

171 정답해설 ④
지문의 중심 소재는 '문화 자본'이다. 지문은 사회 질서 유지, 지배 권력 관계를 재생산, 사회적 지위를 재생산, 집단 간 문화적 취향 차이의 발생 등과 같은 문화 자본의 기능을 설명하고 있다. 이와 같은 기능들은 '사회적 계급 짓기'의 일환에 해당하는 것으로, '사회적 계급 짓기 기제로서의 문화 자본'이 가장 적절한 제목이다.

오답해설
① 부르주아와 일반 대중의 취향 차이는 경험과 생활을 통해 축적된 문화 자본에 의해 형성되는 것이다. 따라서 부르주아와 일반 대중의 대조적 취향은 문화 자본이 발생시키는 결과일 뿐, 글의 중심 내용으로 부적절하다.
② 지문의 첫째 문장에서 과거에는 경제 자본이 사회의 지배 권력 관계를 재생산하는 역할을 담당했고, 이러한 역할을 이제는 문화 자본이 담당하게 되었다고 설명한다. 경제 자본에 비교한 문화 자본의 우월성을 설명한 내용은 제시되지 않았다.
③ 지문에 따르면 사회 계급별로 서로 다른 취향이 형성 되는 것은 문화 자본이 존재하기 때문이다. 하지만 이러한 차별적 취향 형성은 문화 자본의 기능에 의한 하나의 결과일 뿐이며, 사회 계급별 취향은 지문의 중심 소재가 아니다. 또한 구체적 형성 원리가 묘사되지 않았다.

172 정답해설 ②
지문은 첫째 문단에서 동조 행위에 대한 개념을 제시한다. 그리고 동조 행위가 발생하는 원인으로 '정보적 영향'과 '규범적 영향'에 대해 각각 설명한다. 따라서 동조 행위가 발생하는 원인이 이 글의 중심 내용에 해당한다.

오답해설
① 인간의 사회적 욕구는 동조 행위가 나타나는 원인 중 '규범적 영향'이 나타나게 하는 요소에 불과하다. 따라서 지문 전체의 내용을 아우르는 중심 내용으로 부적절하다.
③ 첫째 문단에서 동조 행위가 나타나는 이유 중 하나로 '정보적 영향'을 소개한다. 정보적 영향이란 판단 기준이 없는 상황에서 판단 기준을 세우기 위해 타인에 대한 동조 행위가 나타나는 것을 말한다. 따라서 판단 기준의 성립은 동조 행위가 발생하는 원인 중 하나에 해당할 뿐이고, 판단 기준의 성립 과정에 대한 설명은 지문에 나타나지 않았다.
④ 첫째 문단에서 동조 행위의 예시로 유행을 따르는 행위, 타인의 행동이나 판단을 따르는 행위 등을 제시한다. 동조 행위를 제시하고 있으나, 이는 구체적 동조 행위가 발생하는 원인을 제시하기 전에 앞서 개념을 소개하기 위한 것일 뿐 중심 내용으로 부적절하다.

173 정답해설 ④
지문은 민주주의 정부에 대한 오해를 제시하며 강제를 행사할 권리는 부정되어야 한다고 강조하고 있다. 특히 강제 권력이 대중의 여론에 일치할 때 의견을 표현하지 못하게 하여 침묵하게 하는 일, 즉 '표현의 자유'를 제한하는 것의 위험성을 설명하며 이를 경계해야 한다고 설명한다. 따라서 '표현의 자유를 제한하는 것의 부당함'이 주제임을 알 수 있다.

오답해설
① 지문은 강제 권력이 대중의 여론에 일치하여 행사될 때 의견을 표현하지 못하게 하여 침묵하게 하는 일을 경계해야 한다고 설명한다. 강제 권력의 위험성은 중심 화제보다 지시 범위가 넓은 상위 화제이다.
② 지문은 대중의 여론을 기반으로 한 '강제 권력'의 위험성과 이를 경계해야 한다는 내용을 설명한다. 따라서 대중의 여론을 기반으로 한 '권력'은 중심 화제보다 지시 범위가 넓은 상위 화제이다.
③ 지문은 강제 권력이 표현의 자유를 침해하는 것의 위험성에 대해 설명할 뿐, 표현의 자유가 침해되고 있는 실태를 설명하지 않았다.

174 정답해설 ④
지문은 '퍼블리시티권'의 개념을 소개하고 이와 관련하여 국내의 재산적 가치 보호, 사회적 분쟁에 따른 적정한 기준 마련 등의 문제를 언급하며 국내 퍼블리시티권에 대한 법적 제도화가 필요하다고 하였다.

오답해설
① 지문에 '퍼블리시티권의 개념과 한계'에 대한 내용이 있으나, 글을 쓴 목적을 반영한 중심 화제라고 볼 수 없다.
② 지문에 '퍼블리시티권 분쟁' 상황에 대한 내용이 있으나, '법적 해결책'은 제시되지 않았다.
③ 지문에 '퍼블리시티권의 목적 실현을 위한 법적 요건'은 제시되지 않았다.

175 정답해설 ①
첫째 문단에서 '조세의 귀착'에 대해 정의를 내린 뒤 이를 바탕으로 내용을 전개해 나가고 있다. 둘째 문단에서는 공급과 수요의 탄력성과 세금 부담의 관계에 대해 언급하고 있으므로, 이 글의 제목으로 가장 적절한 것은 '조세의 귀착과 탄력성'이다.

오답해설
② 지문은 공급과 수요의 탄력성에 따라 세금 부담의 몫이 어떻게 결정되는지 설명하고 있지만, 세금 부과의 바람직한 방향에 대해 제시하지 않았으므로 주제로 적절하지 않다.
③ 지문을 통해 공급과 수요의 탄력성이 세금 부담의 몫을 결정하는 데 영향을 미치는 것을 알 수 있지만 경제에 미치는 영향을 설명하고 있지는 않다.
④ 지문은 조세 부과를 할 때 공급자와 구입자의 세금 부담을 탄력성과의 관계를 통해 설명하지만 조세 부과에 대한 대응 전략을 설명하고 있지는 않다.

176 정답해설 ③
지문은 단순 평등 사회의 문제점을 지적하고 있다. 단순 평등 사회는 시간이 지남에 따라 불평등한 사회가 될 수밖에 없고, 이를 제거하기 위해서는 국가의 개입과 통제가 있어야 하는데 문제는 누구도 이러한 사회를 원하지 않는다. 따라서 '단순 평등 사회는 장기적으로 지속 가능하지 않다.'는 것이 지문의 주장이다.

오답해설
① 마지막 문장에 따르면, 사람들이 국가의 개입과 통제를 원하지 않는다는 것은 사실이다. 하지만 지문의 핵심은 '단순 평등 사회'에 있으므로, 이것이 지문의 내용을 아우르는 주장이라고 볼 수 없다.
② 국가의 개입과 통제를 통해 자유를 억압하지 않으면 평등을 달성할 수 없다는 것이 지문의 주장이다.
④ 마지막 문장에 따르면 그 누구도 개인의 자유를 억압하는 사회를 원치 않는다고 한다. 하지만 경제가 어려울수록 개인의 자유가 보장되어야 한다는 언급은 없다.

177 정답해설 ①

지문은 첫째 문단에서 '가치의 주관성과 객관성'에 대한 중심 화제를 제시한다. 둘째 문단에서 필자는 평가와 사물의 가치는 별개라고 주장하여 평가와 독립적으로 존재하는 가치의 특성을 설명한다. 셋째 문단에서는 빨간색 풍선이라는 예시를 통해 가치는 상대적인 것이 아니라 절대적이라고 주장한다. 마지막 문단에서 '미'라는 가치를 예시로 하여 보편적 가치가 존재함을 설명한다. 따라서 첫째 문단에서 제기하는 질문의 답에 해당하는 ① '가치는 객관적으로 결정되는 것이다.'가 지문에서 이끌어 낼 수 있는 주장으로 가장 적절하다.

오답해설

② '가치 있는 대상은 평가를 통해 가치를 획득한다.'는 주장은 가치의 주관성을 주장하는 것이므로 필자의 주장과 상반된다.
③ '모두에게 인정받는 보편적 가치가 존재한다.'는 것은 가치의 객관성에 대한 주장을 뒷받침하기 위한 설명에 불과하다.
④ 평가를 통해 가치를 결정한다는 것은 곧 가치의 주관성을 주장하는 것이므로 필자의 주장과 상반된다.

178 정답해설 ④

지문은 정에 기반한 우리나라 전통 윤리에 대해 서술하고 있다. ④는 우리나라 전통 윤리가 정에 바탕을 둔 점, 이 때문에 자기중심적인 면(가까운 사람에게 치우침)이 있는 점을 잘 드러냈다.

오답해설

① 지문은 정에 기반한 전통 윤리가 자기중심적인 면이 있음을 서술하고 있다. 이러한 전통 윤리가 바람직하다는 평가는 글을 균형 있게 간추린 것이라 볼 수 없다.
② 지문에 따르면 정에 바탕을 둔 윤리는 상대가 누구인지에 따라 바뀌므로 일관적이라 할 수 없다.
③ 상부상조는 서로 돕는다는 뜻으로, 전통 윤리의 자기중심적인 특징을 설명하는 지문과 어긋난다.

179 정답해설 ①

첫째 문단은 지구는 인류가 살기에 충분하지만 인간의 욕심이 인간을 병들게 한다는 내용을 제시하고 있다. 둘째 문단은 신체 이상이 생태계의 고장과 밀접하게 연관되어 있다며 인간 사회도 자연의 질서에 순응하라고 주장한다. 따라서 두 문단의 내용을 통합하면 '병에 걸리지 않으려면 욕심을 버리고 생태계를 고장 내지 않아야 한다'는 핵심 내용이 도출된다. 이와 가장 밀접한 선지는 '병은 인간의 탐욕과 생태계의 고장 때문에 생긴다.'이다.

오답해설

② '병의 치유'는 지문에 제시되지 않은 내용이다.
③ '정신과 마음의 관계'는 지문에 제시되지 않은 내용이다.
④ 둘째 문단에 한정된 내용이므로 지문을 대표할 수 없는 부분적 내용이다.

180 정답해설 ③

지문은 '어떤 현상을 설명하는 하나의 주장이 다른 주장에 비해 상대적으로 설명력이 뛰어나면, 그것은 그 주장이 옳다고 믿을 만한 충분한 이유가 된다'며 '최선의 설명에로의 추론'을 소개한 뒤, 이를 바탕으로 과학적 실재론을 설명하고 있다. 과학적 실재론자들은 최선의 설명에로의 추론을 통해 과학적 실재론을 주장하고 있는데, 과학적 실재론이라는 믿음이 전제되지 않으면 실제 역사 속에서 드러난 과학 이론의 성공을 제대로 설명할 수 없다는 판단이 놓여 있다고 하였다. 따라서 지문의 핵심적인 문제의식은 '과학적 실재론은 과학의 성공에 대한 최선의 설명인가?'이다.

오답해설

① 둘째 문단에서 '어떤 과학 이론이 참인지 경험을 통해 확인하기는 매우 어렵다'고 하였으므로, 과학 이론에 검증 불가능한 부분이 있음을 알 수 있다. 그러나 이것이 글에서 제기하는 문제의식이라 볼 수는 없다.
② 둘째 문단의 '과학 이론 안에 가정된 이론적 존재자들 역시 실제로 존재하는 사물들을 표상한 것으로 본다'를 통해, 과학적 실재론자들이 이론적 존재자들의 실제 존재 여부는 알 수 없지만 최선의 설명에로의 추론에 기반해 존재한다고 믿는 것임을 알 수 있다. 즉, 글의 주된 내용은 '이론적 존재자들의 실제 존재 여부'가 아니며, 오히려 왜 존재한다고 믿는지에 관한 것이다.
④ 둘째 문단의 '과학적 실재론자는 과학 이론이 자연 세계를 참되게 혹은 적어도 근사적으로 서술한다고 믿는다'를 통해, 과학적 실재론자들이 과학 이론이 참되다, 혹은 자연 세계를 적어도 근사적으로 서술한다고 믿는 것임을 알 수 있다. 즉, 지문의 주된 내용은 '과학 이론이 참된 서술인지 여부'가 아니며, 왜 과학 이론이 참되다고 믿는지에 관한 것이다.

181 정답해설 ④
〈보기〉는 '길'을 시각적으로 묘사하고 있다. 선지 중 묘사에 해당하는 것은 대상의 외양을 시각적으로 표현한 ④이다.

오답해설
① '본질'에 대하여 '사물의 내적 측면'을 유개념(피정의항의 범위를 한정해 주는 상위 개념)으로, '사물의 존재와 발전의 기초가 되는'을 종차(피정의항의 특징)로 활용하여 설명하고 있다. 이는 정의의 방식을 활용한 것이다.
② '희곡'과 '소설'의 공통점을 견주고 있으므로 두 대상의 공통점을 위주로 설명하는 비교의 방식을 활용한 것이다.
③ '원구'의 행동을 시간 순서대로 서술하고 있으므로 '서사'의 방식을 활용한 서술이다.

182 정답해설 ③
지문은 일반적으로 사실이라고 인정되는 명제(보편적 원리)에서 출발하여 일정한 결론을 이끌어 내고 있으므로 연역적 추론 방식이 사용된 논증이다. 이와 가장 유사한 것은 ③이다.

오답해설
①, ②, ④는 모두 구체적인 사실이나 통계적 자료의 검토를 통해 보편적 원리를 추론해 내는 '귀납법'을 사용하고 있다.

183 정답해설 ③
지문은 자연이 수학적 집합으로 포섭되어 가는 역사적 과정을 구분하여 설명하고 있다. 다만, 시간 순서에 따른 대상의 변천을 설명하는 것은 아니다.

오답해설
① 경험 가능한 사물이 지닌 '형태'와 '감각'의 이념화 방식을 대조하여 설명하고 있다.
② 밝음, 어두움과 같은 빛의 세기를 수학화가 가능한 대상으로 만들 수 있다는 사례를 제시하여 '간접적 이념화'의 이해를 돕고 있다.
④ 지문은 전반적으로 기하학이 자연을 포섭하는 과정을 세 단계에 걸쳐 서술하고 있다.

184 정답해설 ②
이 글에서 유추의 방법을 사용하지 않았다.

오답해설
① 아리스토텔레스의 견해를 인용하여 모방설을 뒷받침하고 있다.
③ '예술'을 '모방설, 상징설, 도구설' 등 다양한 각도에서 설명하고 있다.
④ 예술을 판단하는 관점에 따라 '모방설, 상징설, 도구설' 등으로 나누어 설명한다.

185 정답해설 ①
글쓴이는 실제로 존재한다고 간주되던 '플로지스톤'이 허구적으로 취급된 것처럼, '믿음', '욕구'와 같은 통속 심리 이론 속 개념들도 동일한 운명에 취할 것이라고 글을 전개하고 있다. 이는 '플로지스톤 이론'의 사례를 통해 '믿음', '욕구'와 같은 통속 심리 이론 속 개념들 역시 사라질 것이라고 '유추'하는 것이다.

오답해설
② '플로지스톤'과 '통속 심리 이론'의 공통점에 근거하여 유추했으므로 비교는 유추를 위해 활용되었으나, 차이점을 찾아 대조한 부분은 없다.
③ 첫째 문단에서 '과학자들', 둘째 문단에서 '신경과학자들'에 대한 정보가 제시되었지만, 이는 '과거에는 실제로 존재한다고 여겨지던 것들이 오늘날에는 허구적인 것으로 취급받게 된 경우'의 예를 들기 위한 것일 뿐, 그들의 견해가 주장의 근거로 인용된 것은 아니다.
④ 과거와 현재에 다르게 여겨지는 대상(플로지스톤)을 통해 현재와 다르게 여겨질 대상(통속 심리 이론)의 미래를 예측하여 주장한 글이다. 대상의 변화를 통시적으로 설명하려는 목적의 글이 아니다.

186 정답해설 ①
'왜'라는 물음에는 원인을 묻는 것과 목적을 묻는 두 가지가 있다.(대전제) '왜 사는가'라는 물음에서의 '왜'는 원인을 묻는 것이 아니다.(소전제) 따라서 '왜 사는가'라는 물음에서 '왜'는 목적을 묻는 것이다.(결론) 일반적인 '왜'에 관한 내용에서 좀 더 구체적인 '왜 사는가'의 '왜'에 관한 결론을 이끌어 내고 있으므로 연역 추론에 해당한다.

187 정답해설 ③
㉠의 앞에는 의사소통의 장애가 시민들의 낮은 정보 해석 능력 때문이고 그 결과 시민들의 정치 참여가 저조하다는 견해가, ㉠의 뒤에는 정보 해석 능력이 향상되지 않으면 시민들의 정치 참여가 증가하기 어렵다는 점이 나와 있다. 앞과 뒤가 유사한 맥락의 내용을 담고 있으므로, ㉠에는 상술의 상황에서 사용하는 접속어인 '즉'이 위치해야 한다. → 선지 ①, ② 탈락
㉡의 앞에는 정보 해석 능력과 시민들의 정치 참여 간의 관계가 설명되어 있으며, ㉡의 뒤에는 정보 해석 능력과 시민들의 정치 참여가 양의 상관관계를 갖는다는 내용이 있다. 따라서 ㉡에는 인과의 상황에서 사용하는 접속어인 '그렇다면'이 위치해야 한다. → 선지 ②, ④ 탈락
㉢의 앞에는 정보 해석 능력과 시민들의 정치 참여가 양의 상관관계를 갖는다는 점이, ㉢의 뒤에는 그런 상관관계의 증거는 없다는 점이 있다. 앞과 뒤의 내용이 반대되므로, ㉢에는 역접의 상황에서 사용하는 접속어인 '그러나'가 위치해야 한다. → 선지 ①, ④ 탈락
따라서 빈칸에 들어갈 접속어의 조건을 모두 충족시키는 선지는 ③이다.

188 정답해설 ①
첫째 빈칸 앞에는 모든 혁명과 전쟁이 언제나 정의의 이름으로 행해졌다는 내용이, 뒤에는 새로운 질서의 개척자와 구질서의 옹호자가 모두 정의의 지배를 내세운다는 내용이 있다. 빈칸 뒤에서는 내용을 전환하며 '이상한 것'을 화제로 제시하고 있으므로, 전환의 상황에서 사용하는 접속어인 '그런데'가 들어가는 것이 적절하다. → 선지 ②, ④ 탈락
둘째 빈칸 앞에는 정의라는 관념에 부착된 의미가 다양하며 그러한 정의 관념이 극심한 혼동을 야기한다는 내용이 있으며, 뒤에는 다양한 정의 개념 중 특정한 정의 개념을 채택하여 그것이 유일한 참된 정의라고 주장하는 것이 바람직하지 않다는 내용이 있다. 뒤의 내용은 앞의 내용에 따라 글쓴이가 주장하는 결론이므로, 결과의 상황에서 사용하는 접속어인 '따라서' 또는 '그러한즉'이 들어가는 것이 적절하다. → 선지 ②, ③ 탈락
따라서 빈칸에 들어갈 접속어의 조건을 모두 충족시키는 선지는 ①이다.

189 정답해설 ④

㉠의 앞에는 주권 국가 중심의 현 국제 정치 질서에서 주권 존중과 내정불간섭 원칙이 엄격하게 지켜지고 있다는 내용이, ㉠의 뒤에는 자국 정부에 의한 자국민 학살, 탄압 등이 국외에서 외면되어 왔다는 내용이 있다. 내정불간섭 원칙으로 인해 뒤의 내용이 발생하게 된 것이므로, 인과의 상황에서 사용하는 접속어인 '그래서'로 이어져야 한다. → 선지 ①, ② 탈락

㉡의 앞에는 자국 정부에 의한 자국민 학살, 탄압, 인권유린 등이 국외에서 외면되어 왔다는 내용이, 뒤에는 학살이나 탄압 등이 용인되기 어려운 상태에까지 이름에 따라 인도주의적 개입의 당위가 논의되기 시작하고 있다는 내용이 있다. 앞과 뒤의 내용이 반대되는 맥락이므로, 역접의 상황에서 사용하는 접속어인 '그러나'로 이어져야 한다. → 선지 ②, ③ 탈락

㉢의 앞에는 각종 NGO의 노력으로 인권 보호를 이루려는 운동이 일어나고 있다는 내용이, 뒤에는 인권 보호 질서가 자리를 잡아가고 있다는 내용이 있다. 인권 보호 운동으로 인해 인권 보호 질서가 자리를 잡을 수 있게 된 것이므로, 인과의 상황에서 사용하는 접속어인 '그 결과'로 이어져야 한다. → 선지 ①, ③ 탈락

따라서, 빈칸에 들어갈 접속어의 조건을 모두 충족시키는 선지는 ④이다.

190 정답해설 ③

(다)는 (나)의 원리(이러한 원리)가 전 과정에 반영되어야 한다고 하였다. 그리고 다음 문장에서 언론 종사자들이 최선을 다해야 한다고 주장했다. 이는 일반적 통념과 동일하다. 따라서 ㉠에는 순접의 상황에서 사용하는 접속어 '그리하여'가 적절하다. ㉡은 앞 문장에서 언론인이 훨씬 엄격하게 윤리를 지켜야 하는 것은 아니라고 하면서도, 뒤 문장에서 비윤리의 피해를 강조하고 있으므로 역접의 상황에서 사용하는 접속어인 '그렇지만'이 들어가야 한다. 한편, (라) 문단에서는 앞서의 원칙과 다른 상황을 서술하므로 ㉢에는 역접의 상황에서 사용하는 접속어인 '그러나'가 적절하다. ㉣의 앞뒤 문장은 언론 윤리가 지켜지지 않은 부적절한 상황이 나열되므로 순접의 상황에서 사용하는 접속어인 '그리고'가 적절하다.

191 정답해설 ①

〈보기〉의 문장은 '그런데'라는 전환의 상황에서 사용하는 접속어로 시작하며, 감각기관을 통한 인지능력의 예민함이 저하되지만 쾌와 불쾌의 주관적인 느낌은 더 강해진다는 내용이다. 따라서 이 앞에는 '감각기관을 통한 인지능력의 예민함 저하'와 관련한 내용이, 뒤에는 '쾌와 불쾌의 주관적인 느낌 강화'와 관련한 내용이 제시되어야 한다.
이에 가장 부합하는 위치는 ①이다. ① 앞에는 문화가 발전하며 시각이나 후각과 같은 감각이 근거리에 한정된다는 내용이 있는데 이는 '감각기관을 통한 인지능력의 예민함 저하'를 나타내며, 뒤에는 후각에 있어 쾌와 불쾌의 주관적인 느낌이 강화된다는 내용이 제시되어 있다.

192 정답해설 ④

재진술의 상황에서 사용하는 접속어 '즉'을 통해, 해당 문장이 앞에 제시된 내용을 다시 정리하는 부분이라는 것을 알 수 있다. 배치해야 할 문장의 내용은 주주 외에도 노동자가 기업에 기여하였으므로 기업에 관한 일정 권리를 지닌다는 내용이다. 이는 ④의 앞부분인 여러 이해관계자를 통한 감시가 필요하다는 내용과 일맥상통한다. 또한, ④의 뒷부분의 '사유 재산권을 침해한다'라는 내용은 제시된 문장의 '주식 소유권에 기초한 기업 소유는 다른 재산의 소유와 다르며'라는 내용을 반박하는 것이다. 따라서 제시된 문장이 ④에 들어가는 게 가장 적절하다.

193 정답해설 ②

제시된 문장은 인간의 천부적 존엄성이 부당한 대우를 제어하는 권리라는 내용을 다루고 있다. '그러나'로 연결되고 있으므로, 제시된 문장이 들어갈 부분의 앞 문장은 범죄자에게 가해지는 처벌의 부당한 면모를 제시해야 한다. 따라서 ②의 위치에 제시된 문장이 삽입되는 것이 가장 적절하다.

194 정답해설 ③

'까닭'이라는 표현이 있으므로, 제시된 문장은 그 앞 내용에 대한 이유가 되어야 한다. 독서가 '단순히 글자들을 응시하고 눈을 움직이는 과정 이상'이라고 했으므로, 제시된 문장 앞에는 독서가 단순히 글자들을 응시하는 과정이 아니라 그보다 더 복잡한 과정이기 때문에 발생한 결과가 드러나야 하는 것이다.
이에 부합하는 위치는 ③이 된다. ③ 앞에는 우리가 실제로 책을 읽을 때는 1분에 500~700단어가 아닌 300단어 정도가 보통이라는 내용이 있는데, '독서가 단순히 글자들을 응시하고 눈을 움직이는 과정 이상'이라는 것은 이에 대한 적절한 이유가 된다. 또한 ③ 뒤에는 독서에 글의 의미를 이해하는 등의 인지 과정이 포함된다는 내용이 있는데, 이러한 인지 과정은 제시된 문장을 구체적으로 설명하는 것으로서 제시된 문장의 내용과 자연스럽게 연결된다.

195 정답해설 ②

〈보기〉의 문장은 '연구의 공헌도에 대한 사회적 인정을 잘못 배당하는 결과를 낳기도 한다'는 문제를 제기하고 있다. 따라서 '연구의 공헌도에 대한 사회적 인정을 잘못 배당하는 결과를 낳게 되는' 원인, 즉 〈보기〉에서 '이것'이 지시하는 대상이 이 앞에 제시되어야 한다.
이에 가장 부합하는 위치는 ②이다. ② 앞에 제시된 '후광 효과'가 〈보기〉에서 '이것'이 지시하는 대상이라 할 수 있다. ② 뒤에는 이미 명성을 얻은 과학자가 젊은 과학자를 희생시켜 공로를 인정받는 사례가 제시되어 있는데, 이것은 '연구의 공헌도에 대한 사회적 인정을 잘못 배당하는 결과'에 해당한다.

196 정답해설 ②

ㄱ. 재진술이나 요약의 상황에서 사용하는 접속어인 '즉' 뒤에 '선'에 대해 설명하고 있다. 이를 통해 ㄱ의 앞에는 '선'이 초역사적이고 보편적인 본성이라는 설명이 제시되어 있음을 알 수 있다.
ㄴ. 성리학이 인간을 보는 관점에 대한 설명이 나와 있다. 성리학은 인간을 선천적으로 선하다고 보았으며, '선'이 본성에 내재한다고 보았다.
ㄷ. '이것'이 인간의 본성인 사덕과 연관되어 있다는 내용이 제시되어 있다.
ㄹ. 인과의 상황에서 뒤의 내용이 결과일 때 사용하는 접속어인 '따라서' 뒤에 인간의 본성의 특징에 대해 설명하며, '선'은 영원성을 갖는다고 하였다. 따라서 ㄹ의 뒤에는 '선'에 대해 재진술한 ㄱ이 이어지는 것이 자연스럽다. → 선지 ①, ③, ④ 탈락
이를 종합하면 '선'이 본성에 내재한다고 보았다고 설명한 ㄴ 뒤에, '이것(선)'이 인간의 본성이 연관되어 있다고 설명한 ㄷ이 오고, 인간의 본성과 선에 대해 설명한 ㄹ－ㄱ이 이어지는 것이 자연스럽다. 따라서 'ㄴ－ㄷ－ㄹ－ㄱ'의 순서가 가장 자연스럽다.

바르게 배열 후 보기

ㄴ. 성리학에서는 인간을 선천적으로 선(善)한 존재로 규정한다. 우주의 보편적인 이치이자 일상의 실천적인 규범인 '선'이 본성에 내재한다고 본 것이다.
ㄷ. 이것은 인간의 본성인 인(仁) · 의(義) · 예(禮) · 지(智)라는 사덕(四德)과 연관되어 있다.
ㄹ. 따라서 인간의 본성은 형이상학적인 실체이자 절대적인 '선'으로, 역사의 변화나 조건에 의해 소멸하지 않는 영원성을 갖는다.
ㄱ. 즉, '선'은 역사적인 생성이나 변화를 초월한 초역사적이고 보편적인 본성이다. 다만 그것이 내재된 개체의 기질에 의해 실현의 제약을 받을 뿐이다.

197 정답해설 ③

상단 고정부에서는 척추의 구조 및 요통의 진행 과정을 정확히 알아야 한다고 설명하고 있다. 따라서 고정부 뒤에는 '척추의 구조 및 요통의 진행 과정'에 대해 이야기할 것임을 알 수 있다.
㉠ '이로 말미암아'라는 표지 뒤에 추간판의 높이가 소실되어 생기는 문제점에 대해 설명하고 있다.
㉡ '이로 인해'라는 표지 뒤에 추간공이 좁아져 신경근이 눌리게 된다고 설명하고 있다.
㉢ 추체와 추체 사이에는 추간판이 있어 척추에 운동성과 안정성을 제공한다고 한다.
㉣ '이렇게'라는 표지 뒤에 신경근증이 일으키는 통증에 대해 설명하고 있다. 이때 '신경근증'은 ㉡에서 언급한 '신경근이 눌'려 발생한 것이므로, ㉣은 ㉡의 뒤에 이어지는 것이 자연스럽다.→ 선지 ②, ④ 탈락
㉤ '만성 요통'은 추간판의 탈출이나 변화로부터 시작된다고 설명한다. 따라서 ㉤의 뒤에는 이로 인한 문제점을 설명한 ㉠이 이어지는 것이 자연스럽다. → 선지 ①, ②, ④ 탈락
㉥ '추체'가 이어져 있는 '척추'에 대해 설명하고 있다. 따라서 척추의 고정부 다음에 이어지는 것이 자연스럽다. 또한 ㉥의 뒤에는 추체와 추체 사이에 대해 설명한 ㉢이 이어지는 것이 자연스럽다. → 선지 ①, ④ 탈락
하단 고정부에서는 추간판 조직은 신경근증을 일으키기도 하며, 부위와 정도에 따라 치료 방법을 달리해야 한다고 설명하고 있다.
이를 종합하면 '척추의 구조 및 요통의 진행 과정'에 대해 설명한 상단

고정부 뒤에는 '척추의 구조'에 대해 설명한 ㉥–㉢이 이어진 다음, '요통의 진행 과정'에 대해 설명한 ㉤–㉠–㉡–㉣이 이어진 다음, 하단 고정부가 이어지는 것이 자연스럽다. 따라서 '㉥–㉢–㉤–㉠–㉡–㉣'의 순서가 가장 자연스럽다.

바르게 배열 후 보기

요통에 대한 보존 치료나 수술 치료를 위해서는 척추의 구조 및 요통의 진행 과정에 대해 정확히 알아야 한다.

㉥ 척추는 추체(椎體)라 부르는 뼈가 여럿 이어진 구조를 갖고 있다.

㉢ 추체와 추체 사이에는 우리가 흔히 디스크라 부르는 추간판이 있어 척추에 운동성과 안정성을 제공한다.

㉤ 만성 요통은 추간판의 탈출이나 추간판 조직의 생화학적 변화로부터 시작된다.

㉠ 이로 말미암아 추간판의 높이가 소실되어 척추 분절이 불안정해지거나 주위의 뼈에서 비정상적인 뼈가 성장하게 된다.

㉡ 이로 인해 척추로부터 빠져나오는 신경근이 지나가는 추간공(椎間空)이 좁아져서 신경근이 눌리는 것이다.

㉣ 이렇게 발생한 신경근증은 해당 신경 지배 영역에 감각 이상 및 방사통을 일으킨다.

물론 추간판 조직의 탈출은 직접적으로 신경근증을 일으키기도 한다. 따라서 척추 구조물 안에서 어느 부위가 압박되고 있는지와 그 정도에 따라 치료 방법을 달리해야 한다.

198 정답해설 ③

ㄱ. '그러므로'라는 접속어로 시작하므로 '이들'이 금욕주의와 부동심의 경지를 주장한 이유가 앞에 제시되어야 한다.

ㄴ. 역접의 상황에서 사용하는 접속어인 '그러나'로 시작하므로 개개인의 이성과 보편적인 이성이 일치하는 평정심의 상황과 충돌하는 상황이 ㄴ의 앞에 와야 한다.

ㄷ. '올바른 삶'을 '개인적인 욕망과 충동'이 방해한다는 내용을 진술하고 있다. 이를 통해 ㄴ에 제시된 '이성'과 상반되는 개념이 '욕망과 충동' 같은 감정이라는 것을 알 수 있다. 또한 ㄷ의 마지막에 쓰인 '~것이다.'라는 표현은 앞의 내용에 대한 재진술에 쓰이는 표현이다.

ㄹ. ㄹ에 제시된 마음의 평정을 빼앗는 '감정'은 ㄴ의 '이성'과 대립되는 개념이다. 따라서 ㄹ–ㄴ 순서로 배열되어야 한다. → 선지 ②, ④ 탈락

ㄹ–ㄴ의 내용을 다시 요약한 것이 ㄷ의 내용이다. 따라서 ㄹ–ㄴ–ㄷ의 순서로 배열되어야 하며 ㄱ으로 마무리해야 한다. → 선지 ①, ②, ④ 탈락

따라서 'ㄹ–ㄴ–ㄷ–ㄱ'의 순서가 가장 적절함을 알 수 있다.

바르게 배열 후 보기

ㄹ. 서양에서 헬레니즘 철학 사상의 주류를 형성했던 스토아(Stoicism) 학파는 인간의 감정이 선악에 대한 판단을 흐리게 하여 우리 마음의 평정을 빼앗는다고 하였다.

ㄴ. 그러나 우주적 인과 관계와 자연법칙을 제대로 깨닫는다면, 개개인의 이성은 보편적인 이성과 하나가 될 수 있다고도 하였다.

ㄷ. 올바른 삶이란 보편적 이성에 따르는 삶이고, 개인적인 욕망과 충동은 이를 방해한다고 본 것이다.

ㄱ. 그러므로 이들은 올바른 삶을 살기 위해 욕망과 충동을 억제하는 금욕주의를 강조하였고 이성을 중시하면서 감정과 충동에 흔들리지 않는 부동심의 경지를 주장하여 폭넓은 인간애와 정의의 추구를 역설하였다.

199 정답해설 ①

고정된 문단에서 '반의 관계의 조건'이라는 화제를 제시하고 있다. ㉠에서 반의 관계가 '이러한 동질성의 조건 속에서 하나의 매개 변수만 다른 이질성의 조건이 필요하다.'고 하였다. '이러한'이라는 지시어를 사용하고 있으므로 ㉠은 동질성의 조건을 다룬 내용의 뒤에 이어져야 함을 알 수 있다. → 선지 ③ 탈락

㉡에는 반의어의 품사와 형태가 동일해야 함을 뒷받침하는 예시가 나온다. 따라서 반의어의 조건 중 품사와 형태의 동일성을 다룬 내용 뒤에 ㉡이 이어져야 함을 알 수 있다. → 선지 ② 탈락

㉢에서는 '우선'이라는 표지를 사용하며 반의어는 동일 의미 성분을 공유해야 한다고 하였다. 따라서 화제를 제시하고 있는 주어진 문단의 바로 다음에 이어져야 하는 내용임을 알 수 있다.

㉣에서는 '그리고'라는 접속어를 사용하고, 반의어는 동일 의미 영역에 속하면서 단어의 품사와 형태가 같아야 한다는 내용이 나온다. 따라서 ㉣은 ㉡의 바로 앞에 나와야 한다. → 선지 ②, ③, ④ 탈락

㉤에서는 동일 의미 영역에 속하는 단어의 예시를 들고 있으므로 ㉢ 다음에 이어져야 한다.

따라서 '반의 관계의 첫째 조건: 동일 의미 영역과 예시(㉢–㉤)' – '반의 관계의 둘째 조건: 동일 어휘 범주와 예시(㉣–㉡)' – '반의 관계의 셋째 조건: 이질성의 조건과 예시(㉠)'의 순서가 가장 자연스럽다.

바르게 배열 후 보기

서로 반대되거나 대립하는 의미가 있는 단어의 관계를 '반의 관계'라고 한다. 두 단어 사이에 반의 관계가 성립하려면 다음 조건을 만족시켜야 한다.

㉢ 우선 반의 관계의 두 단어는 동일 의미 영역에 속해야 한다. 즉, 동일한 의미 성분을 공유해야 한다.

㉤ '남편'과 '아내'라는 단어는 '인간'이고 '성인'이며 '기혼'이라는 공통점이 있으므로 동일 의미 영역에 속한다.

㉣ 그리고 동일 의미 영역의 두 단어는 동일 어휘 범주에 속해야 한다. 동일 어휘 범주는 반의 관계에 있는 두 단어의 품사와 형태가 같아야 한다는 것이다.

㉡ '살다'와 '삶'의 반의어는 각각 '죽다'와 '죽음'인데, 이것은 반의어의 품사가 동일해야 함을 말해 준다. '가볍다'의 반의어가 '무겁다'이지 '무거운'이 될 수 없는 것처럼 형태도 마찬가지로 동일해야 한다.

㉠ 반의 관계는 이러한 동질성의 조건 속에서 하나의 매개 변수만 다른 이질성의 조건이 필요하다. '남편'과 '아내'는 동질성 속에서 '성(性)'이라는 단 하나의 매개 변수만 다르므로 반의어가 될 수 있는 것이다.

200 정답해설 ②

(가)의 중심 내용은 동아시아 3국이 중화의 개념을 새로이 해석하고 정립하였다는 것이다.

(다)는 동아시아에서의 전통적 조공 책봉 체제의 붕괴와 신성 로마 제국의 해체의 공통점(해체 시기)을 제시하는 문단이다. (다)의 '다양한 해석의 존재'는 (가)에서 언급된 조선, 일본, 청의 중화에 대한 해석을 가리키므로, (가)–(다)의 순서로 배열되어야 함을 알 수 있다.
→ 선지 ③ 탈락

(라)는 동아시아와 신성 로마 제국의 차이점을 언급한다. '그러나'라는 접속어로 시작하기 때문에, (라)의 앞부분에는 두 지역의 공통점을 언급하는 문단이 배열되어야 한다. 두 지역의 공통점을 언급하는 문단은 (다)로, (가)–(다)–(라)의 순서로 배열되어야 한다.
→ 선지 ①, ③, ④ 탈락

(마)는 동아시아의 국제 질서로 인정되던 중화주의, 중국 중심의 조공 책봉 체제가 18세기에 들어오면서 붕괴되기 시작했다는 내용이다. 이러한 내용의 흐름상 (마)의 뒤에는 각국이 제시한 각기 다른 중화에 대한 이야기가 제시되어야 한다. 따라서 (마)–(가)–(다)–(라)의 순서가 되어야 한다. 한편, (나)는 화두를 제시하는 문단에 해당하므로 가장 앞에 배열되어야 한다. 따라서 (나)–(마)–(가)–(다)–(라)의 순서가 가장 자연스럽다.

바르게 배열 후 보기

(나) 동아시아에서 중국 중심의 조공 책봉 체제는 장기간에 걸쳐 존속된 국제 질서이다. 이는 유럽 중세의 신성 로마 제국 체제에 견줄 만한 규모와 지속성을 가지고 있다.

(마) 조공 책봉 체제에서 중국은 문명의 중심을 표방하면서 중추 역할을 해왔다. 그러나 18세기에 들어와 동아시아 각국은 모두 자국을 중화로 자처하였다.

(가) 조선은 문화의 계승, 일본은 천황가의 존재를 근거로 중화를 내세웠다. 한편, 청조 역시 중화의 해석을 새로이 시도하였다.

(다) 중화에 대한 다양한 해석의 존재는 곧 전통적 조공 책봉 체제의 붕괴를 의미한다. 이는 신성 로마 제국의 해체 시기와 오버랩된다.

(라) 그러나 양자 사이에는 근본적 차이가 존재한다. 신성 로마 제국은 해체의 방법으로 국제법을 만들었으나, 동아시아 각국 중화주의는 개별 의식에만 집중한 나머지 틀이나 룰을 만드는 데 소극적이었다.

201 정답해설 ④

고정부에서는 상식적인 안보의 개념에 대해 말하고 있다.

(가) 안보 딜레마의 발생 과정에 대해 말하고 있다. '이 방어적 행위'에 대한 설명이 앞서 제시되어야 한다.

(나) 안보의 올바른 인식에 관한 내용을 정리하고 있다. 앞서 '포괄적 안보'의 개념이 제시되어야 한다.

(다) 안보를 기존의 시각이 아닌 '포괄적 안보'의 개념으로 접근해야 함을 말하고 있다. 제시된 문단의 직후에 위치해야 함을 알 수 있다. → 선지 ①, ② 탈락

(나)에 앞서 제시되어야 함을 알 수 있으며, '하지만'을 통해 제시된 문단의 직후에 위치해야 함을 알 수 있다. → 선지 ①, ② 탈락

(라) 안보를 상대적 관계 속에서 바라보아야 함과 안보 확보의 방법에 대해 말하고 있다. '또'를 통해 앞서 안보에 대한 다른 정보인 (다)가 제시되어 있어야 함을 알 수 있다. 추가로, (라)의 위협을 없애는 행위가 (가)의 '방어적 행위'에 해당하므로 (라)-(가)가 차례로 제시되어야 한다. → 선지 ①, ②, ③ 탈락

따라서 (다)-(나)-(라)-(가)의 순서가 가장 자연스럽다.

바르게 배열 후 보기

우리는 '안보를 굳건히 해야 한다.'는 표현을 일상적으로 사용한다. 전통적으로 안보는 우리나라를 침략으로부터 지키는 것, 국방력을 강화하는 것을 의미하였다.

(다) 하지만 안보의 개념은 보다 포괄적일 수 있다. 안보는 위협이 없는 상태를 의미하는 것으로, 누구에 대한 위협인가, 무엇에 대한 위협인가에 따라 다르게 설명될 수 있다.

(나) 이는 우리가 안보를 군사적 차원에서 한정해서 보는 것이 아니라 포괄적 안보 개념으로 받아들여야 한다는 의미이다.

(라) 또, 안보는 일방적 관계가 아니라 상대적 관계이다. 위협이 되는 상대방이 존재할 때, 우리는 그 상대방으로 말미암아 발생할 수 있는 위협을 없애 안보를 유지하려고 하며 상대 또한 안보 능력을 강화해 안보를 확보하고자 한다.

(가) 이 방어적 행위는 또다시 위협으로 인식될 수 있다. 한 나라의 안보 추구 행위가 상대 나라의 안보를 위협하게 됨으로써 결국 자국의 안보에 해를 끼치는 '안보 딜레마'가 발생하는 것이다. 이러한 안보 딜레마는 결과적으로 불필요한 경쟁을 유발하여 국가 경쟁력을 떨어뜨리는 문제를 일으킨다. 군사적 차원에서 발생하는 딜레마인 것이다.

202 정답해설 ①

ㄱ. '따라서'라는 인과의 상황에서 사용하는 접속어 뒤에 '화석으로 남을 기회가 상대적으로 적다'는 내용이 있다. 따라서 이 앞에는 '화석으로 남을 기회가 상대적으로 적게 된' 이유가 제시되어야 한다.

ㄴ. '이'를 찾지 못하면 진화의 거리감이 굉장히 커진다고 한다. 따라서 이 앞에는 '이'라는 지시어가 지칭하는 대상이 나와야 한다.

ㄷ. '잃어버린 고리'에 대한 해석으로 단속 평형설을 제시하고 있다. 이 앞에는 '잃어버린 고리'의 개념이 먼저 설명되는 것이 적절하다.

ㄹ. '잃어버린 고리'에 대한 설명이 제시되어 있다. 이 '잃어버린 고리'를 찾지 못하면 진화의 거리감이 커지는 것이므로, ㄹ 뒤에 ㄴ이 이어져야 한다. → 선지 ③, ④ 탈락

ㅁ. '이'에 따르면 새로운 종은 소수의 개체 중에서 비교적 이른 시간에 급속하게 출현한다고 한다. 여기서 '이'가 지칭하는 대상은 맥락상 엘드리지와 굴드의 단속 평형설이며, 이 이론의 설명에 따라 새로운 종이 화석으로 남을 기회가 적은 것이므로 'ㄷ-ㅁ-ㄱ'의 순서가 되어야 한다. → 선지 ②, ③ 탈락

따라서 'ㄹ-ㄴ-ㄷ-ㅁ-ㄱ'의 순서가 가장 자연스럽다.

바르게 배열 후 보기

ㄹ. 고생물이 원래의 종에서 다른 종으로 진화할 때의 중간 과정을 중간 단계 화석이라 하는데, 이 중에서도 아직 발견되지 못한 것들을 일컬어 '잃어버린 고리'라 부른다.

ㄴ. 이를 찾지 못하면 진화의 거리감이 굉장히 커져 고생물의 진화 과정을 매끄럽게 찾기 어렵다.

ㄷ. '잃어버린 고리'에 대한 합리적 해석으로 엘드리지와 굴드의 단속 평형설이 있다.

ㅁ. 이에 따르면 새로운 종은 모집단에서 변이가 누적되어 서서히 나타나는 것이 아니라, 모집단에서 이탈하여 새로운 환경에 도전하는 소수의 개체 중에서 비교적 이른 시간에 급속하게 출현한다.

ㄱ. 따라서 자연히 화석으로 남을 기회가 상대적으로 적다는 것이다.

203 정답해설 ④

ㄱ은 '그리고'라는 대등 병렬의 상황에서 사용하는 접속어로 시작하여 인간에게는 누구나 회복 탄력성이 있다는 내용을 제시한다.

ㄴ은 긍정적인 생각이 결과의 차이를 만드는 예를 제시하였다. 따라서 ㄴ 앞에는 생각의 차이가 결과의 차이를 유발한다는 내용의 일반화 진술이 제시되어야 한다.

ㄷ은 '긍정의 마음'을 습관화하면 '회복 탄력성'을 높일 수 있다는 내용이 제시되었으므로 ㄴ 앞에 제시되기에 적절하다. → 선지 ①, ③ 탈락

ㄹ은 역경을 이겨 내기 위해 '회복 탄력성'을 키워야 한다면서 이 방법으로 '긍정의 마음'을 가져야 한다고 하였다. 또한 인과의 접속어 '따라서'로 시작하였으므로, 앞에는 누구에게나 이렇게 키울 '회복 탄력성'이 있다는 내용이 제시된 ㄱ이 오는 것이 적절하다. → 선지 ①, ③ 탈락

ㅁ은 '회복 탄력성'의 정의이므로 맨 앞에 제시되어야 한다. 그리고 '회복 탄력성'이 누구에게나 있다는 내용의 ㄱ이 뒤따라 나오는 ㅁ-ㄱ의 순서로 도입이 제시되어야 한다. → 선지 ①, ② 탈락

따라서 'ㅁ-ㄱ-ㄹ-ㄷ-ㄴ'의 순서가 가장 적절하다.

바르게 배열 후 보기

ㅁ. 심리학에서는 '자신에게 닥치는 온갖 어려움을 오히려 도약의 발판으로 삼는 힘'을 회복 탄력성이라고 한다.

ㄱ. 그리고 인간은 누구나 역경을 이겨 낼 잠재적인 힘인 회복 탄력성이 있다고 한다.

ㄹ. 따라서 역경을 이겨 내기 위해서 회복 탄력성을 키우는 것이 중요한데, 이것을 높일 수 있는 방법은 바로 자신에 대한 믿음, 즉 긍정의 마음을 갖는 것이다.

ㄷ. 긍정의 마음을 갖고 이를 습관화하면 누구나 회복 탄력성을 높일 수 있다.

ㄴ. 그 예로 학습 능력이 같아도 수학을 잘할 수 있다는 믿음을 갖고 있는 학생은 그렇지 않은 학생들보다 수학 성적이 높은 경향을 보이는데, 심리학자는 생각의 차이가 이런 결과의 차이를 가져온 것이라고 설명한다.

204 정답해설 ③

가. 역사의 문학성에서 벗어나 역사의 과학성을 추구했다고 설명한다. '이러한 역사의 문학성'에서 벗어났다고 하였으므로 가 문단 앞에 역사의 문학성을 설명하는 문단이 제시되었음을 알 수 있다.

나. '한편'이라는 접속어로 연결하여 역사의 문학성을 주장하는 사람들이 역사의 과학성에 대해 갖는 우려를 설명한다. 따라서 역사의 과학성에 대한 설명이 있는 가 문단 이후에 위치하는 것이 적절하다. → 선지 ① 탈락

다. 18세기까지 있었던 역사의 문학성에 대해 설명한다. '18세기에 이르기까지'라고 하므로 전체적으로 시간의 흐름에 따라 글이 전개될 것임을 알 수 있다.

가 문단에 '19세기 중엽부터'라고 시작하므로 다 문단은 가 문단보다 앞에 위치해야 한다. → 선지 ①, ② 탈락

라. 역사학이 문학성과 과학성의 특징을 양면적으로 지니고 있다고 설명한다. 이후에 이러한 문학성과 과학성에 대해 언급할 것임을 알 수 있고, 가, 나, 다 문단에 그 내용이 제시되었으므로 라 문단은 중심 화제를 제시하는 첫 문단으로 적절하다. → 선지 ①, ④ 탈락

따라서 '라-다-가-나'의 순서가 가장 자연스럽다.

바르게 배열 후 보기

라. 역사학에서 사료(史料)를 연구하는 과정은 사뭇 과학적으로 보인다. 하지만 그러면서도 과거에 살던 사람의 마음을 이해하려는 노력도 필요하고 연구 결과를 이야기로 풀어내는 것도 중요하다. 과학이 되기에는 '너무나 인간적'이고, 문학이 되기에는 상상력에 제한이 분명한 것이 역사학이다.

다. 18세기에 이르기까지 역사학은 문학의 일부로 간주되었다. 따라서 역사 서술은 옛사람의 선행을 본받고 악행을 경계할 교훈을 전해 주는 글로 간주되었다. 역사가에게 요구되는 것은 타인을 설득하는 힘이었으며 역사가는 감동적인 문체로 글을 써야 했다.

가. 19세기 중엽부터 독일의 역사가들은 이러한 역사의 문학성에서 벗어나 사실의 엄밀한 추구를 강조하기 시작했다. 과거에 일어났던 사실을 엄밀하게 밝히는 것이 가장 기본적 임무라고 주장한 이들은 역사학의 목적, 대상, 방법론을 정교하게 다듬었다.

나. 한편 역사의 문학성을 강조하는 사람들은 과학성을 지나치게 강조할 경우, 역사학 자체가 '지식을 위한 지식'을 추구하는 학문으로 전락할 수 있다고 우려했다. 그들은 숨결과 혈기를 지닌 개인이 역사를 구성하는 최소 단위임에 비추어 볼 때, 훌륭한 삶을 살았던 인물의 이야기는 역사적 지식을 넘어 우리의 삶 자체를 고양시켜 줄 수 있다고 보았다.

205 정답해설 ③

ㄱ. 버크가 대중이 자신들을 위한 유불리를 따지지 못하기 때문에 분별력 있는 지도자가 독립적 판단을 통해 국가를 이끌어야 한다는 내용이다. 그런데 '즉'은 앞서 했던 내용과 등가적인 내용이 나올 때 쓰이는 접속어이다. 따라서 고정된 문장인 '국민 대중에 대하여 회의를 갖게 되었다'는 내용과는 등가를 이루지 않으므로 맨 위에 고정된 내용 뒤에 ㄱ이 오는 것은 적절하지 않다. → 선지 ①, ② 탈락

ㄴ. 버크의 대의제를 설명하고 있다.

ㄷ. 지도자의 독립적 판단을 강조하는 내용이다. '그러므로'를 사용하려면 지도자의 독립적 판단을 정당화하는 이유가 ㄷ보다 먼저 나와야 한다. 그 이유가 ㄱ에 있으므로 ㄷ은 ㄱ 뒤에 오는 것이 자연스럽다.

ㄹ. 버크가 국민 대중을 신뢰할 만하지 않다고 보는 이유와 그가 생각해 낸 대의제를 제시하고 있다. 버크가 국민 대중을 신뢰할 만하지 않다고 보는 이유는 고정된 문장의 국민 대중에게 회의를 갖게 된 이유에 해당한다. 따라서 ㄹ이 제일 처음에 오는 것이 자연스럽다. 또한 ㄹ에서 처음 대의제를 언급하였고, ㄹ의 '능력 있는 대표자'는 'ㄴ'의 '교육을 받은 사람들'을 의미하므로 ㄹ-ㄴ 순으로 전개되는 것이 자연스럽다. → 선지 ④ 탈락

따라서 ㄹ-ㄴ-ㄱ-ㄷ의 순서가 가장 자연스럽다.

바르게 배열 후 보기

영국의 사상가 버크는 프랑스 혁명의 과정을 지켜보면서, 국민 대중에 대하여 회의를 갖게 되었다.

ㄹ. 일반 국민이란 교육을 받지 못한 다수를 의미하기 때문에 신뢰할 만하지 않다는 이유에서이다. 그래서 그는 계약에 의해 선출된 능력 있는 대표자가 국민을 대신하여 지도자로서 국가를 운영케 하는 방식의 대의제를 생각해 냈다.

ㄴ. 교육을 받은 사람들이 그렇지 못한 다수 사람들의 이익을 위해 행동하는 편이 효율적이라고 생각한 것이다. 그가 말하는 대의제란 지도자가 성숙한 판단과 계몽된 의식을 가지고 국민을 대신하여 일하는 것이다. 여기서 대의제의 본질은 국민을 '대표'하기보다 국민을 '대신'한다는 것이다.

ㄱ. 즉 버크는 대중이 자신들을 위한 유불리를 따지지 못한다는 것을 전제로, 분별력 있는 지도자가 독립적 판단으로 국가를 이끌어야 한다고 한 것이다. 그에 따르면 국민은 지도자와 상호 '신의 계약'이 아니라 '신탁 계약'을 한 것이다.

ㄷ. 그러므로 지도자에게는 개별 국민들의 요구와 입장을 경청해야 할 의무 대신, 국민 전체의 이익이 무엇인지 판단할 의무가 있다. 만약 지도자가 국민의 의견을 좇아 자신의 판단을 단념한다면, 그것이 오히려 국민을 배신하는 것이라 했다.

206 정답해설 ③
다산이 쓴 원정에 정치에 관한 새로운 관점이 제시되어 있는 것은 맞으나, 원체에 반드시 기존의 정치적 통념을 뛰어넘는 새로운 시각이 반영되어야 한다는 언급은 없다.

오답해설
① 원체는 과학적 글쓰기이며, 당대 사상의 핵심 개념에 대해 정체성을 추구하는 분석적이고 학술적인 글쓰기라고 한다.
② 다산의 원체 선택은 새로운 시각의 정식화라는 당대의 문화적 추세를 반영한 것이었다고 한다.
④ 마지막 문장에 따르면, 다산이 쓴 원정은 기존 정치 개념의 답습 또는 모방이 아니라 그가 생각하는 정치에 관한 새로운 관점을 정식화하여 제시한 것이라 한다.

207 정답해설 ③
헤겔은 19세기 이후 시가 장르를 주도하게 되면서 예술이 물질성을 벗게 되자, 예술의 종언을 선언했다. 따라서 음악이 예술을 주도하게 되면서 예술이 종언을 맞이했다고 본 것이 아니다.

오답해설
① 헤겔은 회화의 재료인 물감이 조각에 사용되는 돌에 비해 물질성이 훨씬 약하다고 보았다.
② 헤겔은 정신과 물질이 어느 쪽에도 치우치지 않고 조화를 이룬 그리스 조각에서 예술이 그 정점에 도달했다고 보았다.
④ 고대 오리엔트를 대표한 예술은 피라미드나 스핑크스와 같은 거대한 건축물이었는데, 이때 정신은 육중한 물질에 눌려 있었다고 한다. 즉, 헤겔에 따르면 고대의 피라미드에서는 정신보다 물질이 더 중요한 역할을 차지했다고 볼 수 있다.

208 정답해설 ①
넷째 문단에서 '인간의 뇌는 외관상 완벽한 축소판으로 보이는 유인원의 뇌와 뉴런들의 연결 패턴이 다르다는 점이 중요하다.'라고 하였다. 이를 통해 인간의 뇌와 유인원의 뇌는 작은 성분들의 조합과 배열에 있어서 차이가 있음을 알 수 있다.

오답해설
② 둘째 문단에서 인간의 뇌는 태아기의 뇌 성장이 출생 후 1년 동안 연장됨으로써 폭발적으로 성장한다고 하였다.
③ 첫째 문단에서 포유동물 간의 뚜렷한 차이는 각 부분들의 팽창이나 축소에서 발견된다고 하였다.
④ 셋째 문단에서 정보를 수집하는 부위는 크기가 줄어들고 정보를 처리하는 부위는 크기가 확대되었다고 하였다.

209 정답해설 ③
둘째 문단에 따르면, 징벌적 손해 배상 제도가 의도하는 바는 원고가 재산상의 손해에 대한 배상을 얻게 하는 동시에 원고가 입은 정신적 충격 또는 고통에 대하여 위로하고 피고의 악의적인 행위에 징벌을 가하려는 것이다. '이는 불법행위로 인한 손해배상에 있어 가해자의 악의적 또는 반사회적 행위에 대한 비난에 기초하여 처벌적 성격의 제재를 가하고, 나아가 장래에 유사한 불법행위를 하지 못하도록 억제하기 위한 제도'라는 설명은 전보적 손해 배상 제도와 달리, 징벌적 손해 배상 제도가 직접적인 피해액에 처벌의 성격을 띤 액수를 더해 손해배상을 부과하는 이유이지, 원고가 입은 피해에 대한 보상보다 피고에 대한 처벌에 초점이 있다는 설명을 하기 위한 내용이 아니다.

오답해설
① 둘째 문단에 따르면, 미국 연방 대법원은 징벌적 손해 배상 제도를 '응징과 억제를 위해 민사재판의 배심원에 의해 부과되는 사적 벌금'이라고 정의한다.
② 첫째 문단에 따르면, 징벌적 손해 배상 제도는 직접적인 피해액에 처벌의 성격을 띤 액수를 더해 손해배상을 부과하는 제도이므로 징벌적 손해배상금은 그 특성상 원고가 피고에 의해 입은 재산상의 손해액보다는 클 수밖에 없다.
④ 둘째 문단 마지막 문장에 따르면, 징벌적 손해 배상 제도는 악의적인 불법행위에 대해 형사적보다는 민사적으로 분쟁 해결을 유도한다는 장점을 지닌다.

210 정답해설 ④
문자 기록으로부터 객관적인 사실을 끄집어내기 어려우므로 문자로 된 기록에만 의존하지 않고 다른 여러 재료를 동원해야 한다는 것이 글의 주장이다. 그러나 문자 기록이 다른 재료들에 비해 오류일 가능성이 높다는 뜻은 아니다.

오답해설
① 둘째 문단에 따르면, 고고학, 인류학, 천문학 등이 역사 연구에 도움을 줄 수 있음을 알 수 있다.
② 첫째 문단에 따르면, 글로 된 기록을 작성한 사람들의 관념이나 사고방식 등이 우리와 다를 수 있으므로 항상 그 사람들의 심리적인 태도를 고려하면서 읽어야 한다.
③ 둘째 문단에 따르면, 과학 기술이 점점 진보함에 따라 다양한 보조적 자료들이 역사를 연구하는 데 응용되어 더 많은 효과를 거두고 있다고 한다.

211 정답해설 ④
넷째 문단에서 초현실주의 예술에서는 작품에 생경함을 부여하는 '데페이즈망', 즉 '일탈'의 방법이 작품을 감상하는 사람들의 쾌감을 증폭시킨다고 보았다. 따라서 일탈과 질서가 조화를 이룬 작품을 대할 때, 쾌감을 느낀다는 것은 지문의 내용과 일치하지 않는다.

오답해설
① 초현실주의 화가 마그리트는 '데페이즈망'이라는 사물을 낯설게 표현하여 생경한 효과를 만드는 방법을 통해 초현실적인 이미지를 드러내었다.
② 둘째 문단에서 욕망이 사회적으로 금지된 것일 때, 예술가들은 그 욕망을 교묘하게 모습을 바꾸어 승화시킨다는 것을 확인할 수 있다.
③ 첫째 문단에서 예술가들은 현실에서 실현하기 힘든 욕망을 예술로 승화하려 한다는 것을 확인할 수 있다.

212 정답해설 ④
셋째 문단에서 포스트 휴머니즘은 인간뿐만 아니라 인간 아닌 존재 역시 인간에게 묻지 않고 자신의 역할을 수행한다는 점에서 자율적이라고 설명했다. 인간과 인간 아닌 존재 모두 자율성을 가진 존재로서 상호 의존할 수 있음을 설명하므로 자율성을 기준으로 내조시키는 것이 아니다.

오답해설
① 첫째 문단에 따르면 포스트 휴먼은 단순히 생물학적으로 존재한다는 개념에 기술 영역을 더한 새로운 개념이다.
② 둘째 문단에 따르면 휴머니즘은 인간의 정신이나 이성이 인간의 본질을 구성하며, 이를 통해 얻는 자율적 행위자로서의 지위가 인간을 인간 아닌 존재와 구별 지어 준다고 보았다.

③ 셋째 문단에 따르면 포스트 휴머니즘은 기존 휴머니즘과 달리 인간 아닌 존재 역시 인간에게 묻지 않고 자신의 역할을 수행할 수 있다는 점에서 자율적이라고 보았다.

213 정답해설 ②

빙하는 형태에 따라 나뉜다고 하였다. 산악 빙하는 높은 산맥들의 산 경사면에 접해 있는 길쭉한 형태이고, 대륙 빙하는 '넓은 지역에 걸쳐 대규모로 형성'된 빙하이다. 여기서 '넓은 지역'은 빙하의 형태가 '넓다'는 것이다. 따라서 대륙 빙하가 '다양한 지역에 분포'하는지는 알 수 없다.

오답해설

① 빙하는 오래 쌓인 눈의 밀도가 증가하며 형성된다.

③ 빙하는 고체이지만, 주로 압력에 의한 내부 층들의 변형으로 인해 흐르는 현상인 '내부 포행'이 일어나기도 한다.

④ 빙하는 기온의 영향과 계곡 측벽 마찰력의 영향으로 인해 겨울보다 여름에 더 빨리, 중앙의 얼음이 가장자리의 얼음보다 더 빨리 움직인다.

214 정답해설 ②

현실에서 일어날 수 있으면 '실제적으로 가능하다'라고 말한다. '실제로 일어나지 않더라도 자연법칙에 어긋나지 않으면 법칙적으로 가능하다'는 뜻은, 실제로 일어나면 당연히 '법칙적으로 가능하다'는 말이다. 따라서 법칙적으로 가능하지 않지만 실제적으로 가능한 사고 실험은 존재할 수 없다.

오답해설

① 사고 실험은 논리적으로 불가능한 것만 아니라면 어떤 것이든 상상 가능하다고 설명한다.

③ 사고 실험은 가상의 각본을 설정한 후 그것에서 어떤 주장을 이끌어내는 활동이다. 과학 실험과 달리 사고 실험은 실제로 가능하지 않지만 논리적으로 가능한 가상의 각본에서 결론을 이끌어 낼 수 있으며 논리적으로 불가능하지 않다면 합당한 근거로 받아들일 수 있다.

④ 논리적으로 불가능하다면 사고 실험 자체가 성립하지 않으므로 실제적으로 가능하지 않게 된다.

215 정답해설 ③

삭제형이 일어난 사건을 일어나지 않았던 것처럼 만들어 낸다는 것은 적절한 설명이나, 이는 '~했다면'이라는 조건 부분에 대한 사고이다.

오답해설

① 대부분의 경우 사후에 결과를 더 좋은 쪽으로 생각하며('결과가 더 좋을 수 있었는데 그러지 못했다'라고 생각하며) 상향적 사후 가정 사고를 많이 하는 경향이 있으며, 그럼에 따라 부정적 감정을 경험한다.

② 조건 부분('~했다면')에 일어나지 않은 가상의 사건을 추가하는 것이 추가형 사후 가정 사고이다.

④ 대안적 사건의 근접성이 높을 때에는 실제 사건의 전환성이 높게 지각되어 유발 정도가 높아진다.

216 정답해설 ③

둘째 문단에 따르면, 비판 지정학은 강대국 사이의 힘겨루기보다는 다양한 행위 주체가 어떻게 지정학을 하는지에 관심을 둔다. 따라서 비판 지정학이 강대국 간의 힘겨루기가 일어나는 원인을 지리적 요인에서 찾는다는 것은 잘못된 설명이다.

오답해설

① 둘째 문단에 따르면, 비판 지정학의 입장에서 지리는 대상이라기보다는 행위이다.

② 둘째 문단에 따르면, 비판 지정학은 다양한 행위 주체가 어떻게 지정학을 하는지에 관심을 둔다. 즉, 다양한 주체가 일으키는 지정학적 행위에 주목한다고 볼 수 있다.

④ 첫째 문단에 따르면, 고전 지정학이 지정학적 행위의 주체를 국가로만 한정한 것과 달리 비판 지정학은 비정부기구, 기업 등까지로 그 주체를 확장하였다.

217 정답해설 ①

둘째 문단에 따르면, 최근 한국어 계통 연구는 비교언어학 분석과 더불어 유전학적 연구, 인류학적 연구를 이용하고 있다. 특히 우리 민족의 유전 형질에 대한 연구는 한국어 자료가 근본적으로 부족한 상황에서 비롯된 문제점을 극복하여 한국어의 조상어를 밝히는 데 실마리를 던져준다고 한다. 따라서 한국어 자료가 부족한 문제를 해결하기 위해 비교언어학적 분석이 활용되고 있다고 보기 어렵다.

오답해설

② 첫째 문단 마지막 문장에 따르면, 한국어의 알타이어족설은 알타이어군과 한국어 사이의 친족 관계를 설명하기 어렵다.

③ 둘째 문단에 따르면, 한반도에서 북방계의 천손 신화가 발견된다는 점은 한국어가 북방적 요소를 지니고 있음을 시사한다.

④ 첫째 문단에 따르면, 알타이어군과 한국어는 모음조화, 어두 자음군의 제약 등 문법적인 공통점을 지니고 있지만 기초 어휘나 음운 대응의 규칙성에서 차이를 보인다.

218 정답해설 ②

집단 내 구성원들의 태도나 행위가 이질적이지 않고 통일되어 있을수록 대집단 행위의 성격이 강하다. 이는 이익 집단들의 구성원들의 입장이 유사하므로 이익 단체들 간 갈등은 대집단 행위의 성격을 띤다는 내용으로부터 알 수 있다.

오답해설

① 외집단 구성원에 대한 고정관념이 강할수록 일반적으로는 대집단 행위의 성격이 강하다. 따라서 특정 집단에 대한 고정관념의 차이가 사회적 행위의 차이를 유발할 수 있다.

③ 대인 행위는 개인적 속성인 이름, 성격 등을 바탕으로 다른 개인과 교류할 때 보이는 행위이다.

④ 노사 대표 간의 교섭은 대집단 행위의 성격을 강하게 띠므로, 대인 행위인 사적 대화에 비해 집단이 보다 명확하게 부각될 것이다.

219 정답해설 ③

둘째 문단의 ㉡에 대한 진술에서 '상위 원리를 도출하는 것이 쉽지 않으며', 이것을 마련하는 과정에서 또 다른 갈등이 발생할 수 있다고 하였다. 따라서 '도덕적 갈등의 해결 방안을 마련하는 과정에서 갈등을 발생시킬 수 있다.'는 진술은 ㉡의 한계에 해당하는 내용이다.

오답해설

① ㉠은 '갈등 발생 시, ~ 도덕 법칙에 따라 행동'함으로써, ㉡은 '법과 같은 현실적 규범을 만들고 이를 준수'함으로써 도덕적 갈등상황을 해결할 수 있다고 보았다.

② ㉠은 '합리적 이성을 통해 찾을 수 있는 선험적 도덕 법칙이 존재'한다고 봤고 '주관적 욕구나 개인의 상황이 아닌 도덕 법칙에 따라 행동'해야 한다고 보았다. 또한 ㉡은 '가치 판단을 위한 형식적 절차'를 만들 수 있다고 보았다. 따라서 도덕적 갈등을 해결하기 위해 ㉠, ㉡ 모두 도덕적 가치의 우선순위를 판단할 수 있다고 볼 것이다.

④ ㉠은 합리적 이성을 통해 찾을 수 있는 선험적인 도덕 법칙이 존재한다고 보았다. 그러나 둘째 문단의 첫째 문장에서 도덕적 원칙주의자와 달리, ㉡은 선험적인 도덕 법칙이 존재하지 않는다고 보았다는 점을 확인할 수 있다.

220 정답해설 ③

비정상 과학에 대한 내용은 제시되지 않았다. 또한 글의 내용만으로는 정상 과학이 비정상 과학을 포함하고 있는지 알 수 없다.

오답해설

① 둘째 문단의 첫 문장 '쿤에 따르면 인간이 창조하는 문화 현상 가운데 하나인 과학을'에서 과학을 인간이 창조하는 문화 현상 중 하나라 하였다.

② 첫째 문단의 '과학적 탐구 활동에서는 많은 새로운 관찰들을 수집하고 그 수집된 관찰들을 이미 받아들인 이론 내에서 적합하게 만들고, 그 패러다임으로 소수의 문제들을 풀려고 노력함으로써 패러다임을 공고히 하고 확장한다.'에서 과학적 관찰에서는 이론이 강조된다는 것을 알 수 있다.

④ 둘째 문단의 첫 문장 '쿤에 따르면 인간이 창조하는 문화 현상 가운데 ~ 의문을 제기하지 않는다'를 통해 과학자들 대부분이 보수적인 성격을 가지고 있다는 것을 알 수 있다.

221 정답해설 ②

둘째 문단에 따르면, 레드 와인과 달리 화이트 와인은 유산발효를 거치지 않는다고 한다. 이는 곧 레드 와인은 유산발효 과정을 거쳐 만들어진다는 뜻이 된다.

오답해설

① 셋째 문단에 따르면, 로제 와인은 숙성 초기에 마실수록 맛이 좋으며 오래된 것은 구입하지 않는다고 한다. 따라서 모든 와인이 오래 숙성시킬수록 맛이 좋아지는 것은 아니다.

③ 첫째 문단에 따르면 레드 와인에는 두 가지 스타일이 있는데, 과일맛이 많은 레드 와인은 통이나 발효조에서 몇 개월 동안 저장했다가 병입하기는 어렵다고 한다. 이와 달리, 고급 레드 와인은 오크통에서 몇 개월에서 몇 년 동안 숙성시킨다고 한다. 따라서 모든 레드 와인이 오랜 기간 오크통에서의 숙성 과정을 거쳐야 하는 것은 아니다.

④ 둘째 문단에 따르면, 화이트 와인은 발효를 시작하기 전에 즙과 껍질을 분리한다. 발효가 시작된 직후 껍질과 즙을 분리하는 것이 아니다.

222 정답해설 ④

하이퍼리얼리즘과 팝아트는 모두 '당시 자본주의 사회의 일상'을 대상으로 삼았다. 다만, '함축적 변형'과 '사실적 재현'에 차이가 있는 것이다.

오답해설

① 하이퍼리얼리즘이 주로 새로운 재료들과 기계적인 방식을 사용한다는 내용은 제시되어 있지만, 인쇄 매체를 사용하지 않았는지는 알 수 없다.

② 팝아트는 정확하게 재현하는 것보다 '현실성'을 중시했다. '현실성'은 얼마나 일상의 익숙한 모습을 대상으로 하였는지의 정도이다. 인쇄 매체의 활용과 '사실성'은 관계가 없다.

③ 하이퍼리얼리즘은 대상의 현실성뿐만 아니라 표현의 사실성도 추구한다. 따라서 '현실성'이 낮은 것은 아니다.

223 정답해설 ③

둘째 문단에 따르면 파블로프는 특정 행동을 유발하기 위한 자극에 관심을 둔다. 파블로프의 실험은 자극을 조절하면 특정 행동이 유발될 것이라고 생각한 것을 확인하기 위함임을 알 수 있다.

오답해설

① 파블로프(고전적 조건화)는 특정 행동을 유발하기 위한 자극에 관심을 두는 반면, 스키너(조작적 조건화)는 어떤 행동을 보인 이후에 나타나는 결과에 관심을 둔다는 점에서 차이가 있다. 이것이 인간 행동의 인과 관계를 반대로 생각하는 것은 아니므로 적절하지 않다.

② 둘째 문단에서 스키너는 인간의 행동이 어느 정도는 고전적 조건화에 의해 설명될 수 있다는 점에 동의한다고 했다.

④ 둘째 문단에 따르면 스키너는 인간의 행동이 어느 정도는 고전적 조건화에 의해 설명될 수 있다는 점에 동의하지만, 복잡한 행동이나 습관 등은 조작적 조건화에 의해 학습된다고 주장한다. 따라서 단순한 행동은 '고전적 조건화'로도 설명이 가능하다고 볼 수 있다.

224 정답해설 ①

평상시에는 가치가 사회적 삶 아래에서 잠재되어 있다가 위기 시기에 부상한다. 속된 일상에서 사람들은 가치를 추구하기보다 자기 이해관계를 구체화한 목표와 이의 실현을 안내하는 규범에 따라 살아가다가 위기 시기에 그들의 관심을 가치에 두는 것이다. 이는 관심이 세속적인 것에서 성스러운 것(가치)으로 옮겨감을 나타낸다.

오답해설

② 목표와 규범 차원에서 행동하는 것은 평상시에 이해관계를 구체화하는 것으로 이는 세속적 관점에서 행동하는 것으로 볼 수 있다.

③ 위기 시기에 봉착하게 되면 집합 의례를 통해 흐트러진 항상성을 회복하려 한다고 하고 있으므로 위기 상황을 외면한다는 설명은 적절하지 않다.

④ 위기 시기에서 사람들은 가치에 기대어 위기가 주는 심리적 긴장과 압박을 해소하는 집합 의례를 행한다고 하고 있으므로 위기 시기에 삶의 도덕적 의미를 상실한다는 설명은 적절하지 않다.

225 정답해설 ②

둘째 문단에 따르면, 화재안전평가제는 공공 안전성이 강조되는 시설에 대해 화재 안전성을 평가하고 대안 설계안의 인정 여부를 결정함에 목적이 있다고 한다.

오답해설

① 첫째 문단에 따르면, 미국에서 화재 안전 관련 기준을 개발하는 것은 민간이지만 이를 운영하는 것은 주 정부이다.

③ 둘째 문단에 따르면, 건축모범규준의 특정 주요 기준은 대부분의 주가 최근 개정안을 적용하지만 그 외의 기준에서는 개정 전의 기준을 적용하기도 한다고 한다.

④ 첫째 문단에 따르면, 계획 및 시공 단계에서 설계 지침으로 적용되는 것은 건축모범규준과 화재안전평가제뿐이다.

226 정답해설 ②

둘째 문단에 따르면 주어야 할 의무, 받아야 할 의무, 되돌려 주어야 할 의무가 연쇄적 관계를 형성하여 선물 교환을 제도화한다.

오답해설

① 첫째 문단에 따르면 선물은 총체적인 사회적 사실에 해당하여 정치, 경제, 법률 종교 등 여러 차원의 문제를 함축한다. 따라서 정치적 관계만을 반영하고 있다는 설명은 옳지 않다.

③ 둘째 문단에 따르면 선물 교환은 겉으로는 자유로운 형식이지만 실제로는 강제적인 내용을 가지고 있다. 따라서 선물은 형식상으로 강제적이지 않고 자유롭다.

④ 첫째 문단에 따르면 선물 교환은 총체적인 사회적 사실이므로 여러 차원의 문제를 함축하며, 이로 인해 하나로 규정할 수 없다. 따라서 단순히 윤리 제도로 규정될 수 있다는 내용은 옳지 않다.

227 정답해설 ④
노자는 비인위적인 무위를 강조한다. 이는 인간의 의도로 만들어진 모든 산물에서 벗어나려는 태도를 말한다. 노자에게 있어 어떤 의도를 가지고 행하면 인위적인 것들만 더해져 사회적 혼란이 초래된다. 인간이 의도를 덜어 내면 덜어 낼수록 자연의 이치에 부합하기 때문에 인위적인 것을 행하지 않아도 못하는 것 없이 자유자재로 살아갈 수 있다.

오답해설
① 노자에 따르면 애초부터 인간이 따로 도덕 원칙이나 행위 규범을 마련할 필요가 없다.
② 인간다움을 촉구하는 것 역시 노자에게 있어서는 인위적인 것이다.
③ 마음을 극진히 다하는 수양을 통해 하늘이 사람에게 부여한 본성을 깨닫는 것, 또 본성의 깨달음을 통해 천도를 알게 된다는 주장은 지문에서 언급되지 않았다.

228 정답해설 ④
㉡은 특정한 항원에 특이성을 보이는 세포를 활성화해 지속적인 면역 반응을 유발하는 것이므로, ㉠과 달리 특정한 항원에 특이성을 보이는 세포의 역할이 필요하다.

오답해설
① 둘째 문단에 따르면, 지속적인 면역 반응을 가능케 하는 것은 ㉡이다.
② 둘째 문단에 따르면, 피부나 점막에서 병원체의 침투를 저지하는 것은 ㉠이다.
③ 첫째 문단에 따르면, ㉠과 ㉡은 모두 면역 시스템에 해당하므로 우리 자신과 남을 구분하는 능력이 있다.

229 정답해설 ③
둘째 문단에 따르면, 고고학과 문헌사학은 인류사를 복원한다는 목적 면에서는 동일하지만 연구 방법상에 차이가 있다고 한다. 고고학은 문헌사학의 중요한 기초 자료가 되는 기록물(문자)이 아닌, 물적 증거에 기초하여 인류사를 복원한다. 따라서 ㄱ과 ㄴ은 연구 방법은 다르지만 연구 목적이 같은 보완적 관계이다.

오답해설
① 학문의 목적이 유사하다 해도 양자 중 어느 하나가 중심 학문이 되고 다른 하나가 종속되는 것은 아니다.
② 연구의 절차 또한 방법의 차이에 따라 달라진다. 아울러 학문의 목적에 차이가 있는 것은 아니다.
④ 고고학과 문헌사학은 인류사를 복원하는 동일한 목적을 가지고 있기 때문에 이질적인 범주에 속한다고 단정 지을 수 없다.

230 정답해설 ②
판테온에서 수평은 세속적인 차원인데 그것이 신성한 차원인 수직축의 만남으로써 인간이 신과 만남을 이룬다는 의미를 형성하게 된다고 하였다.

오답해설
① 수평축은 마당에서 시작하여 출입 공간을 가로질러 로톤다 중심을 통과하는 순간 상부의 트인 공간을 통해 수직축으로 바뀐다고 한다. 즉 수평축은 땅, 수직축은 하늘과 연관되지만 상징적 의미는 아니다.
③ 수평축보다는 수직축이 천상의 세계의 상징적 의미를 지닌다고 볼 수 있다. 또한 로톤다의 내부 공간이 하늘에 대한 로마인의 생각이 추상화된 것이지만 수직축이 로마와 로마인을 의미하는 것은 아니다.
④ 판테온이 로마인들 스스로를 신성한 것과 합치시키고 봉헌된 신들과 함께하는 열망을 담은 공간이지만 수평축과 수직축이 신들에 대한 염원, 인간에 대한 갈망을 의미하는 것은 아니다.

231 정답해설 ①
㉠의 주체는 부모이고, ㉡, ㉢, ㉣의 주체는 조선 시대에 교육 목표를 실현하기 위해 백성을 가르치는 위정자이다.

232 정답해설 ②
첫째 문단에 따르면, 자신이 속한 집단, 즉 내집단에 대해 차별적인 편애를 하는 이유는 자신이 속한 집단의 우월성을 입증하여 자긍심을 느끼기 위함이라 한다. 따라서 피실험자 중 84%가 자기 집단 구성원, 즉 내집단 구성원에게 더 높은 점수를 부여한 이유는 이를 통해 자긍심을 얻고자 하기 위함으로 추론할 수 있다.

오답해설
① 서로 다른 집단 간의 조화를 이룬다는 것은 글의 맥락과 거리가 멀다.
③ 같은 집단의 피실험자들은 앞으로도 관계가 없을 사이였다고 한다. 즉, 우호적인 행위가 향후 관계의 증진에 도움이 될 것으로 기대했다고 보기 어렵다.
④ 실제로는 과제 수행과 관계없이 조를 배정했다고 하므로, 특성이 유사한 사람끼리 한 집단이 되었다고 볼 근거가 없다.

233 정답해설 ③
첫째 문단 둘째 문장에서 행복감을 떠나서 행복이 있을 수는 없다고 하였다. 이때 행복감은 행복할 수 있는 조건과는 별개의 것이다. 행복감은 행복의 주관적 요소인 것이다. 한편, 둘째 문단에서는 선비의 경우 행복의 조건을 못 갖추어도 행복할 수 있다고 하였다. 객관적 조건을 갖추지 못해도 행복감을 느낄 수 있다는 의미이다. 행복의 조건은 행복의 객관적 요소인 것이다.

234 정답해설 ③
샤르코는 환자에게 그들이 이미 알고 있던 의학적 지식에 맞게 의도된 포즈를 취하도록 하거나, 서로 다른 발작을 일으키는 환자의 사진을 혼합해 조작된 연속 사진을 만드는 등 '그의 의학 지식을 시각적으로 정당화하기 위한 수단'으로 사진을 이용했음을 알 수 있다.

오답해설
① 샤르코는 사진을 통해 그의 기대를 충족하지 못했다는 언급을 볼 때, 환자의 질병을 체계적으로 식별하고 진단하는 데 실패했음을 알 수 있다.
② 샤르코의 사진은 그의 의학 지식을 정당화한 것에 불과했으므로, 관찰과 기록을 통해 의학의 새 지평을 열었다고 보기 어렵다.
④ 당시 샤르코의 사진 기법의 실패가 기술력의 부족으로 인한 것이었다는 언급은 지문에 나타나지 않았다.

235 정답해설 ④
지문은 전(前) 자본주의 농업 사회 농민들에게 모험적인 것을 시도하기 위한 여유가 거의 없었다는 내용을 다루고 있다. 당시 농민들은 삶의 모든 측면에서 안전 추구를 최우선으로 여겼으며, 큰 벌이는 되지만 모험적인 것을 시도하기보다 실패를 피하려 했다고 한다. 따라서 당시 농민들에게 '경제학에서 말하는 이윤 극대화를 위한 도전의 여지'는 거의 없었을 것이다.

오답해설
① 지문에 따르면, 안전 추구를 위해서는 경작지의 분산화, 마을 내의 다양한 유형의 호혜성, 토지의 공동체적 소유 및 공동 노동 등이 필요하다고 한다. 이러한 것들은 농민 공동체의 합의에 기반해야 하므로, 전 자본주의 농업 사회 농민들에게 농민 공동체의 합의가 없었다고 보기 어렵다.
② 마을 내에서 이루어지는 다양한 유형의 호혜성을 필요로 한다는 언급을 볼 때, 마을 내의 다른 농민들에 대한 호혜성과 관대가 없다고 보기 어렵다.
③ 전 자본주의 농업 사회 농민들에게 스스로의 삶을 즐길 여유가 없었을 수 있지만, 이는 지문의 내용과는 관계가 없는 내용이다.

236 정답해설 ④
처음에는 만족도가 제일 높은 자신이 좋아하는 것을 먹는 것이 옳다. 그렇지만 그것만을 계속 먹으면 한계효용이 0이 된다. 그럴 때에는 다른 음식을 먹는 것이 총 효용을 높이는 올바른 방법이다.

237 정답해설 ④
첫째 문단에 제시된 관용의 정의를 그대로 받아들였을 때, 보편적 도덕 원칙에 어긋나는 것까지 용인해야 한다는 역설적 상황이 생길 수 있다. ④는 이러한 역설적 상황을 제시하고 있다.

오답해설
① 모든 종교적 믿음을 배척하는 것은 관용의 정의와 어긋난다.
② 이는 관용의 정의에는 부합하는 상황이지만, 정의로 인해 빚어지는 역설에 해당하는 내용은 아니다.
③ 특정 주제에 대해 자신의 특별한 의견이 없으면, 자신의 의견과 반대되는 의견이나 생각이 없으므로, 이를 관용적이라고 평가하기는 어렵다.

238 정답해설 ④
'우리'는 공동체 의식을, '나'는 개인주의를 연상시키는 말이다. 그런데 '우리'라는 말을 많이 쓰는 우리나라 사람들이 '나'를 내세우는 외국인들보다 오히려 개인주의적인 행동을 보인다는 것은 언어와 사고, 혹은 언어와 행동이 그다지 필연적인 관계에 있지 않음을 말해 주는 예이다.

239 정답해설 ①
[A]는 김치 제조법이 표준화된다면 세계인들에게 우수한 품질의 김치를 선보일 수 있으며, 누구나 손쉽게 김치를 담글 수 있다는 점을 언급하며 김치 제조법 표준화의 장점을 드러내고 있다. 이와 달리 〈보기〉는 김치 제조법이 표준화되면 김치 맛이 획일화되기 때문에 오히려 김치의 세계화에 도움이 되지 않을 것이라 주장하고 있다. 따라서 〈보기〉의 관점에서 [A]를 비판하는 내용은 각 지역 고유의 김치 문화를 보존하여 김치 맛의 다양성을 확보해야 한다고 주장하는 ①이 가장 적절하다.

오답해설
② 〈보기〉는 김치 제조법의 표준화에 반대하는 입장이므로, 여러 지역의 김치의 특징을 모두 아우르며 김치 제조법을 표준화해야 한다는 주장은 〈보기〉의 관점과 맞지 않다.
③ 〈보기〉에서도 우수한 품질의 김치를 보존하는 것의 중요성을 강조하고 있다.
④ 사람들의 입맛을 충족시킬 수 있는 방안을 마련할 수 있게 김치 제조법의 표준화를 심사숙고해야 한다는 주장은 〈보기〉의 관점과 맞지 않다.

240 정답해설 ③

지문의 주장은 '경제 문제에는 해결책이 존재하나, 그러한 해결책은 제로섬적 요소를 갖고 있어 누군가는 큰 손실을 볼 수밖에 없다'는 것이다. 어떠한 경제적 해결책이 사회 전체의 이익을 증대시킬지라도 손실을 보게 된 누군가는 저항할 것이므로 그러한 해결책을 실제로 시행하는 것이 쉽지 않다는 것이다. 즉, 글쓴이는 제로섬적 요소를 고려하지 않고 경제 문제의 해결에만 정책의 초점을 맞추는 것을 비판하고 있다.

오답해설

① 경제 문제에서 모두를 만족시키는 해결책은 없다는 것은 지문의 주장과 일맥상통한다.
② 빈부 격차와 관련된 언급이 없으므로 비판의 대상이라 보기 어렵다.
④ 경제정책의 일관성은 지문과 무관하므로 비판의 대상이라 보기 어렵다.

241 정답해설 ③

지문은 생명권을 가지는 존재는 자신의 존재를 인식하는 존재라고 하였는데, 이는 이와 같은 존재는 생존을 지속시키고자 하는 욕망을 가질 수 있기 때문이라는 이유에서였다. 이와 같은 논리에 함축된 전제는 권리와 욕망 사이의 상관관계와 관련된 '③ 권리를 소유하려면 어떤 방식으로든 관련된 욕망을 가지는 능력이 있어야 한다.'가 가장 적절할 것이다.

242 정답해설 ①

'제비'와 '까치'가 날개가 있다는 구체적인 사실들을 근거로 하여 '모든 새는 날개가 있다'라는 일반적인 결론을 이끌어 냈으므로 귀납 논증의 예시에 해당한다.

• 귀납적 방법: 구체적인 사실들을 근거로 하여 일반적인 원리나 원칙을 이끌어 내는 방법 곧, 특수한 또는 개별적인 사실로부터 일반적인 결론을 이끌어 내는 방법

오답해설

나머지 선지는 모두 연역 논증의 예시이다.

• 연역적 방법: 일반적인 원리나 원칙을 근거로 하여 구체적인 어떤 사실을 이끌어 내는 방법, 이미 알고 있는 일반적 명제를 바탕으로 새로운 명제를 이끌어 내는 추론 방법

243 정답해설 ④

[전제1] 도덕적 판단이 객관성을 지닌다면 도덕적 판단은 경험적 근거를 가지며 유전적 요인과 무관할 것이다.
[전제2] 도덕적 판단은 경험적 근거를 가진다.
[전제3] 도덕적 판단이 유전적 요인과 무관하다.
[결론] 도덕적 판단은 객관성을 지닌다.
'도덕적 판단은 객관성을 지닌다'는 결론을 도출하기 위해 전제1의 대우를 살펴보도록 한다.
[전제1의 대우] 도덕적 판단이 경험적 근거를 가지지 않거나 유전적 요인과 무관하지 않다면 도덕적 판단은 객관성을 지니지 않는다.
후건이 '도덕적 판단은 객관성을 지니지 않는다'이므로 어느 경우에서든 도덕적 판단이 객관성을 지닌다는 결론을 도출할 수 없다.

오답해설

① [전제1] 영호는 주식 투자에서 이득을 보았다.
[전제2] 주식 투자에서는 손해를 보는 사람이 있어야 이득을 보는 사람도 있다.
[결론] 누군가는 주식 투자에서 손해를 보았다.
전제2에 따르면 주식 투자에서 손해를 보는 사람이 있는 것은 이득을 보는 사람이 있다는 것의 필요조건이다. 따라서 이득을 보는 사람이 있다면 손해를 보는 사람도 있다. 만약 영호가 주식 투자에서 이득을 보았다면 누군가는 주식 투자에서 손해를 보았다는 결론이 반드시 도출된다.
② [전제1] 고온에서 저온으로 열의 이동이 발생할 때에만 열에서 동력을 얻을 수 있다.
[전제2] 열에서 동력을 얻을 수 있었다.
[결론] 고온에서 저온으로 열의 이동이 발생한 것이다.
전제1은 다음의 명제와 동치이다. '열에서 동력을 얻을 수 있다면 고온에서 저온으로 열의 이동이 발생한 것이다.' 따라서 전제1과 2를 통해 결론이 도출됨을 알 수 있다.
③ [전제1] 마이클 조던이 최고의 농구 선수라면 공중에 3초 이상 떠 있을 수 있어야 한다.
[전제2] 마이클 조던은 2.5초밖에 공중에 떠 있지 못한다.
[결론] 마이클 조던을 최고의 농구 선수라고 할 수 없다.
전제1의 대우 명제는 다음과 같다. '공중에 3초 이상 떠 있을 수 없으면 마이클 조던은 최고의 농구 선수가 아니다.' 따라서 전제2에 따라 마이클 조던이 2.5초밖에 공중에 떠 있지 못한다면 마이클 조던은 최고의 농구 선수라고 할 수 없다는 결론이 도출된다.

244 정답해설 ④

지문은 국어의 옛 모습을 알기에는 아직 국어의 계통에 관한 연구가 미흡하므로, 국어의 계통 연구가 필요하다고 제시하고 있다. 따라서 이 글은 언어의 옛 모습은 언어의 계통 연구를 통해 밝힐 수 있다는 생각이 전제된 것으로 볼 수 있다.

오답해설

① 국어가 알타이 어족에 속할 가능성은 높지만, '분명한 비교 언어학적 증거가 확보되지 않아 가설 단계에 머물러 있을 뿐'을 통해 비교 언어학적 증거의 확보가 필요하다고 하고 있다. 하지만 '국어의 계통에 대해서는 그동안 많은 연구가 이루어져 왔음'을 통해 국어 연구는 이미 진행되었음을 알 수 있다. 따라서 비교 언어학이 국어 연구의 기초를 이룬다고 볼 수 없다.
② 지문은 선사 시대에 관한 연구 자료 확보에 대해 제시하지 않았다.
③ '국어의 계통에 대해서는 그동안 많은 연구가 이루어져 왔음'을 통해 국어의 계통 연구는 국어학의 주된 관심사였음을 알 수 있다.

245 정답해설 ③

둘째 문단에 따르면, 일반적으로 사람들은 무작위로 일어나는 일이 무작위인 것처럼 보이지 않을 때 곤혹스러워한다. 따라서 실제 기록 집단의 기록에 오히려 무작위인 것처럼 보이지 않는 기록들이 더 많을 것이라 추론할 수 있다. 상상 기록 집단은 의도적으로 무작위인 것처럼 보이도록 기록했을 것이기 때문이다.

오답해설

① 여섯 번 연속으로 앞면이 나온 기록이 더 많은 집단은 실제 기록 집단일 확률이 높다. 상상 기록 집단에서는 의도적으로 같은 면이 여러 차례 연속으로 나오는 결과를 배제했을 것이기 때문이다.
② 백 번 모두 같은 면이 나온 기록이 실제 기록일 확률과 상상 기록일 확률을 알 수는 없다.
④ 앞면과 뒷면이 나오는 횟수가 비슷하게 나타나는 기록이 많은 집단은 상상 기록 집단일 확률이 높다. 마지막 문장에 따르면, 사람들은 동전 던지기를 많이 시행하게 되면 앞면과 뒷면이 나오는 횟수가 비슷해야 한다고 생각하기 때문이다.

246 정답해설 ③

둘째 문단에 따르면, 결론에 나오지 않고 대전제와 소전제에만 나오는 명사를 중명사라고 한다. 주어진 예에서는 '날개'가 중명사에 해당한다.

오답해설

① 주어진 사례에서 결론인 '어떤 생물은 새가 아니다.'는 특칭 부정이다. 따라서 정언 삼단 논법의 결론은 특칭 부정 형태일 수 있다.
② 첫째 문단에 따르면, '모든 S는 P이다.'는 전칭 긍정이며, '어떤 S도 P가 아니다.'는 전칭 부정이다. 즉, 둘 모두 전칭 명제에 해당한다.
④ 둘째 문단에 따르면, 정언 삼단 논법을 영국의 수학자 불이 집합의 개념으로 나타내었고, 같은 시기 영국 논리학자 벤이 불의 해석을 바탕으로 다이어그램을 통해 정언 삼단 논법을 나타내었다.

247 정답해설 ③

'우리 모두 빨간 옷을 입었지만, 우리 중 누구도 빨간 옷을 입지 않았다'라는 명제는 명제가 둘 이상 합쳐진 형태인 합성 명제이며, 사실 확인 없이도 거짓인 것으로 진위를 가려낼 수 있다.

오답해설

① '아버지는 여자이다'는 둘 이상의 명제가 합쳐진 형태가 아니므로 합성 명제가 아니며, '여자'라는 말의 뜻이 '아버지'라는 말의 뜻 안에 포함되지 않으므로 사실 확인 없이도 거짓인 것으로 진위를 가려낼 수 있다.
② '수달은 동물이다'는 '동물'이라는 말의 뜻이 '수달'이라는 말의 뜻 안에 포함되므로 사실 확인 없이도 참인 것으로 진위를 가려낼 수 있는 분석 명제이다.
④ '나는 지금 밥을 먹고 있거나, 국을 먹고 있지 않다'는 둘 이상 합쳐진 형태의 명제이므로 합성 명제이며 사실 확인 없이 진위를 가려낼 수 없다.

248 정답해설 ③

의도 확대의 오류: 결과 중심으로 의도를 확대해석하거나 정당화하는 오류를 말한다.

예 담배 피우면 폐암에 걸려 죽을 확률이 높아진다는 것도 모르니? 아니, 정말 그렇게도 죽고 싶어?

오답해설

① '정신 질환자도 인간이니 이성적 동물'이라 하는 것은, 거의 대부분의 경우에 적용되는 일반적인 원리나 규칙을 우연적인 상황으로 인해 생긴 예외적인 특수한 경우에까지도 무차별적으로 적용할 때 생기는 '우연의 오류'이다.
② '연극단'이 일류이니 연극단의 일원인 '박 씨'도 일류라 하는 것은, 집합이 어떤 성질을 지니고 있다는 내용의 전제로부터 그 집합의 각각의 원소들 역시 개별적으로 그 성질을 지니고 있다는 결론을 도출하는 '분해의 오류'이다.
④ 대다수의 사람들이 그렇게 하니까 그것이 옳으며 당신도 그렇게 해야 한다고 주장하는 오류이므로 '군중 심리(대중, 다수)에의 호소'이다.

249 정답해설 ②

1) A 정책 → 부동산 수요 조절 or 부동산 공급 조절
2) 부동산 가격 조절 → A 정책
3) 부동산 가격 조절 & ~물가 상승 → 서민 삶 개선
4) 부동산 가격 조절
5) 물가 상승 → ~부동산 수요 조절 & ~서민 삶 개선
6) 물가 상승

4번 조건이 참이므로 2번 조건에 따라 A 정책이 효과적이다. A 정책이 효과적이라면 1번 조건에 따라 부동산 수요가 조절되거나 공급이 조절된다. 1번 조건에서의 내용처럼 5, 6번 조건에 따라 부동산 수요가 조절되지 않으므로, 부동산 공급이 조절된다. 따라서 선지의 내용은 참이다.

오답해설

① 6번 조건에서 물가 상승이 전제되어 있으므로, 5번 조건에 의해 부동산 수요가 조절되지 않고 서민들의 삶도 개선되지 않는다. 따라서 선지의 내용은 거짓이다.
③ A 정책이 효과적인지의 여부와 관계없이 6번 조건에 따라 물가는 반드시 상승한다. 따라서 선지의 내용은 거짓이다.
④ A 정책이 효과적인지의 여부와 관계없이 5번 조건에 따라 부동산 수요는 조절되지 않는다. 따라서 선지의 내용은 거짓이다.

250 정답해설 ②
'찬성과 반대로 대립하는 사람들이 논리적으로 상대방을 설득하는 논의'는 토론이다.

토론
- 찬성과 반대로 대립하는 사람들이 논리적으로 상대방을 설득하는 논의
- 대립되는 쌍방이 주장의 정당성을 논거로 제시하고 상대의 모순을 지적
- 약속된 순서와 절차에 의해 진행, 필요할 때 적절한 방법을 통해 판결

251 정답해설 ③
'영화 보러 가자'거나 '액션 영화 보자'라며 청유형으로 제안한 것은 상대방에게 부담을 주고 있으므로 '요령의 격률'에 어긋나는 것이다. 또한 '무슨 영화든 상관이 없다'는 태현의 말은 '태도의 격률'을 어긴 것이다. '숨이 넘어가게 재미있다'는 영주의 말은 '질의 격률'을 어긴 것이다.

대화의 격률 – 협력의 원리
그라이스(Grice)는 원활한 대화 진행을 위한 요건으로 네 가지의 '협력의 원리'를 제시한 바 있다. 첫째, 주고받는 대화의 목적에 필요한 만큼만 정보를 제공하고 필요 이상의 정보를 제공하지 말라는 양의 격률이다. 둘째, 진실한 정보만을 제공하도록 노력하고 증거가 불충한 것은 말하지 말라는 질의 격률이다. 셋째, 해당 대화 맥락과 관련되는 말을 하라는 관련성의 격률이다. 넷째, 모호하거나 중의적인 표현을 피하고 간결하고 조리 있게 말하라는 태도의 격률이다.

252 정답해설 ④
대화에 '동의의 격률'은 드러나지 않았다.

오답해설
A: 혹시 시간 좀 내주실 수 있으신가요? – 요령의 격률
B: 네? 제가 잠시 딴 생각을 했네요, 다시 말씀해주세요. –관용의 격률
A: 다름이 아니라, 부족한 저에게 이런 큰 상을 주셔서 감사하다고 말씀드리려고요. – 겸양의 격률
B: 천만에요. 저는 당신의 훌륭한 작품에 감명을 받았어요. – 찬동의 격률

253 정답해설 ③
'민호'는 '유진'에게 '내일 내가 초고 쓰는 것 좀 도와주지 않을래?'라고 부탁하면서 '(간절한 눈빛으로)'라는 비언어적 표현을 하고 있다. 따라서 '민호'는 자신이 한 언어적 표현을 상대방이 승낙하기를 바라는 마음에서 비언어적 표현을 사용하고 있음을 알 수 있다.

오답해설
① '유진'의 언어적 표현이 상대방을 칭찬하는 것은 맞지만, '(박수를 치며)'는 반언어적 표현이 아니라 비언어적 표현에 해당한다.
② '그래. 기꺼이 해 줄게.'는 상대방의 말에 호응하여 제안을 받아들이는 언어적 표현에 해당하나, '(기분 좋은 말투로)'는 비언어적 표현이 아니라 반언어적 표현에 해당한다.
④ '(미안한 표정을 지으며)'는 비언어적 표현에 해당한다. 하지만 '어떡하지. 나 내일 중요한 선약이 있어'는 상대방의 제안을 받아들이지 못하는 이유를 제시한 것으로, 상대방의 의견과 일치점을 찾고자 하는 언어적 표현과는 관련이 없다.

비언어적 표현과 반언어적 표현
비언어적 표현은 언어적 표현이 아닌 외적인 요소로 몸짓이나 표정 등으로 생각이나 느낌을 나타내는 것이고, 반언어적 표현은 언어적 표현에 포함되어 있어 목소리의 크기, 고저, 말투 등으로 말의 느낌을 효과적으로 만들어 주는 것이다.

254 정답해설 ②
㉠과 ㉡, ㉣은 각각 아버지, 어머니가 자신의 발화 의도와 일치하는 발화의 형식을 취한 직접 발화라고 볼 수 있다. 하지만 ㉢과 ㉤은 어머니의 제안을 거절하는 발화의 의도를 간접 발화를 통해 드러낸 것이다.

255 정답해설 ①
(가)에서 시청 측은 광고권과 매점 운영권이 구단의 사정이 어려울 때 조금이나마 도움을 주고자 넘겼던 권리이므로, 구단 사정이 많이 나아진 현 시점에서는 그것을 돌려받는 것이 정당한 일임을 언급하면서 광고권과 매점 운영권을 유지하겠다는 구단 측의 제안을 단호하게 거부하고 있다.

256 정답해설 ④
시가 구단의 매점 운영과 관련된 행정적 지원을 한다는 내용은 언급되지 않았다. 구단이 매점 운영권을 유지하는 대신, 시에서 계획하고 있는 복지 정책에 적극적으로 협력하기로 합의하였다.

오답해설
① 관중 수가 증가한 것을 고려하여 야구장 임대료를 입장료 수입의 12%로 하는 것으로 최종 합의하였다.
② 광고권은 시가 가져가고, 시의 복지 정책에 협력하는 조건으로 매점 운영권은 구단이 갖기로 최종 합의하였다.
③ 시는 구단 측에서 홈런 개수당 일정 금액을 시에 기부하여 난치병 어린이들을 위한 치료비 지원 사업에 도움을 줄 것을 제안하였고 구단은 이를 받아들였다.

257 정답해설 ④
기사문 초고에는 사건이나 상황에 대해 전문가의 견해를 직접 인용한 부분이 나타나지 않았다.

오답해설
① 본문을 통해 '조선왕조실록 포쇄 재현 행사'가 중심 소재임을 알 수 있다. 기사문 초고의 표제는 이를 바탕으로 '조선왕조실록, 바람을 쐬다'라고 표현했으므로, 초고에 반영되었다고 할 수 있다.
② 제시된 기사문 초고의 표제는 '조선왕조실록, 바람을 쐬다'인데, 부제인 "○○시, 전주 사고에서 조선왕조실록 '포쇄' 행사 재현하다."에는 표제의 내용을 구체화하여 해당 시와 행사의 장소, 내용이 나타나 있으므로 초고에 반영되었다고 할 수 있다.
③ 제시된 기사문 초고의 전문을 보면, 본문에 나타난 기사 내용 중에서 중요 내용을 담고 있으므로 초고에 반영되었다고 할 수 있다.

258 정답해설 ④

㉣은 'Ⅱ-2-가. 외국인이 판소리를 쉽게 접하기 힘든 상황'이라는 걸림돌에 대한 방안이 제시되어야 한다. 이런 점으로 볼 때 '판소리 전용 소극장 설치로 공연의 활성화'는 'Ⅱ-2-가'에 대한 방안으로 적절하지만, '판소리에 대한 외국인의 거부감 완화책 마련'은 적절하지 않다.

오답해설

① 판소리는 유네스코가 세계 무형 문화유산으로 선정할 정도로 매우 훌륭한 예술이라는 것은 판소리의 우수성에 대한 근거로 적절하다.
② '전문 소리꾼의 부족'은 판소리가 세계화되는 데 걸림돌이므로 'Ⅱ-1. 판소리 세계화의 의의'에는 적합하지 않고, 'Ⅱ-2. 판소리 세계화의 걸림돌'의 하위 항목으로 이동하는 것이 적절하다.
③ '경제적인 파급 효과'는 'Ⅱ-2. 판소리 세계화의 걸림돌'에 어울리지 않으므로 'Ⅱ-1. 판소리 세계화의 의의'로 이동하는 것이 적절하다.

259 정답해설 ②

마라톤이 건강에 도움이 된다는 내용이 '건강한 삶의 첫걸음'이라는 비유적 표현을 통해 제시되었으며, '함께 달립시다.'라는 청유형 문장을 통해 마라톤 대회의 참여를 권유하고 있다.

오답해설

① '달리면 건강해집니다.'를 통해 마라톤이 건강에 도움이 된다는 내용을 제시하였으나 비유적 표현을 활용하지 않았으며, 마라톤 대회의 참여를 권유하는 청유형 문장을 활용하지 않았다.
③ '삶에 활력을 제공하는 유익한 마라톤'을 통해 마라톤이 건강에 도움이 된다는 내용을 제시하였으나 비유적 표현을 활용하지 않았으며, 마라톤 대회의 참여를 권유하는 청유형 문장을 활용하지 않았다.
④ '○○시 시민 마라톤 대회에 참가하여 힘차게 달려 봅시다.'를 통해 마라톤 대회의 참여를 권유하는 청유형 문장을 제시하고 있으나, '인생은 단거리가 아닌 마라톤입니다.'는 마라톤이 건강에 도움이 된다는 내용을 비유적 표현을 활용하여 나타낸 것이 아니라, 인생을 마라톤에 빗대어 표현한 것이다.

260 정답해설 ④

ⓓ는 설문 조사의 결과를 소개한 내용이며 바로 뒤의 문장은 그 내용을 구체적으로 풀어서 제시한 것이므로 순서를 바꾸어 고치는 것은 적절하지 않다.

오답해설

① ⓐ의 '분명하게'는 '틀림없이 확실하게'라는 뜻이므로 '뚜렷하지 못하고 어렴풋하게'라는 뜻의 '막연하게'로 고치는 것이 적절하다.
② ⓑ의 '그것'이 '디자인이나 데생, 그리고 이야기가 갖는 힘' 중 무엇을 지시하는지 대상이 불분명하므로 '이야기가 갖는 힘'으로 고치는 것이 적절하다.
③ ⓒ의 '그래서'는 문장의 연결 관계를 고려하여 '그런데'로 고치는 것이 적절하다.

261 정답해설 ③
지문에서 '복사꽃'은 무릉도원이라는 이상향을 연상시키는 소재로, 산중 생활이 무릉도원과 같은 이상향에서의 삶과 마찬가지라는 시각을 드러낸다. 따라서 복사꽃이 현실과 이상향을 이어 주는 매개라는 설명은 적절하지 않다.

오답해설
① 푸른 산에 살지 않는 사람, 즉 속세 사람이 '나'(화자)에게 '왜 푸른 산에 사냐'고 물었음을 알 수 있다.
② 화자는 한가로움을 웃음으로 대신하여 답하고 있다.
④ 화자는 자신이 생활하는 공간을 '별천지'라고 하여 인간 세상과는 구분되는 공간임을 드러내고 있다. 여기서 '별천지'는 복사꽃이 흐르는 이상적인 공간을 의미한다.

작품 해설
▶ 이백, 〈산중문답〉

묻노니, 그대는 왜 푸른 산에 사는가. 問余何事棲碧山
웃을 뿐, 답은 않고 마음이 한가롭네. 笑而不答心自閑
복사꽃 띄워 물은 아득히 흘러가나니, 桃花流水杳然去
별천지 따로 있어 인간 세상 아니네. 別有天地非人間

• 해제: 이 시는 후세 사람들이 시선(詩仙)이라고 부르는 이백(李白)의 작품이다. 시선(詩仙)이라는 말은 글자 그대로 '시를 짓는 기교나 시의 내용에서 느끼는 기풍이 마치 신선과 같다.'는 뜻이다. 사실 이백은 수많은 시를 지었다. 속된 말로 밥 먹듯이 지었다. 즐거워도 시, 괴로워도 시, 친구를 만나도 시, 술을 먹어도 시, 그야말로 시가 그의 생활이었다.
이백의 시는 표현 기교에 있어서 결코 꾸미거나 고치지 않았다. 있는 그대로 마치 이미 다 익은 과일나무에서 과일을 따듯 그렇게 쉽게 시를 지었다. 내용에 있어서는 인간의 욕심은 물론 욕심의 그림자도 보이지 않는다. 이런 점은 그의 여러 작품에서 확인된다. 그래서 그는 시선인 것이다. 이백과 같은 시인은 앞으로도 다시 나오기 어려운 천재 시인이라는 평가다. 시 〈산중문답(山中問答)〉은 이백의 이러한 특징을 잘 나타내는 작품이다.
• 주제: 자연 속에 묻혀서 사는 한가로운 삶
• 구성: 1, 2행은 산중 생활에 대한 문답이고, 3, 4행은 탈속적 이상 세계에 대한 형상이다.

기	삶의 모습에 대한 스스로의 확인
승	진정한 자유와 평화
전	이상세계의 전개
결	세속과의 완전한 결별

262 정답해설 ②
(가), (나)에서 '바위'는 임과 화자의 사랑을 해치는 상황, 즉 이별을 의미하므로 (가)의 '신'과 (나)의 '붉은 마음'을 바위로 형상화했다고 할 수 없다.

오답해설
① '구슬'은 떨어져 깨질 수 있지만 '긴(끈)'은 끊어지지 않는다고 하였으니 적절하다.
③ '변하지 않는 사랑'은 두 시의 주제이다.
④ 사랑에 대한 내용을 동일하게 다루고 있지만 (가)는 고려가요, (나)는 한시이다. (가)의 제2연에서 여음구를 제외한 부분은 당시 유행하던 민요의 모티프를 수용한 것으로, (나)에도 동일한 모티프가 나타난다. (나)는 고려 시대의 문인 이제현이 그 부분을 한시로 옮긴 것이다.

작품 해설
▶ (가) 작자 미상, 〈서경별곡(西京別曲)〉
• 해제: 사랑하는 임을 대동강에서 떠나보내는 여인의 간절한 슬픔과 원망의 정서를 나타낸 고려가요이다. 우리 시가의 전통적인 정서인 이별의 정한을 노래하면서 임에 대한 영원한 사랑을 표출하는 동시에 다른 여인에 대한 질투의 정서를 소박하게 나타내고 있다. 특히 대동강에서 임을 태우고 떠나는 사공을 모함하는 방법을 통해 임에 대한 원망의 정서를 표현하고 있는 점이 주목되는 한편, 임과의 이별을 적극적으로 거부하려는 태도의 현실적인 애정과 행복을 중시하는 태도도 드러난다.
• 주제: 이별의 정한과 질투
• 구성:

1연	이별을 거부하는 마음과 연모의 정
2연	임에 대한 변함없는 사랑과 영원한 믿음
3연	사공에 대한 원망과 임의 변심에 대한 염려

현대어 풀이
구슬이 바위에 떨어진들
끈이야 끊어지겠습니까?
(임과 헤어져) 천 년을 외롭게 살아간들
(임을 향한) 믿음이야 끊어지겠습니까?

263 정답해설 ①
'버선', '신'이라는 소재는 주변에서 흔히 볼 수 있는 소재는 맞지만 임의 소중함을 상징하고 있는 것은 아니다.

오답해설
② 화자는 '주추리 삼대'를 임으로 착각하여 급한 마음에 허둥거리며 달려간다. 그 모습도 해학적이며 허둥거리며 달려가는 모습을 과장적으로 표현한 것도 해학적이라 볼 수 있다.
③ 길어진 중장은 사설시조다운 파격을 보여 준다. 임을 기다리다 기뻐 맞이하러 가는 모습을 매우 구체적으로 묘사하고 있는데, 이를 통해 임에 대한 화자의 간절한 그리움이 드러난다.
④ 질퍽한 곳과 마른 곳을 가리지 않고 뛰어가서 여성이 남성에게 먼저 가슴속에 품은 정을 담은 말을 하려는 모습은 애정을 서슴없이 표현하려는 화자의 대담성을 드러낸다고 볼 수 있다.

작품 해설
▶ 작자 미상, 〈님이 오마 하거늘~〉
• 해제: 임을 간절히 기다리던 화자가 주추리 삼대를 임으로 착각한 나머지 급한 마음에 허둥거리며 달려가는 모습을 과장적으로 묘사하여 해학적으로 표현하는 작품이다.
• 주제: 임을 기다리는 애타는 마음

참고 조선 후기에 등장한 사설시조는 평시조와 달리 중장이 제한 없이 길어졌다. 실생활 소재들을 활용하여 일상에서 일어나는 문제를 주로 다루었는데 솔직함, 해학성, 애정을 서슴없이 표현하려는 대담성 등을 그 특징으로 하며 비유, 상징 등 다양한 표현 기법을 활용하여 대상을 생동감 있게 그려 냈다.

[어휘 풀이]
1) 이수로 가액하고 - 손을 들어 이마에 얹고.
2) 거머횟들 - 검은 듯 흰 듯한 것.
3) 곰븨님븨 님븨곰븨 천방지방 지방천방 - 엎치락뒤치락 허둥거리는 모양.
4) 워렁충창 - 우당탕퉁탕.
5) 주추리 삼대 - 밭머리에 모아 세워 둔 삼의 줄기.

❗ 현대어 풀이
님이 오겠다고 하기에 저녁밥을 일찍 지어 먹고
중문을 나와서 대문으로 나가, 문지방 위에 올라가서 손을 이마에 대고 임이 오는가 하여 건넛산을 바라보니 거뭇 희뜩한 것이 서 있기에 저것이 틀림없는 임이로구나. 버선을 벗어 품에 품고 신을 벗어 손에 쥐고, 엎치락뒤치락 허둥거리며 진 곳, 마른 곳 가리지 않고 우당탕퉁탕 건너가서 정이 넘치는 말을 하려고 곁눈으로 흘깃 보니, 작년 7월 3일 날 껍질을 벗긴 주추리 삼대(그냥 밭머리에 세워 둔 삼의 줄기)가 알뜰하게도 나를 속였구나.
마침 밤이기에 망정이지 행여 낮이었다면 남 웃길 뻔했구나.

264 정답해설 ②

이 작품은 수양 대군이 단종을 몰아내고 왕위를 찬탈한 계유정난에 항거하여 성삼문이 지은 시조로, 비장미가 드러난다고 할 수 있다.

🔍 작품 해설
▶ 성삼문, 〈수양산 바라보며~〉
• 주제: 죽음을 각오한 굳은 지조와 절개
• 성격: 지사적, 풍자적, 비판적
• 특징: 중의법, 설의법을 이용하여 일반적 상식을 뒤집어 표현함. 백이와 숙제의 고사를 사용하여 화자의 절개를 부각시킴.

❗ 현대어 풀이
수양산 바라보면서 백이와 숙제를 한탄하노라
차라리 굶주려 죽을지언정 고사리를 뜯어 먹어서야 되겠는가?
비록 산에 자라는 풀이라 하더라도 그것이 누구의 땅에서 났는가?

265 정답해설 ②

'석일(昔日)'은 옛날, 즉 과거를 의미하고, '금일(今日)'은 오늘날, 즉 현재를 의미한다. ㉠은 과거 배 위에 술상이 차려져 있는 평화로운 모습을 나타내는 반면, ㉡은 현재 병선(兵船) 위에 검이나 창 같은 각종 무기가 쌓여 있는 모습을 나타내고 있는 것이다. 따라서 이는 과거의 평화를 떠올릴 수 있는 배의 모습과 오늘날 전쟁의 기운이 감돌고 있는 배의 모습을 대조하고 있는 구절로 이해할 수 있다.

🔍 작품 해설
▶ 박인로, 〈선상탄(船上嘆)〉
• 해제: 이 작품은 조선 후기의 대표적인 전쟁 가사로 임진왜란 이후 전쟁의 기운이 가시지 않은 상황에서 진동영(부산진)에 통주사로 내려온 작가가 전쟁의 상황에서 느끼는 감회를 표현하고 있다. 나라를 향한 충성심과 더불어 이 작품은 전쟁이라는 비극적 현실을 극복하고 다시 평화로운 시대가 도래하기를 바라는 작가의 기대와 소망이 동시에 나타나 있다. 또한 강한 비판적 표현을 통해 왜적에 대한 적개심을 드러내고 있는 모습에서 작가의 강직한 면모도 엿볼 수 있다.
• 주제: 전쟁이 끝나고 태평성대가 오기를 바라는 마음

266 정답해설 ③

㉠ (산)과 ③의 뫼(산)는 화자와 '임'의 만남을 방해하는 장애물을 의미한다.

오답해설
① 세속(= 십장홍진, 十丈紅塵)과 화자를 차단해 주는 공간이다.
② 불변의 존재, 한결같은 구도의 자세를 보이는 존재이다.
④ 임으로부터 멀리 떨어진 절망적 공간이다.

🔍 작품 해설
▶ 정철, 〈사미인곡〉
• 해제: 이 작품은 신하가 임금을 그리워하는 정을 표현한 충신연주지사(忠臣戀主之詞)의 대표적인 가사이다. 작가인 정철은 1585년(선조 18년)에 자신의 고향인 전남 창평에서 은거 생활을 하며 이 작품을 지었다. 계절이 변화해도 변함없이 임을 그리워하는 여성 화자의 목소리를 통해 작가 자신의 임금에 대한 변함없는 충정을 드러내고 있다는 것이 이 작품의 특징이다. 〈사미인곡〉은 작가 정철이 이 작품의 후편으로 지은 〈속미인곡〉과 더불어 뛰어난 가사 문학 작품으로 평가받고 있다.
• 주제: 연군지정(戀君之情)
• 구성:

서사	임과의 인연과 이별 후의 그리움
본사	춘사 – 임을 향한 변함없는 마음 하사 – 이별 후에 느끼는 외로움과 임을 향한 정성 추사 – 임금의 선정을 기원하는 마음 동사 – 외로운 자신의 처지와 임에 대한 염려
결사	죽어서라도 임을 따르겠다는 마음

❗ 지문 현대어 풀이
원앙새 무늬가 든 비단을 베어 놓고 오색실을 풀어 내어 금으로 만든 자로 재어서 임의 옷을 만들어 내니, 솜씨는 말할 것도 없거니와 격식도 갖추었구나. 산호수로 만든 지게 위에 백옥으로 만든 함에 담아 두고, 임에게 보내려고 임 계신 곳을 바라보니, ㉠ 산인지 구름인지 험하기도 험하구나. 천 리 만 리나 되는 머나먼 길을 누가 찾아갈꼬?

❗ 선지 현대어 풀이
① 굽어보니 천 길이나 되는 푸른 물, 돌아보니 겹겹이 둘러 싸인 푸른 산,
번거로운 속세의 일들이 얼마나 가리워졌는가.
아름다운 자연에 달이 밝게 비치니 더욱 한가롭구나.
② 푸른 산은 어찌하여 오랜 세월 동안에 푸르르며
흐르는 물은 어찌하여 밤낮으로 그치지 아니하는가
우리도 그치지 말아서 오랜 세월 변함없이 푸르리라
③ 산은 높디높고, 강물은 길고 길다
저 산을 넘고, 저 물을 건너가려니 갈 길은 끝이 없다.
임이 그리워서 눈물로 젖은 소매는 언제 마를 것인가?
④ 깊은 산중에 밤이 찾아드니 북쪽에서 몰아치는 바람이 더욱 차갑구나.
임금 계신 궁궐에도 이 찬 바람이 불어치는 것일까?
기나긴 겨울밤에 춥지나 않으셨는지, 북녘에 계신 임금을 사모하는 나머지, 북두칠성이 있는 곳을 의지해서 멀리 서울 하늘을 바라보고 있노라!

267 정답해설 ④

㉠에서는 '한숨'을 의인화하여 한숨을 쉬는 화자의 상황을 비유적 표현으로 드러냈으나 ㉡에는 비유적 표현이 사용되지 않았다.

오답해설

① '한숨'은 사람의 안에서 밖으로 나가는 것이지만 ㉠에서 화자는 그것을 밖에서 안으로 들어오는 대상인 것처럼 표현하고 있다. 이는 자신의 근심으로 인한 '한숨'을 마치 외부 대상인 양 표현하여 원망의 대상으로 삼는 참신한 표현이다.
② 중장에서 '서방 삼고라쟈'에서 알 수 있듯 화자는 대상에게 호감을 가지고 있다. 하지만 ㉡에서는 '잔밉고도 얄미워라'라며 반어적으로 그 호감을 표현하고 있는 것이다.
③ ㉠은 '한숨'을 청자로 설정하여 말을 건네는 방식을 활용하고 있으며, ㉡은 화자의 독백으로 감정을 드러내고 있다.

작품 해설

▶ (가) 작자 미상, 〈한숨아 세한숨아~〉

• 해제: 이 작품은 깊은 근심과 걱정 때문에 잠을 이루지 못하는 상황을 해학적으로 표현한 사설시조이다. 한숨은 마음에 맺힌 것이 있을 때 길게 몰아서 내쉬는 숨이니 마음에서 나오는 것이라 할 수 있다. 그런데 화자는 한숨을 마치 바람이나 다른 무엇처럼 외부에서 들어오는 것으로 보고, 여러 가지 잠금 장치를 사용하여 한숨을 막으려고 한다. 중장에서 다양한 잠금 장치를 길게 나열하면서 애초에 불가능한 일을 진지하게 시도하는 화자의 우스꽝스러운 모습에서 슬픔마저 웃음으로 승화시키는 한국 민중 문학의 특징을 발견하게 된다.
• 주제: 깊은 시름으로 잠을 이루지 못함.
• 구성:

초장	한숨(근심, 걱정)이 자꾸 마음속으로 들어옴.
중장	들어오지 못하게 단단히 단속을 해도 계속 들어오는 한숨
종장	한숨 때문에 잠을 이루지 못함.

▶ (나) 작자 미상, 〈저 건너 흰옷 입은 사람~〉

• 해제: 이 작품은 젊은 남성의 활기찬 모습에 매혹된 여성의 심정과 이성을 향한 마음이 솔직하게 표현된 사설시조이다. 작중 여성 화자는 우연히 흰옷 입은 젊은 남성이 성큼성큼 돌다리를 건너는 활달한 모습에 반하여 그를 자기 서방으로 삼고 싶다고 말한다. 그리고 자기 서방이 될 수 없다면 친구의 임이라도 되기를 바란다고 말하는데, 그것은 그렇게 해서라도 그 남성을 자주 볼 수 있기를 바라는 마음에서 비롯한 것이다. 이와 같은 사설시조에서 여성 화자는 기존의 시조에서와 달리 남성의 애정에 수동적으로 반응하는 객체적 존재가 아니라, 사랑을 능동적으로 생성·주도해 나가는 주체적 존재로 그려진다.
• 주제: 매력적인 남성에 대한 호감
• 구성:

초장	길에서 매력적인 젊은 남성을 보게 됨.
중장	돌다리를 활달하게 건너가는 매력적인 저 남성을 내 남편으로 삼고 싶음.
종장	남편으로 삼을 수 없다면 벗의 임이 되게 하여서라도 계속해 보고 싶음.

268 정답해설 ④

㉡은 화자가 절대적으로 믿고 사랑하는 '님'의 말소리로서 긍정적인 대상이다. 하지만 ㉠은 속세에서 인간들끼리 시비하는 소리로서, 화자가 속세를 떠나 산속에 숨어 살고자 하는 마음을 먹게 하는 역할을 한다. 따라서 ㉠은 화자에게 은둔의 심리를 갖게 한다고 볼 수 있다.

오답해설

① 화자가 경계하고 있는 대상은 ㉠이다. ㉡은 화자가 사랑하는 '님'의 소리로, 화자가 긍정적으로 인식하는 대상이다.
② ㉠은 인간이 시비하는 소리이고, ㉡은 '님'의 소리이므로 둘 다 인간의 소리에 해당한다.
③ 화자가 거부감을 갖고 있는 대상은 ㉠이다.

작품 해설

▶ (가) 최치원, 〈제가야산독서당〉

狂奔疊石吼重巒　첩첩 바위 사이를 미친 듯 달려 겹겹 봉우리 울리니
人語難分咫尺間　지척에서 하는 말소리도 분간키 어려워라.
常恐是非聲到耳　늘 시비하는 소리 귀에 들릴세라,
故教流水盡籠山　짐짓 흐르는 물로 온 산을 둘러버렸다네.

• 해제: '제가야산독서당(題伽倻山讀書堂)'은 신라 말기 칠언 절구로, 세상을 등진 서정적 자아의 모습을 그리고 있다. 당나라에 유학하여 과거에 급제한 후, '토황소격문(討黃巢檄文)' 등으로 중국에서도 문명을 떨쳤던 최치원은 귀국 후 정치를 개혁하기 위한 노력을 기울였으나 받아들여지지 않았다. 난세에 절망하여 각지를 유랑하던 그는 가야산에 은거하여 여생을 마친다. 이 작품은 이러한 그의 말년의 작품 세계를 잘 보여 준다.
• 해제: '제가야산독서당(題伽倻山讀書堂)'은 신라 말기 칠언 절구로, 세상을 등진 서정적 자아의 모습을 그리고 있다. 당나라에 유학하여 과거에 급제한 후, '토황소격문(討黃巢檄文)' 등으로 중국에서도 문명을 떨쳤던 최치원은 귀국 후 정치를 개혁하기 위한 노력을 기울였으나 받아들여지지 않았다. 난세에 절망하여 각지를 유랑하던 그는 가야산에 은거하여 여생을 마친다. 이 작품은 이러한 그의 말년의 작품 세계를 잘 보여 준다.
• 주제: 산중에 은둔하고 싶은 심정
• 구성:

기	산중을 흐르는 계곡물 소리
승	매우 시끄러운 물소리
전	속세의 시비 다툼을 꺼리는 마음
결	계곡물 소리로 속세와 단절하고자 하는 의지

▶ (나) 한용운, 〈님의 침묵〉

• 해제: 이 작품에서 화자는 이별의 슬픔을 극복하고 슬픔을 희망으로 전환하여 임에 대한 영원한 사랑을 노래하고 있다. 화자는 대조적 이미지를 사용하여 임과의 이별 상황을 제시하며 시상을 전개하고 있다. 이별은 화자에게 갑작스러운 일이었고 그렇기 때문에 화자는 슬픔과 고통으로 힘들어한다. 그러나 화자는 이별을 슬픔으로만 받아들이는 것이 사랑을 위한 올바른 태도가 아님을 깨닫고, 슬픔을 희망으로 전환한다. 그리고 이러한 화자의 생각이 역설적 표현과 경어체 문장의 사용을 통해 효과적으로 전달되고 있다.
• 주제: 임에 대한 영원한 사랑
• 구성:

1~4행	임과 이별한 화자
5~6행	임과의 이별로 슬퍼하는 화자
7~8행	이별의 슬픔을 희망으로 바꾸려는 화자
9~10행	임에 대한 영원한 사랑을 노래하는 화자

269 정답해설 ①

경어체를 사용하고 있는 것은 맞으나, 이는 독자를 청자로 한 것이므로 화자와 대상의 수직적 관계를 드러내고 있다고 볼 수 없다.

오답해설

② 이별이라는 추상적 상황에 대한 화자의 정서를 '황금의 꽃같이 굳고 빛나던 옛 맹서는 차디찬 티끌이 되어서 한숨의 미풍에 날아갔습니다. ~ 나는 향기로운 님의 말소리에 귀먹고, 꽃다운 님의 얼굴에 눈멀었습니다.'처럼 구체화하여 표현하고 있다.
③ '아아'라는 감탄사를 쓰거나 '님은 갔습니다.'라는 표현을 반복하는 것은 모두 영탄적 표현으로 화자의 간절한 마음을 극대화하는 효과가 있다.
④ '푸른 산빛' ↔ '단풍나무 숲', '황금의 꽃' ↔ '차디찬 티끌'처럼 대조적인 이미지의 시어를 사용하여 화자의 정서를 강조하고 있다.

270 정답해설 ②

환웅의 아버지인 환인(桓因)이 아들 환웅의 뜻을 알고 삼위태백을 내려다보았으며, 내려다보니 아들이 인간 세계를 널리 이롭게 할 만하다고 생각한 것이다. 따라서 '세상을 널리 이롭게 할 만하다(㉠)'의 주체는 환웅이다.

이런 가능성을 보고 환인이 환웅에게 천부인(天符印) 세 개를 주어, 내려가서 세상을 다스리게 한 것이다(㉡). 여기서 '세상을 다스릴' 주체는 환웅이지만 '세상을 다스리게 한 것'은 환인의 결정이다.

환웅은 이후 인간 세계를 다스려 교화(敎化)시켰다(㉢). 또한 임시로 변하여 웅녀와 결혼해 주었다(㉣).

작품 해설

▶ 작자 미상, 〈단군 신화〉

• 해제: 우리나라 최초의 국가인 고조선의 건국 신화로, 신과 인간, 천상과 지상 등 양분되는 구조를 통해 고대인의 삶과 의식(意識), 종교관 등을 보여 준다. 우리 민족이 천손(天孫)이라는 민족적 긍지를 표현하고 있을 뿐만 아니라, 한국 신화의 원형으로서 우리 민족에게 민족적 정체성을 부여한 신화라 할 수 있다.

• 주제: 단군의 건국 내력과 홍익인간의 이념

	신화	전설	민담
전승자의 태도	신성하다고 믿음	진실되다고 믿음	흥미롭다고 믿음
증거물	포괄적 증거물	구체적 증거물	없음
시간	불명확한 시간	구체적 시간	막연한 시간
장소	불명확한 장소	구체적 장소	막연한 장소
인물	신성	비범	평범

271 정답해설 ③

'돈'을 의인화한 '공방'이라는 한 인물의 생애를 기록한 '전(傳)'의 형식을 취하고 있지만, 역사적으로 실제했던 인물과 사건을 다룬 것은 아니다. 공방은 허구적인 인물이며, 이 글도 꾸며진 이야기이다.

오답해설

① '방은 성질이 욕심이 많고 비루(卑陋)하고 염치(廉恥)가 없었다'라고, 작자는 공방의 성격을 직접 평가하고 있다.

② 허구적 인물인 공방을 둘러 싼 사건들을 전(傳)의 형식으로 서술하고 있으므로 적절하다.

④ 인간의 돈에 대한 탐욕을 경계하고 비판하여 독자들에게 교훈을 주고 경계심을 일깨우고 있다.

272 정답해설 ④

ⓓ는 공방의 권세 앞에 높은 벼슬아치들조차도 굴복하게 되었다는 것인데, 이는 벼슬아치들을 포함한 모든 사람들이 돈에 집착하고 있음을 의미한다.

오답해설

① 쇠붙이를 가지고 돈을 주조하는 과정을 뜻하는 말이다.

② 나라의 세금에 관한 일을 맡아 처리한다는 말은 곧 돈을 세금 징수의 수단으로 사용했음을 의미한다.

③ 밖은 둥글고 구멍은 모나게 뚫려 있는 공방의 생김새를 통해 돈의 이중성을 드러내고 있다. 즉 외형적인 모습을 통해 겉과 속이 다른 돈의 이중성을 표현하고 있다.

작품 해설

▶ 임춘, 〈공방전(孔方傳)〉

• 갈래: 가전체

• 성격: 풍자적, 교훈적, 우의적

• 주제: ① 인간의 돈(재물)에 대한 탐욕 비판
② 경세(經世)에 대한 비판

• 해제: 고려 무신 집권기에 돈을 의인화하여 지은 가전체 작품으로, 돈의 폐해에 대해 강하게 비판하고 있다. 돈이 생겨난 유래와 돈이 인간 생활에 미치는 여러 가지 이득과 폐해를 사람의 행동으로 바꾸어 보여 줌으로써, 돈(재물)에 대한 사람들의 탐욕을 경계하고 있다. 작자는 돈(공방)의 존재가 인간의 삶을 잘못되게 하므로, 이를 방지하기 위해서는 과감하게 돈을 없애야 한다고 말하고 있다.

• 구성:

도입	공방(돈)의 등장 내력
전개	• 공방의 외양과 정계 진출 ⇒ 문제 수록 부분 • 공방이 탐욕과 악행으로 쫓겨남
평론	공방에 대한 사관의 평가

• 어휘 풀이

1) 상공(相工): 대장장이를 벼슬아치에 비유한 표현
2) 풀무: 불을 피우기 위해 바람을 일으키는 기구
3) 홍려경(鴻臚卿): 한나라의 관직 이름
4) 참람(僭濫): 분수에 맞지 않게 지나친 데가 없음
5) 비루(卑陋): 행동이나 성질이 너절하고 더러움

• 구절 풀이

– 공방(孔方)의 자(字)는 관지(貫之)이다.: 공방의 이름을 소개하는 부분으로 작품의 소재가 '돈'임을 추측할 수 있음.
– 그의 조상은 ~ 일이 없었다.: 공방의 조상이 출현하게 된 배경을 설명한 부분으로, 조상이 숨어 살았다는 것은 돈의 필요성을 느끼지 못하여 아직 돈이 유통되지는 않는 단계였음을 의미함.
– 이는 산야(山野)의 성질을 ~ 내버리지 마시옵소서.: 돈을 만드는 재료인 구리나 철은 원래 투박하고 보잘것없는 것이지만, 황제가 잘 다듬어서 쓸모 있는 것으로 만들어 써야 함을 의미함. 돈의 발생과 유통 과정을 짐작할 수 있음.
– 방은 성질이 욕심이 많고 ~ 농사짓는 것을 방해했다.: 돈이 세상에 나와 널리 쓰이게 되면서 생긴 폐해를 밝힌 것으로, 그중에서도 세상 사람들이 돈을 중시하여 농사를 천시하고 장사에 매달리게 된 것이 가장 큰 문제라는 인식을 드러내고 있음.
– 그는 모든 사람을 상대하는 데 ~ 투전도 한다.: 재물이 모든 행동의 기준이 될 정도로 악용되어 사람을 대할 때도 인품을 따지지 않는 세태를 나타냄.
– 공방의 한 마디 말이 황금 백 근만 못하지 않다.: 공방의 권세가 어느 누구도 따르지 못할 정도임을 드러냄.

• '가전'의 문학적 배경: 가전(假傳)은 중국의 사마천이 쓴 「사기(史記)」〈열전〉에서 시작된 '전(傳)'의 형식을 본뜬 문학이다. 고려 중엽에 이러한 가전이 나타난 것은 「고승전」, 「삼국사기」의 〈열전〉 등에서 사람의 일생을 서술하는 문학 갈래가 형성되었고, 〈화왕계(花王戒)〉 같은 의인체 문학 형태가 축적된 데다가 당·송의 가전이 당시 문인들에게 많이 읽혀진 데에 원인이 있다. 가전은 열전의 형식을 모방하여 '인물의 가계(家系)-인물의 행적-인물에 대한 평가'의 세 부분으로 구성되어 있으며, 가전은 중국 역사에 등장하는 인물들의 고사를 소재로 주인공의 행적을 허구화하였으나 소재들이 인과 관계에 의해 연결되지는 않았다.

273 정답해설 ②

"장화를 불러 거짓말로 속여 저희 외삼촌댁에 다녀오게 하고, 장쇠를 시켜 같이 가다가 뒤 연못에 밀쳐 넣어 죽이는 것이 상책일까 합니다."를 통해 '장화'를 죽이려 했다는 것은 제시되어 있지만 '홍련'이 어떻게 죽었는지는 제시되지 않았다.

오답해설

① '좌수는 망처(亡妻)의 유언을 생각하고 망극하나, 일변 분노하여 처치할 묘책을 의논하니'를 통해, '망처(亡妻)'가 죽기 전 딸들에 대한 유언을 남겼다는 것을 알 수 있다.
③ 홍련 형제는 부사에게 '흉녀의 간특한 모계에 빠져 흑백을 분별치 못하오니 특별히 용서하여 주심을 천만 바라나이다.'라며 부사에게 배 좌수의 선처를 부탁하고 있다.
④ '좌수 부부를 성화같이 잡아들여 각별히 다른 말은 묻지 않고 그 낙태한 것을 바삐 들이라 하여'를 보면, 흉녀가 이전에 '그 낙태한 것'을 증거로 위기를 벗어났음을 알 수 있다.

작품 해설
▶ 작자 미상, 〈장화홍련전〉
• 해제: 이 작품은 작자 미상의 고전 소설로, 한 가정이 파멸되는 비극적인 모습을 그리고 있다. 계모와 전처 자식 간의 갈등으로 인해 전처의 자식들이 죽음에 이르게 되는 이야기를 통해 가족 구성원 간의 갈등에서 빚어진 윤리적인 문제를 다룬다. 효종 대 전동흘(全東屹)이 평안도 철산 부사로 재직할 당시 실제로 처리한 사건을 소재로 한 작품으로, 〈콩쥐팥쥐전〉과 함께 대표적인 계모형(繼母型) 소설로 손꼽힌다.
• 주제: 가족 간의 갈등과 권선징악(勸善懲惡)
• 줄거리: 철산 땅에 사는 좌수 배무룡은 후사가 없어 걱정하던 차에 부인 장 씨가 선녀로부터 꽃송이를 받는 꿈을 꾸고 큰딸 장화를 얻고, 이태 뒤 작은 딸 홍련까지 얻게 된다. 그러나 홍련이 5세 때 부인 장 씨가 세상을 떠나자 후처로 허 씨를 맞아들인다. 허 씨는 용모도 흉악하지만 마음씨마저 간악하여 두 딸을 학대하였다. 이러한 계모의 구박과 모해로 인해 큰딸 장화가 연못에 빠져 죽게 되고, 홍련 역시 죽은 언니를 그리다 못해 같은 연못에 빠져 죽는다. 원혼이 된 장화와 홍련은 고을 부사를 찾아가나 부임하는 부사마다 겁에 질려 죽고 만다. 그러던 중 정동우라는 사람이 부사로 부임하여, 장화와 홍련의 억울한 사연을 듣고 계모를 처형하여 사건을 해결한다. 연못에서 두 자매의 시신을 건져 내어 무덤을 만들어 주고, 배 좌수는 다시 장가들어 두 딸의 현신인 쌍둥이를 낳는다. 이들은 자라서 평양의 거부 이연호의 쌍둥이 윤필 · 윤석과 결혼하여 행복하게 살게 된다.

274 정답해설 ③

[A]에서 일광노 선인은 태을 선인의 말에 반대를 표하면서 죄 없는 토끼를 죽이지 말고 토끼의 말을 들을 것을 조언하고 있으며, [B]에서도 일광노 선인은 강자인 용왕의 말을 듣지 말고 약자인 토끼의 청을 들을 것을 요청하고 있다. 따라서 [A]에 나타난 일광노 선인의 생각은 [B]에서도 유지되고 있다고 볼 수 있다.

오답해설

① [B]에서는 '병든 자를 위하여 죄 없는 자를 죽인다면 그 원망을 어찌하겠습니까?'라고 말하여 근거를 들어 자신의 생각을 밝히고 있다. 또한 [A]에서도 일광노 선인은 '만수산과 용궁에 각각 그 임금에 그 나라 그 백성이니 어찌 순종할 리가 있겠습니까? 또 대소와 귀천을 막론하고 삶을 좋아하고 죽음을 싫어하는 마음이 없겠습니까?'라고 말하여 근거를 들어 자신의 생각을 논리적으로 말하고 있다.
② [A]에서는 '~순종할 리가 있겠습니까?', '~마음이 없겠습니까?'에서 설의적 표현이 사용되고 있으며, [B]에서는 '~그 원망을 어찌하겠습니까?'에서 설의적 표현이 사용되고 있다.
④ [B]의 '그 원망을 어찌하겠습니까?'에서 미래의 상황을 들어 옥황을 설득하고 있다고 볼 수는 있으나, [A]에서 현재 상황의 시급함을 언급하고 있지 않으므로, 현재 상황의 시급함을 들어 옥황을 설득하고 있다는 설명은 적절하지 않다.

작품 해설
▶ 작자 미상, 〈토공전〉
• 해제: 이 작품은 고전 소설 「토끼전」의 이본으로, 내용의 가장 두드러진 특징은 결말부인 토끼의 육지 귀환 이후 새로운 이야기가 창작, 부가되어 있다는 점이다. 옥황상제를 등장시켜 토끼의 입장을 두둔하게 하는 판결을 내리는 서사 구조를 취하고 있다는 점에서 조선 후기의 성장한 서민 의식을 반영하고 있는 작품으로 평가받는다.
• 주제: 목숨을 잃을 뻔한 토끼를 구해 주는 옥황상제의 판결
• 줄거리: 동해 용왕 광연은 불치병을 앓게 되고 자신의 병을 고치기 위해서는 토끼의 간이 필요하다는 말을 듣게 된다. 이에 자라를 보내 속임수로 토끼를 용궁으로 데려오나 토끼는 기지를 발휘하여 육지로 도망친다. 토끼가 육지로 귀환한 이후 토끼를 놓친 용왕이 토끼를 잡아 달라고 옥황상제에게 표문을 올리고, 이에 옥황상제는 신선들과 의논한 끝에 용왕과 토끼를 불러 각각의 입장을 밝히게 한다. 옥황상제는 억울하게 목숨을 잃을 뻔한 토끼의 말이 옳다는 판결을 내려 토끼를 고향으로 돌려보낸다.

275 정답해설 ②

'지방의 수령들은 그것을 빙자하여 칼질하듯 가혹하게 거두어들이는 것 또한 끝이 없었다. 그런 까닭에 백성들의 시름과 원망은 고려 말보다 더 심한 상태였다.'에서 창작 당시의 사회 상황은 탐관오리의 수탈로 인해 백성들이 고통을 겪는 상황이라 할 수 있다. ② 역시 새로 짠 무명을 황두(지방 관리)가 수탈해 가고 누전(토지대장에서 누락된 토지)까지 가혹하게 세금을 거두는 사회상이 드러나 있다.

오답해설

① 비가 오는 가을밤에 자신을 알아줄 지음(知音)이 없는 외로움을 노래하고 있다. '만 리 밖을 내닫는 등불 앞의 마음'은 고향을 그리워하는 마음이다.
③ 관서 지방 선비들의 허세와 마을 사람들의 야박한 인심을 통해 경박하고 각박한 사태를 드러내고 있다.
④ 외세는 호시탐탐 우리나라를 노리고 있지만 우리는 그에 대한 대비에 소홀한 사회 상황이 드러나 있다.

작품 해설
▶ 허균, 〈호민론〉
• 해제: 이 글은 백성을 항민, 원민, 호민 세 유형으로 구분한 후, 그중 호민이 가장 위험한 존재임을 역사적인 사례와 함께 경고하고 있는 정치적 논설이다. 작자의 견해에 따르면 호민은 지배층에 큰 위협이 된다. 이 글에서 작자가 지배층의 각성과 개혁을 촉구하는 주된 근거가 바로 이 호민의 존재에 있다. 지배층이 부패와 학정을 일삼는 것은 백성을 두려워하지 않기 때문인데 이는 다시 말해 백성들 가운데 호민같이 무서운 존재가 없다고 생각한다는 것이다. 그러나 허균은 호민은 분명 존재하고 때가 올 때까지 자신을 드러내지 않을 뿐이라고 말하면서, 지금처럼 정치가 부패했을 때가 그동안 숨어 있던 호민들이 들고 일어날 최적의 시기라고 경고한다.
• 주제: ① 백성(민중)들을 중시하는 정치를 강조
② 백성을 수탈하는 지배 계층을 비판

276 정답해설 ②

㉡에서 '귀신'의 시기와 '하늘'의 미워하심을 언급한 것은 역설적으로 화자와 바늘의 각별한 인연에 대한 찬사에 해당된다. 그리고 이 표현은 바늘이 예기치 않게 부러진 사태를 아직 수긍하지 못하고 있는 상태에서 나온 것으로 볼 수 있다. 따라서 이를 바탕으로 바늘이 부러진 것을 보편적인 섭리에 따른 사건으로 수긍하려는 태도로 보는 것은 적절하지 않다.

작품 해설
▶ 유씨 부인, 〈조침문〉
• 해제: 이 작품은 글쓴이가 오랜 세월 동안 애용하다가 부러진 바늘에 대한 추모와 애도의 뜻을 기록한 글이다. 바늘을 의인화하여 더 이상 함께할 수 없는 것에 대한 애틋하고 안타까운 마음을 유려한 문체로 기술하고 있다.
• 주제: 부러진 바늘에 대한 추도
• 구성:

첫째 문단	글을 쓰게 된 동기
둘째 문단	바늘과의 인연과 안타까움
셋째 문단	바늘의 재주와 가치
넷째 문단	바늘이 부러진 사건에 대한 심회
다섯째 문단	바늘에 대한 추도와 기원

277 정답해설 ②

일반적으로 사람들은 인간의 칠정 중 오로지 슬픔만이 울음을 유발한다고 생각하지만, '나'는 칠정이 모두 극에 달하면 울음을 유발한다고 말하고 있으므로 ②는 적절하지 않다.

오답해설

① '사람이란 본래 의지하고 붙일 곳 없이 단지 하늘을 이고 땅을 밟고 이리저리 나다니는 존재'라는 표현에서 드넓은 자연에 비하면 인간은 보잘것없는 존재라는 깨달음을 알 수 있다.

③ '막히고 억눌린 마음을 시원하게 풀어 버리는 데에는 소리를 지르는 것보다 더 빠른 방법이 없네.'를 통해 울음을 우는 것은 답답하고 막혀 있는 듯한 마음을 풀 수 있는 좋은 방법이라는 것을 알 수 있다.

④ '나'는 사람들이 태어나서 지극한 경우를 겪어 보지 못하고 칠정을 교묘하게 배치하여 슬픔에서 울음이 나오는 것으로 짝을 맞추어 놓았다고 말했다. 또한, 초상집에서 '아이고' 하며 우는 소리는 억지로 만들어진 소리라고 이야기하였다.

278 정답해설 ③

㉢은 칠정의 서로 다른 감정들이 모두 울음을 유발하는 것을 나열하여 표현하였다. 열거법이 사용된 문장이며 성격이 서로 다른 대상을 대조적으로 표현한 것은 아니다.

오답해설

① '백탑'을 의인화하여 '현신하였기에(나타났기에)'라 표현하였다.

② '사람이란 본래 의지하고 붙일 곳 없이 단지 하늘을 이고 땅을 밟고 이리저리 나다니는 존재라는 것을 / 이제야 깨달았다.'라는 문장을 도치한 것이다.

④ '터져 나온 소리는 사리에 절실할 것이니 웃음소리와 뭐가 다르겠는가?'라며 터져 나온 소리가 웃음소리와 같다는 자신의 생각을 의문형으로 드러내었다.

🔍 작품 해설

▶ 박지원, 〈통곡할 만한 자리〉

- 해제: 이 작품은 천하의 장관인 광활한 요동 벌판을 보고 느낀 감회를 참신하고 창의적인 발상을 통해 표현하고 있는 기행 수필이다. 글쓴이는 요동 벌판에 대해 '한바탕 통곡하기 좋은 울음터'라고 이야기하며 그 까닭을 설명하고 있다. 글쓴이에 따르면 인간의 슬픈 감정뿐만 아니라 모든 감정이 극에 달하면 울음이 나오는 것이므로 울음과 웃음은 유사한 것이라 말하고 있다. '울음'에 대한 참신한 발상과 독특한 논리를 통해 글쓴이의 생각을 전달하고 있는 작품이다.
- 주제: 광활한 요동 벌판을 바라보며 느낀 감회
- 구성:

기	승
글쓴이가 요동 벌판을 바라보며 '좋은 울음터'라고 말함.	정진사가 까닭을 묻자 칠정이 극에 달하면 울음이 된다고 답함.
전	**결**
정진사가 다시 칠정 중 어느 감정을 골라 울어야 하는지 물음.	좁은 곳에서 넓은 곳으로 나온 기쁨으로 울어야 한다고 답함.

279 정답해설 ④

〈보기〉는 우리 고전 작품에 보이는 언어유희에 대해 설명하고 있다. 예로 제시된 '춘향전'의 일부를 보면, 어사또가 음식의 일종인 갈비를 달라고 하기 위해 상대방의 갈비뼈 부분을 찌르며 말하는 부분이 나온다. 이는 두 대상의 발음의 유사성을 이용해 서술 대상을 희화화하고 해학적 효과를 거둔다고 할 수 있다. 이와 가장 가까운 것은 ⓓ이다. 양반인 '노 생원님'의 호칭이 가축인 '노새'와 발음이 유사하다는 점을 이용하여 '나귀에 좋은 안장을 멘다.'는 내용을 양반인 노 생원에 대한 조롱으로 삼고 있기 때문이다.

🔍 작품 해설

▶ 작자 미상, 〈고성 오광대〉

- 해제: 민속극인 '고성 오광대'의 제2과장인 오광대 장면의 대본이다. 이 부분은 양반과 말뚝이의 대립적 구조가 두드러지게 나타나는데, 양반이 우매하게 그려지는 반면 말뚝이는 양반을 조롱하는 영특한 인물로 그려짐으로써 양반에 대한 풍자의 의도를 강하게 드러낸다. 탈춤 특유의 익살스러운 재담으로 해학적 아름다움을 보여 주며, 비속어와 같은 하층민의 언어가 많이 나타난다. 양반이 말뚝이에게 말을 걸고 말뚝이는 양반을 조롱하는 식의 대답을 하며, 양반이 화를 내면 말뚝이가 자신의 말에 대한 근거 없는 변명을 한 뒤 양반이 속아 넘어가는 구조가 반복된다. 이런 식의 구조는 〈봉산 탈춤〉 등 다른 탈춤에서도 자주 나타난다.
- 주제: 우매한 양반에 대한 조롱과 풍자

280 정답해설 ④

시의 '누구'는 이 작품의 청자가 아니라, 정의를 위해 싸우려는 시적 화자의 노력이 소용없는 일이라고 핀잔을 주는 존재이다. 시적 화자는 '누구'의 핀잔에 대해 자신은 '얼음'과 '어둠'으로 상징되는 불의와 맞서 싸우겠다는 강한 의지를 나타내고 있고, 어떤 대상을 질타하고 있기보다는 독백적인 어조로 자신의 의지를 드러내고 있다.

오답해설

① '온갖 굴욕과 어둠과 압제 속에서 / 싸우다 죽은 나의 친구'라는 구절을 통해 시대적 상황을 짐작할 수 있다.
② 이 시를 읽은 독자는 불의에 맞서 싸우겠다는 시적 화자의 강한 의지를 통해 정의를 위해 치열하게 살아가는 삶의 자세에 대해 다시 생각해 보게 된다.
③ '끈다', '안다', '꺼야 한다' 등의 단호하고 선언적 어조를 통해 시적 화자의 강한 의지를 느낄 수 있다.

작품 해설

▶ 정희성, 〈이곳에 살기 위하여〉

• 해제: 이 시는 '얼음'과 '어둠'으로 상징되는 암울한 시대적 상황을 배경으로 하고 있다. 이러한 상황 속에서 시적 화자는 얼음을 깨겠다는 의지를 보이고 있다. 이는 '얼음' 밑에서도 눈을 감지 않고 숨을 쉬고 있는 물고기와 어둠과 싸우다 죽은 친구처럼 '온갖 굴욕과 압제'에도 굴복하지 않고 증오할 대상에 대해 증오하면서 '자유'를 위해 싸우겠다는 강한 의지를 나타낸 것이다.
• 주제: 부정적인 현실을 극복하겠다는 의지
• 구성:

1~2행	시적 화자의 슬픈 현실
3~6행	굴복하지 않는 물고기
7~11행	굴욕, 어둠, 압제에 굴복하지 않음
12~17행	봄과 자유를 위한 시적 화자의 의지(증오)

281 정답해설 ②

작가가 개인의 차원에 한정된 문제만을 다루는 것이 아니라 공동체 전체가 공감할 수 있는 시대적이고 사회적인 문제에 대해 고민한다는 관점에서 이 시를 읽는다면, 화자의 경험은 당시 우리 민족의 경험으로 확대 해석할 수 있다. 따라서 화자의 고향은 곧 우리 민족의 보편적인 고향의 모습이 될 수 있을 것이다.

오답해설

① 화자의 시적 상황을 개인적 차원에 한정하여 감상한 것이다.
③ 화자와 의원의 대화가 간접 인용된 것은 사실이지만 이는 시 속의 상황일 뿐, 다수와 소통하고자 하는 작가의 의도라 볼 수 없다.
④ 시적 상황이 가상의 상황을 설정했다는 근거는 없다.

작품 해설

▶ 백석, 〈고향〉

• 해제: 백석의 시 '고향'에서, 시적 자아는 낯선 타향에서의 힘든 삶에서 병을 얻어 의원을 찾는다. 우연히 의원으로부터 고향이 어디냐는 물음을 받고, 시적 자아는 자신의 부친과 의원의 부친이 막역한 친구임을 확인한다. 낯선 타향에서 외로운 신세에 놓여 있던 시적 자아는 그 순간 잊고 있던 고향을 떠올린다. 순간 고향은 자신의 출생지이며 아버지를 비롯한 가족이 있는 곳일 뿐만 아니라, 공동체적 삶의 유대로 묶인 상징적인 공간으로 확대된다.
• 주제: 고향과 혈육에 대한 그리움
• 구성:

1~2행	외로운 타향살이를 하는 화자의 병으로 인한 향수
3~4행	'의원'의 풍모와 인상
5~15행	'의원'이 환자인 '나'를 진맥하는 상황
16~17행	고향과 아버지에 대한 그리움.

282 정답해설 ①

지문은 신경림의 〈동해 바다〉 중 일부이다. 지문의 화자는 '남에게는 엄격해지고 내게는 너그러워지나 보다.'라며 자신의 삶을 돌아보고, 반성하고 있다. ①은 윤동주의 〈쉽게 씌어진 시〉 중 일부로, 화자는 자아성찰 후 부끄러움을 느끼고 있다.

오답해설

② 유치환의 〈바위〉 중 일부로, 화자는 초월적인 존재가 되겠다는 의지를 보이고 있다.
③ 김광균의 〈은수저〉 중 일부로, 제시된 부분에서는 화자의 태도가 드러나 있지 않고 대상인 '애기'의 행동만 드러나 있다.
④ 김소월의 〈초혼〉 중 일부로, 화자는 임의 부재를 확인하고 그에 대해 절규하고 있다.

작품 해설

▶ 신경림, 〈동해 바다〉

• 해제: 이 작품은 '옹졸한 나'와 '동해 바다'를 대조하여 바다처럼 관대하고 포용력 있는 삶을 살고자 하는 화자의 소망을 비유적으로 드러내고 있는 시이다.
• 주제: 동해 바다처럼 너그럽게 살고 싶은 소망
• 구성:

1연	다른 사람에게는 엄격하면서 자신에게는 너그러웠던 삶의 태도에 대한 반성
2연	남에게는 너그럽고 자신에게는 엄격한 삶의 자세 추구

283 정답해설 ③

'갈대'가 밑둥이 잘리는 것은 고난과 시련의 상황인데 밑둥이 잘려도 '새순'이 돋는다고 했으므로 '갈대'가 그 시련을 극복할 수 있음을 보여 준다. 또한 어둠 속에서 켜지는 '등불'은 고난 극복 가능성을 보여 준다.

오답해설

① [A]의 '밑둥'이 아니라 밑둥이 잘리는 상황이 실존적 위기감과 관련된다. [B]의 '개울'은 화자의 긍정적이고 희망적 시각과 관련된 시어이다.
② [A]의 '한 계절'은 고통을 겪는 존재라 해도 견뎌내고 살아갈 수 있음과 관련된다. [B]의 '지는 해'는 암담한 상황을 의미한다.
④ [A]와 [B] 모두 현실을 부정하는 비판적 어조가 드러나 있지 않으며, 고통스러운 현실을 수용하고 긍정적으로 생각하며 이겨 내자고 노래하고 있다.

작품 해설

▶ 고정희, 〈상한 영혼을 위하여〉

• 해제: '상한 영혼'에게 말하는 방식을 취하여, 고통을 감내하면서 살아 나가자는 주제 의식을 형상화하고 있는 작품이다. '흔들린다'는 이미지를 '고통이나 시련을 감내하면서 살아가는 모습'을 형상화하는 데 사용하고 있으며, 영원한 고통이나 시련은 존재하지 않는다는 생각을 밝히고 있다.
• 주제: 삶의 고난과 시련을 긍정적으로 감내하고 살아가는 자세
• 구성:

1연	고난과 시련을 감내하는 삶
2연	고통을 감내하고 살아가는 자세
3연	고통을 극복하며 살아간 후 맞이하게 될 삶의 희망

284 정답해설 ③

㉠은 현실적 구속이 없는 세계, 화자가 추구하는 이상 세계이다. ③은 유치환의 〈깃발〉 중 일부로, '푸른 해원' 역시 화자가 도달하고자 하는 이상향이다.

오답해설

① 이육사의 〈광야〉 중 일부로, '광야'는 '역사의 현장, 민족의 삶의 터전'을 의미한다.
② 김영랑의 〈끝없는 강물이 흐르네〉 중 일부로, '강물'은 '시적 자아의 아름답고 순수한 정서적 상태'를 의미한다.
④ 이용악의 〈그리움〉 중 일부로, '북쪽'은 '가족을 두고 온 곳', '고향'을 의미한다.

작품 해설

▶ 윤동주, 〈또 다른 고향〉

• 해제: 이 시는 현실적 자아와 이상적 자아의 갈등과 지향, 그리고 화합을 보여 주는 작품으로, 일제 강점기의 시대 현실 속에서 현실의 부조리와 모순을 극복하고 초월하려는 시인의 고뇌가 표현되어 있다. '또 다른 고향'은 자기 본질을 회복하는 공간이며, 더이상 진정한 의미의 고향을 찾을 수 없게 된 상황에서 시인이 설정한 새로운 고향이다. 즉 '고향'은 안식과 자아 정체성의 유지가 보장되지 않는 공간이므로, 시인은 '또 다른 고향'이라는 새로운 공간을 통해 참다운 자아를 회복하고 부조리한 현실을 극복하고자 한 것이다.
• 주제: 현실 극복에 대한 염원
• 구성:

1~2연	귀향과 절망적 현실
3연	자아의 갈등과 고뇌
4~5연	현실적 자아에 대한 일깨움
6연	현실 극복에 대한 염원

285 정답해설 ④

㉠은 과거에는 사랑하는 사람과 함께 있었던 자리이지만 현재는 혼자 있는 공간으로 과거와 다른 현재를 인식하는 공간이다.

오답해설

① 작품에 화자의 소망이 드러나지 않았다.
② 화자는 삶에 대한 희망을 드러내기보다는 자연 현상과 한세상을 살아가는 모습을 관련지어 쓸쓸함을 드러내고 있다.
③ 화자의 비판 의식이 드러나지 않았다.

작품 해설

▶ 도종환, 〈가을비〉

• 해제: 사별의 아픔과 그리움을 자연 현상과 관련지어 표현한 작품이다. 가을비가 내리고, 잎이 지고 바람이 부는 자연 현상 속에서 화자의 쓸쓸함과 비애감이 효과적으로 드러난다. 만나고 사랑하고 헤어지고 그리워하며 살아가는 것이 한세상이라는 인식을 통해 인간의 보편적인 삶의 감성을 제시하고 있다.
• 주제: 임에 대한 그리움과 인간 삶의 유한함
• 구성:

1연	사랑하던 이에 대한 그리움과 비애감
2연	임과의 이별과 그로 인한 절망감
3연	삶의 다함과 그 쓸쓸함
4연	유한한 사랑과 인간사

286 정답해설 ②

㉡은 사물에 이름을 붙이거나, 그 이름에 매여 살며 이름에 집착하는 부정적인 모습을 보이고 있는 존재로, 현실의 어려움에 저항하는 순수한 존재로 보기 어렵다.

오답해설

① 화자는 순수의 표상인 '눈사람'이 되고자 '잡념과 머리카락이 희어지도록' 계속 '밤의 끝에서' 걸어가고 있다. 따라서 '㉠'은 화자가 내면의 정화를 위해 노력하는 시간이다.
③ 화자는 ㉢을 지향하는 고결한 삶을 위해 잃어버리지 말아야 할 공간으로, 순수하고 순결한 삶이 가능한 공간으로 인식하고 있다.
④ 제시된 꽃들이 가진 공통 속성은 흰색이라는 점이다. 이는 화자가 바라는 순수한 삶을 표상한다. 화자는 이들을 떠올리며 자신도 순수한 삶을 살고자 하는 뜻을 나타내고 있으므로 ㉣은 화자가 바라는 삶을 표상하는 대상이라 할 수 있다.

작품 해설

▶ 신대철, 〈추운 산〉

• 해제: 이 시에서 화자는 추운 산길을 걸으며 눈사람이 되기를 바란다. 눈사람이 되고 싶다는 것은 순수하고 가치 있는 삶을 지향하는 것으로 볼 수 있다. 화자는 사물에 이름을 붙이거나, 그 이름에 매여 사는 사람들을 부정적으로 바라보고 있는데, 이런 사람들은 산을 두고 다니거나 산을 깎아 무언가를 메운 사람들로 형상화되고 있다. 이 시의 후반부에서 화자는 추위 속으로 들어가자는 말을 하는데, 이는 가치 있는 삶을 지향하는 것으로 해석할 수 있다.
• 주제: 세속적인 삶에서 벗어나 순결한 삶을 살고자 하는 다짐
• 구성:

1연	순결한 세계를 추구하고자 밤의 끝에서 걷고 있는 화자
2연	사물에 이름을 붙이며 세속적인 세계에 속박되어 사는 사람들
3연	세속적인 삶 속에서 살아가는 사람들에 대한 반문
4연	화자가 지향하는 삶을 표상하는 꽃들
5연	자신의 지난 삶에 대한 반성과 가치 있는 삶의 추구
6연	화자가 닮고 싶어 하는 자연물들

287 정답해설 ③

화자는 ㉢에 있는 지하철역 안에서 마주친 사람들을 보며 그들이 겉보기에는 지쳐 보이나, 그들의 ㉣에는 삶에 대한 열정이 있음을 깨닫고 있다.

오답해설

① ㉠은 사람들의 '운명'을 만든다는 점에서 초월적인 존재이다. 그러나 화자는 '땅속은 너무나 깊어 / 그 별빛 여기까지 닿기나 할는지'라며 '그분이 점지하는 운명의 별빛'이 땅속까지 닿지 못할 것이라 생각하고 있다.
② '그분이 점지하는 운명의 별빛 지상에 내리겠지만'을 통해 ㉡은 ㉠과 연결된 공간임을 알 수 있다.
④ ㉤은 '땅속'을 버티는 인간들이 자신의 몸속에 있는 불가마에서 열정으로 구워 내는 것이다. 따라서 ㉠이 만드는 것이 아니다.

작품 해설

▶ 김혜순, 〈별을 굽다〉

• 해제: 이 시의 화자는 붐비는 지하철역 안에서 보게 된 수많은 사람을 통해 그들의 삶에 대한 열정을 깨닫는다. 이때 일상을 살아가는 사람들의 외면과 내면을 대조하고 이들의 내면을 '불가마', '뜨거운 심장'에 빗대고 있는 점이 특징이다.
• 주제: 삶에 대한 열정을 지닌 사람들의 모습
• 구성:

1연	지하철역에서 수많은 얼굴들을 마주침.
2연	무표정한 사람들의 얼굴 속에서 감추어진 힘을 느낌.
3연	사람들의 열정은 조물주의 능력과 상관없다고 생각함.
4~5연	사람들의 내면에 삶에 대한 열정이 있음을 깨달음.

288 정답해설 ③

③에는 '서검(글과 검)'을 통해 문, 무를 통한 출세를 드러내는 대유법이 쓰였다.

대유법: 어떤 사물의 특징이나 속성으로 그 사물 자체를 표현하거나, 부분으로 전체를 혹은 전체로 부분을 나타내는 것

오답해설

① 아이에게 질문을 한 뒤, 스스로 대답하는 '문답'이 쓰였다.

② '행복한 예수 그리스도에게처럼'에서 연결어 '~처럼'을 사용하여 원관념과 보조 관념을 직접적으로 연관 지어 나타내는 '직유'가 쓰였다. 또한 '괴로웠던 사나이, / 행복한 예수 그리스도에게'에서 십자가에 못 박힌 것은 괴롭지만, 인류를 구원했다는 것에서 행복함을 느꼈을 예수를 통해 '역설'이 쓰였음을 알 수 있다.

④ '도치'는 문장의 순서를 뒤바꾸어 표현하는 것이다. '왜 내가 지금 주저앉아서는 안 되는지를'와 '나는 안다'의 문장의 순서를 뒤바꾸어 표현하는 '도치'가 쓰였다.

289 정답해설 ②

1연의 무심했던 모습과 달리 화자는 '큰 거미'를 보고는 1연에서 쓸어버린 '거미 새끼'와 '큰 거미'의 관계에 대해 생각하고는 서러움을 느끼고 있다. 이를 통해 거미들이 처한 상황에 대해 화자가 새로이 인식하였음을 알 수 있다.

오답해설

① 1연보다는 2연이, 2연보다는 3연이 진술이 양이 더 늘어나면서 정서도 심화되는 점층적 구조로 되어 있다.

③ '분명히 울고불고할 이 작은 것'이라며 새끼 거미에 대한 연민의 정서를 드러내고 있다.

④ 거미 새끼를 문밖으로 쓸어 버렸다가 후회하고 어미를 만났으면 한 사건을 시간의 흐름에 따라 서술하고 있다. '서러워한다', '나는 가슴이 메이는 듯하다', '나를 서럽게 한다', '만나기나 했으면 좋으련만 하고 슬퍼한다'를 통해 감정을 전달하고 있다.

작품 해설

▶ 백석, 〈수라〉

• 해제: 이 작품은 가족이 뿔뿔이 헤어져야 했던 1930년대 우리 민족의 비극적 현실을 '거미 새끼'와 '큰 거미', '무척 작은 새끼 거미'가 서로 헤어지게 된 상황에 빗대고 있다. 거미 가족이 헤어지는 상황을 통해 가족 공동체가 해체되는 우리의 현실을 표현하고 있는 것이다. 이렇게 한 가족이 함께 지내지 못하는 눈물겨운 상황을 하늘에서 쫓겨난 사람들의 세계, 눈 뜨고 볼 수 없을 만큼 끔찍하게 흩어져 있는 현장이라는 뜻의 수라(修羅) 혹은 아수라(阿修羅)라고 이야기하고 있다.

• 주제: 해체된 가족 공동체의 비극과 가족에 대한 그리움

• 구성:

1연	거미 새끼 하나를 문밖으로 버림.
2연	큰 거미를 새끼 있는 데로 가라고 문밖으로 버림.
3연	무척 작은 새끼 거미를 제 가족을 만나라고 종이에 받아 문밖으로 버림.

290 정답해설 ①

시간의 흐름에 따른 시상 전개 방식이 사용되었다고 보기 어려우며, 화자의 심리 변화도 나타나지 않았다.

오답해설

② 의인법이 활용되고 있다. 화자는 '물'을 의인화하여, 녹은 '물'이 '죽은 땅'과 '풀잎'에 생명력을 불어넣는 역할을 할 것이라는 기대와 희망의 정서를 드러내고 있다.

③ '아희들아'라는 표현을 통해 청자에게 말을 건네는 방식으로 시상이 전개되고 있음을 확인할 수 있다.

④ 얼었던 '물'이 녹아 흐르는 것을 청각적 이미지를 통해 드러냄으로써 시적 상황의 변화를 나타내고 있다.

작품 해설

▶ 정희성, 〈얼은 강을 건너며〉

• 해제: 이 작품은 '얼어붙은 강물'로 표현된 억압적 정치 현실 속에서, 얼은 강물이 녹아 물이 되어 자연의 생명력이 회복되는 것처럼 민중이 서서히 생명력을 회복하고 억압적 현실을 극복하는 상황이 오기를 기다리는 화자의 기대가 형상화되어 있다. '얼음', '강', '물', '풀잎'과 같은 자연물의 상징적 의미를 통해 주제를 형상화하고, '아희들'이라는 청자를 설정하여 억압적 정치 현실을 극복한 새로운 시대가 도래하기를 기대하는 작가의 바람이 드러나있다.

• 주제: 부정적 현실의 극복과 새로운 시대의 도래에 대한 기대

• 구성:

1~4행	얼은 물을 깨는 행위
5~6행	스스로 녹아 소리를 이루는 강물
7~10행	얼은 물이 녹아 회복되는 자연의 생명력
11~15행	얼은 물을 깨며 강물이 흐르기를 고대함.

291 정답해설 ①

[A]에는 노인이 '나'에게 집이 이미 팔린 사실을 감추며, '나'가 옛날 같은 분위기에서 단 하루라도 마음 편하게 쉬고 가기를 바라는 마음을 갖고 있는 것이다. '저녁', '걸레질', '이불 한 채와 옷궤 하나'는 노인이 '나'에게 집이 이미 팔린 사실을 감추고, '옛집'의 흔적을 되살려 '나'의 괴로운 잠자리를 위로하고 싶은 마음에서 준비한 것으로, 이러한 소재가 반영된 것으로 볼 수 있다.

오답해설

'문간'에 들어설 때부터 썰렁한 집안 분위기로 이사를 나간 빈집이 분명하다는 것을 느꼈으므로 나머지 소재와 이질적 의미로 쓰인 공간이다.

작품 해설

▶ 이청준, 〈눈길〉

• 해제: 이 소설은 방탕한 형 탓에 몰락한 집안에서 자수성가했다고 자부하는 아들과, 집안의 불행을 자신의 박복함으로 돌린 채 그것을 부끄러워하는 어머니를 두 축으로 하여 이야기가 전개된다. 노모의 절대적인 사랑과 그것을 애써 외면하려는 '나' 사이의 갈등이 고향에서의 특수한 체험을 통해 인간적 화해에 도달하게 되는 귀향형 소설의 구조로 이루어져 있다. 잠자리에서 노모와 자신의 아내가 나누는 이야기를 들으며 의도적으로 외면했던 어머니의 사랑을 뒤늦게 깨닫는 '나'의 심리적 동요가 잔잔한 감동을 준다.

• 주제: 어머니의 무한한 사랑에 대한 깨달음과 인간적 화해

• 구성:

발단	'나'는 오랜만에 고향을 방문하지만 불편한 마음에 하루 만에 서울로 돌아가겠다고 결정한다. 이를 들은 노모는 아쉬워하지만 이내 체념한다.
전개	집을 고치고 싶다는 소망을 드러내는 노모로 인해 '나'는 심기가 불편해지고, 아내는 노모에 대해 매정한 태도를 보이는 '나'를 질책한다.
위기	아내는 노모에 대한 '나'의 태도를 불만스러워하며 옛집에 대한 이야기를 끌어낸다. 노모에게는 어떠한 빚도 지고 있지 않다고 생각하는 '나'는 옛집에서 보낸 마지막 밤을 떠올리며 초조해한다.
절정, 결말	옛집에서 마지막 밤을 보낸 그날 새벽 노모와 '나'는 눈이 덮인 산길을 헤치며 차부까지 걸어간다. 그리고 '나'는 자신이 떠난 후 홀로 눈길을 되돌아왔던 노인의 심경을 들으며, 비로소 자신에 대한 노모의 사랑을 깨닫고 죄책감에 눈물을 흘린다.

292 정답해설 ③

지문에서 '고맙네, 이 사람! ~ 증말 고맙네, 이 사람아.'를 통해 ㉠의 구렁이는 곧 '삼촌'의 대체물임을 확인할 수 있다. 또한 ㉡의 의미는 '저승'의 의미로 파악할 수 있다.

서방정토(西方淨土): 서쪽으로 십만 억의 국토를 지나면 있는 아미타불의 세계. = 서방 극락.

西 서녘 서, 方 모 방, 淨 깨끗할 정, 土 흙 토

작품 해설

▶ 윤흥길, 〈장마〉

• 해제: 이 작품은 한국 전쟁 중에 있었던 한 가정의 이야기를 허구화한 소설로서, 이데올로기의 대립에 의해 희생당해야 했던 두 집안의 화해 과정을 어린아이의 눈을 통해 보여 주고 있다. 전쟁과 분단이라는 비극적인 상황을 무속 신앙적 전통과 접목시킨 이 작품은, 분단 상처의 극복을 지적(知的)인 관점에서 접근하기보다는 기층에 깔려 있는 민족의 정서적인 측면에서 접근하고 있다는 점에서 그 특징을 살필 수 있다.

• 주제: 전쟁으로 인한 한 가족의 비극과 극복

• 줄거리: 6 ·25 전쟁으로 한 집에서 살게 된 친할머니와 외할머니는 각각 빨치산과 국군이 된 아들을 두고 있다. 지루한 장마가 계속되던 어느 날 밤, 외할머니는 하나밖에 없는 아들이 전사했다는 통지를 받는데, 이때부터 외할머니는 빨치산을 향해 저주를 퍼붓고, 이로 인해 친할머니와 갈등을 겪게 된다. 친할머니는 점쟁이의 예언을 듣고 아들이 살아 돌아올 것을 믿으며 잔치 준비를 하지만 예언한 날이 되어도 아들이 돌아오지 않자 실의에 빠진다. 이때 난데없이 구렁이 한 마리가 아이들의 돌팔매에 쫓겨 집안으로 들어오고, 친할머니는 구렁이를 삼촌의 현신(現身)이라 생각하고 졸도한다. 외할머니는 친할머니의 머리카락을 태워 구렁이를 달래 돌아가게 한다. 이 일로 친할머니는 외할머니와 화해하고 일주일 뒤 숨을 거둔다. 그리고 지루하던 장마도 끝이 난다.

293 정답해설 ④

㉣ 앞에서 '참을 알고 돌아온 바다의 난파자들을 그들은 감옥에 가둘 것'이라고 하는 것으로 보아, 명준은 제안을 거절한 자신을 그들이 '감옥에 가둘 것'이라 생각한다는 것을 알 수 있다. 이는 설득자들이 '권력이라는 약을 팔려고 말로 속인 꾀임'을 파악한 명준과 같은 사람들을 아직 회유 중인 대상들로부터 분리하려는 의도를 가졌을 거란 추측이라 볼 수 있다. 따라서 ㉣은 설득자가 자신을 회유하려는 이유에 대한 추측이 아니라, 회유에 실패한 뒤에 설득자들이 자신에 대해서 하려는 조치에 대한 추측이라 볼 수 있다.

오답해설

① 명준은 설득자들의 회유에도 불구하고 그들의 제안을 거절하고 나와 재채기를 하듯 '웃음'을 터뜨리고 있다. 그의 '웃음'은 선택을 강요받는 상황에서 단호하게 중립국을 선택한 후련함과 중립국을 선택할 수밖에 없는 허탈감 등 복잡한 심정이 내포되었을 거란 걸 알 수 있다.

② 명준은 사람이 마실 수 있는 것은 한 사발의 물일뿐이라고 생각한다. '바다'를 마시게 해 주겠다는 말은 허황된 것이며 준다고 가지려 하는 것 또한 철없는 일이라고 말하고 있다.

③ 명준은 과학적인 사고를 통해 현실을 바라보지 못하고 뻔히 알면서도 설득자의 꾐에 속았기에 자신이 현재의 선택 상황에 처하게 되었다고 생각하고 있다.

작품 해설

▶ 최인훈, 〈광장〉

• 해제: 이 작품은 남북 분단과 이데올로기 문제를 비판적 관점에서 그려 낸 장편 소설이다. 체제의 선택을 강요받는 상황에서 주인공 명준은 남한도 북한도 아닌 제삼국(중립국)행을 선택한다. 남한과 북한의 부조리한 사회적 · 정치적 현실을 목격하고, 이데올로기의 허구성을 깨닫게 된 명준은 중립국으로 향하던 배에서 끝내 자살을 하고 만다. 이 작품은 명준의 비극적 운명을 통해 우리 민족이 처해 있는 분단 상황이 얼마나 허구적인 것인지를 비판적으로 그려 냈다는 점에서 주목된다.

• 주제: 남북 분단과 이념 대립의 허구성에 대한 비판

• 줄거리: 대학생 명준은 아버지의 월북으로 인해 남한 사회에서 온갖 고초를 겪다가 끝내 월북을 감행한다. 하지만 명준은 이념의 왜곡으로 인해 온갖 사회적 모순을 드러내는 북한 사회에 대해 염증을 느끼게 된다. 6 · 25 전쟁에 인민군으로 참전한 명준은 포로수용소에 갇히게 된다. 그리고 정전 협정에 따라 전쟁 포로들에게 체제 선택의 기회가 생기자 명준은 관련 인물들의 설득에도 불구하고 제삼국을 선택하여 타고르호를 타고 인도로 향하게 된다. 하지만 중립국에서도 자신의 행복을 찾지 못할 것을 갈등하던 명준은 처음엔 감시자로 여기며 총으로 쏴 버리려고 했던 갑판 위 두 갈매기의 모습에서 은혜와 자신의 딸을 떠올리며 결국 바다로 뛰어든다.

294 정답해설 ①

고죽이 금시조를 보기를 원했던 것도 예술적 완성의 경지에 오르고 싶었던 예술가적 소망이 있었기 때문이라고 할 수 있다. 그러나 금시조 때문에 고죽이 자기 비하에 시달렸는지는 알 수 없다.

오답해설

금시조의 의미는 '고죽이 추구한 예술의 최고 경지, 고죽의 예술적 이상, 예술가로서의 목표, 고죽이 자기 부정을 통해 이뤄 낸 예술적 완성' 정도로 해석할 수 있다.

작품 해설

▶ 이문열, 〈금시조〉

• 해제: 임종을 앞둔 고죽의 회고 형식으로 서술되는 이 작품은 고죽과 석담의 예술적 대립 구도로 예술적 경지에 이르고자 하는 고죽의 열망을 그려 내고 있다. 제시된 부분은 고죽의 임종 직전과 임종의 순간을 다룬 소설의 끝 부분으로 일평생 이룬 작품을 불태우며 철저한 자기 부정을 통해 예술적 완성을 이루고자 하는 고죽의 모습을 형상화하고 있다. 죽음의 순간에 금시조를 보게 되는 고죽의 모습은 자기 부정을 통해 비로소 예술의 최고 경지에 도달하고 있는 모습이라고 할 수 있다.

• 주제: 예술적 완성을 위한 예술가의 고뇌와 집념

• 구성:

발단	병석에 누운 고죽이 석담 선생과의 만남을 회상함.
전개	석담 선생 밑에서 혹독한 수련을 겪으며 고죽은 갈등에 휩싸임.
위기	예술관의 차이로 석담과 고죽이 절연하게 됨.
절정	고죽은 자신의 예술 세계에 대한 회의로 작품을 소각함.
결말	불타는 고죽의 작품 속에서 금시조가 비상함(자기 부정을 통한 예술적 완성).

295 정답해설 ③

등장하지 않는 서술자가 다른 인물인 아주머니와 남편, 그리고 시어머니에게 벌어진 사건을 서술하고 있다.

오답해설

① 서술자가 자신의 이야기를 하고 있지 않으므로 주인공의 시점으로 사건을 서술하고 있다고 보기 어렵다.

② 주요 사건에 대한 서술과 인물의 행동에 대한 묘사가 중심이 되고 있다.

④ 인물 사이의 갈등을 중심으로 서술하고 있다.

작품 해설

▶ 박완서, 〈겨울 나들이〉

•해제: 이 작품은 작품 속에 등장하는 '나'와 남편, 아주머니와 노파의 삶을 통해 6·25 전쟁이 낳은 상처와 그 상처를 극복하는 과정을 작가의 따뜻한 시선으로 그려 낸 소설이다. '나'의 현재와 아주머니, 노파의 과거 이야기가 액자 형식으로 구성되어 있으며, 두 이야기는 6·25 전쟁으로 인한 상처를 중심으로 엮여 있다. 작가는 작품을 통해 사회의 거대한 폭력과 그로 인해 상처받고 고통받는 개인의 삶을 작가의 체험을 바탕으로 형상화하였는데, 이 작품 역시 그와 같은 작가적 특성을 잘 나타내고 있다.

•주제: 6·25 전쟁이 남긴 상처와 그것의 극복

•줄거리: 남편이 전처와의 사이에서 낳은 딸을 그린 초상화를 보고, 배신감과 허탈감을 느껴 겨울 여행을 떠난 '나'는 온양의 온천장에 묵으며 생소함과 낯섦을 느낀다. '나'는 호숫가의 한 여인숙에서 도리질을 하는 노파와 시어머니인 그녀를 극진히 봉양하는 아주머니를 만난다. '나'는 아주머니에게 6·25 전쟁 중에 아들을 잃은 노파가 25년 동안이나 도리질을 하게 된 사연을 듣게 된다. 그리고 그런 시어머니를 정성껏 보살펴 온 아주머니의 삶에 감동을 받는다. '나'는 가족을 극진히 보살피며 전쟁의 상처를 극복해 가는 고부의 사연을 통해 전쟁의 상처를 지닌 남편과 딸을 뒷바라지하며 살아온 자신의 삶이 결코 헛된 것이 아님을 깨닫고 가족의 품으로 돌아가기로 결심한다.

296 정답해설 ②

정례 모친에게 화풀이를 하고 난 옥임의 내면 의식이 자세히 서술되어 있다. 이를 통해 절친한 친구였던 정례 모친을 시기하는 옥임이의 성격이 잘 드러난다.

오답해설

① 옥임과 정례 모친의 갈등이므로, 개인 대 개인의 갈등이 드러난다.

③, ④ 옥임이 정례 모친의 과거를 떠올리고 있으나 과거에 대한 서사가 따로 이루어지지 않았으므로 액자식 구조나 과거와 현재의 교차는 적절한 설명이 아니다.

작품 해설

▶ 염상섭, 〈두 파산〉

• 해제: 이 작품은 광복 직후 우리 현실에서 볼 수 있었던 물질적으로 파산하여 가는 인간과, 정신적으로 파산하여 가는 인간의 두 유형을 정확하고 치밀한 객관적 사실묘사로써 생생한 현실의 한 단면을 보여주었다. 정례 어머니의 물질적 파산 과정이라든지 김옥임의 정신적인 파산의 심리적 추이라든지, 그 사이에서 교묘하게 중간이득을 획득해내는 교장 영감이라는 자의 간악한 행위 등이 당대 사회적 현실이며 실제적인 삶이었다.

• 주제: 물질적 · 정신적으로 인간을 파산시키는 해방 후 혼란한 사회상

• 구성:

발단	해방 후 정치에 뛰어든 남편 대신 생계를 위해 은행빚을 얻어 가게를 여는 정례 모친
전개	장사가 어려워지자 옥임에게 빚을 얻어 가게를 운영하는 정례 모친
위기	정례 부친의 자동차 사업 실패와 이자마저 못 갚는 어려움에 처한 정례 모친
절정	옥임에게 진 빚 때문에 망신을 당하는 정례 모친
결말	정례 모친이 옥임에게 가게를 뺏기고 옥임의 성격 파산을 한탄함.

297 정답해설 ④

ⓐ는 원구가 입 밖에 낸 말이며, ⓑ와 ⓒ는 주인 사나이가 원구에게 한 말이다. 따라서 원구가 속으로 생각한 것은 주인 사나이에 대한 의심인 ⓓ(이놈 네가 동옥을 팔아먹었구나)이다.

작품 해설

▶ 손창섭, 〈비 오는 날〉

• 해제: 이 작품은 6·25 전쟁으로 월남한 동욱, 동옥 남매와 원구가 전쟁의 후유증으로 인해 무기력하고 우울한 삶을 살아가는 이야기이다. 제목에서도 알 수 있듯이 '비'는 이 작품에서 중요한 역할을 하는데, 전후의 음울한 상황을 상징적으로 드러낼 뿐 아니라, 동옥의 신체 불구, 동욱의 정신적 불구라는 상황과 어울려 비극적인 분위기를 조성하고 있다. 뿐만 아니라 동옥의 돈을 가로채는 노파, 동욱 남매를 강제로 쫓아 낸 집주인 등의 모습을 통해 각박한 세태와 혹독한 인심 등 한국 전쟁 후의 피폐한 현실을 잘 보여 주고 있다. 전쟁이 인간에게 어떤 영향을 주는가에 대한 깊이 있는 사색이 드러나는 작품으로 허무적이고 실존적이며, 배경이나 인물을 통한 음울한 시대 상황에 대한 묘사도 사실적이라는 평을 받고 있다.

• 주제: 전쟁이 가져다 준 허무 의식과 무기력한 삶의 모습

• 줄거리: 어느 날 원구는 피란지 부산의 거리에서 우연히 동창이자 절친한 친구인 동욱을 만난다. 동욱은 미혼인 여동생 동옥과 함께 살고 있으며, 동옥이 그린 초상화로 미군 부대를 드나들며 생계를 유지하고 있다고 말한다. 장마가 이어지던 어느 날 원구는 처음으로 외진 곳의 낡은 목조 건물에 사는 동욱을 찾아가지만 동옥만이 차갑게 원구를 맞이한다. 원구는 동옥이 다리를 심하게 절고 있음을 우연히 발견하고, 동옥이 매우 냉담하게 동옥을 대하고 있음을 느끼게 된다. 그 뒤 비가 와서 장사를 할 수 없는 날이면 원구는 가끔 동욱 남매의 집을 찾는다. 그러는 사이 동옥에게 마음이 끌리고, 동옥 또한 원구에 대해 친근감을 보인다. 동욱은 동옥을 보살펴 줄 이가 자기밖엔 아무도 없으며 동옥을 측은하게 생각하면서도 그녀를 보기만 하면 화가 치민다는 말을 하며, 원구에게 동옥과 결혼할 생각이 없냐고 묻는다. 며칠 뒤 원구는 동옥에게서 초상화 주문 작업을 그만두었다는 것과, 동옥이 주인 노파에게 자기 몰래 빌려준 2만 환의 빚을 떼였다는 것을 듣게 된다. 오랜 장마로 장사가 되지 않자 마음이 어지러웠던 원구는 동욱의 집

을 찾아가지만, 새 주인으로부터 동욱은 아마도 군대에 끌려간 듯 며칠째 소식이 없고, 동옥 또한 혼자 며칠 밤을 울다가 주인이 나무라자 원구에게 편지를 남기고 떠났는데 그 편지는 부주의로 그만 없어졌다는 말을 전해 듣는다. 얼굴이 반반하니 몸을 판들 굶어 죽기야 하겠느냐는 새 주인의 말에 분노를 느끼던 원구는 결국은 그 분노가 자신에게 되돌아옴을 느끼며 무기력하게 돌아선다. 그 뒤부터 비가 오는 날이면 원구의 마음은 동욱 남매 생각에 우울해지곤 한다.

298 정답해설 ②

3인칭 전지적 작가가 제한적 시점(특정 인물 시점)을 활용하여 서술하고 있다. 즉 이발소 소년의 눈을 통해 천변에 사는 인물인 중년 신사의 모습이 서술되고 있다.

오답해설

① 중년 신사의 외양에 대한 묘사가 나타나 있는데, 뚱뚱한 몸집과 튀어나온 배, 새빨간 벌렁코, 허세를 부리는 태도와 걸음걸이 등 인물의 모습을 우스꽝스럽게 묘사하여 희화화하고 있다. 하지만 이는 그의 성격을 간접적으로 형상화하는 방식이다.
③ 서술자가 작중 상황이나 인물에 대한 개인적 평가를 내리지는 않았다.
④ 〈천변 풍경〉은 본래 피카레스크식 구성(삽화식 구성)으로 이루어져 있으나 지문만으로는 그것을 알 수 없다.

작품 해설

▶ 박태원, 〈천변 풍경〉
- 해제: 이 작품은 청계천 변을 중심으로 일어나는 다양한 서민들의 생활상을 50개의 절로 나누어 서술한 1930년대의 세태 소설이다. 70여 명의 평범한 인물들을 모자이크식으로 제시하는 소설로, 당시 사람들의 다양한 삶의 양상을 드러내는 것을 주된 목적으로 한다. 여인들의 집합소인 빨래터와 남성들의 사교장인 이발소를 중심으로 당시 사람들의 삶을 생생하게 형상화하고 있다. 상이한 장소에서 동시에 일어나는 사건들을 보여 줌으로써 시간성과 공간성을 극대화하면서, 당시 서민층의 일상을 사실적이고 세밀하게 재현한 작품으로 평가받는다. 특정 대상을 확대해 보는 클로즈업 기법과 카메라가 이동하며 촬영하는 듯한 카메라아이 기법 등을 활용하여 주요 사건을 영화적으로 드러내고 있다.
- 주제: 1930년대 청계천 변을 중심으로 한 서울 중산층과 하층민들의 삶
- 줄거리: 청계천 변 주민 삼십여 명의 일상사가 빨래터와 이발소를 중심으로 펼쳐진다. 나이 오십이 된 민 주사는 안성집과 외도하면서 정치적 야망을 꿈꾸지만 결국 실패한다. 다소간의 허영기와 속물근성을 가진 포목전 주인은 비교적 안정된 삶을 살아가고, 한약국 집 젊은 내외는 사람들의 부러움을 받는다. 가평에서 상경한 창수는 한약국에서 일을 시작하지만 점점 세속적 인물로 변해 간다. 평화 카페의 여급 영이(하나꼬)는 약사와 결혼하지만, 시집살이와 남편의 외도, 전처의 자식 때문에 괴로워한다. 취직을 시켜준다는 말에 속아 서울에 온 금순은 기미꼬를 만나 새로운 삶을 살고자 한다. 이발소 집 사환 재봉이는 이발사 김 서방과 갈등하기도 하지만 대체로 자신의 생활에 만족하며 살아간다.

299 정답해설 ③

㉠은 꼼꼼하게 비평까지 하며 신문 읽기에 열중하는 익준에 대해 서술자가 '충실한 신문 독자'라며 직접 평가한 것이다. ㉣은 눈이 '황홀하게 빛난다'라고 서술자가 인물의 상태를 직접 평가한 것이다.

작품 해설

▶ 손창섭, 〈잉여인간〉
- 해제: 이 소설은 손창섭의 작품 중에서 다소 이례적이나. '잉여인간'이란 글자 그대로 '남아 돌아가는 인간'이다. 천봉우, 채익준 등은 전쟁이 남긴 잉여인간이다. 서만기는 이들을 포용하고 자신의 문제들과 이들이 가진 문제를 함께 풀며 어려운 상황에서도 조금도 비굴하지 않게 현실을 헤쳐 나가고 있다. 여러 여성의 유혹도 점잖게 뿌리치고 가족과 친구를 잘 돌보는 그를 미화시킴으로써 작가는 한국전쟁이 가져다 준 불구성과 황폐함으로부터 벗어날 수 있는 가능성을 제시하고 있다.
- 주제: 전후 사회에서의 인간 소외
- 갈래: 단편 소설, 전후(戰後) 소설, 휴머니즘 소설
- 시점: 전지적 작가 시점
- 줄거리: 주인공 서만기는 치과의사이다. 서만기의 병원에는 중학 동창인 채익준과 천봉우가 찾아와 종일토록 한담으로만 소일한다. 익준은 맘에 들지 않는 신문기사를 보면 비분강개하여 어쩔 줄 모르는 인물이고, 봉우는 실의의 인간으로 간호원 홍인숙을 짝사랑하고 있다. 봉우의 아내는 병원 건물의 주인으로서 평판이 좋지 않다. 그녀는 가난한 치과의사 만기를 돈으로 유혹하려 하지만 만기는 점잖게 거절하고 병원을 잃고 난 다음 어떻게 살아갈까 고민을 한다. 어느 날, 익준의 아내가 죽었다는 말을 듣는다. 익준을 찾을 수 없는 만기는 아이를 따라 익준의 집으로 간다. 익준의 집은 궁색하기 이를 데 없었다. 만기는 봉우 처에게 장례 비용을 융통하여 장례식을 치른다. 만기는 어느 날 일주일 이내에 병원과 시설 일체는 내어달라는 봉우 처의 편지를 받는다. 익준 처의 장례식을 치르고 난 후, 익준은 머리에 상처를 입고 돌아온다. 그는 상복을 입은 아들을 보고 장승처럼 선 채 움직일 줄 모른다.

300 정답해설 ②

매화를 감상하는 내용은 나타나 있으나, 과거의 삶을 돌이켜 반성하는 내용은 없다.

오답해설

① 곁에 있는 사람에게 말을 건네는 듯한 어투를 사용하고 있다.
③ '은사(隱士)처럼 겸허하게 앉아 있는 품', '구름같이 핀 매화' 등의 비유적 표현을 통해 고결하고 겸허한 매화의 속성을 제시하고 있다.
④ 마지막 부분에서 어느 친구와의 대화를 소개하며, 여유와 멋을 즐기지 못하는 세태에 대한 아쉬움을 드러내고 있다.

작품 해설

▶ 김용준, 〈매화〉
- 해제: 이 글은 다른 사람에게 편지를 쓰듯 서술한 문체상의 특징이 돋보인다. 글쓴이 자신이 많은 화초를 심었지만 유독 매화에 정이 가는 이유를 밝히면서 다른 사람들처럼 어떤 조건을 따져서 매화를 좋아하는 것이 아니라, 매화를 대할 때 황홀한 감정을 느끼기 때문에 좋아한다고 밝히고 있다. 매화를 순수한 마음으로 완상할 여유를 갖지 못하는 세태를 비판하며 바람직한 삶의 자세를 찾고자 하고 있다.
- 주제: 매화를 통해 삶의 풍취를 발견함.

MEMO

MEMO

이유진 국어

Lee youjin

예상 코드

정답 및 해설

메가 공무원